天下·文化
BELIEVE IN READING

高希均　林祖嘉——— 著

2017 年 全新增修版

經濟學的世界（上）

人人都要懂的
個體經濟學

目錄

序言

　　2013年諾貝爾經濟學獎得主羅伯·席勒（Robert J. Shiller）教授的主要貢獻之一，是建立了一個重要的凱斯—席勒不動產價格指數（Case-Shiller Home Price Indices），並且在2001年與2008年兩次正確預測資產泡沫的發生。另外，席勒教授認為，人們的經濟與投資行為並不完全是理性行為，而更像是動物本能。很多時候人們只是從網路或者朋友的口述當中，取得了一部分的訊息，然後便逕自採取經濟或投資決策，這也就是所謂的「敘述經濟」的概念。由於這些資訊並不完整，而且不一定正確，因此這些從眾行為很容易引發所謂的泡沫現象。所以，席勒教授所下的重要結論是，應該讓社會大眾接受更廣泛的經濟基本常識教育，讓人們在經濟與投資的行為當中，能夠具有更獨立的判斷能力，而不是一昧的追求從眾行為。

　　本書存在的目的與席勒教授的看法不謀而合。我們認為在一個先進的社會當中，不允許經濟文盲的普遍存在。本書嘗試突破傳統經濟學教室的限制，把經濟學的複雜概念，以最簡單淺顯易懂的方式，傳達給每一位讀者。

　　在社會學的領域當中，經濟學一向被認為是一個深奧難懂的領域。因此，如何使讀者在尚未接觸之前，不會望而生畏；在接觸之

後，不再拒它於千里之外，這就成為我們每一位經濟教育學者最大的責任與挑戰。

　　這本書是專門為社會廣大的讀者而寫的。近年來，國內經濟學的相關教科書很多，但是以一般讀者為對象，同時強調經濟觀念與實際案例，並且能與經濟生活相接軌的經濟學書籍並不多。

　　在我們的想像中，本書的讀者沒有年齡、性別、職業、所得，甚至教育程度上的限制。他們可能是新聞記者、工商界人士、學生、家庭主婦、公務人員，甚至退休人士。他們可以無所不在。他們的共同願望是拒絕當一名經濟文盲；他們的共同決心是好學又好奇，他們想要了解周圍的經濟新聞、社會上的經濟現象、國內外的經濟問題，以及政府的經濟政策。

　　本書希望提供讀者對於經濟問題、經濟現象、經濟新聞，甚至於經濟政策，都能夠有一些基本的判斷能力，然後做出對於自己最有利的經濟與投資決策。

　　在這次《經濟學的世界》第三版改版當中，我們做了幾個重大幅度的修改：第一，為了節約整本書的內容，我們將再版中的上冊進行刪減，只留下幾章重要的部分，融入到第三版的上冊與下冊當中。第二，在第三版當中，我們把所有的實際經濟數據做了全面的更新，讓讀者不但對於經濟學的概念有所了解，而且也能夠完全掌握最新的實際經濟現象與數據。

　　第三，除了經濟學的理論以外，我們在第三版當中，也加入了大量經濟政策與相關的案例，讓讀者能夠實際了解到經濟學如何運用到政策上面。如此一來，讀者就可以利用經濟學的理論，來自行判斷相關的經濟政策是否正確。我們認為這一部分是非常重要的，因為學習經濟學理論的主要目的之一，就是希望讀者能把經濟學理

論當成一個重要的工具，以自行分析並判斷政策正確與否。

　　在這一次改版的過程當中，我們非常感謝陳湘菱小姐對於相關數據和案例的收集與整理。如果沒有她的協助，本書的第三版是無法順利修改完成的。另外，天下遠見編輯群發揮了他們一貫有效率的作業程序，讓本書能夠順利出版。尤其是許玉意小姐的仔細編輯與校對，才使得本書可以更完美的呈現出來。

　　　　　　　　　　　　　　　　　　　　高希均、林祖嘉
　　　　　　　　　　　　　　　　　二〇一七年八月一日於台北

第一章

經濟學的本質

　　　當麵包師傅清晨四點起來做麵包，請問他是要填飽別人的
肚子？還是要填飽自己的肚子？

——亞當・史密斯（Adam Smith）

一、什麼是經濟問題？

（一）一般人心目中的經濟問題

　　在台灣，每當別人知道你是經濟系教授時，他們會立刻問你：
「你覺得最近台灣的股票市場如何？會不會再漲？或者，你覺得哪
一支股票最好？」也許他們會問你另外一個問題：「台灣的房價如
何？最近會不會再漲？」沒錯，這些都是經濟問題，雖然大部分經
濟學家不一定都能回答。

　　如果遇到的是就要出國旅遊的朋友，他們經常問的則是：「最
近台幣會升值或貶值？我想買美元，該現在就買，還是再等一些時
候？」若是遇到久居國外，最近才返國探親的朋友，他們最常問的
不外是：「台北的東西怎麼這麼便宜？台北人好幸福喔！」這些都
是標準的經濟問題，雖然我們不一定都有標準答案。

　　在服飾店上班的春嬌是江蕙的死忠歌迷，最近聽說江蕙要開封
麥演唱會，雖然票價所費不貲，但春嬌準備前往捧場，否則有虧忠
實歌迷的職守。同時，春嬌也在隔壁服裝店看上一件她非常喜歡的
洋裝，價格不比江蕙演唱會的票價低。春嬌收入有限，無法兩樣東
西都買，她會如何選擇？

　　到興隆路上的老地方麵館吃牛肉麵的人，經常發現餐桌上的酸

菜盒子都是空的，但旁邊冷凍櫃子裡要收費的小菜，卻一盤盤的整齊排列。經常去吃麵的人都知道張老闆為人很大方，對客人十分友善，但為什麼他的酸菜盒卻總是空著的時候比較多呢？

陳教授很喜歡吃牛肉，陳太太上市場買牛肉時，一定先問多少錢一斤，然後每次一定都買剛好200元的牛肉。有時陳太太很忙，就叫陳教授去市場買牛肉。陳教授做人比較阿沙力，買牛肉從來不問價格，他一到牛肉攤上就跟很熟的林老闆說：「老闆，買二斤牛肉。」然後，付完帳就立即走人。陳教授和他的太太的行為有何差異呢？

對唸過經濟學的人來說，上述都是標準的經濟問題。就算沒有讀過經濟學的人，大概也可以知道這些問題屬於經濟學的範疇。這些問題的答案在本書接下來的分析中，會一一加以說明。

（二）廣泛的經濟問題

經濟問題只局限於上述類似問題嗎？當然不止，經濟學探討的範圍與對象要遠超過這些問題。政治大學經濟系博士班的學科考試，每次都會有六大題申論題，每次考試的時間都限定為三小時。我們最常聽到博士班的學生抱怨：「每次都花了許多時間準備考試，而且這些題目我都會，只是每次考試時間都不夠，題目都寫不完。」而經濟系教授通常的標準答案是：「如果你們不知道如何分配時間去做答，你們的經濟學就還不算唸通。」

多年前美國一家有名的大學教學醫院曾引起一陣軒然大波，因為該教學醫院中的幾位有名醫師聯名希望減少對年老且又無望痊癒病人的治療，以便將資源轉向其他較有希望治癒的病人身上。這個事件引起廣泛爭議的主要理由在於「人道立場」，因為生命價值應

該都是一樣的。但是，對多數經濟學家而言，這其實是一個很簡單的純經濟問題，答案可能也不太難回答。

當台灣社會中，大家庭制度逐漸解體，小家庭愈來愈多，台北市的外食人口也愈來愈多。為什麼現代人愈來愈不喜歡下廚了呢？這是社會問題或是經濟問題？當人們到餐廳點菜時，如果點了一道鐵板牛柳，大概就不會再要蔥爆牛肉；如果點了一道蛋花湯，就不會再要番茄炒蛋。這是大家習慣使然？或是其中含有經濟理由？

經濟學是一門社會科學，而且可能是社會科學中最接近自然科學的學科之一。經濟學做為科學的一種，當然不應該限制其研究方向，而應廣泛的將其研究方法與內涵加以應用。到目前為止，除了傳統的經濟學領域之外，還有許多新的相關領域逐漸受到重視，例如教育經濟學、醫療經濟學、訊息經濟學等。在這本做為經濟學入門的書中，我們也許只會簡略提到上述領域的內涵，說不定根本就不會提到。但是，只要讀者能仔細讀完本書，應該可以體會出經濟學並非只探討「錢」的問題，其內容應該可以廣泛的應用到許多相關的研究領域。當一個讀者對於經濟學應用領域之廣感到訝異時，他大概就可以開始領悟經濟學的曼妙之美了。

二、經濟學的定義

（一）資源、慾望與選擇

在上節的諸多問題中，細心的讀者應該不難體會出，這些問題大都與經濟資源（economic resource）有關，而其中的資源可能包括一個人所擁有的錢、所擁有的時間，或是所擁有的能力。更重要

的是，這些資源幾乎都是有限的（scarce），例如每個人所擁有的所得或時間都是「有限的」。春嬌每個月的薪水是有限的，博士研究生考試的時間也是有限的，牛肉麵館中的酸菜盒更是經常空空如也。小到一家廠商，大到一個國家，它們所擁有的資源都是有限的；中國大陸的人口很多、俄羅斯的土地很豐富、沙烏地阿拉伯的石油蘊藏量很大，但終究都是「有限的」。

另一方面，人們的「慾望」（desire）卻往往不易滿足。研究生希望每一科考試都考一百分；春嬌希望能穿新買的洋裝去看江蕙的現場演唱，如果可能，最好再買一雙鞋子搭配。廠商總希望多生產一些產品，增加自己的收益；政府則大都希望多花一些錢在社會福利上，同時花一些投資在公共建設上。人們總是希望自己能多擁有一些東西，就像政府希望能多做一些事情一樣。

雖然人們的慾望這麼多，但每一個人擁有的資源卻非常有限，人們該如何做抉擇呢？要如何選擇才能達到最大的滿足呢？政府的稅收有限，不可能同時花太多錢在社會福利與公共建設之上，而且可能還要保留一些給教育及國防軍備使用。政府該如何分配支出，使得國人的福祉最高？或者更直接的說，政府應當如何花這些錢才能使它未來的選票最多？廠商可以多雇用勞工來生產，也可以多用機器設備，或者兩者都用，但廠商的資源也是有限，他該如何選擇生產方式，才能一方面使生產成本最少，一方面又使產量最大呢？

「經濟學」（economics）就是探討如何分配有限資源，以達到效用最大的一門學問。這裡指的效用包含個人效用、廠商利潤，或是全民福祉。由於資源有限，如何去做有效的使用，就是一門很重要的學問。換句話說，經濟學就是一門探討「選擇」（choice）的學問。由於資源有限，人們可以做的選擇也就有限，那些被選擇

的，就可以帶來效用；那些被放棄的就是「成本」（cost），或代價。比方說，春嬌最後終於決定去看江蕙的演唱會，放棄購買新的洋裝；因此，她去看演唱會的代價就是犧牲了穿新洋裝的樂趣。政府花下大量支出在社會福利上，就必須以減少公共支出為代價。這就是選擇的問題，天下沒有白吃的午餐。

（二）個體經濟學與總體經濟學

在經濟學探討的問題中，有些純粹是個人的選擇問題，有些則與個別廠商的選擇問題有關。這些有關個人或個別廠商行為的研究，我們稱之為「個體經濟學」（microeconomics）。在個體經濟學中，我們探討個人如何分配工作時間與休閒時間；如何消費有限的收入在不同的商品上。在廠商行為方面，我們則研究廠商如何雇用人員及如何購買機器設備來生產，同時決定該生產多少產品。當然，更重要的是如何決定產品的價格──該薄利多銷？或厚利少銷？

研究個人或個別廠商的行為可以讓我們知道如何使個人的效用最大，或使個別廠商的利潤最大。因此，經濟學家可以對個人提供一些消費或投資上的意見，比方說可以買哪些東西，投資哪些股票，或對廠商提供一些管理上的意見──比方說生產什麼產品，以什麼價格出售，或者是應不應該現在就去購買外匯等。

經濟學另外一個重要的研究範疇則是以整個經濟社會或國家為對象，因為研究對象範圍較大，故稱「總體經濟學」（macroeconomics）。其內容包含研究整個國家的所得、通貨膨脹、就業，以及政府收支等。譬如說，如何利用政府收支來增加一國的國民所得，而不致刺激物價？通貨膨脹與充分就業之間，又有什麼

樣的關係？對於任何一個政府而言，經濟成長、穩定物價、充分就業，以及提高社會福利，大概都是他們的政策目標；如何達到這些目標，則是總體經濟的主要課題。

　　有人說，個體經濟與總體經濟的關係，就像一棵樹與整個森林的關係。我們在研究一棵樹木如何成長的時候，當然不能忽略它周遭的生長環境；同樣的，在研究一座森林的時候，我們也必須對其內每一棵植物的生態十分了解。「只見樹木，不見森林」固然不對，而「只見森林，不見樹木」也一樣不行。又有人說，經濟學是一門「經世濟民」的學問，前者就是總體經濟學的範疇，後者則屬於個體經濟學的領域。

（三）實證經濟學與規範經濟學

　　另一種區分經濟學的研究方法是將經濟問題區分成二類。一類純粹從科學的角度來看問題，不加入任何主觀價值判斷，只去研究問題的本身。例如，個人消費時，該如何選擇才能使效用最大？政府如何控制貨幣數量才不會發生通貨膨脹？這些問題都沒有主觀的價值在內，只有純粹的科學探討與分析，我們稱為「實證經濟學」（positive economics）。

　　另外一大類則是加入主觀判斷的討論，稱為「規範經濟學」（normative economics）。例如，有些人覺得抽菸對人體有害，而且容易造成空氣污染，於是政府就可以利用課稅的方法來達到抑制人們吸菸的目的。另外一個例子是全民健保，有許多人認為先進國家應該實施全民健保，便要求政府利用增稅的方式來達到實施全民健保的目標。這些討論都是先加上主觀意識，認為吸菸不好或是認為全民健保對大家都有必要，然後再利用經濟手段來實現目標。

不過，我們必須強調，雖然規範經濟學先有主觀意識，要知道如何實施政策才有效，或要知道政策效果的大小，仍然需要去做進一步的科學分析。換句話說，此時實證經濟學的分析方法仍然是必要的。比方說，如果政府希望以提高香菸價格的方式來達到抑制人們吸菸的目的，我們就必須先了解；如果長壽菸每包多課1元的稅，會使吸菸人口減少多少？課5元的稅，又會減少多少？另外，最近為了增加長照政策的經費來源，政府把每包香菸的菸稅增加20元，預估因此每年可以增加約158億元的菸稅收入；同時，香菸銷售量會減少二成，約3.3億包。這些都是必須先透過實證經濟學的分析，才能得到估計結果。也就是說，唯有先利用實證經濟學的分析結果，才能提供有效的政策意見與建議，供政策決定者參考。

由於人與人之間往往有不同的主觀意識與偏好差異，因此規範經濟學的探討並不容易。相反的，實證經濟學則完全以科學的方法分析，不加入任何主觀判斷或感情成分在內，因此在討論過程中就較為客觀，結果也較易為人所接受。在本書後面的討論與分析過程中，除非特別強調，否則我們的分析都將以實證經濟學的分析為主。

（四）自利與理性

在經濟學分析的前提中，有一項非常重要且基本的假設，即我們假設經濟人都是「自利的」（self-interested），也就是說，每一個人從事經濟行為的目的都在追求自己的福利或利益最大。可能立即會有人質疑說，事實上，有許多人經常從事一些利他行為，例如捐款辦學或是慈善捐款等。我們要說明的是，首先，這些行為是否一定是利他行為還有待爭議；同時，我們也可以用更複雜的經濟理論來解釋利他行為。但在此處更重要且更基本的解釋是，我們只是簡

單假設個人是自利的，雖然這一個簡單的自利動機，幾乎就可以用
來解釋絕大多數人的經濟行為。換句話說，自利行為可能是人類行
為中的一項基本模式，其他可能只是例外。

　　除了自利動機以外，經濟分析的另外一個重要前提是假設：人
們的經濟行為都是「理性的」（rational）。簡單的說，所謂理性就
是指人們的經濟行為一定是追求效用較高或利益較大，而不會做出
傷害自己權益的事。比方說，兩家比鄰的商店若以不同的價格出售
完全相同的東西，一個人只要經過比價，就一定會選擇便宜的那一
個。同樣的，如果水果攤上的蘋果一個賣十塊錢，則我們可以確定
每一個買者都會去挑最大或最好的，這就是理性行為。

▎三、經濟學方法論

（一）人類行為可以預測嗎？

　　經濟學屬於社會科學，探討的對象是人類的行為。雖然經濟學
家一直嘗試把經濟學研究方法盡可能改成與自然科學一樣，但一個
永遠不同的地方是，經濟學的分析對象是「人」。我們常說：「一
種米養百種人」；而且，即使是同一個人，也有七情六慾，因此面
對相同的刺激，即使是同一個人可能也會有不同的反應。在此種情
況下，人類的行為還能被預測嗎？

　　對任何一門科學而言，它都必須要有解釋過去與預測未來的能
力，否則就不能被稱為科學。經濟學是科學的一種，自然不能例
外。然而，經濟學的研究對象是人，人類的行為千變萬化，經濟學
如何去準確預測人類的行為呢？

亞當・史密斯的麵包師

　　經濟學之父亞當・史密斯（Adam Smith）在其巨著《國富論》中曾提出一個有名的問題：「麵包店師傅每天清晨四、五點鐘就起床做麵包，好讓清晨出門的大眾有剛出爐的新鮮麵包可吃。請問這些麵包師傅如此勤奮工作是為了要填飽別人的肚子，還是要填飽自己的肚子？」

　　為什麼他們每天早上摸黑起床做麵包？這是不是理性的行為？如果不起床做麵包，又會如何？他們是因為奉行利他主義所以才趕早起來工作？還是因為每天早上一大早都有很多人要搶著買剛出爐的麵包？這些人的行為主要目的是利己，還是利他？答案其實很清楚。

　　就一門自然科學而言，在完全相同的條件下，做出來的實驗結果幾乎保證一定會一樣。在中學生的化學實驗中，氯化亞鈷試紙遇酸就是紅色，遇鹼就是藍色，不論拿到哪裡去做實驗，結果都是一樣。同樣的，一個人在發薪水的當天，如果心情好，就花錢大吃一頓；若心情不好，回去吃碗泡麵就打發了。因此，要準確預測任何一個人的行為也許並不容易。但若要預測全社會所有人的行為，則又不一樣。因為不太可能所有人在同一天都興奮異常，或是所有人都十分沮喪，除非那個國家或地區發生什麼重大事件。一般而言，在「大數法則」（law of large number）之下，全社會人們的平均行為應該是相當穩定的。譬如說，到了過年的時候，長輩都要準備紅包，因此商店就會先多儲備一些紅包袋當存貨；另一方面，台灣銀

行也會多準備一些新鈔供人兌換。台灣銀行或許不肯定有哪些人會來兌換多少新鈔。但可以確定的是，只要一接近新年，社會上一定會有很多人要兌換新鈔，台灣銀行自然就必須及早準備。同樣的，當一家廠商要提高其產品價格時，或許它不知道哪些潛在顧客會離開，哪些潛在顧客會繼續採購；但它知道，銷售量一定會減少。至於會減少多少，就要看它對市場是否有更進一步的訊息，例如是否知道市場需求彈性的大小等。

所以，當我們說人類的行為是可以預測時，我們指的是市場上大多數人的平均行為，而不是指某一特定人士的行為。當然，要估計某一個個人的特定行為也不是不可能，但我們需要的可能是更多的訊息及對這個人的了解，這就不是一般簡單的經濟模式可以預測的。

（二）假設與理論的關係

在做任何科學分析之前，我們通常都必須先針對問題做一些前提假設，一方面簡化問題，一方面使問題在相同的情況下互相比較。更重要的是，要使被討論的問題能凸顯出來，集中討論。比方說，進行物理實驗時，我們一定要先設定大氣壓力有多少、溫度是多少、濕度是多少等，然後再針對問題分析討論。

經濟分析也一樣，在討論某一個問題時，我們也必須先澄清是在一個怎麼樣的經濟環境下分析這一個問題。所以，我們需要一些假設來規範討論的前提。尤其經濟分析係針對個人及社會探討，所以外在環境的可能影響因素會遠超過一般自然科學所需要的規範，因此經濟分析往往就需要更多的假設。

更困難的是，由於經濟理論探討的是整個社會的情況，因此我

們幾乎沒有做「實驗」的可能。比方說，我們無法如同物理實驗一般，在不同的大氣壓力下測試，計算籃球做為自由落體的速度。在執行經濟政策時，政府畢竟不能先嘗試不同的貨幣供給數量，測試其對物價的影響，最後再決定最佳的貨幣供給量。

在無法嘗試試驗的情況下，經濟模型就經常會針對不同的前提與假設，利用理論來推導可能的結果。尤其是為凸顯出某一特定理論或某一特定效果，於是經常必須做出一些不同的假設，以達到推論的目的。

由於經濟學的假設很多，難免有人會問：「你這些假設與現實情況並不吻合，你的理論可以適用在這個社會中嗎？」這當然是一個很嚴肅且重要的問題，不過類似的問題其實應該適用於所有科學，而不僅限於經濟學。對於以上問題，一般經濟學家的解釋如下：第一，設定一些前提假設主要在簡化內容、集中分析、凸顯研究主題，使得分析結果能看出我們研究問題的因果關係。第二，由於經濟現象非常複雜，通常牽涉到的可能因素非常多，且因時因地都有可能使變數之間的因果關係產生變化。但是，由於我們不可能同時考慮所有的因素，因此就有必要把注意力集中在某些重要的因素上面，所以做出某些假設以簡化模型是非常有必要的。第三，如果模型簡化以後，與實際社會有所出入，我們的分析結論是否還適用呢？這個問題的答案是肯定的，因為模型適用與否並非取決於其假設是否與事實相符；模型是否適用主要決定於其解釋過去的能力與預測未來的能力，其中又以後者最為重要。經濟學大師傅利曼（Milton Friedman）就再三強調：經濟模型的主要目的是「預測」，因此只要預測範圍愈廣且預測愈準確，就是愈好的模型。所以，模型中的假設很重要，但與模型的好壞與否並沒有太大關係。

（三）經濟理論的檢驗與經濟關係的衝突

再繁雜深奧的經濟理論或模型，大概都可以簡化成幾個主要因素之間的關係。例如，春嬌加薪之後，她會多看一場五月天的現場演唱會？或是多買一件衣服？這是所得與消費之間的關係。又譬如，為保持物價水準的穩定，中央銀行對於新台幣的發行十分在意，這是貨幣與物價之間的關係。

為了解這些變數與變數之間的因果關係，我們可以設立一個簡化的模型來推導出它們在理論上的關係。當然，為凸顯它們之間的關係，在模型中我們必須先設定許多假設。由於理論模型的推導過程與如何設定假設有十分密切的關係，所以我們就可以利用不同的假設，來檢視這些變數之間的因果關係是否產生變化。

但是，不論理論模型如何變化，理論的好壞還是決定於其對實際經濟情況的解釋與對未來經濟變化的預測，因此如何去檢驗經濟理論就變得十分重要。困難的是，實際社會的經濟體系是無法如同物理實驗一般，在控制一切外生條件之下進行實驗的。因此，如何找到一組實際的社會經濟資料來測試經濟理論的正確與否，就是一件重要且困難的工作。

比較容易的檢驗方式是對未來的預測。比方說，有兩個不同的經濟模型，都可以用來預測明年台灣地區的經濟成長率，我們就可以比較在各種情況下，讓這兩個模型分別對明年的台灣經濟成長率進行預估。等明年過去之後，我們再來比較兩個模型何者的預測較為準確，如此就可以判定兩個模型的優劣。

除了檢驗模型的優劣之外，我們也經常想知道經濟變數之間的實際關係。例如，我們想知道春嬌薪水增加10%，她的消費選擇

會有什麼變化？增加50%時，又會如何？同樣的，我們也希望知道中央銀行讓貨幣供給增加10%時，對物價有何影響？增加20%時，又如何？這時候我們就需要一些複雜的統計技巧來衡量這些變數之間的關係。當然，這些衡量方法十分複雜，有些在本書中會加以討論，有些則予以略過。不過，必須強調的是，在衡量這些變數之間的關係時，我們一定要維持一個假設，即「在其他條件不變下（other things being equal）」。因為如果還有第三個變數同時變動，則我們很可能無法確定原來兩個變數之間的因果關係真是如此，或是受到第三者變數的影響。這是在進行任何科學分析時，大概都一定要有的條件。

四、幾個重要的經濟概念

（一）機會成本

　　大雄在大四畢業的那年三月考上政治大學經濟研究所，估計唸研究所的費用包含學費與生活費在內，一年大約要花掉10萬元。這是他唸研究所要花的成本嗎？大雄在六月畢業後，立即找到一家證券商營業員的工作，每個月起薪35,000元。到了九月，大雄面臨進入研究所或是當營業員的抉擇，最後他選擇了繼續唸書。請問這時他唸研究所的成本是多少？如果他在暑假沒有找到營業員的工作，他唸研究所的成本又是多少？

　　大雄唸研究所每年要花10萬元，這只是他直接花費的「會計成本」（accounting cost）。但唸研究所除了花錢以外，還需投入時間，這是另外一個資源──只要使用資源，就必須把成本計入。

顯然，如果大雄不唸研究所，繼續當營業員，他每年至少可以賺420,000元。這就是他因為唸書所必須放棄的成本，也就是他的「機會成本」（opportunity cost）。

那麼如果大雄趁暑假沒有上班，而進入研究所就讀，他就沒有放棄當營業員的問題，是否這時他就沒有損失此一機會，是否就沒有機會成本呢？當然不是，因為只要不進研究所，大雄就有時間可以去找其他工作。無論如何，他仍然會因為進入研究所，喪失工作收入，這就是他的機會成本。

所以，經濟學在計算成本時，只要經濟行為使用到某一種或多種經濟資源，都必然會產生成本，也就是機會成本。雖然這種成本也許可以（也許不能）直接衡量，但它們都必然存在，這是經濟學上在計算成本時，與一般人在會計記帳時所用的成本觀念的最大差異。由於所有的經濟行為都必然會與「使用資源」有關，因此機會成本是永遠存在的。天下沒有白吃的午餐，唸過經濟學的人一定要牢牢記住機會成本的觀念。

另外一個問題是，如果一個人同時可以做很多選擇，我們該如何分別計算這些選擇的機會成本呢？比方說，大雄除了選擇唸研究所外，還可以選擇當營業員，每月可賺35,000元；但同時如果他找不到其他工作，也可以去兼差當計程車司機，雖然每月的收入可能只有20,000元，但生活十分自由。那麼這時他選擇唸研究所每年的機會成本是420,000元，還是240,000元呢？

經濟學上對機會成本的定義很清楚，所謂機會成本就是「在放棄掉的機會中，成本最高的一個」。所以在上述例子中，大雄唸書的機會成本是420,000元。為什麼我們選擇放棄機會中，成本最大的一個來做為機會成本呢？理由很簡單，我們比較不同的選擇時，

沈嘉宜的咖啡店

　　讓我們看看下面這個例子。興隆路與木柵路交叉口的昂貴路段上，最近新開了一家咖啡店，老闆是由政大剛畢業的沈嘉宜。由於附近咖啡店不多，加上沈嘉宜煮的咖啡又濃又香，價格也很公道，所以生意相當不錯。有一天，陳教授跟沈嘉宜買了一杯咖啡，就順便聊了起來，「妳的生意好像還不錯嘛！」「託大家的福，馬馬虎虎。」「不過這房子的租金一定不便宜，妳的店可以承擔得起嗎？」「噢，這間店面是我媽的，就是因為不必付房租，所以還可以撐得下去。」你覺得沈嘉宜開店賣咖啡划算嗎？

　　現在我們來幫沈嘉宜計算她的成本與收益。假設咖啡一杯100元，她每個月可賣1,000杯，所以每個月收益是10萬元。在支出方面，每杯咖啡的材料成本是30元，每個月的材料總成本是3萬元；沈嘉宜還要聘一名助手，每月薪水2萬元；此外，水電雜支每月要2萬元；而房子是沈嘉宜自己的，不花任何房租。由於總成本

　　只要拿某一個選擇的收入與相對的機會成本來比，如果該選擇下的收入大於機會成本，則我們接受該項選擇；反之，則應放棄該項選擇。

　　在大雄的例子中，他選擇唸書是因為未來可能增加的收入會超過目前每月的35,000元，因此他選擇唸書。反過來說，如果他選擇開計程車，則不但收益小於繼續唸書所帶來的未來收益（即選擇開車時的機會成本），也小於營業員的收入，所以自然不會去選擇開車。

是7萬元，沈嘉宜每個月的淨利是3萬元。

　　事實上，由於該店地點不錯，如果用租的，每個月的租金需要4萬元，因此沈嘉宜再花4萬元租金，則她的利潤就變成負的1萬元了。現在，沈嘉宜說因為房子是自己的，所以她有3萬元的利潤，你同意嗎？

　　我們要注意的是，不論房子是自己的或是用租的，在生產過程中都用到這家店面，所以使用這種資源的成本一定要計入才對，這是機會成本。因此，沈嘉宜的真正經濟利潤是負的1萬元，而不是正的3萬元。另外一個說法是，如果沈嘉宜不開店，直接出租店面，可以立即獲得4萬元的收入。現在她辛辛苦苦的工作，卻只能賺到3萬元，何苦來哉呢？

　　經濟成本的計算應該以是否使用某項資源為準，因此經濟利益是正是負也只有一種可能。但是，由於會計記帳方式的不同，或是資源所有人的不同，而導致會計成本會出現正或負的情形。無論如何，天下沒有白吃的午餐，使用任何資源，一定會發生機會成本。

（二）比較利益

　　「比較利益」（comparative advantage）是由英國經濟學家李嘉圖（David Ricardo）首先提出來的，他認為：即使一個國家在生產兩種商品上都比另一個國家擁有「絕對利益」（absolute advantage），雙方仍然會有比較利益存在；只要有比較利益存在，貿易就會發生。所謂絕對利益說是：「一國（或個人）在生產任何一個產品上，都會比另一國（或個人）有效率。」而比較利益說是：「相對

於另一國（或個人）而言，一國（或個人）在生產某一種商品時，所得到的利益將大於生產另一種產品的利益。」

先讓我們舉一個常見的例子，然後再回頭來看李嘉圖的有名例子。藍海電腦公司的李董是一位由美國回國創業的成功企業家，由於李董在美國的時間很長，所以他用英文交談做生意能力很強，而且書寫及打英文書信的速度也非常快。假設他做生意每小時可賺2,000元，打字則只能賺400元。由於公司工作上的需要，他除了每天要做四小時生意以外，還要打四小時的英文書信，因此每天可淨賺9,600元。假設為了他的健康，李董事長夫人不准他每天工作超過八小時。

由於工作負荷過重，李董決定請一名祕書來幫忙。張小姐性格較內向，不太會做生意，每小時只能賺200元，她打字較李董慢一半，但每小時也可以賺200元。如果李董聘請張小姐當祕書，他應該請她做生意或是請她打字呢？

雖然李董在做生意與打字都比張小姐在行，具有絕對利益；但他做生意比張小姐好十倍，而打字比張小姐好兩倍，所以李董在做生意方面具比較利益。反過來看，雖然張小姐在兩件工作上都比較不在行，都不具絕對利益。但相對來說，打字工作差得較少，只差一半而已。也就是說，張小姐在打字上具比較利益。所以，此時李董應該請張小姐來打字，每天打八小時，自己就可以每天專心去做八小時的生意，賺16,000元，然後支付張小姐1,600元的薪水，每天還可以淨賺14,400元。

類似的例子可以用在國家與國家之間，李嘉圖比較英國與葡萄牙生產布和酒的著名例子就是最好的例證。我們在此先指出一個實際的例子：美國的土地比台灣大，他們生產小麥的能力比台灣強很

多；同樣的，美國科技進步，他們生產電腦的能力也比台灣強。對台灣而言，土地不足，無法生產太多小麥；但反過來看，生產電腦的技術還不錯，雖然不比美國強，但也差不了太多。於是雙方在做貿易時，美國就會對台灣出口小麥，而由台灣出口電腦到美國。

現在，我們就舉一個李嘉圖提出的比較利益的標準例子。假設美國生產一噸小麥需要一個工人，生產一台個人電腦需要二個工人；而台灣生產一噸小麥需要三個工人，生產一台電腦也要三個工人。雖然台灣在生產小麥及電腦方面的效率都不如美國，也就是說美國在兩種產品上都具有絕對利益。但相對而言，台灣生產電腦是比較有利的，即台灣在生產電腦具有比較利益；相反的，美國生產小麥則具有比較利益。我們再假設兩國個別都只有十名員工，在貿易之前，他們的投入分配與產出分別如表1.1所示。

由於台灣生產電腦具比較利益，美國生產小麥具比較利益，所以雙方同意貿易之後（且假設1噸小麥價格等於0.8台電腦的價格），我們假設雙方的生產資源做了以下的調整，見表1.2。

在表1.2中，台灣全力生產電腦，可生產3.3台。而美國也增加生產小麥的投入，生產6噸，同時生產2台電腦。然後台灣出口1.6

表1.1：貿易前

	生產技術	生產投入	產出	貿易	最終消費
美國					
小麥（噸）	1人	4人	4噸	0	4噸
電腦（台）	2人	6人	3台	0	3台
台灣					
小麥（噸）	3人	6人	2噸	0	2噸
電腦（台）	3人	4人	1.3台	0	1.3台

表1.2：貿易後

	生產技術	生產投入	產出	貿易	最終消費
美國					
小麥（噸）	1人	6人	6噸	−2噸[a]	4噸
電腦（台）	2人	4人	2台	＋1.6台[b]	3.6台
台灣					
小麥（噸）	3人	0人	0噸	＋2噸	2噸
電腦（台）	3人	10人	3.3台	−1.6台	1.7台

注：[a] 在貿易一欄中，(−)號表示出口，(＋)號表示進口。
　　[b] 假設1噸小麥可以交換0.8台電腦。

台的電腦與美國交換2噸的小麥。最終的結果是，美國仍然消費4
噸的小麥，但電腦消費量則由3台增加到3.6台；而台灣也依舊消
費2噸的小麥，而電腦消費量則由1.3台增加到1.7台。

　　在本例中雖然美國在生產兩種產品上都有絕對利益，但與台灣
相比，雙方仍然都存有比較利益。只要有比較利益，即使雙方的總
生產投入沒有增加，但雙方仍可以用專業化生產與貿易的方式，來
達到提高雙方利益的目的。

　　值得注意的是，比較利益只是一個很簡單的相對概念，而且，
只要兩個國家生產技術的比例不同，就一定會有比較利益存在，不
論原來誰擁有絕對利益。由於比較利益廣泛存在於國家與國家或個
人與個人之間，因此貿易也就普遍存在於世界各國之間。

　　其實比較利益在經濟學中扮演重要的角色，並不只是它能用來
說明兩國的貿易方向而已；更重要的是，我們可以用比較利益說明
為什麼一個國家（或個人）要「專業化生產」（specialization）某種
商品。大家在專業化生產之下，「分工」（division of labor）就會形

成。分工與專業化生產是經濟學之父亞當‧史密斯建立現代經濟學說最主要的立論基礎，因為分工可以讓人們專心於生產某項產品，一方面可以讓人們更專業化的生產，提高效率；一方面則可以透過交易，使分工的雙方都獲得更大的利益。

　　比較利益也與機會成本有關。前述的例子中，我們可以再進一步問為什麼李董要專心做生意而不去打字？相反的，張小姐要專心打字而不去做生意呢？因為，李董打一小時的字雖然可賺400元，但卻可能損失做一小時的生意，也就是說他打字的機會成本為2,000元，是張小姐選擇打字所發生的機會成本的10倍。但是他做生意每小時可賺2,000元，損失的機會成本是打字所賺的400元，而這只是張小姐選擇做生意損失機會成本的二倍。所以，李董應該選擇機會成本損失相對較小的工作，也就是說，他應該選擇專心做生意。

（三）價格體系與自由競爭

　　在「市場經濟體制」（market economy system）中，最重要的就是價格體系（price system）。市場經濟的特色就是讓市場去決定生產面的幾個基本問題，如「生產什麼」（what）、「由誰生產」（who），以及「如何生產」（how）；還有消費面的類似問題，如「消費什麼」、「由誰消費」，以及「如何消費」。若是「計畫經濟體制」（central planned economy system），則生產什麼、生產多少、由誰生產、如何生產等諸多問題，都完全由政府決定。生產出來以後，再由政府分配決定由誰消費、消費多少，以及如何消費等。

　　市場經濟是極端分權的，也就是說，這些生產與分配的決定是

每一個個人在面對不同的市場價格情況下，可以自由的去決定由誰
生產及由誰消費。問題是如何決定呢？答案是倚賴「價格體系」。
由於每一個消費者都有自己的偏好，也不可能有別人會比消費者更
了解自己的喜好，因此，在面對諸多不同的生產價格下，消費者就
可以依自己的偏好來選擇各種商品，並決定消費數量。生產者也同
樣的在市場上面對相同的產品價格，然後在這些價格下決定要不要
生產；若要生產，該生產多少等。決定生產量之後，還要再去考慮
該用何種方式生產，比方說，多用勞工或是多用機器設備等。

　　在市場經濟體制下，價格體系能提供生產與消費分配所需要的
訊息。買賣雙方各自依照這些價格所帶來的訊息，去做最適合自己
的決定，比方說，消費者可以追求其消費行為的效用最大，生產者
則可以追求自己的利潤最高。重要的是，在市場經濟體制下，買賣
雙方的交易完全是自願的，沒有任何外在壓力，大家都完全依自己
的所得與偏好去做生產與消費的選擇。

　　如果在某一個價格下，消費者所需要的數量小於生產者所生產
的數量，則表示此一市場的價格太高，出現供過於求的現象。這時
就會有生產者因為產品賣不出去而遭受損失，他就會降價求售或退
出市場。無論如何，市場價格會開始調整。反之，如果開始時市場
的價格太低，則會出現太多消費者，因為大家都希望多消費一些。
另一方面，由於價格太低，以致可能供給太少，造成供不應求的情
形。這時賣方就會有調高價格的誘因，以期增加利潤。

　　在市場經濟體制下，價格成為資源分配的最佳指導原則。廠商
生產什麼、生產多少、如何生產，以及由誰生產都可以透過產品價
格及生產要素價格而決定。消費者要消費什麼、消費多少，以及由
誰消費，也同樣可以透過產品價格來達到產品配置的目標。因此，

價格體系可以說是市場經濟體系的基石，如果沒有一個自由與健全的價格體系，市場經濟體制就無法存在。

　　市場經濟體制的另外一個基石是「自由競爭」（free competition）。自由競爭不但是指買賣雙方都在完全沒有外力的干預下，自行決定其產量與需要量，而且賣方與賣方之間的競爭，或是買方與買方之間的競爭也都沒有受到任何外力干預。比方說，在市場供過於求的情況下，任何賣者都可以隨時自由降價或自由退出市場，不會受到任何阻礙。同樣的，在供不應求時，任何賣者都可以隨時提高價格。其他的潛在競爭者看到市場情況不錯，也可以隨時進入市場，開始生產。

　　自由競爭的重要性在於，它能使市場價格充分反應市場情況。比方說，如果供過於求或是供不應求，人們就可以透過價格訊息，重新調整生產與消費，而使社會利益達到最大。例如台灣的酒品市場以前是由公賣局一家獨占的（一個缺乏競爭的市場），當金門高粱缺貨時，價格會大漲，於是公賣局就可以得到更多的利益。但消費者卻必須承受高價格的剝削，無法獲得足夠的消費，社會利益自然大受影響。如果酒品市場完全開放，高粱酒也不是只有現在的金門酒廠生產。在高粱酒供不應求的情況，價格上升，其他的酒廠就會很快的也加入生產行列以求取利潤，在此同時，由於高粱酒生產的增加就會抑制價格再上漲的趨勢。如此一來，人們就不必再付太高的價格，可以買到較多的高粱酒，全社會的利益就會比以前高。

　　所以，在市場經濟體制下，價格體系是傳遞訊息的最關鍵工具。要使價格能最有效率達成傳遞訊息的目的，我們就需要一個自由競爭的環境；在市場經濟體系中，價格體系與自由競爭都是必要條件，缺一不可。

五、經濟圖形的解析

（一）圖形的使用

　　圖形是學習經濟學的一個重要工具。現在我們將說明圖形的基本原理，包括圖形的構成、正相關與負相關、自變數與應變數，以及直線關係與曲線關係的斜率觀念。並且說明如何利用斜率的觀念，尋求極大值與極小值。最後討論到使用圖形時最常碰到的三個陷阱：斜率的混淆、資料衡量的錯誤，以及非代表性資料的運用。

　　圖形在經濟學中，時時被廣泛地使用，它描繪出二個變數間量的關係，例如：

- 消費與所得的關係；
- 物價膨脹率與時間的關係；
- 生產的平均成本與生產量的關係；
- 利潤與商業決策的關係；
- 石油消費和油價的關係；
- 失業與物價膨脹的關係。

　　上述關係都可以用圖形來描繪與分析。一般而言，從學習的觀點來看，圖形的效果比長篇大論的效果要好，圖形所陳述的變數關係容易了解與記憶。讀者必須了解如何詮釋圖形，以期精通經濟學中的重要概念。

（二）正相關與負相關

　　圖形的第一個重要特性是，它所描繪的二個變數之間是正相關或負相關。

「若一個變數的值會隨著另一個變數的值之增加而增加，這二個變數之間是正相關的關係。」

　　例如，某一特定汽車引擎馬力的增加，將會提高該汽車的最高速度，圖1.1中的（A）圖描繪了這種關係。圖中縱軸表示汽車的最高速度，橫軸表示引擎的馬力。當引擎馬力為0時（引擎壞了），顯然汽車的最高速度是0；當馬力是300時，汽車的最高速度是每小時100英里。所有介於0與300之間的馬力值，均描繪在圖中。因此，連接這些點所得到的曲線表示了馬力對最高速度之影響。由於馬力的增加會使最高速度跟著增加，因此所描繪出來的圖形是上升曲線。

「當二個變數是正相關時，描繪它們之間的關係曲線是上升曲線。」

圖1.1：變數的相關性

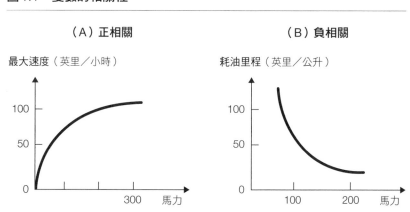

圖（A）說明正相關的情形。當橫軸的變數（馬力）增加時，縱軸的變數（最大速度）增加，曲線從左下方向右上方延伸。

圖（B）說明負相關的情形。當橫軸的變數（馬力）增加時，縱軸的變數（耗油里程）減少，曲線從左上方向右下方延伸。

「若一個變數的值會隨著另一個變數的值增加而減少，這二個
變數之間是負相關的關係。」

例如，在設定的行車狀況下，耗油里程會隨著汽車馬力的增加
而減少。在圖1.1的（B）圖中，橫軸仍然代表馬力，縱軸則代表
耗油里程。由於耗油里程會隨著馬力的增加而減少，因此所描繪出
來的圖形是下降曲線。

「當二個變數是負相關時，描繪它們之間的關係曲線是下降曲
線。」

（三）應變數與自變數

在二個變數的關係中，其中一個變數是「自變數」（independent
variable），另一個變數是「應變數」（dependent variable）。

「自變數的值改變會造成應變數的值改變。」

引擎馬力的增加會使汽車的最高速度隨著增加，也使耗油里程
隨著減少。在這兩個例子中，引擎馬力是自變數，而另外二個變
數：「最高速度」與「耗油里程」，是隨著馬力的改變而改變，因
此它們是應變數。

經濟分析的目的之一，是找出可以解釋某些特定應變數的自變
數。例如，哪些自變數能夠解釋通貨膨脹、失業、儲蓄或投資等的
變化？在許多情況下，決定何者是自變數與何者是應變數是不容易
的，因為某些變數相關（它們彼此互相影響），而在某些情況中，
它們之間並無因果關係。

（四）構圖的原則

曲線是上升或下降我們一看便知，但是要了解圖形所表示的內

容則必須仔細研判。要能夠正確了解圖形的意涵，則必須了解圖形
是如何構成的。

　　表1.3所列數字說明了打字時間與打好頁數之間數量的關係。
假設已知它們之間的關係是：每5分鐘打好一頁。因此，15分鐘可
打好3頁，20分鐘可打好4頁……，以此類推，0分鐘當然只能打
好0頁。

表1.3：打字時間與打好頁數之間的關係

	打字時間（X軸）	打好頁數（Y軸）
	0	0
a	5	1
b	10	2
c	15	3
d	20	4
e	25	5

圖1.2：構圖

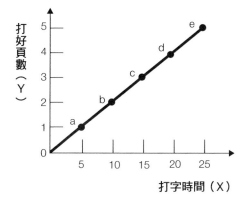

根據這些資料，經由4個步驟，我們可以畫出圖1.2。

步驟一：

在作圖紙上，畫出互相垂直而交於原點的縱軸（垂直線）與橫軸（水平線）。原點標示為0，縱軸標示為Y，而橫軸標示為X。

步驟二：

橫軸代表打字時間，以每一間隔為5分鐘，將橫軸區分為若干等份，並且在橫軸下方標示「打字時間」。

步驟三：

縱軸代表打好頁數，以每一間隔為一頁，將縱軸區分為若干等份，並且在縱軸左方標示「打好頁數」。

步驟四：

將表1.3中的每一組數據，在圖1.2中找出應對的X值與Y值，將對應該組合的點描出來。例如，a點表示5分鐘／打好1頁這組數據，c點表示15分鐘／打好3頁這組數據等。

點a、b、c、d與e完全將表1.3中的數據表示在圖1.2中，因此，圖1.2可以取代表1.3，這也是圖形的第一個優點：只要從圖中看看點的軌跡，便可看出圖中二變數之間量的關係。由於圖1.2中點的軌跡從左下延伸到右上，因此，我們知道這二個變數是正相關的。

在這個簡單且明顯的例子中（表1.3的數據排列，相當有秩序），這個優點（很快就看出正相關）可能較不明顯；然而，假若

表1.3的數據排列成表1.4的情況，則正相關這個優點將會較明顯。

　　因為，如果讀者花一些時間去觀察這些數據，或許可以發覺這二個變數是正相關的，但是畢竟不是馬上可以從表中看出這種關係。然而，我們卻可以很快地從圖形了解。

　　「圖形優於表格的第一點，是用圖形表示二變數間之關係比較容易了解。」

　　假設除了表1.3的資料之外，還有其他的打字時間數據：6分鐘、13分鐘、24分鐘25秒等，則我們必須用較大的表來列示這些數據。然而，在圖形中，我們只要連接a、b、c、d與e諸點成為一個圓滑曲線，便能把這些中間值都包括進來。因此，圖形優於表格的第二點在於，大量的數據以圖形表示優於以表列示。

　　「圖形優於表格的第二點，在於大量的數據以圖形表示比用表列示有效。」

　　表1.3與表1.4的數據顯示打字時間與打字頁數間的關係，這個關係描繪於圖1.2。然而，這個關係可能會隨著影響打字速度因素的改變而改變。假設表1.3的數據，是使用手動打字機的情形，如

表1.4：打字時間與打好頁數之關係（數據重排）

	打字時間 （X軸）	打好頁數 （Y軸）
b	10	2
a	5	1
	0	0
e	25	5
c	15	3
d	20	4

果打字員改用IBM的電動打字機，則他每5分鐘可打好2頁而不再
是1頁，這個關係就改變了。這兩個關係均描繪在圖1.3之中。因
此，若影響打字速度的因素改變（如打字機的性能好壞），打字時
間與打好頁數之間的關係也會隨著改變。

　　經濟學家經常會遭遇到變數間關係改變的情況，因此了解圖形

圖1.3：構圖

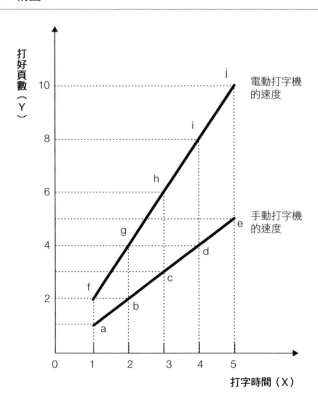

曲線abcde表示用手動打字機時，打字時間與打好頁數之間的關係。而較高的曲線
fghij則表示用電動打字機時，打字時間與打好頁數之間的關係。從圖中可以發現，
改用電動打字機以後，打字速度提高了。

的變動是相當重要的。

（五）了解斜率

　　二個變數間的關係是以曲線的斜率表示，不了解斜率，便無法了解許多經濟學的中心概念。

　　斜率表示一個變數對另一個變數變動的反應。以上述打字的例子來說，用手動打字機每5分鐘打好1頁，也就是說每1分鐘打好1/5頁，則abcde線的斜率是每分鐘1/5頁。

　　為了能正確了解斜率的意義，我們以圖1.4中代表X與Y二變數間關係的直線來說明。在圖1.4（A）中，當X＝5時，Y＝3；當X＝7時，Y＝6。假設變數X的值從5單位變到7單位，則變數Y從3單位增加到6單位。

圖1.4：正斜率與負斜率

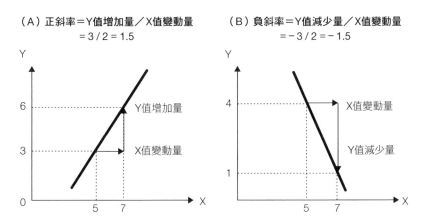

正斜率是由Y值增加量與X值變動量之比值來衡量，如圖（A）中，Y值增加3，X值增加2，斜率為1.5。負斜率是由Y值減少量與X值變動量之比值來衡量，如圖（B）中，Y值減少3，X值增加2，斜率為－1.5。

　　「直線的斜率是 Y 的變化除以 X 的變化所得的比率。」

　　圖 1.4（A）中直線的斜率是：

$$斜率 = Y的增加／X的增加 = \frac{3}{2} = 1.5$$

「正斜率表示二變數是正相關的。」

　　本公式也可適用於負相關的情況。在圖 1.4 中，X 從 5 增加到 7，Y 從 4 降到 1，因此，斜率是：

$$斜率 = Y的減少／X的增加 = \frac{-3}{2} = -1.5$$

「負斜率表示二變數是負相關的。」

　　以 △Y 表示 Y 值的變動，以 △X 表示 X 值的變動，則：

$$斜率 = \frac{\triangle Y}{\triangle X} = 1.5$$

本公式適用於正相關與負相關。

　　再回到打字的例子，打字時間與打好頁數之間關係的斜率是多少呢？當打字時間增加 5 單位（△X = 5），則打好的頁數增加 1 單位（△Y = 1）。因此，斜率是

$$\frac{\triangle Y}{\triangle X} = \frac{1}{5}$$

　　在圖 1.2、1.3 與 1.4 中，點的軌跡均呈直線，這種關係叫做直線關係。然而好學的讀者一定會渴望知道，當 X 與 Y 之間呈曲線關

係時，斜率該如何衡量？

　　圖1.5是曲線關係的例子。當X從2單位增加為4單位時（△X＝2），Y增加2單位（△Y＝2）；在a與b之間斜率是2/2＝1。然而，在a與c之間，X從2增加到6（△X＝4），Y增加3單位（△Y＝3），斜率為3/4。在曲線的情況下，斜率的值隨著X的改變而改變。在b與c之間，斜率是1/2。因此，斜率沿著曲線的移動而改變。在直線關係的情況中，斜率的值不會隨著X的改變而改變，因為它是常數，不會隨著點的移動而改變。

　　曲線關係沒有單一的斜率，也沒有單一的方法來衡量斜率，斜率可以在二點之間衡量（如a與b之間，或b與c之間）或在某一特

圖1.5：曲線關係圖的斜率計算

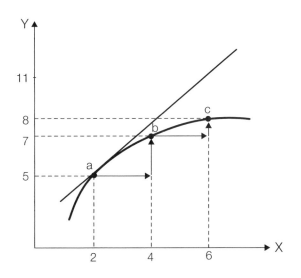

由Y值的增加與X值的變動之比值，可算出a與b之間的斜率為1，a與c之間的斜率為3/4，b與c之間的斜率為1/2。a點的斜率，則是通過a點的切線的斜率3/2。

定點衡量（如點a）。到目前為止，在某一點衡量的斜率隨著X值的變化量而定，因此必須採用某個統一的標準，以免產生混淆。這個標準就是用切線來決定曲線關係上某一點的斜率。

　　為了計算a點的斜率，將X的變動量設定為無限小，小於1/2、2、4或其他任何單位。無限小的變動是很難想像，但是，在圖形上可簡單地用通過a點的切線來表示。

　　「切線是與曲線只相切於一點的直線。」

　　若曲線在a點確實是彎曲的，則只有一條直線與曲線交於a點而且只有a點，其他的線一定會與曲線交於二點或不相交。通過a點的切線描繪在圖1.5中。

　　曲線關係在某一點的斜率，是用通過該點的切線斜率來衡量：

　　「在曲線關係中，曲線上某一點的斜率，是通過該點切線的斜率。」

　　通過a點切線的斜率是以Y值變動量除以X值變動量所得的比率值來衡量。由於切線是一條直線，斜率值不因X值變動量的不同而不同。當X從2增加到4（$\triangle X = 2$），Y從5增加到8（$\triangle Y = 3$），斜率為3/2；當X從2增加到6（$\triangle X = 4$），Y則從5增加到11（$\triangle Y = 6$），斜率仍為3/2。

　　圖1.6說明具有不同的最高點或最低點的二條曲線。在（A）圖中，當X小於6時，X與Y之間是正相關的；當X大於6時，X與Y之間是負相關的。圖（B）則與圖（A）相反，當X小於6時，X與Y之間是負相關的；當X大於6時，X與Y之間則是正相關的。注意到當斜率從正值變為負值時（反之亦然），曲線斜率為0；亦即當X等於6時，與這二條曲線交於此點的切線是一條水平線，Y值不隨X值的變動而改變。

圖1.6：最高點與最低點

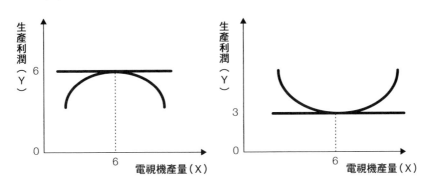

某些曲線關係中的圖形會改變方向。在圖（A）中，當X值等於6時，對應的Y值是極大值；在圖（B）中，當X值等於6時，對應的Y值是極小值。在這二個例子中，極大值與極小值都發生在斜率等於零的時候。

「在曲線關係中，當曲線斜率等於0時，Y值為極大值（如圖A）或極小值（如圖B）。」

　　在決定廠商如何使利潤最大或成本最小時，經濟學家相當關注關係式的極大值與極小值。例如，假設（A）圖中，X表示某公司2017年的電視機產量（每一單位表示1萬台），Y表示該公司生產電視機的利潤（以10萬台幣為單位）。根據該圖，該公司會把生產量定在6萬台，因為生產該數量的電視機，會使該公司的利潤最大。

　　假設（B）圖中，Y表示該公司的生產成本，X仍然表示電視機產量，則當產量為6萬台時，該公司的生產成本最小，亦即生產量定在6萬台時，生產每一台電視機的成本最小。

（六）圖形使用時的陷阱

正確使用圖形，有助於對經濟現象的了解。然而，圖形也可能被誤用而導致錯誤的判斷。在西方社會的政治競選活動中，執政黨通常以各種數字與圖表來說明經濟是如何地繁榮，而競選對手則又以其他數字及圖表來說明國家經濟是如何地糟。

因此，了解圖形時要能夠有獨立的判斷是相當重要的。現在再提出使用圖形時三個容易產生的陷阱：1.斜率的混淆；2.不正確的資料衡量；3.非代表性資料的運用。

1. 斜率的混淆

曲線上升或下降的陡峭程度可能會造成對二變數間關係產生誤解，因為斜率會受座標軸刻度大小的影響，而且斜率的數值也會受衡量單位大小的影響。

2. 錯誤的衡量

錯誤的衡量不是指單純的計算錯誤（二十隻雞數成十五隻雞），它包括了許多錯誤。一個變數可能外表上看來是衡量某一事物，可是實際上卻是衡量另一事物。錯誤的衡量通常是微小而不易察覺的，因此閱讀圖形時，必須格外小心，以免誤用。

經濟學中，在時間序列圖形中最常碰到的錯誤的衡量是：1.因物價膨脹因素所扭曲的衡量，與2.因成長因素所扭曲的衡量。一個時間序列圖形中，水平的X軸用來衡量時間（以月、季、年、十年等為單位），垂直的Y軸則用來衡量隨時間變動的變數。

物價膨脹因素所扭曲的時間序列可以下面的例子來說明：「今

天的美國工人比三年前更富有，淨所得從來沒有這麼高過。」我們不能只拿貨幣所得來衡量工人收入，必須把物價上升的因素剔除。如果剔除以後，工人的「實質工資」比三年前低，這就說明這種錯誤的衡量是由於物價膨脹所扭曲的。

　　解釋時間序列圖形時，我們也必須小心成長因素所可能造成的扭曲。中國大陸用電消費是成長因素所扭曲的衡量的一個例子，比方說，從1990到2014年之間，大陸用電消費成長805.0%，但其中有一些消費的增加是因為人口成長所導致。在扣除人口因素後，在同一期間內，大陸人均用電量的成長率為531.8%。

　　為了避免時間序列圖形的錯誤解釋，可以採用二種方法：1.仔細區別含有與不含有「物價膨脹」因素的圖形，2.用「平均每人」為單位的數字來表示，或用「百分比」的圖形來表示。

3. 非代表性質料

　　使用圖形的另一個陷阱是非代表性的或不完全的資料。以圖形來表示二變數間的關係時，其關係的正負方向依所選的時期而定。例如，近年來俄羅斯的農作物收成波動非常大——在幾年的豐收之後跟著是幾年的歉收。若我們選取豐收的一年當做圖形的起始年，歉收的一年當做圖形的最後一年，則所得到的俄羅斯農業方面的表現一定是呈現逐漸惡化的情形；相反的，若是選取歉收的一年當起點，豐收的一年當終點，則所得到的圖形一定會顯示出農業收成逐年好轉。因此，圖形表示的關係會受所選取的觀察期間影響，偏頗的觀察者可能會把他們對事實的誤解呈現給圖形的讀者，使讀者產生混淆的觀念。

（七）綜合說明

1. 圖形可以清晰地表示二變數間的正相關或負相關的關係。

2. 若一變數的增加會造成另一變數的增加，則這二變數之間是正相關的關係；相反地，若一變數的增加會造成另一變數的減少，則這二變數之間存在負相關的關係。

3. 在某些以圖形表示的關係中，一個變數可能是自變數，而另一個變數可能是應變數。但是，在某些情況下，要區分哪一個變數是自變數，哪一個變數是應變數，並不是很容易的。

4. 直線的斜率是 Y 值的增加量除以 X 值的增加量所得到的比值，曲線上某一點的斜率是通過該點與曲線相切的切線的斜率。當曲線的斜率隨著 X 值的增加而由正值變為負值時，則在斜率值等於零時，Y 值是極大值；相反的，當曲線的斜率隨著 X 值的增加由負值變為正值時，則在斜率值等於零時，Y 值是極小值。

5. 使用圖形必須避免三個陷阱：衡量單位的選擇會影響曲線的陡峭程度或平坦程度；變數可能會受通貨膨脹因素的扭曲或成長因素的扭曲；忽略了部分資料或不完整的資料，均會造成對二個變數間關係的誤解。

經濟名詞

經濟資源	稀少性	選擇
個體經濟學	總體經濟學	實證經濟學
規範經濟學	自利行為	理性行為
會計成本	機會成本	比較利益
絕對利益	分工	專業化
市場經濟體制	計畫經濟體制	價格體系
自由競爭	正相關	應變數
自變數	斜率	

討論問題

1. 什麼是實證經濟學？什麼是規範經濟學？請分別各舉出二例說明之。

2. 何謂機會成本？台灣之前有一位知名的政治人物離開他的政黨及政治舞台，創辦一家民營電台，試圖開創另一個春天。試說明他的機會成本可能為何？

3. 請問比較利益是否必然存在？你可以舉出一個比較利益不存在的例子嗎？

4. 有人說：自利行為是本我的表現，利他行為是超我的表現。請舉二例說明利他行為的表現。請仔細思考，並說明為什麼它們是利他行為，而不是自利行為？

5. 試舉例說明兩個變數之間的正相關，並以圖形表示。

6. 試求出以下兩點的斜率：

    (1) A（0,1），B（1,−1）

(2) A（1,3），B（−3,1）

7. 試求出使下列平均變動成本曲線（AVC）與邊際成本曲線
（MC）達到極小值的產量：

(1) $AVC = 10 - 2q + q^2$

(2) $MC = 5 - q + q^2$

8. 請說明使用圖形必須避免哪些陷阱。

9. 請比較價格體系在市場經濟體系與計畫經濟體系中，所扮演的
功能。

10. 你覺得人類行為可以預測嗎？個人的行為呢？群體行為與個人
行為，何者比較容易預測呢？

11. 在「沈嘉宜的咖啡店」例子中，我們還忽略一項重要的資源，
即沈嘉宜本身工作所應得的薪資。假設沈嘉宜不賣咖啡，而去
上班，每個月的收入估計可以有30,000元。請問這時沈嘉宜賣
咖啡的機會成本又是多少呢？

第二章

經濟知識的重要與分享

一、經濟學是什麼？

二、大家關心的經濟問題

三、經濟知識的普及

四、「文科中最老、科學中最新」的學科

五、經濟學家為什麼意見不同？

六、經濟學家的可信程度

「一個已經擺脫經濟落後的社會，是不允許有經濟文盲普遍存在的！」

——高希均

「經濟學家與政治哲學家的觀念，無論對錯，都遠較一般人所認知的為有影響力。這個世界甚少受其他人的統治。負實際責任的人儘管認為不太受知識分子的影響，但通常都是某些已故經濟學家的奴隸。」

——凱因斯

一、經濟學是什麼？

亞當・史密斯認為經濟學是「財富之學」，著重在研討一國財富的本質、原因及外在因素。

另外一位英國經濟學大師馬歇爾（Alfred Marshall）認為經濟學是「日常生活中對人的研究」。

其他常見的定義則包括了：

——經濟學是研究如何改善社會。

——經濟學是對人類從事生活中日常事物、賺錢，與享受生活的研究。

——經濟學乃是對人類如何安排其消費與生產活動的研究。

——經濟學（或是政治經濟學）乃是對人與人之間交易活動的研究，這些活動可能涉及貨幣，也可能不涉及貨幣。

　　另外一個周延的定義是薩孟遜（Paul A. Samuelson）教授所提供的：

　　經濟學是研究人類與社會如何「選擇」——使用或不使用貨幣——具有不同用途的「稀有」生產資源，生產不同的貨物，以供社會中不同的個人與團體目前或未來的消費。經濟學並且分析改善資源分配型態的成本與效益。

　　但是最被大家使用的一個定義可能是：

　　經濟學是一門學問，研究人類如何選擇使用有限的生產資源以生產不同的貨品，來滿足幾乎無窮盡的慾望，並將之分配給社會中不同的成員。

　　「生產資源」包括了土地、勞力、資本財、技術、知識等；「不同的貨品」指小麥、牛肉、衣服、遊艇、音樂會、公路等。

　　從經濟學的應用觀點來看，它包括了：

　　（一）人力與自然資源的應用；（二）價格的決定；（三）所得的分配；以及（四）經濟成長的維持與增進。從這個研究範圍就可以演繹出社會大眾所要追求的經濟目標，如充分就業、物價穩定。

　　再從經濟學的研究角度來看，它可以分為：（一）經濟理論的探討與發現；（二）經濟學研究方法的改進與經濟因素的測度；（三）經濟政策的提供與評估；（四）經濟史的演繹與現實的關聯。這四者彼此之間自然是相輔相成的。

　　近四十年來經濟學發展迅速、分類細密，一方面是受了現實問題的衝擊——產生了人力資源經濟學、都市經濟學、醫療經濟學等新的學科；另一方面是由於經濟學工具的進步——統計、數學、電腦等的運用加速了計量經濟學、投入產出關聯、預測模式，以及大數據應用等的發展。根據美國大學授予博士學位的經濟系所開設的

經濟學家筆下的「愛的故事」

當經濟學家用專門術語來討論「家庭之愛」的時候，幾乎沒有人能了解他們在談什麼。

下面的故事取材自《美國新聞週刊》，簡化後是這樣的：

有些經濟學家認為，父母與子女間的愛會影響家庭一生的經濟狀況。因此，一位布朗大學的經濟學家葛羅斯曼（Herschel I. Grossman）教授，就以一個繁雜的數學方程式，來解釋整個的家庭經濟生活。這道方程式是：$U_t = V(C_t^1, C_t^2, C_{t-1}^1, C_{t-1}^2, C_{t+1}^1, C_{t+1}^2)$，內容可說是應有盡有，包括坐雲霄飛車和吃漢堡的花費、猛漲的學費支出、成年子女匯給退休父母的養老費、父母的遺囑等。

葛羅斯曼將他的論文定名為：〈家庭之愛與跨時最適性（intertemporal optimality）〉。這篇二十頁的文章是以專業經濟學家為對象的「工作報告」，而對一般外行人來說，就恰似一團充滿經濟術語和數學符號的迷霧。葛羅斯曼的主要結論用經濟術語表示是：「利他的『效用函數』可以提高『跨時效率』……但利他主義也會造成『外部性』，這表示滿足了效率的條件，但仍不能保證達到『跨時最適性』。」

撥開了術語的迷霧，他的結論可以用兩句話簡單明瞭地概括：「子女愛父母」、「父母也愛子女」。

從這個「愛的故事」中，讀者希望經濟學家討論大家關心的議題時，能夠發揮愛心，「少用術語，多講人話。」

專修科目，經濟學細分成二十一項（field）：一般經濟理論；經濟
思想史；福利經濟學；計量經濟與數理經濟；經濟歷史；經濟發展
與計畫；比較經濟制度；貨幣、信用與銀行；商業循環；公共財
政；商業財務；工商管理與管理經濟學；運銷與會計；工商組織；
國際貿易與財務；勞動經濟學；農業經濟；經濟地理；區域與運輸
經濟學；人口與移民經濟；福利計畫與社會安全。（請注意在這一
分類中，人力資源包括在勞動經濟學內，都市經濟包括在區域與運
輸經濟學內。）

　　經濟理論與現實問題的結合，使得經濟學的探討及一國的經濟
目標彼此愈來愈配合。今天經濟學理的探討就是一面要不斷發掘
及改進經濟理論，使其更能解釋人類的經濟行為；另一面是不斷修
正預測經濟行為的工具，使經濟制度的表現更趨於完善。薩孟遜
教授曾說過：「如果有人認為『這在理論上成立，但實際上不能成
立』，那麼這個人所指的理論顯然是『不相干的理論』，這些不相
干的理論可以揚棄。」

二、大家關心的經濟問題

　　就生活上、工作上、兩岸關係上的體驗而言，我們可以列舉一
些大家關心的經濟問題：

　　——今後哪些工作及職業為社會所需？待遇如何？
　　——為什麼會有財政赤字？如何減少這些赤字？
　　——為什麼物價會上升？物價管制有效嗎？
　　——為什麼失業人數會增加？什麼才是有效的對策？

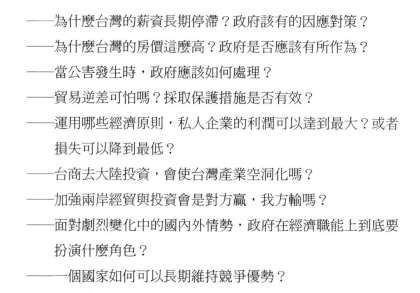

——為什麼台灣的薪資長期停滯？政府該有的因應對策？

——為什麼台灣的房價這麼高？政府是否應該有所作為？

——當公害發生時，政府應該如何處理？

——貿易逆差可怕嗎？採取保護措施是否有效？

——運用哪些經濟原則，私人企業的利潤可以達到最大？或者
　　損失可以降到最低？

——台商去大陸投資，會使台灣產業空洞化嗎？

——加強兩岸經貿與投資會是對方贏，我方輸嗎？

——面對劇烈變化中的國內外情勢，政府在經濟職能上到底要
　　扮演什麼角色？

——一個國家如何可以長期維持競爭優勢？

　　諾貝爾經濟獎得主薩孟遜（已過世的美國麻省理工學院教授）曾經很語重心長地寫過：「沒有受過一些經濟訓練的人，對一國經濟問題要思考都無從思考起，就如聾者要去欣賞交響樂一樣。給他一個助聽器，他可能仍然缺乏足夠的才華，但至少可以意識到音樂究竟是怎麼一回事！」

　　這是一個很坦率而正確的觀察，當社會大眾關心經濟問題時，經濟學家能做的貢獻正如助聽器一樣！

▍三、經濟知識的普及

　　生活在現代的社會中，無法不經常聽到與讀到許多與經濟有關的名詞，如國民生產毛額、外匯存底、台幣升值、預算赤字、社會福利、兩岸經貿與金融風暴等等。因此每一個人雖不一定受過

經濟學的訓練，但都時時刻刻在接觸經濟問題，呼吸著「經濟的空氣」。

　　經濟起飛只要幹勁，經濟成長卻需要智慧。智慧的一部分就包括了人民要有豐富的經濟常識，決策者要有充分的經濟知識。

　　經濟常識，是指一般人民對國計民生問題，具有概括性的了解。這主要靠大眾媒體來傳播。它可幫助人民去選擇職業、消費、投資及處理其他財務方面的問題，還可幫助人民來了解政府的經濟政策。

　　另外一方面，如果消費者缺乏經濟常識，就容易變成了任由企業擺布的購買者；社會上就會更容易出現商業道德的低落、誇大失實的廣告及品質低劣的商品。台灣市場上最需要廠商間強烈的競爭與消費者嚴格的要求。

　　如果生產者要減低成本，追求利潤，消費者要用錢得當，滿足

閱讀經濟雜誌書刊使經濟知識日益普及

慾望；而站在總體經濟觀點，財經政策又要謀求經濟繁榮與物價穩定，那麼經濟知識的普及毋寧說是一個必要的條件。

經濟知識是指對經濟問題或現象有解釋、分析及預測的能力。經濟知識是領導階層、工商界人士、知識分子、輿論領袖們應該具有的。

在我們社會，經濟知識正逐漸普及中：

　　——大學課程中經濟學已逐漸成為一門共同必修科，空中大學
　　　也傳授經濟學。
　　——有關經濟新聞的報導與分析已為大眾傳播工具所重視。
　　——討論經濟（金融、投資、股票市場等）問題的一般性與專
　　　門性雜誌與書刊以及電視節目迅速增加。

在西方國家，沒有一個著名的學府沒有經濟學系，沒有一個中央機構或大公司沒有經濟學家的參與，沒有一個總統不倚重他的經濟顧問。

但是我們研習經濟的人不能不思考下面這個令人警惕的結論：「儘管經濟學過去的成就很可觀，但是在現代社會中，這麼多未解決的問題可使這些成就顯得渺小。」

在現代社會中，大家都參與經濟活動，大家也都無法避免受經濟波動的影響。經濟學理幫助我們對許多重要問題，建立起正確的觀念。雖然經濟學並不一定可以提供一組保證有效的定律，但確能提供一套系統化的思考方式與一些有用的工具，以協助我們了解並應付許多經濟問題。

每一個人都應當具備做一個現代人應有的一些經濟知識。一個

在進步中的社會，怎可仍背上經濟文盲的包袱？

四、「文科中最老、科學中最新」的學科

　　經濟學的基本原理不如一些人想像中的那麼艱深。另一方面，經濟政策也不如一些人所誇大的那麼混淆。

　　經濟學理有它的貢獻，但也有它的限制。經濟學的主要貢獻就是人類可以運用這些學理，設法使有限的資源來滿足大家近乎無窮的慾望。沒有這一運作，人類所面臨的問題如貧窮、失業、物價上升或資源誤用將更嚴重、更惡化。

　　經濟學理運作時的重要限制是人類的經濟活動錯綜複雜，同時影響經濟活動的因素有些無法控制（如氣候）、有些無法預測（如戰爭）、有些經常在改變（如消費者偏好）。因此在實際操作時，不論經濟預測或經濟政策常常不能盡如人意地立刻解決經濟問題。這也就是在說：經濟原理雖不能解決所有的經濟問題，但沒有它，一切會更糟。

　　這一門「文科中最老、科學中最新」的學問從1776年英國的亞當・史密斯發表了《國富論》一書以後，就變成了一門受人重視的學科。在二百餘年的發展過程中，現在它已經變成了眾所公認的經濟科學。

　　一九三〇年代的經濟大恐慌使經濟學受到了前所未有的重視。凱因斯（John M. Keynes）1936年的《就業、利息與貨幣的一般理論》加快了經濟學科的起飛。在以後的六十年中，經濟學中需要統計與數學的知識愈來愈多，分類愈來愈細密，其對社會的影響也愈來愈大。1969年諾貝爾增設經濟科學獎更確定了它的學術地位。

　　可惜自1973年第一次世界性能源危機產生之後，世界各國發生了物價上升與失業率上升相互並存的現象。這一共存的現象使經濟學家受窘，因為他們既沒有很周延的理論來解釋，也缺少有效的經濟對策。

　　1977年11月，《華爾街日報》一篇社論的第一段就這樣幽默地諷刺經濟學家：「我們可以這樣說：拿破崙早年執政時，法國經濟繁榮的祕訣是他輕視經濟學家。我們也可以這樣說：當前法國總統之所以有這麼多經濟與政策問題，正是因為他任命了一位經濟學家擔任內閣總理。」

　　如果，我們同意已過世的明尼蘇達大學韓勒教授（Walter Heller，曾任甘迺迪總統首席經濟顧問）的話：「一九六〇年代是經濟學家的顛峯年代。那麼，在一般人民心目中，一九七〇年代是他們的聲望瀕臨破產的時代。」進入二十一世紀之後，又在2009年遇到全球金融海嘯，現在來討論現代經濟觀念，就更增加了大家的警惕之心。

▍五、經濟學家為什麼意見不同？

　　（一）一九八〇年代初期，蔣碩傑與王作榮兩位教授一度對經濟政策熱烈的爭辯，引起了學術界與一般社會人士莫大的關切。蔣王二位都是海內外尊敬的學者，兩位對財經決策都有深遠的影響力，兩位都熱愛國家，兩位都有學者的獨特性格，希望經由他們的討論，大家對經濟問題與經濟決策予以更大的關切。但是在一般讀者心目中，不免要問：為什麼經濟學家意見不同？

　　（二）尚未解答這個問題之前，我們應當首先了解：

1. 對一個問題──不論是經濟的、政治的或社會的，有不同的意見，乃是一個社會正常與健康的現象。在「真理愈辯愈明」的前提下，這是社會進步的一大動力。

2. 當經濟學家在公開場合發表言論時，常強調他「獨特」的見解，這在無形中，增加了經濟學家之間意見的不同。

3. 經濟學是一門社會科學，牽涉到人與社會與經濟制度與無數主觀及客觀的因素。它雖然用科學的方法來驗證一個理論或學說的可靠性，但它不能像自然科學在實驗室裡那樣地細密及嚴格。

此外，經濟學說建築在「其他因素不變」的假定上；當經濟學家在討論問題時分別做了不同的假設，就會產生不同的結論。

（三）有了上面概括的說明，我們進一步分析經濟學家意見分歧的原因。這可分成下面七項來討論：

1. **經濟目標優先次序（priority）的評價**。一般學者都同意六個經濟目標：充分就業、物價穩定、高度經濟成長、所得分配趨向公平、增加人民經濟安全感，以及提高生活素質。但是有些目標是相互競爭或衝突的。例如，當充分就業與物價穩定不能兼顧時，「何者為先」的決定，就必然會產生不同的意見。

2. **對經濟政策效果的評價**。由於一個經濟政策，受其他因素影響（如美元貶值），也影響其他因素（如外銷），其預計的效果常不一致。大體上評估一個政策的效果是客觀的、科學的判斷，隨著統計資料的充實與預測技術的改進，這種性質

的爭論可望減少。

3. **對經濟措施與應採步驟的看法**。要達成某一經濟目標或實行某一經濟政策，常可採用不同的措施或步驟。以穩定物價為例，政府可以提高稅收、減少支出、管制物價、限制出口、鼓勵進口；中央銀行也可以減少通貨、提高利率。這些不同的措施以及各種政策的配合（所謂 policy mix），會產生各種不同的「副作用」。經濟學家衡量各種不同的因素後，自會產生不同的意見。

4. **時間因素的干預**。一個重要的經濟政策所產生短期及長期的影響常截然不同。管制物價短期常有效，長期則一定導致黑市及供給短絀等不良影響。另有些政策，長期才見效，如增進一國的經濟生產力。另有些短期可見效，如減少某一年所得稅來刺激經濟。所謂長期短期，是一個相對的觀念，並不能以一年二年這種期限來區別二者。

5. **統計資料的運用與解釋**。經濟學者常以不同的資料（如不同的時間數列、基期）討論同一個問題，引起隨之而來的混淆。即使使用完全相同的資料，也常會產生不同的解釋（如數字間之因果關係、長期趨勢、短期波動）。更由於電腦及計量經濟學普遍的運用，經濟模式變成了一個主要的統計分析工具。但是經濟模式的建構與假設本身，也常引起爭論。幾個推論可以同時成立。此時只有等待更多的實證研究。

6. **非經濟因素的考慮**。有些較「實際的」經濟學者提出某一論點時，已把政治、社會、文化等因素考慮在內。有些較「理想的」學者則只從「經濟本位」的觀點出發。非經濟因素，包括了立法機構的意向、輿論、執政黨政綱、社會習俗、傳

大多數經濟學者同意的經濟觀點
（及美國學者同意各項觀點的百分比）

1. 房屋租金設定上限管制將會降低住宅的數量與品質。（93%）

2. 課徵關稅與進口限額會降低一般人民的經濟福利。（93%）

3. 採行浮動匯率可以提供一個較有效的國際貨幣安排。（90%）

4. 財政政策（包括降稅與增加政府支出）在一個沒有達到完全就業的市場中，將可以產生顯著的刺激效果。（90%）

5. 美國政府不應該限制企業主把一些外包的工作給外國人去做。（90%）

6. 經濟成長在已開發國家將可帶來更多的人民福祉。（88%）

7. 美國政府應該減少對農業的補貼。（85%）

8. 一個合理設計的財政政策將可以增加長期的資本累積。（85%）

9. 地方政府應該減少對於職業運動的補助。（85%）

10. 如果聯邦政府要維持財政平衡的話，應該是維持在一個景氣循環內的平衡即可，不需要每年都維持平衡。（85%）

11. 如果目前的政策維持不變的話，50年之後，社會安全基金的收支不平衡將會擴大到無法營運。（85%）

12. 現金補貼比實物補貼可以帶給被補貼者更多的利益。（84%）

13. 過大的財政赤字將帶給社會相反的效果。（83%）

14. 所得重分配是美國政府應該要扮演的角色之一。（83%）

15. 造成通貨膨脹的最主要因素在於貨幣供給過多。（83%）

16. 美國政府不應該禁止基因改造的穀物。（82%）

17. 最低工資會增加年輕和非技術工人的失業。（79%）

18.美國政府應該重新修改「負所得稅」的福利制度。（79%）

19.污染稅與污染交易許可證對於污染防治的效果會比直接管制來
得好。（78%）

20.美國政府對於乙醇（釀酒原料）的補貼應該減少或完全取消。
（78%）

資料來源：N. G. Mankiw (2015), *Principles of Economics*, Table 1, P 36, Cengage Learning Asia Pte Ltd, Taiwan Branch.

統、一般人民的價值觀念及國際關係等。經濟學者與執政當
局對經濟政策意見的不同，常是受非經濟因素的影響所致。

7. **主觀的價值判斷**。經濟學者無法避免其主觀上的價值判斷。
這個價值判斷，受他自己的家庭背景、學歷、經歷、政黨意
識及其他因素的影響。當經濟學者受其自身價值判斷發表言
論時，他有義務要指出這點，以保持其原有的客觀性與獨立
性。

（四）上面的討論，希望讀者能了解為什麼經濟學家意見時常
分歧。也許英國經濟學家羅賓生夫人的話一語道破了經濟學家之間
的爭論。她在1937年時寫過：「經濟學上的爭論一直不停，並不是
因為經濟學家比其他人少才智或者脾氣怪，而是因為爭論的主題常
常引起強烈的反應。」

經濟問題本身確實錯綜複雜，當前大家對這些經濟問題的常識
與知識尚感缺乏，因此，如何提高我們的經濟常識與知識水準，乃
是加速現代化過程中必不可缺的一部分。

六、經濟學家的可信程度

1973年冬天第一次能源危機發生後，美國大眾媒體對經濟學家有這樣嚴厲的指責：「在當前經濟問題錯綜複雜的情形下，我們的第一號公敵不是物價膨脹，也不是失業。這項『榮譽』應歸予那批致力於解釋經濟活動、被稱為經濟學家的人。在現代行業中，從未見過信譽如此狼藉的一行」。現在讓我們來探討經濟學家的可信程度。

一般人懷疑經濟學家的可信程度主要是基於三項相關的觀察：（一）經濟預測往往錯誤多於正確。（二）經濟學家對於如何解釋當前經濟的問題，提供了不同的、有時是互相衝突的意見，結果往往是產生更多的爭辯而非更多了解。（三）經濟學家無法減輕當前的各種經濟問題，就是他們失敗的證明。現在讓我們來逐一檢討。

（一）預測原本含有可能發生錯誤的意義

1970年諾貝爾經濟獎得主薩孟遜教授即曾說過：「經濟預測藝術性多於科學性。」他指導的一位博士論文學生克萊恩（曾數度來台講學），就是因為他對經濟預測的貢獻，在1980年得了諾貝爾經濟獎。

另一位1974年諾貝爾經濟獎得主海耶克則一向認為：「經濟學家可以觀察及敘述市場上出現的一般經濟型態，但是不能夠對經濟方向做出精確的預測。」

經濟預測準確的情形確實愈來愈少了。然而，經濟學是一門研究社會現象和人類經濟行為交互反應的學問，我們不應當期望它能像自然科學那樣的準確無誤。在數學上，一加一等於二。在經濟學

上，物價上升1%卻可能使需求量減低不及1%，或剛好是1%，或超過1%，至於需求量隨物價上漲而增加也是有可能的。這使得講授經濟學變得能夠生動，但學習的人卻感到迷惑。

　　在經濟學中經濟預測或許是最受人矚目，也最易為人所詬病的。若干知名的美國經濟學家經常言而不中，這是眾所周知的事。經濟方法和電腦科學的進步，可能使今後的經濟預測較少錯誤。然而，我們應當知道，預測原本就含有可能發生錯誤的意義。將來經濟預測工具改進後將可減少，但不能完全消除這種危險。

　　如果以為經濟學家只做預測，那便是低估了經濟學。經濟預測是研究經濟統計和經濟波動的一部分，它在經濟學中只是一個分支，在美國的專業經濟學家中，從事於經濟預測的，不超過十分之一。

　　預測錯誤的主要原因是發生了逾越經濟體系的意外事件，像：中東和北非的難民和全球氣候變遷，以及隨之所引起的油價與糧價的波動等等。其他引起錯誤的根源在於經濟知識領域本身之內，如缺乏充分資料、假設薄弱，以及估計技術有欠完善等。

　　預測這兩個字本來是指預見、預言、預示。現在似乎還可增添「冒險」一義。比方天氣，誰能肯定天氣預告的正確性呢？像人們的健康，誰能擔保他下個月不頭痛？又如人們的存款帳目，誰能預言下個月的準確結餘是多少？不論任何預測——如對個人所得、營利數額，或國民總生產毛額的預測——唯一可以確定的是：預測都是不確定的。我們在批評經濟學家對未來的經濟活動趨勢作的預測時，應對這些敢於預測的經濟學家有更多的諒解和更大的耐心。

（二）經濟學家的意見分歧

我們常聽到著名的經濟學家對當前經濟問題各有不同的意見，以致使一般民眾大感迷惑：「連你們專家都不能意見一致，怎能期望我們這些門外漢了解？」對這個問題的大部分答案並不和經濟知識十分相關。前面已經討論過為什麼經濟學家意見不同，這裡再強調：意見不同的主要根源在於各經濟學家對價值的判斷不同。一位「自由派」的經濟學家可能認為5%的失業率是難以忍受的，而4%的物價膨脹率則可接受。另一方面，一位「保守派」的經濟學家則可能提出完全相反的意見。認為5%的失業可以忍受，4%的物價上升不能忍受。

無知──不知道日益增強的實證研究──有時也扮演一個次要的角色。如果西方社會實證研究一再顯示在領取福利金的人中，90%以上都是真正合格的，那麼，那些認為福利制度被濫用而應予廢棄的人，就顯露了本身的偏見。

此外，經濟學家亦不免有自我表現意識。當他們公開談話時，往往會強調他跟別人不同的意見──認為「獨樹一幟」確能引起更大的注意。同意總統經濟顧問的意見不算是新聞，強烈反對這種意見才是新聞。然而正如傅利曼教授所說的，經濟學家之間對經濟問題的歧見，要比他們跟非經濟學家之間的歧見少得多。

（三）無法直接對經濟疾病動手術

我們的社會有雙重標準存在。醫生即使不能治癒病人的癌症或感冒，也不會受到責難。但每當一地發生物價上漲、失業或赤字預算時，經濟學家便成了代罪羔羊。我們往往忘了經濟學家在制定政

策過程中的任務有如醫生——處方治病。但經濟學家跟醫生不同，他們無法對經濟疾病直接動手術。政府、企業及個人有權接受、拒絕、修改或延擱經濟學家所開的藥方。

　　經濟學家對當政者之不肯採取行動是不應負責的。只有當他們所開的經濟藥方付諸實施，而結果與期望相反時，他們才難辭其咎。另一方面，如果他們所提出的整套經濟方案經過一再的政治妥協，以致它的幅度和影響發生變動，就不宜把責備（或讚譽）歸諸經濟學家。在我們這種民主制度中和在特殊利益團體的壓力下，任何設計周全的經濟計畫，都必然會變成一套政治妥協方案。如果病人擅自更改藥方，或拒絕吞服苦口的藥片，我們應責備醫生嗎？醫生未能治癒癌症卻不致損害他們的信譽。我們不應誤以為經濟學家可以治癒現代的各種經濟疾病。

經濟名詞

經濟學	經濟問題	短缺
生產資源	經濟政策	經濟預測

討論問題

1. 試列舉大家關心的經濟問題。

2. 試述經濟學的主要貢獻及其運作上的重大限制。

3. 社會中生產資源有哪些？

4. 試述經濟學探討與現實問題間的關聯？

5. 試由應用觀點及研究角度二方面說明經濟學研究的範圍。

6. 請討論現代經濟社會中經濟知識普及的必要性。

7. 討論經濟學者為何時常意見分歧。

8. 討論經濟學者的預測可信度。

第三章

供給與需求的運作

▌一、市場與價格

　　有一個對經濟學家著名的諷刺：「如果你教一雙鸚鵡說出『供給』與『需求』，你就創造了一位有學問的經濟學者。」這個諷刺雖然流行，卻未能認清供給與需求分析的複雜性。經濟學者必須比鸚鵡懂得多，正如醫師必須懂得比他「服兩顆阿斯匹靈」的處方來得多一樣。

　　在個體經濟學中，分析供給與需求的重要性正如在總體經濟學中，總供給與總需求一樣地重要。

　　個體經濟學中一個重要的探討課題即是個別產品（或勞務）價格的決定。在以市場經濟為主的體系下，產品價格是由供給與需要來決定；在管制經濟體系下，產品價格係由中央政府決定。

　　透過市場供需所決定的價格，反映了消費者的偏好與生產者的成本。這一無形力量的決定遠比中央政府的決策者來的更迅速與正確。自由世界中的經濟體系之所以常被稱為「市場經濟」（market economy），即是因為它建築在供給與需求這二根支柱上。

　　在這一章中，我們將詳細討論供給與需求的運作。讓我們先從說明自由經濟體系下的市場與價格特性開始。

（一）市場與市場的種類

　　在現代社會中，生產者對財貨的供給與消費者對財貨的需要都要透過市場。為了說明供需的運作，讓我們先從了解一個市場開始。

　　市場是一個為購買者及銷售者交換商品或勞務所設立的安排。

　　市場有大有小，而且種類繁多。例如零售商店、加油站、蔬菜

及水果攤販、房地產公司、職業介紹公司、紐約的股票交易所、芝加哥的商品市場（買賣畜產品、穀類及金屬）、倫敦的藝術品拍賣中心、蘇黎世的黃金市場，以及千種其他專門的安排，都屬於廣義的市場。

紐約股票交易所藉現代電訊買進或賣出公司股票；倫敦的拍賣市場聚集了稀有藝術品的購買及銷售者；鹿特丹石油市場聚集了未簽訂長期契約的原油購買者與銷售者；職業介紹公司集合了求才與求職者。在某些市場，買賣雙方是面對面的交易（馬路旁的農產品市場）；而在其他市場，買者與賣者從未見面（如台灣的股票市場）。

由上述討論可知，市場並不一定要具有某種特定形式或固定在某一特定場所——只要有買賣雙方、商品、價格，就足以形成市場。

（二）決定市場形態的因素

某一市場的實際形式決定於兩個重要因素：一是所賣的商品或勞務的種類，一是商品由產地運輸至銷售地的成本。有些市場是地方性的（集合當地買者與賣者）；有些是全國性的（集合全國各地的買者與賣者）；其他是國際性的（集合全世界的買者與賣者）。房地產在地方性市場買賣，因為房屋及建築不能由一地運至另一地（除非支付很高的費用）；書籍與唱片可以在全國性市場交易；紐約股票交易所則由來自世界各地的買者與賣者參與。

（三）完全市場

在討論市場結構時，通常我們把它分成四類：1.完全競爭

(perfect competition)、2.獨占競爭（monopolistic competition）、3.寡占（oligopoly），以及4.獨占（monopoly）。這裡我們只討論完全競爭下的市場，稱為「完全市場」（perfect market）。其他市場我們會在本書後面再仔細說明。

完全市場（或完全競爭市場）有下列五個特徵：1.市場上產品價格是相同的；2.買者賣者對於價格及產品的品質有完全的訊息；3.有大量的買者與賣者；4.單一買者與賣者規模都很小，所以都不能左右價格；5.自由進出。

上述五項特徵中最重要的一項是，買者及賣者所面臨的競爭如此之多，以致無個人或團體能控制價格。

事實上，大多數人參與買賣的市場通常都不是完全市場，因為買方與賣方對於價格及品質沒有完全的訊息——相同的商品在不同雜貨店中售價可能不同。如相同的房屋出售價格都不同；性能類似的藥品售價不同，同一公司中資歷、職責及性情相同的同事所獲待遇不一；美國製造武器的公司對武器、南非對鑽石、沙烏地阿拉伯對原油的價格都有相當的控制力。

另一方面，大規模的買方對他們所支付的價格也有一些控制力。

然而，許多商品卻也在完全市場中交易，例如：股票及公債券、小麥、銀、銅、金、外幣、燕麥、大豆、木材、棉花、柳橙汁、可可、白金等。

參與這些市場的包括：私人投資者、商業銀行、工業採購者及農業經紀商等。雖然上述各種市場中，雜貨店、乾洗店、加油站，不是完全市場，但在某種程度上有許多近似完全市場的功能。在這方面來看，完全市場的交易行為就是了解實際市場運作方式的指

引。因此，完全市場的探討就變成了分析經濟行為的起點。

（四）價格

　　自由經濟體系下的市場特徵之一是，在市場交易過程中，買賣雙方都是自願的，沒有任何形式的脅迫在內。在其他條件不變下，消費者決定要購買多少數量，生產者決定要生產多少數量，唯一的考量因素就是「價格」。

　　當市場上一種商品的需求超過供給時，價格就會上升，這時候供給者便有誘因去生產更多商品；另一方面，因為價格上升，買方的購買意願及數量都會隨之減少。這時候，需求與供給就會漸趨相等。

　　從資源使用的角度來看，當一種商品的需求大於供給時，表示市場上生產這種商品的要素投入不足，因而無法滿足大多數人的慾望，因此有必要增加生產。但在一個自由市場上如何做到呢？這時候就是價格機能發揮作用的時刻了。因為在供不應求的情況下，價格會開始上升，一方面吸引更多廠商投入生產，一方面也可以抑制過多的需求，直到供需相等為止。

　　換句話說，在一個市場經濟體系中，我們只需要有一個能完全反應市場狀況，且能自由調整的價格機能（price mechanism）即可。生產什麼、生產多少、由誰生產、由誰消費、消費多少等諸多問題，都可以利用市場價格的調整，及其中所包含的市場訊息來回答上述問題。因此，價格機能（又稱市場機能，market mechanism）在市場經濟體系中可說扮演著最關鍵的角色。

二、需求

經濟問題的討論是基於慾望無窮的原則。我們想要的多，市場能提供的少。「稀少」正就是指慾望與失望之間所產生差距的一個現象。

（一）需求法則（the law of demand）

經濟學的一個重要基本法則是需求法則（或稱需求律）。

需求法則說明：其他因素維持不變下，個別消費者對一種物品的價格及需求數量之間存在「負的」（或「反向的」）關係。因此，如果價格降低，如其他因素維持不變，需求量將增加。在下面的討論過程中，「其他因素不變」（ceteris paribus）此一限制條件之重要性將逐漸明顯。

「需求量」（quantity demanded）是在既定價格下，消費者準備購買的商品或勞務的數量。

需求法則告訴我們：任何產品的價格提高時，消費者將會減少消費該項產品，或將會尋找該產品的替代品。如果汽車的價格上升，將有更多人選擇搭乘公車、或步行、或騎車去上班。如果茶葉的價格上揚，將有較多人喝咖啡，大量飲茶者可能每天減少一兩杯而買其他清涼飲料。

當商品價格上升時，一個普遍的傾向是消費減少或用別的商品來替代。較高的價格會阻止消費，當價格上升過高時，有的人可能甚至拒購。隨著價格的上升，實際購買者可能減少，因為有的人轉換至其他商品。

一商品價格上升時，人們通常傾向於購買較少的數量，因為他

們覺得較以前為窮。

　　若某人以70萬元台幣買新車，如價格增至75萬元，他就需要額外的5萬元來維持舊有的生活水準。車價增加5萬元，好像使他變窮了。

　　需求法則中的「需求」（demand）不宜與「必需」（need）混淆。「必需」是指不可或缺；「需求量」則隨價格的起伏而有所不同。當價格高到某一個程度時，有些人對於該產品的需求很可能會降為零。也就是說，當一種商品太貴時，有些人根本買不起，也有些人因為太貴而根本不願購買。

（二）需求表

　　根據需求法則，對一個消費者消費某一商品而言，價格上升時，其需求量會減少；反之，當價格下降時，消費量會增加。顯示整個需求量與價格之間關係的表格，我們稱為「需求表」（demand schedule）。而顯示整個需求量與價格關係的曲線，稱為「需求曲線」（demand curve）。為了說明清楚，此後提到需求表，則以表格形式來說明；說到需求曲線時，則以圖形方式來表示價格與需求量

表3.1：大雄的稻米需求表

	價格（元／公斤）	需求量（公斤／月）
a	50	2
b	40	2.5
c	30	3
d	20	4
e	10	5

之間的關係。

　　假設大雄每個月消費稻米的需求表，如表3.1所示。其中價格
在每公斤50元時，大雄每月稻米的需求量為2公斤。當稻米價格下
跌時，大雄對稻米的需求量就會增加。如表3.1所示，價格為每公
斤40元時，需求量增加到2.5公斤；價格若持續下降，則需求量就
會不斷增加；到每公斤為10元時，每月需求量則增加到5公斤。

　　此處要注意的是，價格及數量的衡量單位是很重要的。在上述
例子中，價格是以每公斤多少元來表示，而數量則以每月多少公斤
來表示。時間無論是一天、一週，或是一個月，都必須要標明，這
樣需求表才能呈現出較完整的資料。

（三）需求曲線

　　表3.1的需求表可以繪製為圖形（如圖3.1），是為需求曲線。
圖3.1中，價格在縱軸，單位是元／公斤；需求量在橫軸，單位是
公斤／月。當價格是50元／公斤時，需求量為2公斤／月，即圖中
的a點。b點之對應價格為40元／公斤，需求量為2.5公斤／月的情
況。同理，可將c、d、e點分別描繪在圖形上。將a、b、c、d、e
點加以連線，就可以得到整條需求曲線，DD。

　　需求曲線表示需求量如何變動以反應價格的變動。由於沿著需
求曲線移動時，價格與數量呈相反方向的變動，因此，需求曲線是
向右下方傾移的。換句話說，需求曲線具有負的斜率。因為價格與
需求量之間的關係是向下傾斜的，需求法則有時被稱為「向下傾斜
需求法則」（law of downward-sloping demand）。

圖3.1：大雄的稻米需求曲線

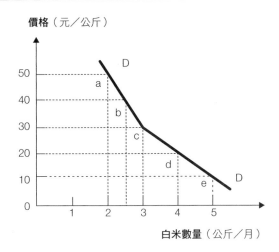

（四）造成需求曲線移動的因素

　　需求曲線係假設所有其他因素不變時，如果價格變動，需求量會如何變動。在真實世界中，其他情況則不斷地在變動；因此，了解價格以外的其他因素變動如何影響商品需求是重要的。影響財貨需求的其他因素包括：1.相關財貨的價格；2.消費者所得；3.消費者偏好；4.預期。

1. 相關財貨的價格

　　財貨與其他財貨之間有二種關係：替代品（substitute）及互補品（complement）。

　　替代品的定義是：當二項商品是替代品時，如果其中一項的價格上升（或下降），則消費者對另一商品的需求增加（或減少），因為二項商品提供了類似的效用。比方說，當牛肉價格上升時，人

們會增加豬肉的消費（同時減少牛肉的消費），所以豬肉和牛肉就是替代品。替代品的例子還有：咖啡及茶、黑松汽水與可口可樂、股票及債券、稻米及麵粉、國產車及外國車、電力及天然瓦斯。有的財貨是非常近似的替代品（不同廠牌的牙膏），其他的是替代性較差的替代品（汽車及自行車）。

　　互補品的定義是：當二項商品是互補品時，如果其中一項價格下降（或上升），則消費者對另一商品的需要增加（或減少），因為兩者必須同時使用才能得到更大的滿足。比方說，當汽油價格上升時，人們會減少購買汽車，所以汽油與汽車就是互補品。互補品的例子還有：食物及飲料、襯衫及領帶、乒乓桌與乒乓球、鋼琴與樂譜、照相機與底片。

2. 消費者所得

　　當所得增加時，人們會花更多的錢在商品及勞務上面。而大多數商品或勞務的需求都會隨著所得的增加而增加，稱為「正常財」（normal goods）。例如：彩色電視機、房子、上餐廳吃飯等。

　　但是也有一些財貨屬於「劣等財」（inferior goods），即當所得增加時，需求反而減少。以前台灣的人比較窮，大家只能吃地瓜，等到有錢以後就改吃白米，不再吃地瓜。因此，地瓜就是一種劣等財。要知道還有哪些財貨是劣等財，只要問：「當我的所得增加時，我的預算中會剔除或減少哪些財貨？」對某些人而言，劣等財可能是饅頭、公車、廉價衣服，或是黑白電視機。

　　不過，對大多數人而言，大多數的財貨都是正常財；也就是說，當所得增加時，對商品的需求會增加。

3. 消費者偏好

　　經濟學家說的「偏好」（preference）是指在沒有預算顧慮下，人們對於某一財貨的喜愛或不喜愛。有些人可能偏愛西式洋房，但只住得起二十坪的公寓；有些人可能偏愛賓士轎車，但只買得起國產車；有些人偏愛吃酒宴，但只吃得起陽春麵。

　　偏好加上預算考慮（價格與所得）決定需求。當偏好改變時，需求也會隨之改變。如果人們知道步行可延長壽命，球鞋的需求將增加；抽菸有害於健康，抽菸就會減少。企業常以龐大的經費在電視、報紙、雜誌上打廣告，希望影響消費者的偏好。最終目的是要使所宣傳的商品的需求曲線向右移動——增加需求。

4. 預期

　　如果人們知道來年茶葉的價格將大幅增加，他們可能決定現在多買些茶葉。在物價膨脹時期，人們發現商品的價格會迅速上漲時，消費者就會把現金或積蓄轉成實物。同樣地，人們也可能延緩購買那些預期降價的商品。除財貨的本身價格，任何上述四項因素的改變將使整條需求曲線移動。

　　圖 3.2 表示白襯衫的需求曲線，此曲線 DD 係建立在領帶價格為 400 元（互補品）、運動衫價格為 500 元（替代品）、所得及偏好都不變的假設上。

　　如果領帶（互補品）的價格由 400 元升至 500 元，會使（A）中整條白襯衫的需求曲線 DD 左移至 D'D'。這表示在同樣價格下，白襯衫的購買數量會減少，或者說，白襯衫的需求減少。因為白襯衫通常會與領帶一起穿著，當領帶價格上升，人們會減少購買領

圖3.2：需求曲線移動：需求變動

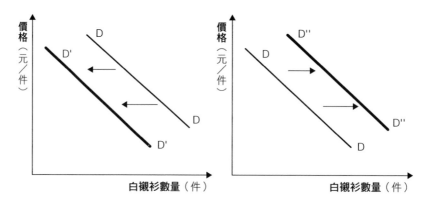

(A) 需求減少：
領帶價格增加時，白襯衫的需求減少

(B) 需求增加：
運動衫價格增加時，對白襯衫的需求增加

消費者對白襯衫的需求不僅視白襯衫的價格而定，也視領帶及運動衫的價格而定。當領帶價格為400元且運動衫的價格為500元時，對白襯衫的需求為DD。如果領帶的價格升為500元，運動衫價格仍為500元，那麼在每一價格下對白襯衫的需求減少。在圖（A）中，領帶價格較高下，需求曲線往左移，可繪出需求曲線D'D'。在圖（B）中，領帶價格維持為400元且提高運動衫的價格為700元，會提高對白襯衫的需求，需求曲線向右移至D''D''——向右移表示需求的增加，向左移則表示需求的減少。

此處要特別提醒讀者，因為消費者只能決定消費量的多少，因此我們說需求往左或往右。同時，一般消費者是不能影響價格的，所以我們不說需求曲線往上或往下移動。

帶，同時也減少購買白襯衫，而以運動衫（替代品）等較不正式的衣服替代。因此，人們對白襯衫的需求減少時，整條需求曲線往左移動。

當需求曲線左移時，在每一個價格下，人們會購買比較少的財貨，表示人們的需求減少；當需求曲線往右移動時，在每一個價格下，人們會購買比較多的財貨，表示人們的需求增加。

如果消費者的所得增加，且如果白襯衫是正常財，需求會增加

表3.2：引起需求曲線移動的因素

因素	例子
1. 替代品價格變動	咖啡價格增加，使茶的需求曲線右移。
2. 互補品價格變動	咖啡價格增加，使糖的需求曲線左移。
3. 所得變動	所得增加使汽車的需求曲線右移。
4. 偏好變動	判斷吸菸有害健康，使香菸的需求曲線左移。
5. 對未來價格預期改變	預期下一年罐頭食品價格會上漲，使罐頭需求曲線右移。

（DD向右移）。如果偏好改變，白襯衫不流行，需求會減少（DD會向左移）。如果買方預期未來白襯衫價格會大幅提高，需求將增加。

　　表3.2的列舉中，其中任何一項因素變動，就會使整條需求曲線向左或向右移動。此一「整條曲線的移動」（a change in demand 或 a shift of demand curve）與「需求量的移動」（a change in quantity demanded）完全不同。造成「需求量」移動的原因是其本身的價格，是「沿著需求曲線上下移動」（a movement along a demand curve），而不是整條曲線的移動。此一區分在接下來圖3.6中再予以說明。

三、供給

（一）供給法則

　　對生產來說，假定其他條件一樣，價格愈高，「供給量」（quantity supplied）愈多，稱為供給法則（law of supply）。商品（或勞務）的供給量，係在既定價格下，生產者提供商品（或勞務）

出售的數量；也就是說，供給（supply）是供給量與價格之間的關係。

　　此關係通常為正的，比方說，稻米價格較高將誘使農民種植較多稻米，因較好的米價，將使農人樂意付出額外的努力，如減少浪費或防止農作物遭受蟲害。通常供給量及價格之間呈正向關係的基本理由是「報酬遞減法則」（law of diminishing return）。報酬遞減法則是說：在其他生產因素固定的情況下，增加等量的變動因素至生產過程中，可獲得的額外產出最後將漸減，使每一額外單位產出的生產成本上升。因此在報酬遞減法則下，要增加生產將遭遇愈來愈多的困難，克服這些困難就需要較高的價格。

　　另一方面，價格太低使得出售產品的收入完全無法彌補生產成本時，廠商的產量也會減少到零的水準，這些廠商就會退出生產的行列。

（二）供給曲線

　　由於每一個廠商在面對不同產品價格時，願意生產的數量都不同，所以我們可以把其價格與數量的關係列為表3.3，是為「供給表」。在表3.3中，我們假設柯進騰在不同的稻米價格下，每個月願意生產稻米的數量。比方說，稻米價格每公斤50元時，柯進騰每月願意生產4噸的稻米；當價格下降到每公斤40元時，由於利潤減少，生產數量就減少到3噸。當價格再到每公斤10元時，柯進騰每月願意生產的稻米會減少到只剩下1噸。

　　接著，我們可以再繪出柯進騰對稻米的供給曲線。我們把價格（元／公斤）放在縱軸，把數量（噸／月）放在橫軸，再把不同的供給量與價格關係（a點到e點），一一點在圖3.3中。最後再將這

表3.3：柯進騰的稻米供給表

	價格（元／公斤）	供給量（噸／月）
a	50	4
b	40	3
c	30	2.5
d	20	2
e	10	1

些點加以連結，就可以給出柯進騰對稻米的供給曲線SS。

　　供給曲線表示供給量對價格的反應：即在不同價格下，廠商或生產者所願意生產出售的數量。沿著供給曲線，價格與產量之間呈現正向相關；也就是說，供給曲線是正斜率的。其經濟含義很清楚：如果要生產者或廠商增加產出，必須給予較高的產品價格。由於此種正向關係幾乎是放諸四海皆準的；也就是說，幾乎每一個生

圖3.3：柯進騰的稻米供給曲線

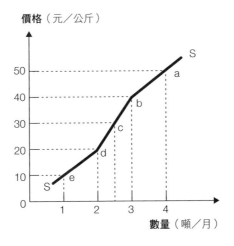

產者的生產行為大概都會符合這種模式，因此我們將之稱為「供給法則」。

（三）造成供給曲線移動的因素

正如價格以外的因素能夠改變價格與需求量之間的關係一樣，一些其他因素也同樣會改變價格與供給的關係，引起供給曲線的移動。能夠造成供給曲線移動的一些其他因素包括：1.其他財貨的價格，2.相關資源的價格，3.技術，4.預期（見表3.4）。

1. 其他財貨的價格

用以生產某一財貨的資源也通常能夠用於生產其他財貨。農田能夠用以生產玉米或大豆；工程師能生產汽車或卡車；工人能採草莓或棉花；火車可能送煤或車輛。當某一財貨價格增加，就會吸引其他財貨之資源以生產該財貨。因此，如果大豆的價格上升，玉米的供給可能下跌；如果棉花的價格上升，草莓的供給可能下降；卡車的價格上升，汽車的供給可能減少；燃料油的價格上升，煤油的產量可能減少。

2. 相關生產因素的價格

生產某一財貨時，必須在因素市場中購買相關資源。當這些生產因素的價格改變時，其所生產的財貨的供給情況也會改變。咖啡豆價格增加時，將增加咖啡店的成本，因此會減少咖啡店在每一價格下欲出售的咖啡數量；棉花的價格增加將會使棉布衣服供給減少；噴射機燃料油價格增加將減少每一價格下的民航航班供給。

事實上，一般而言，影響生產成本最大的可能還是勞動成本。

因此，當最近政府通過「一例一休」的法案使勞動成本增加時，就會導致廠商的整個生產成本上升。此時，若產品價格沒有改變，表示廠商的利潤就會減少，甚或會變成負的，因此廠商的生產數量就會減少。

3. 技術

技術是製造不同財貨的知識。如果技術改進，相同的資源可製成更多產品。如果廠商發現，重新安排裝配次序即能加速裝配線，產品的供給則有增加的傾向。如果利用新方法增加頁油岩的產出，石油供給將增加。

生產技術的進步大致上可分成兩類，一類是在同樣產出之下，所必須的要素投入減少。換句話說，此種技術進步使廠商的生產成本降低。在產品價格不變的情況下，有了技術進步的廠商，就可以享受更大的利潤，因此他就願意增加更多的產出。

另一類的技術進步是在同樣的要素投入下，可以生產更多的產品。在此種情況下，同樣的投入卻可以得到更多的收益——如果市場價格仍然相同。這同樣顯示廠商可以獲得更多的利潤，因此其生產數量也會增加。

4. 預期

許多商品及勞務的生產及提供皆需要長時間。當農民種植稻米、甘蔗或黃豆時，預期收入的價格實際上較當時的價格重要。大學生判斷未來四年工程師的人數可能不足，他可能決定主修工程，期待較高的薪水。當企業建廠需費時三年時，對該產業的未來預期就變成投資決策的關鍵因素。

卡特不及格的回答

　　前美國總統卡特在任內時的一次記者會中被問到：他所提議徵收的汽油稅是否會提高汽油的價格？總統當時的回答是：剛開始時租稅會使價格上升；但較高的價格會使需求減少，稍後汽油價格就會回跌。這一回答似乎言之成理，但卡特像一些人一樣未曾分清「需求量」及「需求」的差異。

　　正確的回答是：汽油稅會帶來較高的汽油價格，較高的價格會使「需求量」下降（見附圖說明）。但是「需求量」的減少，不會帶來價格的下跌（如果全國對汽油節約，造成「需求」減少，整個需求曲線向左移，那麼價格會下跌）；因此卡特的回答是不及格的。

1. 汽油稅的徵收，增加了成本，因此整條供給曲線向左移動，使價格從 P_0 升到 P_1。

2. 當價格上升時，對汽油的「需要量」下降，從 Q_0 下降到 Q_1。

3. 如果全國節約，需求曲線向左移（圖中未顯示），那麼價格才會下跌。

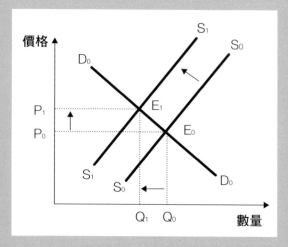

　　現在再將上述幾個因素，歸納於下頁表3.4綜合說明，以便比較，同時我們舉前面兩個例子說明之。首先，當玉米價格上升，生產玉米的利潤會提高，吸引農人將一部分土地用於增加玉米生產。因此，用於生產小麥的土地就會減少，所以在小麥價格不變的情況下，生產小麥的數量就會減少。事實上，此一結果的存在，並不會因為原先小麥的價格是多少而有不同。換句話說，不論原來小麥的價格是多少，當玉米價格上升時，小麥的產量都會減少。也就是說，整條小麥的供給曲線都會往左移動。如下頁圖3.4（A）所示。

　　第二個例子是，當汽車工人的薪資降低時，生產同樣數量的汽車，需要支出的勞動成本會減少，總成本也會下降。在同樣的汽車價格下，廠商會因為成本降低而能享有更多的利潤。在此種情況下，廠商就願意生產更多汽車。因此，汽車的供給曲線會往右移動，如下頁圖3.4（B）所示。

▌四、市場均衡

（一）市場需求與市場供給

　　前面已經分別討論稻米的需求與供給，現在我們把兩者合併起來討論，就可以得到市場競爭下的均衡價格與均衡數量。不過，我們要先說明：「市場均衡」（market equilibrium）是指市場上的供給量等於市場上的需求量，而前節所提及的需求與供給都只是個人行為，因此我們必須先再進一步說明如何由個人供給曲線與需求曲線，來得到整個市場的供給曲線和需求曲線。

　　先討論市場需求曲線，我們前面曾提及大雄對於稻米的需求表

表3.4：引起供給曲線移動的因素

因素	例子
1. 其他財貨價格變動	玉米價格增加，使得小麥供給曲線左移。
2. 資源價格變動	汽車工人薪資降低，使得汽車供給曲線右移。
3. 技術改變	遺傳工程增加玉米產量，使得供給曲線右移。
4. 預期變動	預期明年石油價格較高，今年石油的供給曲線左移。

圖3.4：供給曲線的移動

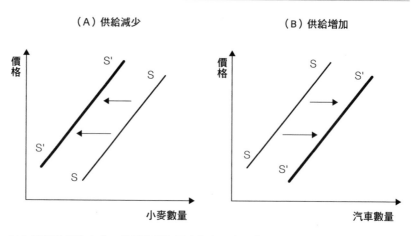

（A）玉米的價格上升，農民移轉資源去生產玉米，使小麥的產量減少，因此整條供給曲線左移。

（B）汽車工人薪資降低，使生產成本下降，因此，在同一價格水準下，生產者樂意生產更多汽車，使整條供給曲線右移。

及需求曲線，但這只是他一個人的行為。市場上，應該還有許多消費者存在，因此，整個「市場的需求」（market demand）其實就是這些個人需求的加總。我們先假設市場上只有大雄和靜香兩個人，而兩個人的需求表如表3.5所示，其中靜香的稻米需求比大雄少一

表3.5：個人需求與市場需求

	價格 （元／公斤）	大雄的需求量 （公斤／月）	靜香的需求量 （公斤／月）	市場需求量 （公斤／月）
a	50	2	1	3
b	40	2.5	1.5	4
c	30	3	2	5
d	20	4	3	7
e	10	5	4	9

些。在價格為每公斤50元時，大雄每個月的需求是2公斤，靜香則只有1公斤。隨著價格的降低，兩個人對稻米的需求都會上升，當價格下降到每公斤只有10元時，大雄的需求量增加到每個月消費5公斤，靜香則消費4公斤。

由於市場上只有兩名消費者，因此價格為每公斤50元時，市場需求就是兩個人需求的加總，即每個月共3公斤。隨著價格的降低，兩個人的需求量都開始增加，市場需求量也上升。當價格下降到每公斤10元時，市場需求量也增加到每個月消費9公斤。

由於市場需求量是由個人需求量加總而得，因此「市場的需求曲線」（market demand curve）則是由個人的需求曲線水平加總而得，見圖3.5。水平加總的概念雖然很簡單，但卻很重要。因為它代表個別消費者面對的是相同的價格，但卻可能有不同的消費量。在某一特定價格下，市場總合需求量就是個人需求量的相加，而由於需求量在橫軸，因此我們使用水平加總。由於個人需求曲線都是向右下傾斜，市場需求曲線也向右下傾斜，換句話說，市場需求曲線也是負斜率的。

此外，由圖3.5中也可以看出，市場需求曲線的斜率要較個人

圖3.5：個人需求與市場需求

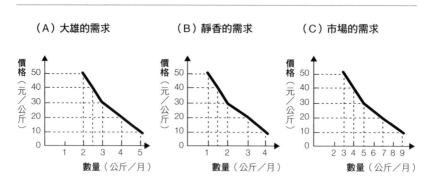

的需求曲線來得平緩，這表示說當價格變動時，市場需求量的變化要大於個人需求量的變化。造成此種現象的原因有二：第一，當價格變動時（例如上升），所有消費者都會朝同一方向改變其需求量（例如減少），因此市場上就會做大幅度的減少。第二，不但如此，當價格變動時（例如價格下降），則有些原先不在市場內的人，也會因價格便宜而進入市場採購，成為新的消費者，更增加市場的需求量，因此市場需求量的變化會超過個人需求量的變化。

　　至於除了價格以外，影響市場需求曲線的因素則與影響個人需求曲線的因素相同，包含：1.相關財貨的價格，2.所得，3.個人的偏好，4.預期，再加上5.市場上消費人數的多寡。由於這些因素對市場需求曲線的影響效果，與對個人需求曲線的影響效果完全相同，此處我們就不再贅述。

（二）市場供給

　　接著，我們再討論「市場供給曲線」（market supply curve）。與市場需求曲線相同，市場供給曲線係由個人供給曲線加總而得。

因此，我們必須先看市場上的個人供給曲線。為簡化說明，我們先假設台灣地區的稻米生產者只有柯進騰與沈嘉宜兩人，兩人對於稻米的供給表如表3.6所示。當稻米價格每公斤50元時，兩人每月的供給量分別為4噸和6噸，因此市場供給量為10噸。隨著稻米價格的下跌，兩人種稻米的利潤逐漸下降，因此兩人的稻米供給量也跟著減少，市場供給量也就同時減少。價格下降到只剩每公斤10元時，兩人的供給量分別減少到1噸與2噸，此時的市場供給量只剩下3噸，見表3.6。

由於市場供給量係由個人供給量加總而得，因此市場供給曲線也是由個人供給曲線水平加總而得，見圖3.6。供給曲線水平加總的理由與需求曲線相同，即所有供給者都面對相同的價格，即縱軸；而每個供給者的供給量（橫軸）卻各有不同，市場供給量就必須把這些不同的數量加總，因此是水平加總，如圖3.6（C）所顯示。由於個人供給曲線都往右上方傾斜，因此市場供給曲線也會往右上方傾斜，換句話說，市場供給曲線也都具有正斜率。

細心的讀者大概已經看到，市場供給曲線的斜率要小於個人供給曲線的斜率。換句話說，當市場價格變動時，市場供給量的變化

表3.6：個別供給與市場供給

	價格 （元／公斤）	柯進騰的供給量 （噸／月）	沈嘉宜的供給量 （噸／月）	市場供給量 （噸／月）
a	50	4	6	10
b	40	3	5	8
c	30	2.5	3.5	6
d	20	2	3	5
e	10	1	2	3

圖3.6：個人供給與市場供給

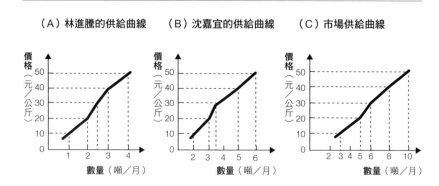

（A）林進騰的供給曲線　　（B）沈嘉宜的供給曲線　　（C）市場供給曲線

會大於個人供給量的變化。理由有二：第一，市場供給量是個人供給量變化的總合，而當價格變化（下降）時，個人供給量也會產生變化（下降），但市場供給量係個人供給量加總而得，因此變化量（減少）更多。第二，不但原有個人供給量會隨著價格的降低而減少，更有可能會有一些生產者會因為價格太低無法抵消生產成本，退出市場，使得市場供給更形減少。

最後，影響市場供給的因素與影響個人供給的因素幾乎完全相同，只是影響市場供給的因素中，還應增加「供給人數」一項。因此，我們可以歸納影響市場供給的因素包括：1.其他財貨的價格；2.相關生產資源的價格；3.生產技術；4.預期；5.生產者數目。至於詳細的影響過程與個人供給曲線完全相同，此處不再贅述。

（三）供需均衡

由於稻米市場的供給人數與需求人數都非常多，接近完全競爭市場，我們先假設在不同的價格下，全台灣地區每年的稻米需求量與供給量如表3.7。我們可以利用表3.7和圖3.7來說明稻米市場的

均衡如何達成。

　　在圖3.7中，當稻米價格為每公斤20元時，全台灣地區全年的需求量為220萬噸，但是供給量卻只有180萬噸，出現了40萬噸的短缺。也就是說，這時市場上出現了「超額需求」（excess demand），因此，會有一些人買不到稻米，可能就會提出更高的價格，希望買到稻米；或者，賣方看到有太多人要買稻米，也會主動提高價格。無論如何，當市場上出現超額需求時，價格會往上調整。

　　另一方面，如果剛開始時的稻米價格為每公斤40元，市場需求量為每年180萬噸，而供給量則為220萬噸。也就是說有40萬噸的剩餘，我們稱為「超額供給」（excess supply）。在供過於求的情況下，賣方為出清存貨，勢必會降價求售。

　　而當市場價格為每公斤30元時，市場的需求量為每年200萬噸，剛好等於市場供給量的200萬噸，我們稱為「市場均衡」，此即圖3.7中的E點。在市場均衡下，買方願意購買的數量剛好等於賣方願意出售的數量，因此雙方都沒有要求變動價格的誘因，也不會再希望去更改其市場需求量或供給量。也就是說，若沒有其他力

表3.7：台灣地區的稻米供給與需求

價格 （元／公斤）	市場需求量 （萬噸／年）	市場供給量 （萬噸／年）
50	160	230
40	180	220
30	200	200
20	220	180
10	240	170

圖3.7：市場均衡

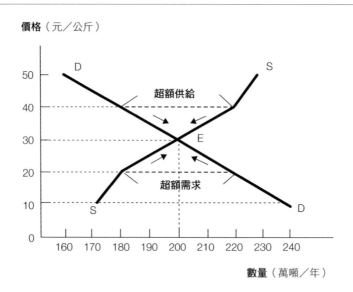

價格（元／公斤）

數量（萬噸／年）

量介入，此時價格、供給量與需求量都不會再變動。

　　在追求均衡的過程中，價格的偏低或偏高可能產生超額需求或短缺（shortage），以及超額供給或剩餘（surplus）的現象。

　　超額需求是指在此價格下（圖3.7中之$20），需求量超過了供給量。這是因為價格低，消費者要買得多，但生產者不樂意生產很多的結果。

　　向隅的買主或消費者將設法競相出高價以購得所需財貨。在自由競爭下，如果貨品短缺，其價格將上升。上升中的價格產生二項效果：一方面較高的價格將抑制消費；另一方面較高的價格將鼓勵生產。因此，經由買賣雙方的調整，可趨向均衡。

　　超額供給是指在此一價格下（圖3.7中之$40），供給量超過了需要量。這是因為價格高，消費者買得少，但生產者樂意多生產的

看不見的手（an invisible hand）與價格機能

亞當‧史密斯在他的巨著《國富論》中，曾一再強調價格機能的重要性。在一個完全競爭的經濟體系中，因為供需雙方人數眾多，相對於市場規模而言，每一個供給者或需求者都顯得十分渺小，因而都沒有決定價格的力量。但只要市場的總供給不等於（例如大於）市場總需求，就必然會讓市場產生變化（例如有些廠商會要求降價求售）。因此，當價格下跌以後，就會有更多買者進入市場購買原先多餘的產品；另一方面，由於價格下跌，也使原有的廠商因利潤減少而降低產出，甚至離開市場。無論如何，只要單單透過價格的調整就可以達到市場重新分配的目的，直到重回均衡為止。

亞當‧史密斯認為：在競爭市場中，上述的調整過程會自動出現，不需要借助任何外力。價格機能就好像一隻看不見的手一樣，能自動調整，使市場資源達到重新分配的目的。此種現象十分簡單，卻可說是自由經濟體系或市場經濟制度的精髓所在。因此，亞當‧史密斯被稱為現代經濟學之父是其來有自的。

結果。

在自由競爭下，生產者只好將價格降低來出清存貨。下跌中的價格產生兩種效果：使生產者逐漸減產，同時使消費者增加購買。

「均衡」（equilibrium）是指在此一價格下（圖3.7中之 $30），生產者的供給量與消費者的需要量相等，既沒有短缺，也沒有剩餘。一旦達到均衡以後，此情況將持續存在，除非表3.2與表3.4中

的因素介入，使原來的均衡發生變化，產生另一個新的均衡。

（四）均衡價格的變動

　　經濟現象中的一項重要事實是：市場上的價格不停地在變動。我們已經知道均衡價格是需求曲線及供給曲線的交點所決定的。唯一使價格變動的方法是供給或需求曲線它們本身的移動。現在我們對這些供給曲線的移動再做進一步說明。

1.(a) 需求（或供給）變動不同於需求量（或供給量）變動

　　「需求」的變動（增加或減少）係整條需求曲線因為財貨價格之外的因素變化而移動。見圖3.8中之（B）。

　　「需求量」的變動（或增或減）係因商品價格變動而沿著需求

圖3.8：「需求」變動與「需求量」變動

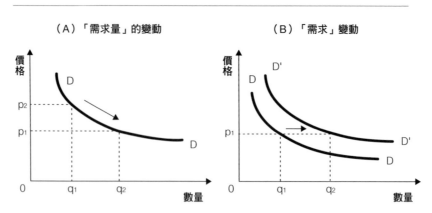

在圖（A）中，因為價格下跌（由 P_2 至 P_1），「需求量」增加（由 q_1 至 q_2），價格變動引起需求量沿著需求曲線移動。在（B）中，數量增加（由 q_1 至 q_2）係由需求曲線移動到D'D'（需求增加）引起的。這一數量增加可能因為所得提高，或者消費者產生偏好改變（參閱表3.2）。

曲線移動。見圖3.8中之（A）。

(b)「供給」變動與「供給量」變動

「供給」的變動（增加或減少）是因為財貨價格以外的因素變動，使整條供給曲線移動。見圖3.9中之（B）。

「供給量」的變動（增加或減少）是財貨價格變動引起沿著供給曲線之變動。見圖3.9中之（A）。

2. 供給變動的影響

在自由市場中，供給或需求因素的變動都會影響均衡價格及數量。以災害為例，當水災、蟲災或旱災發生時，就會影響農產品的供給。圖3.10說明災害對於台灣地區稻米市場的影響。假設原來的

圖3.9：「供給」變動與「供給量」變動

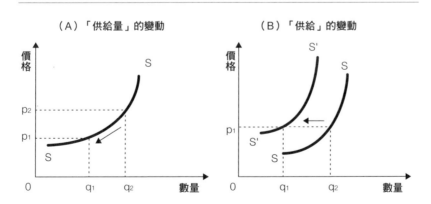

在圖（A）中，由於價格下跌（由 P_2 至 P_1），引起「供給量」減少（由 q_2 至 q_1）。價格變動造成沿著供給曲線（SS）的移動。在圖（B）中，供給減少（由 q_2 至 q_1）係由於供給曲線由SS移至S'S'（供給減少）所造成。這一左移可能是成本上升，也可能是賣方人數減少（參閱表3.4）。

均衡點為 E 點，由於颱風使稻米的供給減少，使供給曲線由 SS 左移至 S'S'。在原來的均衡價格 30 元之下，現在的供給量只剩下 170 萬噸，見圖 3.10。供給減少使得價格必須往上調整。

當價格上升到每公斤 40 元時，新供給曲線下的供給量為 180 萬噸，而需求量也是 180 萬噸。此時供給量等於需求量，使市場又重回均衡，即 E' 點。

事實上，當市場價格上升時，會造成二種效果，一種是使在新的供給曲線上，產量由 170 公噸增加到 180 噸；另一種效果則是使在原有需求曲線上的需求量由 200 萬噸減少到 180 萬噸，而終使需求量等於供給量。

圖3.10：颱風對稻米價格的影響

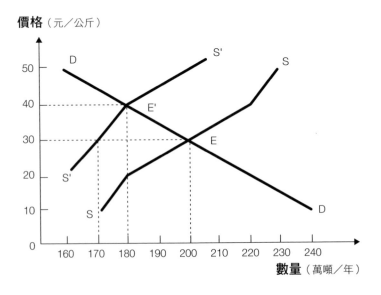

3. 需求變動的影響

　　圖3.11說明需求變動的影響。假設因為健康的理由，讓台灣人們對吃米飯的偏好增加，因而使需求曲線右移，由DD移到D'D'，見圖3.11。在原來的均衡點E之下，均衡的稻米價格為每公斤30元，均衡數量為200萬噸。在新的需求曲線下，若價格仍維持在每公斤30元，則需求量增加為每年240萬噸。在供給不足下，出現超額需求，價格開始上升，直到新的價格40元為止，即E'點，此時新的供給量等於新的需求量。

　　價格上升導致兩個效果：第一，由於利潤增加，使得供給量沿著原有的供給曲線往上移動到E'，此時市場供給量為220噸。第二，由於價格上升，使得需求量由240噸開始沿著新的需求曲線減少，直到220萬噸為止。此時，新的供給量等於新的需求量，市場

圖3.11：稻米偏好增加對價格的影響

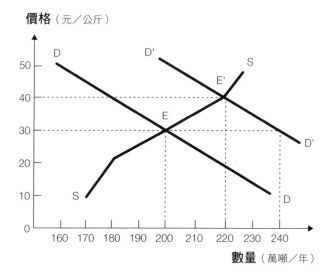

又重回均衡，E'點。

4. 需求與供給同時變動

假設現在一方面人們對稻米的偏好增加，一方面颱風又使得國內的稻米供給減少，均衡價格與數量會受到什麼影響呢？由前面的分析可以知道，偏好增加使需求由DD右移到D'D'，而供給減少則使供給曲線由SS左移到S'S'，如圖3.12所示。

在未變動之前，原先的均衡點為E，此時稻米均衡價格為每公斤30元，均衡交易量為每年200萬噸。當供給曲線左移，需求曲線右移之後，新的均衡點變成E'點。

當供給與需求同時變動時，對均衡價格與數量的影響較複雜。我們大致可以說明以下幾個效果：第一，在其他條件不變下，當供

圖3.12：供給與需要同時變動

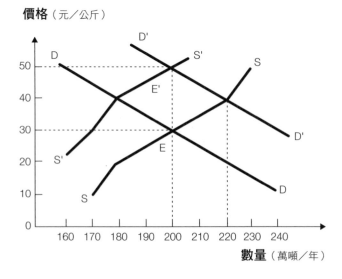

給減少時，價格會上升，而交易量會減少，如圖3.10所示；第二，同樣的，在其他條件不變下，當需求增加時，價格會上升，交易量則會增加；第三，將以上兩種結果加以合併，我們會發現在新的均衡E'下，價格必然會上升。在圖3.12中，均衡價格上升到每公斤50元。另一方面，由於供給減少會使均衡數量減少，而偏好增加則使均衡數量增加，在兩者方向相反的情況下，最終的均衡數量會增加或是減少，端視兩者的效果何者較大而定。因此，在我們的例子中，可以確定的是均衡價格必然會上升，但均衡交易量則不確定。

　　但是我們必須強調一點：上述結果並不是唯一的，因為如果供給與需求的變化方向改變，則我們或許可以確定數量的變化方向，卻不能確定價格的變動方向。

經濟名詞

市場經濟	完全競爭	獨占性競爭
寡占	獨占	完全市場
需求法則	供給法則	需求量
需求表	需求曲線	替代品
互補品	劣等財	正常財
偏好	供給量	供給表
供給曲線	報酬遞減法則	市場供給曲線
市場需求曲線	市場均衡	均衡價格
超額需求	超額供給	看不見的手

討論問題

1. 何謂完全市場？有何特徵？請舉二例說明之。

2. 請舉實例說明台灣哪些產業是獨占性競爭、寡占，以及獨占等市場形態。

3. 分別舉例說明「正常品」、「劣等品」、「替代品」及「互補品」的意義。

4. 請說明需求變動與需求量變動有何不同。

5. 供給曲線為何移動？請舉例說明。

6. 台灣為加入WTO，必須開放稻米進口，請問對國內稻米市場有何影響？同時由於麥當勞及肯得基等美式速食店進入台灣市場，使台灣人們對漢堡及麵包等小麥類產品的需求增加。請將稻米市場對外開放以及國人對小麥類產品的偏好增加等二項變化一併考慮，並以之分析對台灣稻米市場的影響。

7. 何謂「均衡」？為什麼在均衡下，供需雙方都沒有再改變數量的誘因？為什麼市場價格不會再變動？

8. 每年暑假都有許多颱風過境台灣，同時帶來大量的雨水，經常會泡壞許多蔬菜。一位記者報導說：「颱風過後，小白菜價格的上漲可以理解：但是豆芽菜是種在房子裡的，根本不會受到颱風的影響，結果價格同樣大漲。種豆芽菜的人實在是趁火打劫。」你對這位記者的說法有何意見？

9. 多年前台灣為加入 WTO，開放國外的火雞肉進口，結果引起國內養雞業者走上街頭抗議連連。有趣的是，其中竟然有不少豬肉商在內。請問這些賣豬肉的商人是否有些撈過界？

10. 為什麼市場供給曲線是個別廠商供給曲線的水平加總？理由何在？請舉一數學例子說明之。

11. 今年的汽車比去年貴，但今年的銷售量卻比去年多，請問這是否違反需求法則？

第四章

彈性分析

在第三章中我們曾提及：稻米價格上升時，大雄會減少他對稻米的需求量，但會減少多少呢？由於稻米是國人的主食，所以當售價提高時，或許大雄會減少一些稻米的消費，但可能不會減少太多。如果我們分析的商品是大雄每月看電影的次數，結果則可能不太一樣。當電影票價上漲時，大雄可能會轉向其他休閒活動；例如去KTV唱歌，或去指南宮爬山等，因此他對電影的需求可能會減少很多。

同樣的，當稻米價格上漲時，吳米伯會想要增加稻米的供給，但受限於農地太小，他或許無法在短時間內增加太多產出。在長時間下，他或許可以購得較大的農地來生產更多稻米。但如果我們討論的是台灣製造的運動鞋數目，則當運動鞋價格上升之際，廠商可以很容易的利用增加員工的方式來達到擴大產出的目的。

在前一章分析供需與價格的關係時，我們只說明需求法則與供給法則的基本關係，即當價格下降時，需求量會增加，供給量會減少。但有很多人會進一步問，價格下降時，需求量會增加多少？供給量會減少多少？對做經濟決策的人而言，這個答案是非常重要的。比方說，多年前火雞肉開放進口，導致國內雞價下跌。農委會的官員一定會先找幾個經濟學家來問：「火雞肉開放進口，會使國內雞肉價格下降多少？」養雞的農家關心同樣的問題，而且他們更關心國人對雞肉的消費會減少多少，便可以減少雞肉生產以為回應。

前一章我們只探討價格與供需變動方向的關係，在本章我們要進一步探討變動的大小。我們將供需對價格的反應敏感程度，稱為「彈性」（elasticity）。除了在本章中，我們將說明如何計算需求彈性及供給彈性以外，還要進一步說明影響彈性的因素有哪些。當

然，更重要的是要討論如何利用彈性的觀念來分析經濟政策的效果。

一、需求彈性

　　需求法則告訴我們：當價格下跌時，人們的需求會增加，但到底增加多少呢？有些對價格比較敏感的人，只要價格下降一點點，就會大肆採購。每年十月左右，台北市的百貨公司都會輪流實施周年慶大減價，每每吸引大量的人潮，這些買主都是對價格很敏感的人。然而，也有很多人對價格不太敏感，價格再怎麼變化對其需求的影響都很少。對價格敏感的程度，我們稱之為「彈性」。顧名思義，具有價格彈性的人，對價格的反應很大，就好像一個充滿氣體的籃球，輕輕往地下一丟，就會高高彈起。反之，缺乏彈性的人，對價格沒什麼反應，就好像洩了氣的籃球，再用力往地下丟，也只能略彈回一二而已。

　　彈性大小具有很重要的政策含義。供需不平衡時，若需求與供給很有彈性，價格只要略為調整，就可以使需求與供給量都大幅變動，立即使市場重回均衡。反之，若供需雙方都不太具有彈性，當市場出現供需不平衡時，市場價格就需大幅調整，才有可能使市場重回均衡。因此，政策決定者對於商品彈性的大小必須時時掌握。

（一）價格彈性的定義

　　要計算需求對價格的敏感度，其實是非常簡單的。我們只要讓價格上升1元，然後再看需求量變化多少即可。因此，假設當價格由原來的P_1增加到P_2時，數量則由Q_1減少到Q_2，則需求對價格的

敏感度就可以寫成（$Q_2 - Q_1$）／（$P_2 - P_1$）。例如在第三章表3.1（大雄對稻米的需求）中，當價格為每公斤20元時，需求量為每月4公斤；價格升到30元時，需求量就減少到3公斤。因此，其對價格的敏感度是 $\dfrac{3-4}{30-20} = \dfrac{-1}{10} = -0.1$（公斤／元）。由於價格上升10元，需求量只下降1公斤，因此需求量變化對價格變化的敏感只有0.1，負號則表示兩者的變動方向相反，亦即代表「需求法則」。

　　上述表示價格敏感程度的方法有一個很大的缺點，即利用該方法算出來的數字會與我們選擇的計算單位有關。比方說，現在我們把重量單位改成公克，則在價格為每公斤20元時，大雄的需求量為4,000公克（即4公斤），而在價格為每公斤30元時，大雄的需求量減少到3,000公克（即3公斤）；價格的敏感度立即由-0.1升到-100。事實上，如果再細看它們的單位，一個是-0.1（公斤／元），另一個是-100（公克／元），兩者仍然相同，因為1公斤等於1,000公克。

　　為了避免因選擇計算單位不同而導致計算結果的差異，也為了使不同單位下的計算結果仍能相互比較起見，經濟學家就採用一個中性方式，來計算需求數量對價格的敏感程度，稱為「需求的價格彈性」（price elasticity of demand），又稱「需求彈性」（demand elasticity）。主要是將數量的變動與價格的變動大小，都改成以變動百分比的方式來顯示。因此，需求的價格彈性定義如下：當價格變動百分之一時，需求量的變動百分比。我們用P表示原來的價格，△P表示價格變動量，Q表示原來的需求量，△Q表示需求量變動量；因此△P/P就表示價格變動的百分比，△Q/Q就表示數量變動的百分比。所以，需求的價格彈性（E^D）可以表示如下（4.1）式：

$$（4.1）\qquad E^D = \frac{需求量變動百分比}{價格變動百分比}$$

$$= \frac{\triangle Q/Q}{\triangle P/P} = \frac{\triangle Q}{\triangle P} \cdot \frac{P}{Q}$$

事實上，（4.1）式是以原來價格與數量為基準點來計算的彈性，我們又稱為「點彈性」（point elasticity）。另外一種方式，則是以原來的價格和數量加上新的價格和數量的平均來計算。我們可以再用表3.1大雄對稻米的需求做例子。在原來價格 P_1 為 20 元時，其需求量 Q_1 為 4 公斤，當價格 P_2 上升至 30 元時，需求量 Q_2 減少到 3 公斤。這時，價格的變動量為 $\triangle P = P_2 - P_1 = 10$ 元，價格的平均為 $(P_1 + P_2)/2 = (30 + 20)/2 = 25$ 元；數量的變動量為 $\triangle Q = Q_2 - Q_1 = 3 - 4 = -1$ 公斤，數量的平均為 $(Q_1 + Q_2)/2 = (4 + 3)/2 = 3.5$ 公斤。因此，此時的彈性為

$$（4.2）\qquad E^D = \frac{\triangle Q \Big/ \frac{1}{2}(Q_2 + Q_1)}{\triangle P \Big/ \frac{1}{2}(P_2 + P_1)}$$

$$= \frac{(Q_2 - Q_1) \Big/ \frac{1}{2}(Q_2 + Q_1)}{(P_2 - P_1) \Big/ \frac{1}{2}(P_2 + P_1)}$$

$$= \frac{(Q_2 - Q_1)/(Q_2 + Q_1)}{(P_2 - P_1)/(P_2 + P_1)}$$

$$= \frac{Q_2 - Q_1}{P_2 - P_1} \cdot \frac{P_2 + P_1}{Q_2 + Q_1}$$

$$= \frac{-1/3.5}{10/25} = -\frac{25}{35}$$
$$= -0.71$$

　　（4.2）式計算的是兩點之間的平均彈性，故我們稱為「弧彈性」（arc elasticity）。

（二）價格彈性與斜率的關係

　　細心的讀者應該可以發現，需求的價格彈性與需求曲線的斜率有密不可分的關係，但必須強調的是，兩者不盡相同。事實上，不論是（4.1）式的點彈性或是（4.2）式的弧彈性，都可以拆成兩部分，一部分是需求曲線的斜率的倒數 $\triangle Q / \triangle P$ 或 $(Q_2-Q_1)/(P_2-P_1)$，另一部分則是衡量彈性時價格與數量的位置 P/Q 或 $(P_1+P_2)/(Q_1+Q_2)$。這兩部分都對價格彈性有很大的影響，在衡量彈性時，必須十分小心。

　　為說明彈性與斜率的關係，我們現在假設一條直線型的需求曲線。假設嘉宜很喜歡吃麵包，她每天對麵包的需求表如表4.1所示，我們可以再將之繪成直線型的需求曲線DD，如圖4.1。

　　需求曲線DD是直線，故其上任何一點的斜率都相等，我們可以任意選擇兩點來計算其斜率。假設我們選擇c、d兩點，其間斜率的倒數為：

$$= \frac{\triangle Q}{\triangle P} = \frac{Q_2 - Q_1}{P_2 - P_1} = \frac{3-2}{15-20} = \frac{1}{-5} = -0.2$$

　　雖然DD線上每一點的斜率都相同，但因位置不同，其彈性也就不同。各點的需求彈性計算如下：

表4.1：嘉宜的麵包需求

	麵包價格 （元）	麵包需求量（個）	需求彈性 （E^d）	總支出 （元）
a	30	0	$-\infty$	0
b	25	1	-5	25
c	20	2	-2	40
d	15	3	-1	45
e	10	4	-0.5	40
f	5	5	-0.2	25
g	0	6	0	0

圖4.1：嘉宜的需求曲線

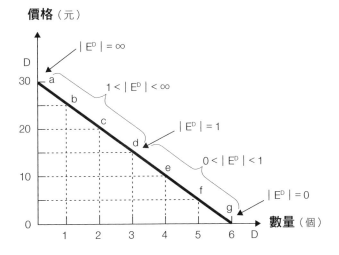

$$E_a^D = \frac{\triangle Q}{\triangle P} \cdot \frac{P_a}{Q_a} = -0.2 \cdot \frac{30}{0} = -\infty$$

$$E_b^D = \frac{\triangle Q}{\triangle P} \cdot \frac{P_b}{Q_b} = -0.2 \cdot \frac{25}{1} = -5$$

$$E_c^D = \frac{\triangle Q}{\triangle P} \cdot \frac{P_c}{Q_c} = -0.2 \cdot \frac{20}{2} = -2$$

$$E_d^D = \frac{\triangle Q}{\triangle P} \cdot \frac{P_d}{Q_d} = -0.2 \cdot \frac{15}{3} = -1$$

$$E_e^D = \frac{\triangle Q}{\triangle P} \cdot \frac{P_e}{Q_e} = -0.2 \cdot \frac{10}{4} = -0.5$$

$$E_f^D = \frac{\triangle Q}{\triangle P} \cdot \frac{P_f}{Q_f} = -0.2 \cdot \frac{5}{5} = -0.2$$

$$E_g^D = \frac{\triangle Q}{\triangle P} \cdot \frac{P_g}{Q_g} = -0.2 \cdot \frac{0}{6} = 0$$

　　由上述計算結果可知，雖然直線上每一點的斜率都相同，但因為位置不同，導致各點的彈性也不同。其中以a點的彈性絕對值最大，為無限大，然後逐漸減少。到d點時，彈性絕對值為1；最後到g點時，再降為零。又因為需求法則的關係，價格彈性必然是負的，所以為了更容易說明起見，我們在比較彈性大小時，都只看絕對值。也就是說，絕對值愈大的，其彈性就愈大。

　　當價格彈性大於1時，也就是數量變動百分比超過價格變動百分比時，表示這些人是較敏感的，我們就稱其「具有彈性」（elastic）。若價格彈性等於1時，數量變動百分比剛好等於價格變動百分比，我們稱其為「恆一彈性」（unitary elasticity）。若價格彈性小於1，亦即數量變動百分比小於價格變動百分比，表示這些人對價格變動的敏感性較小，我們稱其需求「不具彈性」（inelastic）。

　　必然再注意的一點是，不但在一條直線上各點上的需求彈性不

盡相同，在不同點之間的弧彈性也會因為位置的不同，而產生差異。例如cd二點之間的弧彈性為：

$$E^D_{cd} = \frac{\triangle Q}{\triangle P} \cdot \frac{P_c + P_d}{Q_c + Q_d} = -0.2 \cdot \frac{20 + 15}{2 + 3} = -1.4$$

而ed二點之間的弧彈性則是：

$$E^D_{ed} = \frac{\triangle Q}{\triangle P} \cdot \frac{P_d + P_e}{Q_d + Q_e} = -0.2 \cdot \frac{15 + 10}{3 + 4} = -0.71$$

雖然cd與de兩點距離相同、斜率相同，但因位置不同，因此彈性大小也不一樣。

在上述的直線型需求曲線上，我們發現雖然各點的斜率相同，但因為位置不同，因此各點所代表的彈性都不一樣。一般而言，需求曲線通常不一定是直線，因此各點上的斜率都不一樣，再加上位置不同，因此一般而言，需求曲線各點上的彈性也都不會相同。

但是如果兩個人的需求曲線都是直線，且斜率不同，我們如何比較它們的彈性大小呢？因為同一條曲線上的各點因位置不同，而使得彈性都不同，因此要比較兩條曲線的彈性時，我們就必須選擇相同的位置來比較，如圖4.2所示。

當價格為P_a時，D_2D_2與D_3D_3兩條需求曲線的需求量都在Q_a，所以兩者的位置相同。當價格上升到P_b時，D_2D_2需求量減少到Q_2，D_3D_3的需求量只減少到Q_3。由於在同樣的價格變化下，D_2D_2的數量變動較大，也就是說其對價格較敏感，即彈性較大；而D_3D_3的彈性較小。但如果再看斜率，由於D_2D_2較為平緩，故斜率較小；而D_3D_3較陡，斜率較大。這正驗證了我們前面的說法，彈

圖4.2：彈性與斜率的關係

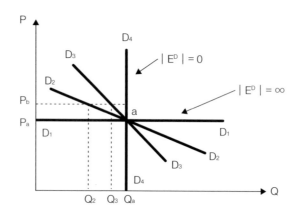

性大小與斜率呈相反的關係，斜率較大者，彈性較小；斜率較小者，彈性較大。

　　當需求曲線呈垂直線時，如圖4.2的D_4D_4（斜率無窮大），這表示價格不論是在P_a或P_b，數量都是Q_a。也就是說，需求量不會隨價格做任何改變，故此時完全沒有任何彈性，即彈性為0。注意，此時D_4D_4整條線上的各點彈性都是0。另外一個極端是水平的需求曲線，如圖4.2的D_1D_1。由於此時斜率為0，而彈性是斜率的倒數，故其斜率為無限大，不論在D_1D_1上的任一點，其彈性都是無限大，表示價格只要變動一點點，數量就會立即有無限大的反應。

（三）影響需求彈性的因素

　　在下頁案例中，我們看到美國社會大眾對不同商品的價格彈性大小頗有出入，比方說，對鹽、咖啡、汽油等商品的需求彈性很小，不到0.5。對於牛肉、電影的彈性則較高，介於0.5到0.9之間。而對出國旅行、去餐館消費等彈性最大，超過2.0。這些彈性

價格彈性的例子（一）

　　在一九六〇與一九七〇年代，根據美國人的消費行為，實證研究計算出一些商品的短期價格彈性係數。這些係數隨實證方法之不同頗有出入，僅摘錄如下，供讀者參考。

1. **彈性係數低於0.5：**
   鹽、咖啡、汽油、麵包、家中用電、醫療、住處、衣服、鞋子。

2. **彈性係數在0.5~0.9之間：**
   香菸、牛肉、電影、汽車輪胎。

3. **彈性係數接近1.0：**
   瓷器、長途電話。

4. **彈性係數1.2~2.0之間：**
   家具。

5. **彈性係數超過2.0：**
   國外旅行、羊肉、餐館消費、女帽。

係數雖然是以美國人的資料來估計，但事實上，我國人民的消費行為模式也相去不遠。

　　為什麼人們在不同商品之間的需求彈性有如此大的差異？哪些因素會造成人們需求彈性的變化？這當然是一個令人感興趣的問題。

　　一般而言，影響人們對一種商品需求彈性大小的因素大致可分成五項：

價格彈性的例子（二）：課菸稅助長照

　　2016年10月，行政院為了推動長照2.0計畫，規劃以調高遺贈稅和菸稅，來增加稅收支應長照的財源需求。依財政部估計，目前國內各種香菸的平均售價約65元，每包加收20元菸稅，將使平均價格提高到85元。目前每年國人消費的香菸為16.55億包，調高菸稅20元之後，預估每年香菸消費量會減少到13.25億包，即減少3.3億包，亦即減少約二成的消費。預計調高菸稅可以使稅收淨增加158億元新台幣。

　　根據上述資料，我們可以計算國人消費香菸的需求彈性的弧彈性如下：

$$E^D = \frac{\dfrac{Q_2 - Q_1}{\frac{1}{2}(Q_2 + Q_1)}}{\dfrac{P_2 - P_1}{\frac{1}{2}(P_2 + P_1)}} = \frac{\dfrac{13.25 - 16.55}{\frac{1}{2}(13.25 + 16.55)}}{\dfrac{85 - 65}{\frac{1}{2}(85 + 65)}} = -0.83$$

　　依據計算結果顯示，國人消費香菸的需求彈性為-0.83，此一數據略高於其他國家人民對於香菸的需求彈性，其主要原因之一可能在於這次菸稅每包增加20元的幅度很大，因此財政部才會認為香菸消費會減少很多（約二成）。

資料來源：沈婉玉，〈菸稅調高20元，菸槍每年少抽100包〉，聯合新聞網，2016.10.13

1. 對商品支出占所得的比率

　　一項商品所占支出的比例愈高，該商品在人們支出預算中即愈重要。所以當這種商品價格上升時，消費者也就愈願意去尋找替代品，因此彈性也就較大，如家具。因為在尋找到其他替代品時，可能可以節省一筆可觀的支出，或者可以找到更便宜的代替品。相反的，一種商品如果占支出的比例很小，人們便不會太在乎其價格，也不會太願意花時間去找其他代替品。例如當鈕扣或迴紋針的價格上升時，人們很少會願意花時間精神去找尋這些商品的代替品，而可能會繼續購買。

2. 尋找替代品的難易

　　消費者愈容易獲得替代品及其價格的訊息，商品需要就愈有彈性，如各種廠牌的電視機。如果消費者不容易找到代替品，則其需求彈性就會很低，因為不論價格如何變化，人們都非買不可，例如鹽與醫藥這類商品都是很好的例子。

3. 商品定義的廣狹

　　當產品定義愈狹窄時，則該商品的替代品可能愈多，因此對此商品的需要就愈有彈性：例如，「福特汽車」的替代品很多，因此它的需求彈性大於「汽車」的需求彈性；而「汽車」的替代品也不少，因此它的需求彈性又大於「交通運輸」的需求彈性。

　　再例如，人們對「中興米」的需求彈性會大於人們對「白米」的需求彈性，而對白米的需求彈性又會大於對「食物」的需求彈性。因為當中興米的價格上漲時，人們可以選擇去購買富麗米或池

上米，因此對中興米的購買量就會減少很多。而當整個米價上升時，人們除非改吃麵食，否則還是不得不買一些米來吃。就國人的習慣而言，幾天不吃米大概就會很難過，所以對米價的彈性就比較小。如果所有食物的價格都上漲，人們更是沒有選擇的機會，因為幾乎沒有東西能代替食物。因此，當食物的價格上升時，人們大概至少還是要去買能維生用的數量，所以人們對食物的需求彈性會很小。

4. 對商品的偏好與忠誠度

　　很多人消費時，經常會對某種廠牌或某種商品有強烈的偏好或品牌忠誠度，例如有些人只穿LEE的牛仔褲，有些人只吃新鮮蔬菜不吃冷凍蔬菜。當對商品有強烈偏好或忠誠度很高的時候，即使商品價格上漲，人們往往仍然會去購買，故其彈性就很低。台灣每年暑假颱風來臨之後，蔬菜價格都會飆漲至數百元一斤，但仍然有許多人會前往購買，這些人對新鮮蔬菜的需求彈性就很低。

5. 對商品價格變動的調整期的長短

　　調整時間愈長，消費者就有愈多的時間去尋找代替品，需求就愈有彈性。另一方面，時間較長時，消費者也較可能去調整其消費習慣，因此需求就會更有彈性。

（四）需求彈性與支出的關係

　　討論需求彈性的一項重要目的是用來判斷當價格變動時，消費者的支出會有什麼變化。這個問題不但對消費者而言很重要，對行銷者而言，也同樣重要，因為消費者的支出就是廠商的總收益。由

於需求法則告訴我們：當價格上升時，消費者的購買數量會減少；而價格下降時，消費者的購買數量會增加。消費者的總支出等於價格乘上數量，因此，廠商應該採用薄利多銷的方式；或是提高價格，增加利潤的方法，而不必在乎銷售量減少？

　　顯然上述問題的答案與需求彈性有關。若消費者具有很高的價格彈性，只要價格下降一點點，就會大量增加購買，此時廠商應該採用薄利多銷的方式，來增加收益。反之，若消費者的價格彈性很低，則廠商可以提高價格，增加收益，因為此時數量並不會減少太多。

　　現在我們就來仔細計算支出與彈性的相關情況。假設原來的價格為P，現在再增加△P；而原來需求量為Q，價格上升以後減少△Q的數量。因此，原來的支出為 $R_1 = P \times Q$，新的支出為 $R_2 = (P+\triangle P)(Q-\triangle Q)$，支出的變化為△R，而

$$（4.3）\quad \triangle R = R_2 - R_1$$
$$= (P + \triangle P)(Q - \triangle Q) - PQ$$
$$= Q \cdot \triangle P - P \cdot \triangle Q - \triangle P \cdot \triangle Q$$
$$= \left[1 - \frac{\triangle Q}{\triangle P} \cdot \frac{P}{Q}\right](Q \cdot \triangle P)$$
$$= (1 - |E^D|) \cdot (Q \cdot \triangle P)$$

　　在（4.3）式中，我們假設價格上升（△P）幅度很小時，數量下降（△Q）的幅度也很小，所以我們可以忽略△P・△Q的效果，故假設其等於0，而由於Q和△P都是正數，因此，支出變動△R是正或是負就決定於 $|E^D|$ 與1的大小，即價格上升：

當 $|E^D| > 1$ 時，$\triangle R < 0$；

$|E^D| = 1$ 時，$\triangle R = 0$；

$|E^D| < 1$ 時，$\triangle R < 0$。

　　上升結果表示，當彈性大於1時，若價格上升，總支出會減少；當需求彈性等於1時，若價格上升，總支出不變；當需求彈性小於1時，若價格上升，總支出會增加。

　　但是在價格下降之際，情形剛好相反，此時，$R_1 = P \cdot Q$，而 $R_2 = (P - \triangle P)(Q + \triangle Q)$，因此支出的變動 $\triangle R$ 為

（4.4）　　$\begin{aligned} \triangle R &= R_2 - R_1 \\ &= (P - \triangle P)(Q + \triangle Q) - PQ \\ &= P \cdot \triangle Q - Q \cdot \triangle P - \triangle P \cdot \triangle Q \\ &= \left[\frac{\triangle Q}{\triangle P} \cdot \frac{P}{Q} - 1 \right] \cdot (Q \cdot \triangle P) \\ &= -(1 - |E^D|)(Q \cdot \triangle P) \end{aligned}$

　　由於（4.4）式正好與（4.3）式差一個負號，因此，我們可以得到以下結論：即價格下跌時，

當 $|E^D| > 1$ 時，$\triangle R > 0$；

$|E^D| = 1$ 時，$\triangle R = 0$；

$|E^D| < 1$ 時，$\triangle R < 0$。

　　上述結果表示，當需求彈性大於1時，價格下降會使總支出增

加。當需求彈性等於1時，價格下降，總支出保持不變。當需求彈性小於1時，價格下降會使總支出減少。為便於比較，我們把價格變化、彈性大小、與總支出變化的關係歸納如表4.2。

　　在前面我們曾提及直線型的需求曲線上，各點的彈性都不盡相同，因此其對應的支出變化也不一樣，我們可以利用表4.1嘉宜的需求曲線來說明支出與價格的關係，見圖4.3。

　　在圖4.3中我們看到當價格由30元往下降時，由於需求彈性大於1，因此總支出由0開始不斷增加，直到價格降到15元時，需求量為3個，總支出則為45元，這時是總支出最大的時候。當價格再往下降時，雖然需求量仍在增加，但由於需求彈性小於1，使得總支出開始減少，直到價格降為0時，總支出也減少到0。

　　由上述分析可知，在需求彈性大時，廠商宜採用薄利多銷的方式來增加收益；而當需求彈性小時，則可考慮以提高價格的方式來達到增加收益的目的。而對消費者而言，政策含意也十分清楚。消費者應該採取何種消費行為，才不至於受到廠商的剝削呢？當然是應該隨時保持較高的需求彈性，使得廠商只能採用薄利多銷的方式來面對消費大眾。那麼，又如何使需求彈性變大呢？最直覺的答案

表4.2：價格變化、彈性大小，與總支出變化的關係

價格	支出	彈性
增加	下降	$E^D > 1$
增加	增加	$E^D < 1$
增加	沒有變化	$E^D = 1$
下降	增加	$E^D > 1$
下降	下降	$E^D < 1$
下降	沒有變化	$E^D = 1$

圖4.3：嘉宜的需求曲線

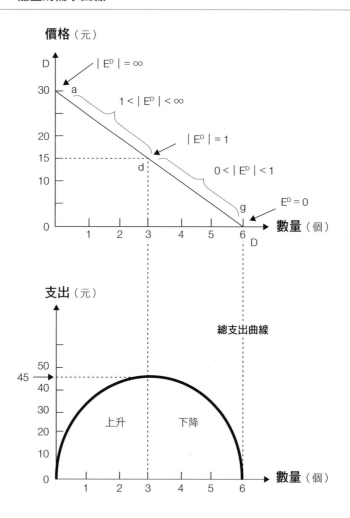

是，貨比三家，貴了就不買。這是最簡單，也是最容易的方式。如果消費者堅持自己的消費習慣、堅持要求自己的消費品牌、堅持自己的產品忠誠度，如此勢必降低自己的需求彈性，自然就容易受廠商剝削了。

二、供給彈性

（一）供給的定義

　　需求有需求法則，說明需求量與價格之間的負向關係；供給則有供給法則，指出供給量與價格之間的同向關係。然而，需求法則與供給法則都只討論數量與價格變動的方向，但卻沒有提及變動數量的大小。為衡量數量對價格變化的敏感程度，在需求有需求彈性，供給方面就是「供給彈性」（elasticity of supply）。

　　明瞭供給彈性的特性與了解需求彈性同樣重要，因為它們是市場的一體兩面。政府在設立稻米保證收購價格時，必須知道稻米供給對價格的反應程度是多少，才能選定最適當的保證收購價格。政府對汽油課徵消費稅或空氣污染稅的課稅目的，雖然表面上是對消費者課稅，因此與需求彈性有關。其實在下頁的案例中已經顯示，雖然名目上是對消費者課稅，但最終受到影響的同時包含供需雙方。經濟學將賦稅真正的負擔者稱為「租稅的歸宿」（tax incidence），我們在下一章討論供給與需求理論在現實生活中的應用時，會更仔細說明這些問題。

　　要衡量供給的敏感性，我們可以用價格每上升1元，供給量會增加多少來計算。但這種方式因所選用的計算單位不同，導致計算結果的差異。為避免因不同計算單位造成的困擾，供給彈性的定義方式與需求彈性完全相同，也就是以供給量變動的百分比和價格變動的百分比來計算。供給彈性（E^s）表示當價格變動百分之一時，供給量變動的百分比。即（4.5）式所示：

$$(4.5) \qquad E^s = \frac{供給量變動百分比}{價格變動百分比}$$

$$= \frac{\triangle Q/Q}{\triangle P/P} = \frac{\triangle Q}{\triangle P} \cdot \frac{P}{Q}$$

徵稅受供需彈性的影響

　　政府徵稅可能是為了增加國庫收入，也可能是抑制消費（如菸、酒），也可能是要讓高所得者多分擔稅收（如奢侈品）。但稅收的多寡常受供需曲線的彈性係數所左右。

　　（a）當供需曲線彈性均較低時（如汽油），如果每公升徵稅0.5元，供給曲線向左小幅移動，數量由Q_1減少到Q_2，政府之稅收為□ABCF＝Q_2×0.5。

　　（b）當供需曲線彈性均較高（如家具），如果政府徵收新的消費稅，則供給曲線會大幅向左移動，政府之稅收就為□A'B'C'F'，遠小於圖（a）之收入。

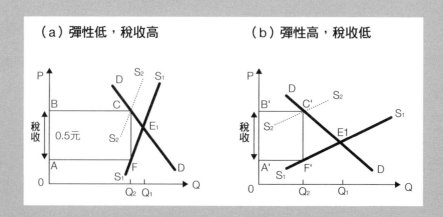

　　由於上述（4.5）式中的Q與P代表原來的數量與價格，在供給
函數上這只代表變化前的一點，故我們將（4.5）式估計的結果稱
為「供給的點彈性」。

　　我們也可以利用價格變動之前的供給量和價格，與價格變化後
的新數量和新價格的平均數來計算彈性，也就是計算兩點之間的彈
性，我們稱之為「供給的弧彈性」，可以表示如下：

$$（4.6）\qquad E^s = \frac{(Q_2 - Q_1)\big/ \frac{1}{2}(Q_2 + Q_1)}{(P_2 - P_1)\big/ \frac{1}{2}(P_2 + P_1)}$$

$$= \frac{Q_2 - Q_1}{P_2 - P_1} \cdot \frac{P_2 + P_1}{Q_2 + Q_1}$$

我們可以利用第三章表3.3的數據來試算柯進騰生產稻米的供給彈
性。在價格為40元一公斤時，其每月供給量為3噸，當價格下跌到
每公斤30元時，其供給量也減少到2.5噸。我們依其數據及（4.6）
式可以計算其兩點之間的彈性大小：

$$E^s = \frac{Q_2 - Q_1}{P_2 - P_1} \cdot \frac{P_2 + P_1}{Q_2 + Q_1}$$

$$= \frac{2.5 - 3}{30 - 40} \cdot \frac{30 + 40}{2.5 + 3} = 0.64$$

　　由於供給法則告訴我們供給量與價格變動的方向一致，因此供
給彈性必然都是正的。

克勞爾教授的雪茄菸

洛杉磯加州大學（UCLA）校門口的西木村上有一家出名的菸草店，店中出售各式各樣的雪茄、香菸、菸絲，以及菸斗。店內充滿香濃的雪茄菸草香味，經常吸引遊客聞香入內。

前UCLA經濟系的克勞爾（R. Clower）教授一向以抽雪茄著名，不但如此，他買雪茄菸時，就如同他打網球一樣的俐落，從不問價錢，每次到店裡都跟老板說：「給我拿100美元的古巴牌雪茄。」

UCLA經濟系的另一位大牌教授李昂赫夫（Axel Leijonhvud）一樣喜歡抽雪茄，而在買雪茄時一樣瀟灑，也是從來不過問價錢，每次到雪茄店裡時就說：「給我拿兩盒古巴牌雪茄。」

如果說經濟學家對價格較敏感，消費行為應該具有彈性，如此才不容易被廠商剝削，那麼你覺得他們兩人誰是真正的經濟學家？或是他們兩人完全相同？

其實答案很簡單。不論價格如何變化，克勞爾教授每次都剛好花100元，這表示其價格彈性為1，故其支出才會每次都固定。而不論價格如何變化，李昂赫夫教授每次都買固定的數量——兩盒雪茄，表示其需求量對價格是完全沒有任何反應的，亦即其需求彈性為0。所以克勞爾教授的行為才像是真正的經濟學家。

（二）供給彈性與斜率的關係

　　供給彈性與需求彈性相同，也是由供給曲線斜率的倒數（$\triangle Q/\triangle P$）和位置（P/Q）所組成。如果供給曲線不是直線，其中各點的斜率都不同，相對應的彈性也會有所差異。而要注意的，即是供給曲線是一條直線，也並不代表其上任何一點的彈性都相同，因為各點的位置會有不同，所以彈性也不盡相同。

　　為便於說明，我們再舉一個簡單的直線供給曲線來說明。假設瘦達人的麵包供給量如表4.3所示。當麵包一個賣5元時，瘦達人不願意生產任何數量的麵包。隨著價格上升，其供給量也逐漸增加，當價格上升到每個10元時，瘦達人願意每天供應50個麵包。再利用供給量與價格的數據，我們可以繪出瘦達人的麵包供給曲線，如圖4.4的SS。

　　由圖4.4可以計算出a、b兩點之間的斜率倒數為10 = [(10-0)/(6-5)]，而由於SS為直線，故其上各點的斜率倒數都是10。再利用a點至f點的各點位置，我們就可以計算出各點上的點彈性，見表4.3。由表4.3中，我們可以看出SS線上各點的供給彈性並不相

表4.3：瘦達人的麵包供給表

	價格 （元）	供給量 （個）	供給彈性 （E^s）
a	5	0	∞
b	6	10	6.0
c	7	20	3.5
d	8	30	2.7
e	9	40	2.3
f	10	50	2.0

圖4.4：瘦達人的麵包供給曲線

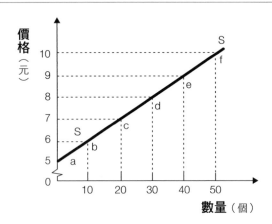

同：a點的供給彈性為無限大，然後再逐漸變小；到f點時，只剩
下2.0。讀者們可以再自行計算，將SS曲線的點再向右延伸，當價
格不斷上升，瘦達人的麵包供應量也不斷增加，供給彈性會逐漸接
近1。

　　由於供給曲線上彈性的變化與需求曲線不太相同，我們再舉二
例說明供給彈性與供給曲線位置的關係。假設張三和李四的麵包供
給表分別如表4.4和表4.5所示。從而我們也可以計算出對應的供給
彈性，並繪出其供給曲線，如圖4.5和圖4.6。

　　首先，在張三的供給曲線上任選兩點來計算，可知張三供給曲
線的斜率倒數固定為10，然後也可由李四供給曲線計算出其供給
曲線的斜率倒數也是10，都與瘦達人的供給曲線相同。但由表4.4
中，計算結果發現張三的供給彈性是隨著數量的增加而增加，與瘦
達人剛好相反。如果我們再進一步計算，將不難發現當價格與數量
都不斷增加時，張三的供給彈性將會接近1。另一方面，李四的供

表4.4：張三的麵包供給表

	價格 （元）	供給量 （個）	供給彈性 （E^s）
a	5	60	0.83
b	6	70	0.86
c	7	80	0.88
d	8	90	0.89
e	9	100	0.90
f	10	110	0.91

表4.5：李四的麵包供給表

	價格 （元）	供給量 （個）	供給彈性 （E^s）
a	5	50	1
b	6	60	1
c	7	70	1
d	8	80	1
e	9	90	1
f	10	100	1

給彈性則一直固定為1，不會隨著位置變化而有不同。其主要原因在於李四的供給曲線剛好通過原點，因此其供給曲線上任何一點的位置剛好就是代表該曲線的斜率。而由於供給彈性等於斜率的倒數乘上位置，因此其上任何一點的彈性都是1。事實上，上述結論可以更為推廣，即對任何一條通過原點的直線供給曲線而言，其上任何一點的彈性都是1。

　　為便於比較與說明，我們再把瘦達人（S_1S_1）、張三（S_2S_2）

圖4.5：張三的麵包供給曲線

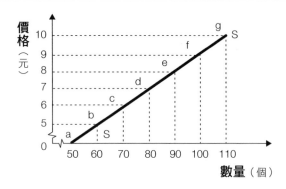

圖4.6：李四的麵包供給曲線

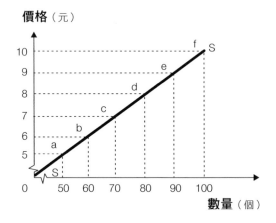

與李四（S_3S_3）的供給曲線分別繪在圖4.7上。由於三人的斜率都
相同，故其彈性大小完全取決於其供給曲線的位置。

　　由於供給曲線彈性的大小同時受到斜率與位置的影響，在比
較兩條供給曲線的彈性時，就必須格外小心。最簡單的方式，還
是把兩條曲線固定在同一點上，然後比較在該點上的彈性。由於

圖4.7：供給彈性與供給曲線位置的關係(I)

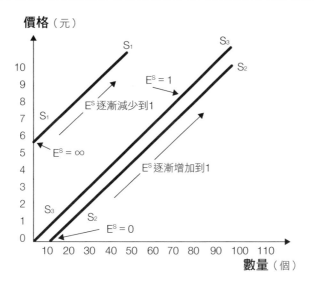

圖4.8：供給彈性與斜率的關係(II)

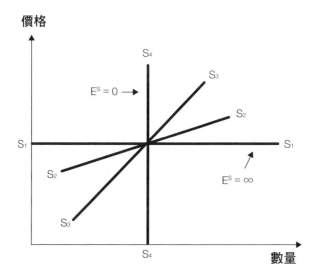

在同一點上，故位置相同，再比較斜率大小即可，如圖4.8。而因為彈性係由斜率的倒數所決定，故斜率愈大者（如S_3S_3），彈性愈小；斜率愈小者（如S_2S_2），彈性愈大。當供給曲線為水平時（如S_1S_1），即斜率為0時，供給彈性無限大；當供給曲線為垂直時（如S_4S_4），亦即斜率為無限大時，供給彈性為0，見圖4.8。

（三）決定供給彈性大小的因素

　　廠商行為的主要目的在於追求最大利潤，在產品價格無法由廠商決定下，價格變動時，廠商是否決定增減產出，以及要增加或減少多少，端賴廠商生產成本的變化狀況以及生產技術是否允許。一般而言，影響廠商供給彈性的主要因素可歸納成下列幾點：

1. 廠商生產成本對產量變化的反應

　　有些廠商可以在增加很小的成本下，提高產出；有些廠商則需要增加很多成本才能擴大產能。因此，前者產量對價格的反應就會遠比後者來得大。比方說，一家麵包店通常一天出爐三次到四次麵包，現在由於顧客數目突然增加許多，老闆可以立刻增加每天新鮮麵包出爐的次數到六至八次。在增加出爐次數的同時，生產成本並不會增加多少，因此其供給彈性應該是比較高的。反之，中油公司的高雄煉油廠每天最多可提煉60萬桶原油。當國內需求再增加時，中油公司就無法立即擴大產能來因應，所以其供給彈性較小。

2. 供給彈性與時間有關

　　一般而言，當調整時間很短時，供給並不容易增加；但如果有較長時間可以調整，供給彈性就會比較大。在上面的例子中，麵

包師傅可以很容易地在短時間內增加產出，中油公司煉油量則無法調整。但如果我們允許二至三年的調整時間，中油公司就可以利用二、三年的時間去興建另一座新的煉油廠，產量就可以大量增加，供給彈性也會比較大。

　　另一種與時間有關的是農產品。每當颱風過後，國內蔬菜的價格都會立即大幅上揚，因為很多農作物都被颱風吹壞或淹死。由於小白菜或其他蔬菜重新耕種到收成大約需要二至三個月，因此這期間的蔬菜價格就會居高不下，主要原因就是因為蔬菜供應在短期間之內缺乏彈性的緣故。一種立即解決的方法是開放國外蔬菜進口，就可以達到增加供給的作用；在供給可以隨時藉著調整進口的情況下，供給彈性可以大大提高，蔬菜價格也就不會再有大幅波動的情況。

3. 生產的儲藏成本

　　有些商品的儲藏成本很低，廠商可以利用淡季生產、旺季銷售方式，達到調整供給的目的，因此供給彈性較大。一般而言，工業產品的儲藏成本較低，在淡旺季之間的存貨調整比較容易；農產品的儲藏成本較高，供給彈性就比較小。農產品中又以海產及葉菜類蔬菜的儲藏成本最高，故其供給彈性較小，其價格在不同季節之間的波動也比較大。至於稻米、馬鈴薯之類農產品的儲藏成本較低，農人較易利用調整存貨的方式來達到改變供給的目的，故其供給彈性較大。

4. 供給彈性與所使用的生產要素能否在其他地方廣泛使用

　　如果一家廠商所使用的生產要素可以隨時供作他用，則廠商可

以較容易的減產，將生產要素供其他目的使用，或將用於其他使用
的生產要素移轉過來以增加產出，這時候的供給彈性比較大。例
如，麵包師傅做麵包用的麵粉可隨時轉於其他用途，如做麵條、包
子等，較易調整麵包的供給量。而核能電廠使用的核原料除了發電
以外，其他用途較少，因此核電廠就不容易改變其產量，供給彈性
較小。

三、所得彈性、交叉彈性、替代彈性

在影響消費者需求的因素中，除了價格是最重要的因素以外，
還有許多因素會影響需求，包括所得、相關財貨的價格、偏好，
以及對未來價格的預期等。其中又以所得及相關財貨價格對需求的
影響最大。比方說，當所得增加時，對商品的需求會上升；又比方
說，當牛肉價格上升時，人們對豬肉的需求會增加。但是我們只說
明這些變化的方向，而不曾提及可能影響的大小。本節目的就在探
討所得與相關財貨價格變動時，對需求影響的大小。

（一）所得彈性

當一個人的所得增加時，一般而言，他對商品的購買與消費都
會增加，例如食物、衣服、家電、旅遊、住宅等。就整個國家來
看，全國的所得增加時，對公共財的需求可能也會增加，例如道
路、公園、下水道系統等。但是這些財貨是否一定會增加呢？若是
增加，增加量會有多少呢？

對裕隆公司的老闆來說，他很希望知道人們所得增加時，對汽
車的需求會增加多少？對裕隆汽車的需求會增加多少？甚至對裕隆

納智捷的需求會增加多少？對台北市政府而言，市政府則想知道如果台北市民每年所得增加10%，對國宅的需求會增加多少？對一般住宅的需求又會增加多少？對公園與道路的需求同時會增加多少？所得變動對人們需求的變動會有很大的影響。對政策決定者而言，若能事先知道這些訊息，可以未雨綢繆，先擬定因應策略，屆時才不至於手忙腳亂。

這對所得成長快速的地方更是重要，台灣就是一個很好的例子。台北市雖然是首善之區，公共設施較國內其他地方為佳，但以台北市民的平均家庭收入水準與享有的公共設施水準來比，卻遠低於國外其他許多平均收入相近的城市。雖然一方面是肇因於台北市的城市人口密度太高，最主要還是政府的長期規劃無法配合台北市民所得的快速成長所致。

在所得成長初期，人們在乎的主要是能否填飽肚子，然後要求享有較好的生活品質，對住宅、家電的需求較高。當這些需求都滿足以後，人們對於居家附近的環境品質要求也會提升。道路、公園、學校、乾淨的空氣、安寧的環境等，這些需求在所得增加到某一個水準以後，就會迅速出現。

根據以上分析，人們對商品、服務、公共財貨的需求彈性，經常都會因所得的高低而有不同。一般而言，所得增加時，對大部分財貨的需求會增加，我們稱為「正常財」，但也有少數商品的需求會減少，我們稱之為「劣等財」。還有一些商品會在所得較高時才會出現，而且其需求增加的比例會超過所得增加的比例，是為「奢侈品」（luxury goods）。

為仔細區分上述財貨的差異，我們先依需求彈性的方式來定義「所得彈性」（income elasticity）。所得彈性的定義是：當所得變動

百分之一時，需求量變動的百分比。若以I代表（income），△I代表所得變動量，△I/I就是所得變動的百分比；再以Q代表原來的需求量，△Q是需求變動量，△Q/Q就是需求量變動的百分比。因此，所得彈性可以定義如下：

$$（4.7）\qquad E^I = \frac{\triangle Q/Q}{\triangle I/I} = \frac{\triangle Q}{\triangle I} \cdot \frac{I}{Q}$$

對一般人而言，在所得增加時，他們對大部分財貨的需求都會增加，我們稱此種財貨為「正常財」，如食物、衣服、旅遊等。因為當所得增加時，人們對這些財貨的需求也會增加，即其需求變動的方向與所得相同，故其需求的所得彈性為正，即$E^y > 0$。因此，我們又稱所得彈性大於零的財貨是正常財。

但是在人們所得增加以後，也有一小部分財貨的需求量反而會減少，這種財貨通常具有較低的福利，故稱為「劣等財」。例如以前很多人吃番薯簽，後來所得增加，就改吃白米，不再消費番薯簽，所以番薯簽就是劣等財。由於劣等財需求量的變化方向與所得變化的方向相反，故其所得彈性為負，所以我們又稱所得彈性小於零的財貨為劣等財。

不過我們必須說明的是，對於不同人或在不同的所得水準下，劣等財的定義可能不同。民國五〇年代，台灣地區所得還相當低，家裡有部黑白電視就算非常奢侈了。到了民國七〇年代，台灣地區所得提高以後，大家都只看彩色電視，黑白電視就成了劣等財，再也沒有人要看了。但是很多落後國家或地區，黑白電視可能仍然是豪華的享受；對他們而言，黑白電視機是奢侈品，不是劣等財。

另外，雖然大部分財貨都是正常財，所得的彈性都是正的，亦

即消費量會隨著所得增加而增加，但不同財貨之間，隨著所得變化而變化的程度也有很大的差異。例如，當所得增加時，人們上館子吃飯的次數或許會增加，但對於白米、鹽、糖等物品的消費增加量卻不會增加太多。試想，當一個人的所得在二年之內增加五倍，他的飯量會同時增加五倍嗎？或是他吃鹽的數目會增加五倍嗎？答案當然是否定的。也就是說，食物是正常財，但所得增加時，食物消費增加的百分比應該會小於所得增加的百分比，換句話說，其所得彈性會小於 1，即：

$$E^I = \frac{\triangle Q/Q}{\triangle I/I} < 1$$

我們將需要的所得彈性小於 1 但是大於 0 的商品稱為「必需品」（necessities），因為它們大都屬於生活上必要的商品，例如食物、衣服、大眾運輸的交通需求等。

還有一些商品，其消費量與所得之間的關係更為密切，人們對這種商品的需求受所得的影響更大，例如旅遊、有設計感的衣服、汽車、住宅等。當人們所得較低時，他們對這些財貨固然也有需要，但卻經常因為所得太低或價格太貴而無法購買；所得增加以後，人們對於這些財貨的需求就會增加。不但如此，更重要的是對這些財貨需求增加的比例，往往會高於所得增加的比例，換句話說，其所得彈性是大於 1 的，即 $E^y > 1$，故我們又將此種財貨稱為奢侈品。

在台灣最明顯的奢侈品的例子是：房屋。近年來由於房屋價格非常昂貴（以台北市為例，一棟新的成屋價格幾乎已達一般家庭平均收入的十五倍左右）。但許多薪水階級的無殼蝸牛仍然十分努力

恩格爾曲線與所得彈性

十九世紀德國統計學家恩格爾（Ernst Engel）發現，家庭對不同財貨的支出比例與家庭所得高低之間有非常明顯的關係。在低收入家庭中，食物與衣服支出占收入的絕大部分。當收入逐漸增加時，住宅、交通、教育、醫療等支出的比例就逐漸增加，而食物與衣服等支出占所得的比例則逐漸縮小，此外，儲蓄占所得的比例也會迅速上升。由於此種現象普遍存在於不同國家之間，故我們將之稱為「恩格爾法則」（Engel's law）。

後人將需求量與所得之間的關係所形成的曲線稱為「恩格爾曲線」（Engel curve），我們可以利用該曲線來區分劣等財、必需品，以及奢侈品，如下方圖形所示。

當恩格爾曲線斜率為正時，表示該財貨為正常財，即需求量隨所得之增加而增加，如圖（A）、（B）所示。但在圖（A）中，數量增加的比例小於所得增加的比例，因此該財貨的所得彈性小於1，是為「必需品」。在圖（B）中，該財貨不但是正常財，而且數量增加的比例超過所得增加的比例，亦即其所得彈性大於1，所以是「奢侈品」。在圖（C）中，所得增加時，需求量反而減少，數量與所得的變化方向相反，是為「劣等財」，所得彈性為負。

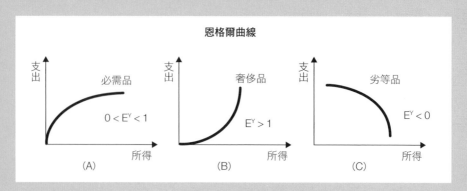

恩格爾曲線

的存錢，以準備未來購買超過自己所得數倍以上的房屋，就是最好的例子。

　　當然，某些商品是否是奢侈品，同樣因人因地而異。例如較早以前，對很多人而言，在台灣擁有一部汽車是非常奢侈的。但最近這些年來，台灣地區家庭擁有汽車的比例已經超過七成，汽車在台灣大概只能被稱為必需品，不再是奢侈品了。

（二）交叉彈性

　　在分析影響需求的因素中，相關財貨的價格也是一項非常重要的決定因素。牛肉價格上漲時，人們對豬肉的需要會增加，此時牛肉太貴，大家都改吃豬肉。同樣的，當小白菜價格上漲時，人們會改吃大白菜，使大白菜的需求增加，因為它們兩者是「替代品」（substitutes）。另外，當汽油價格上升時，人們對汽車的需求會減少，因為此時自己開車的成本太高。於是我們稱汽車與汽油為「互補品」（compliments）。

　　當一種財貨 X 的價格 P_x 上升，導致另一種財貨 Y 的需求量 Q_y 增加時，我們稱此兩種財貨為替代財。至於 X 財貨價格的變動對 Y 財貨需求的影響，我們用「交叉彈性」（cross elasticity）的概念來衡量。交叉彈性的定義是：當 X 財價格變動百分之一時，Y 財需求量變化的百分比，即：

$$（4.8）\qquad E^{XY} = \frac{\triangle Q_Y / Q_Y}{\triangle P_X / P_X} = \frac{\triangle Q_Y}{\triangle P_X} \cdot \frac{P_X}{Q_Y}$$

　　對牛肉與豬肉這兩種替代財貨而言，當牛肉價格 P_x 上升時，人們會減少對牛肉的消費，轉而增加對豬肉的需求 Q_y，因此 Q_y 與

P$_x$呈同方向變化，其交叉彈性會大於零，即E^{xy}＞0。故我們又定義：當兩種財貨的交叉彈性為正時，此兩種財貨互為「替代品」。

對汽油與汽車兩種互補品而言，當汽車價格P$_x$上漲時，人們會減少對汽車的需求量，也同時會減少對汽油Q$_y$的需求，所以Q$_y$與P$_x$呈相反方向變動時，其交叉彈性為負，即E^{xy}＜0。所以我們又定義；當兩種財貨的交叉彈性小於零時，此兩種財貨互為「互補品」。

2007年台灣高鐵通車後，台北到高雄與台中等地的航線不久就完全停飛，表示高鐵與這些國內航線之間具有高度替代性。另外，台鐵的營收也大受影響，表示高鐵與台鐵也是高度替代的。

表4.6：所得彈性與交叉彈性

所得彈性 $\left(E^I = \dfrac{\triangle Q/Q}{\triangle I/I} \right)$		交叉彈性 $\left(E^{xy} = \dfrac{\triangle Q_y/Q_y}{\triangle P_x/P_x} \right)$	
E^I＜0	劣等財	E^{xy}＞0	替代品
E^I＞0	正常財	E^{xy}＜0	互補品
0＜E^I＜1	必需品		
E^I＞1	奢侈品		

最後，為便於比較，我們把正常財、劣等財、必需品、奢侈品、替代品與互補品的定義歸納如表4.6以供參考。

經濟名詞

彈性	需求彈性	價格彈性
供給彈性	租稅歸宿	所得彈性
交叉彈性	點彈性	弧彈性
互補品	替代品	正常財
劣等財	必需品	奢侈品
恩格爾曲線	恩格爾法則	

討論問題

1. 無論價格為何，對產品的需求量皆不變時，需求的價格彈性為何？

2. 請問在何種情況下，價格降低會使總收益反而提高？

3. 比較對小汽車分別課徵定額稅30,000元與10%兩種稅的效果。哪種稅的課徵對小汽車需求（以百分比表示）的影響較大？

4. 下列各組產品中，何者為互補品？何者為替代品？交叉彈性的正負號為何？
   (1) 室內電話與手機
   (2) 巴士與飛機
   (3) 汽車與汽油
   (4) 米飯與麵包

5. 當人們所得提高時，購買食物的支出增加，但食物支出占所得的比例卻降低了，此時食物需求的所得彈性大小如何判斷？

6. 請以你自己購買手機的例子，說明你的價格彈性與所得彈性的大小。

7. 請以圖示「我每週一定花 400 元買書」的需求曲線。

8. 試討論需求彈性與總支出的關係。

9. HTC 公司老闆把他們聘請的經濟顧問請去說：「我看主計總處估計報告顯示：台灣地區人們對手機的需求彈性只有 0.9，但你幫我們估計社會大眾對 HTC 手機的需求彈性卻高達 1.6。你確定你的估計沒問題嗎？」如果你是這位經濟顧問，你會如何回答此一問題？

10. 民國 105 年 10 月，梅姬颱風過境台灣摧毀及淹沒了許多農地，使蔬菜減產 50%，但市場上的蔬菜平均價格卻上漲 125% 之多。請問，台灣地區人們對蔬菜的需求彈性是多少？

11. 民國七〇年代前後，台灣的鞋類出口量幾乎排名世界第一位。民國七〇年代後期，台灣地區勞動價格大漲之後，台灣製鞋業的出口數量隨即萎縮。你認為台灣地區製鞋業的供給與勞動成本之間的關係有多大？製鞋業的供給對勞動價格的彈性很大或是很小？

12. 雖然食衣住行都是民生必需品，在台灣地區的人們為什麼對衣食的需求所得彈性較小，而對房屋的需求彈性特別高呢？如果我們把房屋區分為租賃房屋與自有房屋，你覺得哪種住宅的所得彈性較高？為什麼？此時兩者都還會是奢侈品嗎？

第五章

消費者行為

一、效用的概念：自利行為

二、邊際效用分析法

三、無異曲線分析法

四、代替效果與所得效果

一、效用的概念：自利行為

在本書第一章中，我們曾提及經濟學中一個最主要的基本假設之一，就是假設經濟個體行為都是以自利為出發點，也就是說經濟個體都以追求自己的利益最大為目的。在個人的經濟行為中，我們說每個人都追求他的福利最高；在廠商行為方面，每個廠商都追求利潤最大；在政府方面，則希望全國人民的福利最高。這些都是十分直覺且能夠被社會大眾所接受的。

但問題是，什麼是個人福利？什麼是全國人民的福祉？這些問題看似眼熟，但在真正探究其內容時，就會產生許多爭議。唯一較能使大家接受的就是廠商的利潤，因為這是簡單且直接以金錢方式來呈現的。廠商只要把賣東西的「收益」（revenue），或稱「收入」，減去其生產時所花費的成本（cost），剩下來的就是「利潤」（profit），或稱「利益」。因為廠商不是一個自然人，我們不用考慮所謂福利或福祉的問題，只要廠商能賺到更多的利潤，它的股東或所有人就會很滿足。

現在我們再回頭來看個人的福利問題。由於我們假設個人的慾望是無限的，東西自然愈多愈好；東西愈多代表個人的福利或福祉愈高。但個人資源卻是有限的，當一個人因為所得有限，而必須在買蘋果或買橘子之間做選擇時，他該如何選擇？如果市場上蘋果一斤賣30元，橘子一斤也賣30元，比較喜歡吃蘋果的小明選擇買蘋果，因為此時一斤蘋果帶給他的福利高於一斤橘子。但如果小明要在買書與看電影之間做抉擇時，他該如何選擇？買書與買蘋果之間又該如何選擇？我們每天都必須面對許多選擇，每次選擇與消費都會讓個人的福利產生變動。而那麼多的商品，如果需要兩個兩個來

比較，那麼每個人大概每天都只能在這些選擇之間掙扎，無法再做其他正事。事實上這並非不可能，有很多人為了買房子與選擇最滿意的房子，被煩得幾天吃不下飯。

　　為了簡化這些比較，也許每一個人心中都會為自己訂定一些標準，只要覺得某種東西符合了這些標準，就可以購買與消費。比方說，蘋果夠甜、夠新鮮、價格還可以，那我們就可以考慮購買。買房子當然就需要考慮得更周詳一些，比方說，合併考慮價格、坪數、地點、樓層、建材、屋齡、鄰里環境等諸多因素以後，我們才會決定是否購買。決定是否購買的標準是十分抽象的，並不容易清楚描述。因此，為了能夠仔細說明這些個人主觀上的標準與福利，經濟學上就使用了一個名詞，稱為「效用」（utility），做為計算個人福利大小的單位。效用愈高，個人福祉就愈大，而每一個商品都可以帶給個人一些效用，為便於計算，我們通常會在每個人消費每個商品時，設定其效用大小。比方說，小明消費一個蘋果可以有三個單位的效用，消費一個橘子則可以帶來二個單位的效用。

　　但我們必須強調，效用的大小是非常主觀的，也就是說每個人在消費每個商品時，所享用的效用大小可能都不同，因為每個人對商品的偏好基本上可能都不同。前面提到小明吃一個蘋果的效用是三個單位，吃一個橘子則帶來二個單位的效用。但阿旺比較喜歡吃橘子，而不喜歡吃蘋果，對阿旺而言，吃一個橘子的效用是三個單位，吃一個蘋果可能只有一個單位。

　　效用是用來衡量個人消費時所帶來的福利大小。對每一個人而言，他可以把所有消費帶來的效用加總，得到效用的總合。經濟學就是要探討如何使一個人在所得有限之下，能使其總效用達到最高的水準。但是我們也必須注意，效用是主觀的，不同人之間的效用

水與鑽石價值的矛盾

　　亞當‧史密斯在《國富論》中曾討論到一個有趣的難題：為什麼日常生活中不必需的鑽石價格那麼高？生活中必需的水，價格卻這麼便宜？

　　要解釋這個「矛盾」，首先就要重溫最基本的道理：「價格受供需決定」。水的價格低，因為在正常情況下，水的供給大，因為供給大，總效用也大（如圖A中，在需求曲線左側的陰影區），但當消費者用得多時，它的邊際效用就變得非常低，如圖A中之b點。

　　鑽石價格高，因為製造成本貴，供給少。正因為價格高，買得起的人少，總效用也低，但對買得起的人來說，它的邊際效用就大，如圖B中之c點。

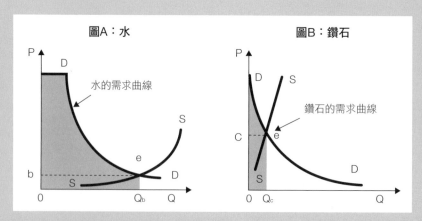

圖A：水的總效用高（陰影區），但邊際效用低（b點）
圖B：鑽石的總效用低（陰影區），但邊際效用高（c點）

　　因此，價格低，就反映消費到最後一單位水時，邊際效用低；價格高，就反映擁有最後一單位鑽石時，邊際效用高。了解了效用與成本都能影響一件商品的價值後，再重溫英國經濟學大師馬歇爾（A. Marshall）的話就更具啟發。他曾經寫過：「我們可以合理地爭論當剪刀剪紙時，究竟是上面的一片還是下面的一片剪斷了紙。」正如一件商品的價值是受效用（需要）支配，還是受成本（供給）支配。

並不能直接比較（同樣吃一個蘋果，帶給兩個人的效用就會有所不同）。在此種情況下，我們不但不能比較兩個人之間效用的大小，也不能直接把這些人的效用加總得到整個社會的效用。如何使個人的效用最大與整個社會的效用最大，在經濟學上是一個相當困難的問題，留待以後再談。此處我們再次強調，假設個人效用的存在，只是讓我們能用以分析如何使個人效用最大，並討論其選擇的行為，如此而已。在使用效用的概念時，必須十分謹慎，不可以輕易的加以引申或過度利用。

（一）家計單位的選擇與支出

　　家計單位每天都要面對許多消費上的選擇，例如食、衣、住、行、育、樂及醫療等支出，剩下來的就是儲蓄。我們在食物方面，有各式各樣的選擇，在其他方面的消費同樣有許多選擇。一般而言，愈有錢的家庭，他們的支出就愈高，但無論支出多少，都必須受到所得的限制。換句話說，每一個家庭或個人都會面臨下述重要問題：在所得限制下應如何分配支出，才能使全家或個人的效用最

大？這其中包括兩方面的問題：第一，所得的限制；也就是說，每個人都知道自己每個月的收入有多少，然後也必須知道各種商品的價格，如此才能知道自己的收入受到哪些限制。有些國家的人民雖然所得高（如日本），但相對上，其國內的產品也很貴，如此其人民真正能買到的東西卻可能不如想像中那麼多。有些國家人民的所得並不比日本高（如台灣），但由於國內商品的價格低於日本，因此台灣的一般家庭能買到的東西可能不比日本家庭少。

除了所得以外，另外一個重要的考量就是效用與偏好。也許某兩個家庭的收入相當接近，但一家喜歡吃米飯，另一家喜歡吃麵食；也許一家喜歡經常上館子，一家卻喜歡出國旅遊。由於每一個家庭或個人的偏好不同，每種商品所帶來的效用就不一樣。因此，每個家庭在選擇消費品時，必然會與其偏好有很大的關係。

在考慮所得限制之下，當一個個人或家庭在做決定時，一方面要知道這個商品的價格高低，另一方面也同時要考慮這個商品帶來的效用大小。

（二）價值與價格的關係

每一種財貨都有「價值」（value），但因為每一個人的偏好不同，因此同樣一個財貨，對不同的人可能就有不同的價值。比方說，中華職棒發行的球員卡對於喜歡看棒球賽的人而言，可能就十分有價值；但對完全不看職棒的人來說，球員卡可能一文不值。即使是同一個人，相同的商品具有的價值也可能因時因地而不同。比方說，一個人口渴的時候，一杯白開水可能十分有價值；當他喝完一杯以後，再給他第二、第三杯，價值就小得多。對住在翡翠水庫旁邊的人而言，一杯水的價值可能不值一文，但他到撒哈拉沙漠去

我國家庭支出結構的變化

單位：%

	1974年	1985年	1995年	2005年	2015年
家庭可支配所得	100	100	100	100	100
儲蓄	12.8	23.2	27.2	21.6	21.3
消費	87.2	76.8	72.8	78.4	78.7
食物	49.4	26.4	14.2	12.7	12.5
衣服	6.2	4.6	3.4	2.7	2.3
住宅	20.7	18.2	18.3	18.6	19.4
家具用品	3.8	2.6	2.5	2.0	1.9
醫療	3.9	4.0	7.6	10.3	11.9
交通	4.0	6.6	7.7	10.2	10.0
教育與娛樂	6.1	6.7	8.5	9.2	7.6
餐廳及旅館	–	4.1	5.9	7.3	8.9
其他支出	6.0	3.7	4.9	5.4	4.3

資料來源：行政院主計總處，歷年《家庭收支調查報告》。

　　上表顯示我國四十年來家計單位消費支出的變化。首先，我國人民的儲蓄率由1974年的12.8%，上升到1995年的27.2%，再下降到2015年的21.3%，顯示我國家庭收入上漲的結果，民眾已經開始進入成熟的消費時代。依據恩格爾法則，隨著國民收入的增加，衣服及食物占支出的比例應該會下降——表中顯示食物占家庭收入的比例由49.4%迅速下降到12.5%；衣服和家具用品支出的比例也略為減少。另一方面，教育、醫療、交通及餐廳和旅館，則都有明顯的增加，其中又以後三者的增加比例最大。由於所得增加的結果，使得支出比例增加，表示這些財貨不但是正常財，而且由於所得彈性大於1，因此也都是奢侈品。

旅遊時，就會體會到一杯水的價值有多高。

　　一般而言，財貨的價值會因人、因時、因地而異。決定財貨價值大小的主觀因素在於：個人對此財貨的偏好及該財貨所能帶來效用的大小。一般而言，偏好愈高或效用愈大，該財貨的價值就愈高。

　　另一方面，由於供給有限，財貨在市場上都有「價格」（price），我們稱為「經濟財」（economic goods）；不必花費任何費用就可取得的財貨，則稱為「自由財」（free goods），此種財貨通常因為供給太高，即使價格降為零，一般也沒有廠商會願意生產。例如空氣與陽光都是用之不盡、取之不竭的財貨，由於供給太多而使市場價格不存在。除了自由財以外，所有的財貨都有價格，在市場經濟體制中，此一價格的高低由市場供需來決定。當供不應求時，價格就會上升；當供過於求時，價格就會下降。

　　在經濟學的觀念裡，價值與價格是截然不同的兩個觀念。「價格」高低是由市場決定的，每個人必須面臨相同的市場價格；但是「價值」卻可因人、因時、因地而不同。由於價格的高低是由供需決定的，因此一般財貨價格的高低與其價值大小可能沒有任何關係。比方說，空氣對人有很高的價值，但由於供給太多，使得其市場價格為零；另一方面，鑽石的使用價值除了一些特殊用途以外，一般的用途很少，但由於供給有限，其市場價格卻變得很高。

　　為了區分價格與價值的不同，有些人又把價值稱為「使用價值」（user's value），表示使用一個財貨所能帶來的效用。由於每個人的偏好與效用不盡相同，同一種財貨的使用價值會因時、因地、因人而異。另一方面，價格又可稱為「交換價值」（exchange value）。因為每一個人在市場上面對相同的財貨價格，所以一個價

格高的財貨可以交換到幾個價格低的財貨。

　　對同一財貨而言，有些人覺得具有價值，也有些人覺得價值很低。因此在面對相同價格之下，那些覺得該財貨價值高的人就有可能去購買；對於覺得價值低的人，可能就根本不會去購買。我們看到有很多職棒球迷花很多錢購買與蒐集各式各樣的球員卡，另外很多人則不屑一顧。不論這些人的偏好如何，當他們要去購買球員卡時，他們都必須支付相同的價格。

二、邊際效用分析法

　　介紹了效用的概念以後，我們再來說明消費者如何對某一財貨形成其需求曲線。同時，更重要的，我們可以進一步分析：為什麼在一般情況下，價格上升時，需要量會減少；價格下跌時，需要量會增加。我們將在本節中，以傳統的邊際效用遞減法則的概念，來說明需求曲線的由來，然後在下一節中，再利用無異曲線分析法來推導出需求曲線。

（一）邊際效用遞減法則

　　先讓我們說明「總效用」（total utility）與「邊際效用」（marginal utility）的概念，因為這兩個效用的概念在經濟學中非常基本，卻非常重要。總效用是指消費某一種財貨所帶來的全部效用，邊際效用則指消費一個單位的財貨所多增加出來的效用。所謂「邊際」就是指每多增加（或減少）一個單位時，所造成的變化。例如表5.1中，消費第一個單位財貨帶來的效用是10單位，因此邊際效用也是10，再多增加消費到第二單位時，消費兩個單位

表5.1：總效用與邊際效用

數量 (1)	總效用 (2)	邊際效用 (3)=△(2)／△(1)
0	0	–
1	10	10
2	18	8
3	24	6
4	28	4
5	30	2
6	30	0
7	28	–2

注：△代表「變化」，如第三單位的邊際效用是6。

的總效用是18，而增加消費的第二個單位所帶來的邊際效用是8單位。其實由表5.1中我們也可以看出，邊際效用是每增加一單位消費時，總效用的增加量；而總效用則等於邊際效用的加總。

　　在一般人的消費行為中，邊際效用都會出現一種相當規律的情況。比方說當一個人口渴的時候喝第一杯水的感覺非常好，邊際效用很高。再喝第二杯水時，感覺還不錯，但一定不會比第一杯水感覺來得好。如果再喝第三杯，可能就沒有什麼感覺了。此時，如果我們還要強迫他喝第四杯，他大概會開始覺得有些痛苦，因為肚子已經太脹了，因此第四杯水的邊際效用就可能是負的。此種邊際效用會隨著消費數量的增加而減少的現象，一般而言，是普遍存在於大多數人的消費行為當中。因為這幾乎是一個放諸四海皆準的原則，故我們將之稱為「邊際效用遞減法則」（law of diminishing marginal utility）。

　　邊際效用遞減法則是指：只要人們在既定期間內，消費一項

商品的數量增加，（1）他們的總效用就增加，但是（2）每新增一單位商品，總效用增加的部分就減少。也就是說，一項商品的消費數量增多時，其邊際效用漸減（這項法則隱含在表5.1中）。自第一單位後，邊際效用就逐漸下降。但要注意當消費量增加時，總效用隨之增加，一直到第六單位時才達飽和，超過這個單位，即產生「負效用」（disutility）。如喝前五杯啤酒，總效用還是增加，喝到第六杯時已經受不了，於是產生了反效果。

　　首先我們假定可以依效用來衡量消費者的滿足程度，則「總效用」是指消費者由商品得來的總滿足，而「邊際效用」是指消費新增一單位商品時，所增加的效用。（表5.1與圖5.1說明了這二者的關係。）

（二）邊際效用相等法則

　　要使得消費者的效用達到最大，他們到底需要購買多少商品以及多少數量呢？為了分析方便，假定消費者只買兩樣商品，然後讓我們用「邊際分析」（marginal analysis）來提供解答。

　　第一，首先我們要了解消費者將他的所得用於多買食物時，他就必須少買衣服，因為所得有限。

　　第二，增加1單位食物的邊際效用，就是這新增單位使總效用增加的部分，可寫成：

$$邊際效用＝MU_f$$

　　第三，增加1單位食物的邊際成本是少買衣服所「放棄的效用」（forgone utility）。消費者多買1單位食物就要放棄 P_f/P_c 單位的衣服（P_f 為食物的價格，P_c 為衣服的價格）。例如，如果食物的價

圖5.1：總效用與邊際效用的關係

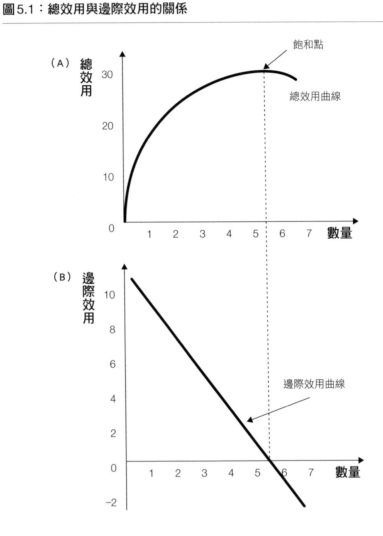

格為4元，衣服的價格為2元，那麼消費者多買1單位食物，就必須放棄2單位的衣服。我們將每單位衣服的邊際效用乘以衣服減少的單位，就可得到「放棄的效用」，這就變成了增加1單位食物的邊際成本：

$$邊際成本＝MU_c×(P_f／P_c)$$

第四，只要邊際效用大於邊際成本，消費者就可以繼續購買較多單位的食物：

$$MU_f > MU_c×(P_f／P_c)$$

例如，如果消費者增加1單位食物可得8單位的效用，增加1單位的衣服只得到3單位的效用，又如果食物的價格為4元，衣服的價格為2元，消費者就應該多買食物而少買衣服。消費者增加1單位食物所得的邊際效用為8，而邊際成本為少消費2單位衣服，而失去的6單位效用（3單位效用乘以2單位衣服）。所以消費者多消費1單位食物將淨得2單位的效用，所以消費者應多買食物。

第五，當邊際效用等於邊際成本時，效用達到最高，即：

$$MU_f = MU_c×(P_f／P_c)$$

上列等式亦可表示為：

$$（5.1）\qquad \frac{MU_f}{P_f} = \frac{MU_c}{P_c} = P_m$$

上式等號的左邊為每元食物的邊際效用；等號右邊則是每元衣服的邊際效用。另外，P_m為每一元所帶來的邊際效用。

這項結果反映「每元貨幣等邊際效用法則」（the law of equal marginal utilities per dollar）：當支用在各項商品上的最後一元貨幣所增加的效用相同時（即指各項商品的MU/P皆相等），而且也等於每一元所帶來的邊際效用（P_m）時，總效用就達最高水準。

　　當消費者的效用已達最高水準時，經濟學者就說消費者已「達到均衡」（in equilibrium），除非價格或他們的偏好改變，否則他們的消費形態將維持不變。

　　問題：當 P_f（食物價格）＝4元，P_c（衣服價格）＝2元，若 MU_f＝8單位效用，消費者要達到最高效用水準時，MU_c 為何？

　　解答：代入（5.1）式：$\dfrac{8}{\$4} = \dfrac{MU_c}{\$2}$

　　MU_c 必須是4單位，消費者才可到「均衡」，也就是達到最高效用。

　　問題：一消費者將他的所得全部支用掉，如果得到 MU_f＝6，MU_c＝4，當時 P_f＝4元，且 P_c＝2元。此消費者是否已達到最高效用水準？若否，消費者該如何安排支出？

　　解答：否。消費者未達最高效用水準，因為此時 $\dfrac{MU_f}{P_f} \neq \dfrac{MU_c}{P_c}$，所以沒有達到均衡。事實上，$\dfrac{MU_f}{P_f} < \dfrac{MU_c}{P_c}$，因此，要達到均衡，消費者應當增加衣服的支出（因為用於衣服上的每元貨幣的MU較高），同時減少食物的支出。

　　每元貨幣等邊際效用法則的另外一種解釋是：商品的「相對邊際效用」（relative marginal utilities）應等於它們的「相對價格」（relative price），即：

$$\frac{MU_f}{MU_c} = \frac{P_f}{P_c}$$

例如，當食物的價格為衣服的2倍時，食物的邊際效用亦為衣服的2倍（僅在消費者的效用達到最大時成立）。

現在我們可從上面討論過的「每元貨幣等邊際效用法則」來解釋需求法則。

如果消費者把他的所得只花在食物與衣服上，他必須滿足（5.1）式的均衡條件以達到最高效用：

$$\frac{MU_f}{P_f} = \frac{MU_c}{P_c}$$

現在假設食物的價格由P_f提高到P_f'。在食物與衣服消費量不變，MU_f與MU_c亦皆不變的情況下，現在上列等式變為：

$$\frac{MU_f}{P_f'} < \frac{MU_c}{P_c}，因為 P_f' > P_f$$

現在食物的每元邊際效用低於衣服，用於食物的貨幣價值不如用於衣服，所以消費者會多買衣服並少買食物。多買衣服使得MU_c減少，少買衣服則使MU_f增加，這樣的話，使消費者又可以達到均衡狀態。上面的說明支持了需求法則：也就是當商品的價格上升，需要量就會減少。

（三）消費者均衡與需求曲線

如上所述，當消費者在所購買的商品中獲得最大效用時，他也就符合了（5.1）式中的「每元貨幣等邊際效用法則」。但是，另外還有一個條件也需同時符合；那就是由於他的所得是一定的，同時對於商品的價格也無法控制，所以他必須同時滿足下述所得的預算

限制式（budget line）：

$$P_f \cdot Q_f + P_c \cdot Q_c = M = 所得$$

當這二個條件同時滿足時，我們就說：「消費者達到了均衡」。現以下例說明：

假設 $P_f = \$2$，$P_c = \$1$，$M = 12$，依表5.2，消費者該怎樣消費，才能達到均衡？即：

（1） $$\frac{MU_f}{P_f} = \frac{MU_c}{P_c} 或 \frac{12}{\$2} = \frac{6}{\$1}$$

（2） $$P_f \cdot Q_f + P_c \cdot Q_c = M 或 (\$2)(3) + (\$1)(6) = \$12$$

所以，購買3單位的食物與6單位的衣服會使消費者得到最大的效用。

接著根據邊際效用遞減法則與消費者均衡的觀念，我們就可以導引出個別消費者對某一商品的需求曲線。

根據表5.2，當 $P_f = \$2$，消費者購買3單位的食物，這就產生了圖5.2需求曲線上的A點。如果現在讓 P_f 下跌至 $\$1$，消費者為了要達到均衡，就會購買6單位食物，這就產生了需求曲線上的B點，二點連接起來，即是此消費者對食物的需求曲線。

為什麼 $P_f = \$1$，他會買6單位食物呢？這就需要再試算是否符合上述二個條件，即：

（1） $$\frac{MU_f}{P_f} = \frac{MU_c}{P_c} 或 \frac{6}{\$1} = \frac{6}{\$1}$$

（2） $$P_f \cdot Q_f + P_c \cdot Q_c = M 或 (\$1)(6) + (\$1)(6) = \$12$$

表5.2：食物與衣服的邊際效用

數量	MU_f	MU_c
1	16	11
2	14	10
3	12	9
4	10	8
5	8	7
6	6	6
7	4	5
8	2	4

圖5.2：導出食物的需求曲線

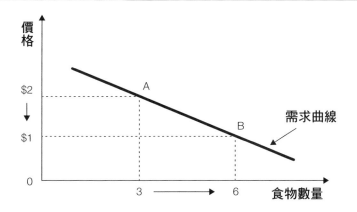

（四）單位邊際利益相等原則的應用

　　上面所討論的消費者在每元貨幣的邊際效用相等時，就能達到最高滿足。這只是一種情況，更為一般性的等邊際原則，是把「單位邊際利益相等原則」（the principle of equal marginal benefit per

危機處理：石油使用效率增加

　　1990年8月伊拉克攻占科威特，引起了第二次世界性的能源危機。

　　不過，比較幸運的是，經過1970年代能源危機之後，工業化國家在石油使用的效率上已有顯著改善，因此減少了第二次危機的嚴重性，這種改善正就是在石油飛漲之下的產物。

　　事實上，面對石油的價格上升，加上全球氣候變遷的影響，消費者只有三個選擇：1.減少消費；2.增加使用效率；3.尋求替代品。

　　下表指出，工業化國家的市場經濟在對付石油價格與氣候變遷的戰爭中，已拿出了一張漂亮的成績單。

　　例如，1979年，加拿大每生產1,000 美元的國內生產毛額，就要花掉0.36噸石油，到了2014年已減到0.16噸，改善的百分比為56%。

工業化國家每生產1,000美元GDP所耗費之石油

單位：噸油當量

國家	1979年	1990年	2000年	2014年	改善比例
加拿大	0.36	0.21	0.19	0.16	56%
美國	0.33	0.21	0.18	0.14	58%
義大利	0.27	0.08	0.08	0.07	74%
日本	0.27	0.10	0.10	0.08	70%
德國	0.18	0.14	0.11	0.08	56%
英國	0.18	0.13	0.11	0.07	61%

資料來源：Key World Energy Statistics, International Energy Agency (IEA).

unit）做為決策的工具。這項原則說明，面對有限的資源（例如金錢或時間），決策者分派資源給不同用途時，應使資源在每一用途上的邊際利益皆相等，如此才可達成最高淨利益的資源分配。

例一，某企業有一項不向外借錢的政策，其所有的資金皆來自公司利潤再投資，因此可供新投資的資本額有限。對每項投資方案每增加一元的投資，每年都可獲報酬，但是通常在投資額增加時，每元邊際貨幣投資報酬率會遞減。該企業對每一方案的投資額應為若干？

答案：投入每一投資方案的最後一元，應產生相同的邊際利益。如果投入方案甲的最後一元可得10%的報酬率，而在方案乙可得25%的報酬率，即應減少方案甲的資金，轉投入方案乙。

例二，企業主管的時間有限，多投入一些單位時間至任何工作，都會有些邊際利益產生。通常投入任何特定工作的時間增加，其邊際利益降低。主管如何利用時間最為有利？應投入最多時間從事最有價值的工作嗎？

答案：當投入每項工作的最後一小時的邊際利益相等時，就是主管時間的最佳利用，然而，上述結果並非暗示要投入最多時間在最有價值的工作上。例如，工作甲第一小時的邊際利益為1,000元，第二小時為1元，且此後邊際利益為0。工作乙第一、第二與第三小時的邊際利益分別為3元、2元與1元。主管有5小時工作時間，就應投入2小時給工作甲，3小時給工作乙。所以，即使工作甲的總利益（$1,001）較高，投入的時間卻較少（2小時）。

（五）消費者剩餘

最後我們再介紹另外一個重要的概念，即「消費者剩餘」

（consumer surplus）。為推導人們對食物的需求曲線，我們在前面
表5.2中列出某人消費食物所帶來的邊際效用。同時在追求效用最
大的過程中，我們得到的結論是在食物每單位價格為2元時，某人
應該購買3單位的食物與6單位的衣服，而且此時每一元所帶來的
邊際效用是6個單位。細心的讀者也許會問：這時候到底某人在消
費食物和衣服上，得到什麼好處？或者說：他的效用提高多少？我
們當然相信某人的效用提高了，否則他不會去購買。問題是，增加
多少呢？

　　在表5.2中，我們看到消費者第一單位食物帶來的邊際效用是
16單位，而由於每一元帶來6單位的效用（$P_m = 6$），一單位食物
要花2元，也就是要先犧牲掉12單位的效用，但在消費第一單位的
食物時，可以帶來16單位的邊際效用。換句話說，某人因為消費
第一個單位的食物，而使其淨效用增加了4個單位。同理，購買第
二個單位的食物仍然要花2元，也要先犧牲相當於12個單位的效
用，但同時也可增加14個單位的邊際效用，因此淨效用等於增加2
單位。消費第三個單位增加淨效用為零，因此他會到此停止消費。
若再增加第四個單位，則一方面要犧牲12個單位的效用，另一方
面則只能增加10單位的邊際效用，反而損失兩個單位的效用，故
其不會購買第四個單位的食物。

　　在上述過程中，消費第一個單位的食物可增加4單位效用，消
費第二個單位可增加2單位的效用，消費第三個單位可增加的效用
為零。把這些增加的效用加總起來，就可得因消費而使效用增加的
部分，我們稱為「消費者剩餘」。消費者剩餘愈大，表示消費帶來
的效用愈高，反之，則愈低。在本例中，某人消費食物的消費者剩
餘為6單位的效用。

　　為什麼稱之為「剩餘」呢？我們可以從另外一個角度來看此一問題。在我們推導食物的需求曲線時，我們知道價格為2元時，應購買3個單位的食物；價格跌到1元之時，則應購買6個單位的食物，從而我們可以繪出需求曲線。現在我們換一個角度來思考，如果我們直接問某人，你願意花多少錢去購買第一個單位的食物？由於第一個單位的食物可帶來的邊際效用為16單位，而每元帶來的邊際效用為6單元，顯然某人願意支付第一單位的價格最高為16/6，即2.7元，如圖5.3的A點。第二個單位的邊際效用為14，因此他願意付的價格仍較高，為14/6，即2.3元，如圖4.3的B點。第三個單位他願意支付的最高價格為2元，如C點。第6個單位願意支付的價格為1元，如D點。把這些願意支付的較高價格連接起來，得到的就是圖5.3某人對食物的需求曲線。

　　換句話說，需求曲線除了可以代表在不同價格下，某人願意購買的數量以外，需求曲線也可以表示針對每一個個別數量，某人所

圖5.3：消費者剩餘

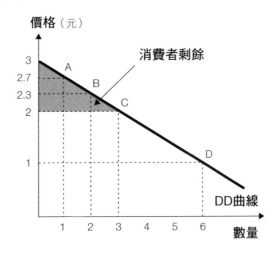

願意支付的最高價格。

　　但是我們在市場上的交易習慣，並不是針對每一個數量支付不同的價格，而是不論買一個、二個或三個，都支付相同的價格。在上述例子中，每一單位食物的價格都是2元，不論某人購買幾個單位。在考慮2元的價格後，某人願意購買3個單位，因為從第4個單位開始，他願意支付的價格小於2元。而在其購買的三個單位食物中，第一個的「願付價格」（willingness-to-pay）為2.7元，第二個為2.3元，第三個為2元，三個總和的願付價格為7元。但實際上某人購買3單位食物只需支付 $2 \times 3 = \$6$，他願付的價格超過實際價格1元。我們將願付價格超過實際支付價格的部分，稱為「消費者剩餘」，此即圖5.3的陰影部分。我們稱之為「剩餘」表示說這是消費者願意支付，但卻沒有支付的部分。而這部分其實代表的就是效用的提高，因為在本例中某甲節省了1元，換算成效用，就相當於6個單位的效用，跟我們前面用效用計算所得到的結果完全相同。

　　消費者剩餘是一個非常重要的概念，因為它清楚的表示出消費者在消費時，效用水準的變化。我們可以用消費者剩餘的概念，來計算價格變動或政策變動所帶來的社會福利的變化。另外，由消費者剩餘的觀念中我們也更清楚的了解到自由交易的重要，因為自由的交易必然可以使消費者剩餘出現，使買賣雙方獲利。而當一方不願意交易時，顯然顯示某一方的剩餘出現減少的現象，因此我們也不應橫加阻止。我們會在下一章中，將用消費者剩餘的概念來探討政府一些重要經濟政策所可能對社會福利產生的影響。

三、無異曲線分析法

在上述討論邊際效用遞減法則時，我們是假定消費者可以用「基數」（cardinal number），也就是1,2,3……，來表示他的偏好。利用「基數效用」（cardinal utility）的最大優點在於，消費者可以把效用的大小相加減，然後再比大小。但這是一種很強烈的假設，事實上，消費者是難以做這樣的判斷的。

代之而起的是一個較科學的假定，認為消費者可以用「序數」（ordinal number），也就是以第一、第二、第三……來表達個人的選擇，這就是泛稱的「序數理論」（ordinal theory）。利用「序數效用」（ordinal utility）時，效用之間就不能再相加減，但是仍然可以比較效用的大小，這是比較弱的假設。根據這個理論，經濟學家推演出「無異曲線」（indifference curve）的方法，來解釋理性的消費行為。

（一）序數理論的假設

再仔細地說，「序數理論」對消費行為做了二項較合理的假設。第一項假設是消費者能夠在他所有的選擇範圍中，排列出他對商品的偏好順序。如果他對這些商品的選擇偏好沒有差異，那麼這些商品就成了「完全替代品」。如果被迫要對這些沒有特別偏好的商品做選擇的話，消費者或許就可以用一些隨機方法（例如丟銅板）來選擇。不過，當價格加入考慮時，他就容易選擇了。在討論時，「無異」、「無差別」（indifference）與「偏好」將相互替用。

另一項假設是消費者在排列他的選擇時，必須前後一致。例如，假如消費者有A1、A2與A3的選擇，若A2優於A3，且A3

優於A1，我們即可推知A2優於A1。這樣的排序是具有「遞移性」（transitivity）的。因此，消費者不能夠說：「咖啡（A2）與茶（A3）中我喜歡咖啡（A2）；茶（A3）與牛奶（A1）中，我喜歡茶（A3）；但是牛奶（A1）與咖啡（A2）中，我喜歡牛奶（A1）。」

（二）無異曲線

　　面對X與Y兩項商品時，無異曲線就是使消費者在獲得同樣滿足的情況下，兩項商品所有不同組合所形成的軌跡，如圖5.4所示。

　　無異曲線有四個特性，分別說明如下：

1. **無異曲線布滿在整個圖形中**，且由於無異曲線布滿在整個圖形中，因此圖形中的每一點都一定有一條無異曲線通過，而且只能有唯一的一條。距離原點愈遠的無異曲線就是消費商

圖5.4：無異曲線

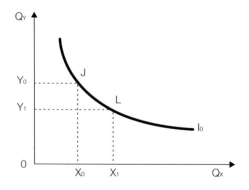

在無異曲線I_0上的J與L點，雖有不同X與Y財貨的組合，但消費者獲得同樣的滿足。

品數量愈多的曲線，帶給消費者的效用水準愈高，所以U_3優於U_2優於U_1（見圖5.5）。

2. **任何兩條無異曲線皆不能相交**。因為每一無異曲線都代表不同的效用水準（滿足程度），所以它們不可能相交。假設兩條無異曲線相交於M點（參見圖5.6所示）。V與M為無異曲線I_1上的兩點，故消費者對V與M有同樣的偏好。M、T點在無異曲線I_2上，所以可得到T與M同樣偏好的關係，因

圖5.5：距離原點愈遠的無異曲線其效用水準愈大

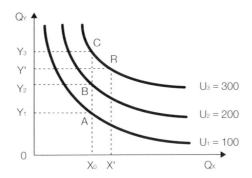

圖5.6：無異曲線不能相交

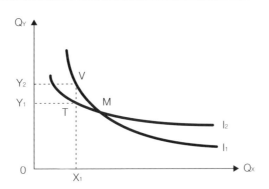

此V與T的偏好相同。但事實上V是優於T的，因為T與V
的商品組合中有等量的X商品，但V點的Y商品為Y_2，較T
點的Y_1為多。基於這種矛盾現象的出現，我們不允許無異
曲線相交。

3. **無異曲線為負斜率**。因為X與Y商品都可帶給消費者效用，
任何一種商品的增加，都會使消費者的效用增加。既然無異
曲線上的商品組合必須使消費者的效用維持不變，因此當消
費者對一項商品的消費增加時，對另一項商品的消費必須減
少。唯有負斜率的無異曲線才能符合這種反向關係。

4. **無異曲線「凸向原點」**（convex to the origin）。在圖5.7中，
由無異曲線I_0的左上方A點開始，當消費者沿著無異曲線向
下移動時，他就必須以Y商品的減少來換取X商品的增加，
使他停留在I_0上。消費者由A點移向G點的軌跡是向原點凸
出的曲線。這現象是因為當Y商品愈減少而X商品愈增多
時，消費者就覺得Y愈來愈珍貴，X愈來愈不稀奇，也就是

圖5.7：無異曲線凸向原點

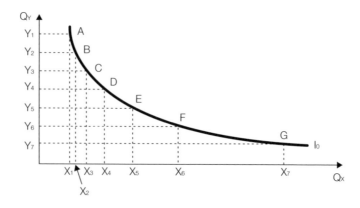

　　X商品愈來愈不能完全替代Y商品，這就衍生出邊際替代率
遞減的情況。

　　當無異曲線為圖5.4所示時，表示X與Y二商品對消費者都有
效用，但二者之間是具有替代性的。對產生正面效用（提供滿足）
的商品而言，消費愈多效用愈高。但是，在某些情況下，一種商品
可能是中性（既不產生效用，也不產生負效用），也可能是負效用
的。對「中性商品」（neutral goods）而言，量的多少都沒有關係，
對產生負效用的商品，則愈少愈好。

1. X 是中性商品

　　如圖5.8（A）所示，X是中性商品（如夜店門票），Y（電影
票）是具有效用的商品。

　　對一個從不去夜店而愛看電影的人來說，愈多電影票（Y）愈
高興，夜店門票的多少都沒有關係，因此A點與B點的效用相同，

圖5.8：中性商品

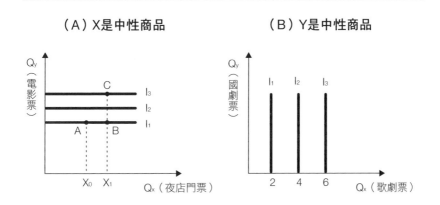

（A）X是中性商品　　　　　　　（B）Y是中性商品

雖然B點代表擁有較多的夜店門票。但與B點相比，C點由於電影
票較多，故效用較高，因此I₃代表最大的效用。

2. Y 是中性商品

　　Y假定是國劇門票，X是歌劇票，對一個從不聽國劇而喜歡聽
歌劇者，I₃代表最大效用，如圖5.8（B）。

3. Y 代表負效用

　　如圖5.9（A），由於Y（垃圾）產生負效用，那麼對消費者來
說，愈少愈好。同時由於Y具有負效用，故當Y財貨數量增加時，
為了要維持相同的效用水準，X財貨也必須同時增加，如B點到A
點。故此時無異曲線具有正的斜率，不再是負的。再拿C與A點相
比，兩點具有的正效用財貨（X）的數量相同，但C點的負效用財
貨（Y）的數量較少，故I₃的效用會高於I₁。同理I₃也會高於I₂。

圖5.9：負效用商品

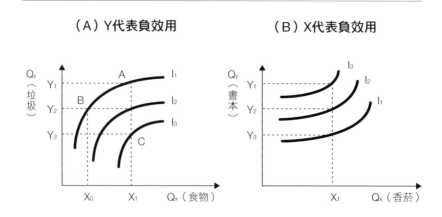

（A）Y代表負效用　　　　　（B）X代表負效用

4. X 代表負效用

如圖 5.9（B），對不抽菸者而言，由於 X（香菸）會產生負效用，所以愈少愈好，但對 Y 則愈多愈好，因此 I_3 優於 I_2 優於 I_1。

（三）邊際替代率遞減
（Diminishing Marginal Rate of Substitution）

在維持消費者效用水準不變的情況下，邊際替代率為某項商品替代另一項商品的比率。若再從總效用不變的情況下來看（圖 5.10），由 A 點移到 B 點時，增加 $\triangle X_1$ 帶來的總效用為 $\triangle X_1$ 乘上其每單位的邊際效用（MU_x），即 $\triangle X_1 \cdot MU_x$；而減少 $\triangle Y_1$ 所放棄的總效用為 $\triangle Y_1 \cdot MU_y$。而由 A 點到 B 點時總效用不變，因此，兩者必須相等，即 $\triangle X_1 \cdot MU_x = \triangle Y_1 \cdot MU_y$。X 商品對 Y 商品的邊際替代率為：

$$MRS_{XY} = \frac{\triangle Y}{\triangle X} = \frac{MU_x}{MU_y}$$

因此，我們知道消費者估計：如果他失去 3 單位的 Y 商品，而多得 1 單位 X 商品做為補償時，他的效用水準將保持不變。

圖 5.10 中，$\triangle X_1 = \triangle X_2$ 但 $\triangle Y_1 > Y_2$，因此，我們知道當消費者由 A 點移至 B 點時，

$$(MRS_{XY})_{A,B} = -\frac{\triangle Y_1}{\triangle X_1}$$

圖5.10：邊際替代率遞減

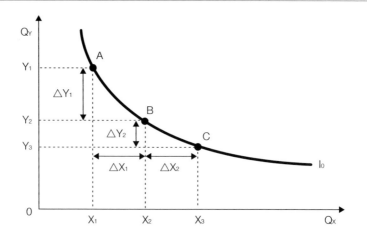

然後，如果消費者由B點再移至C點，繼續取得X商品（失去Y商品）。

$$(MRS_{XY})_{B,C} = - \frac{\triangle Y_2}{\triangle X_2}$$

去掉負號（因為它們僅表示無異曲線的負斜率），則：

$$\frac{\triangle Y_1}{\triangle X_1} > \frac{\triangle Y_2}{\triangle X_2} \ 或\ (MRS_{XY})_{A,B} > (MRS_{XY})_{B,C}$$

上式表示當消費者購得的X商品存量增多（且Y商品存量減少時），X對Y的邊際替代率會遞減。

因為△Y／△X的比率代表沿著無異曲線的垂直距離的變動（即失去Y）與補償性水平距離的變動（獲得X）的比率，所以無異曲線上一點上的邊際替代率，即為通過該點的切線的斜率。

　　這裡順便需要指出，「邊際替代率遞減法則」與「邊際效用遞減法則」很類似，但是這兩種觀念是不同的。邊際效用表示其他條件不變下，消費者對某一商品的消費增加時，此商品的邊際效用遞減，因為新增加的商品使每一單位商品的重要性降低。

　　邊際替代率遞減法則是在消費者總效用不變的情況下所發生的一種現象。當消費者沿著一條無異曲線向下移動時，他以X替代Y，商品的組合改變，但是他獲得的效用水準不變。

　　然而邊際替代率會出現遞減的現象則與邊際效用遞減有關。因為當一個財貨（X）的數量在增加時，他的邊際效用會減少；反之，因為要維持相同效用，令一個財貨（Y）的數量要減少，但是由於Y的邊際效用在增加，所以必須要用更多的X才能取代Y。

（四）消費者均衡與預算線

　　為了要求得消費者均衡，我們必須先要介紹「預算線」（budget line）。預算線是在一定的所得及商品價格下，顯示消費者可以購買二種商品（X與Y）的多種可能組合。

　　假定某消費者所得為$10，而X與Y的價格都是$1元，他的預算線KL，如圖5.11所示。當消費者把所有的錢購買X時，可買10個單位，如L點；把所有的錢購買Y時，也可得10單位，如K點。或者他可買4個X與6個Y，如M點；或者3個X與7個Y，如J點。

　　另一方面，在預算線之內的部分，都是消費者可以負擔得起的商品組合，如圖5.11的A點；而在預算線以外的部分則無法負擔，如B點。

　　預算線的斜率就是兩種財貨的價格比例P_x / P_y，本例中，就等於$1 / $1 = 1。

圖5.11：預算線

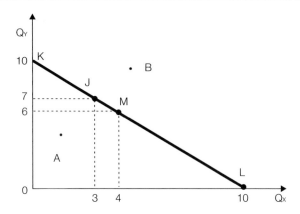

「消費者均衡」是指在所得及價格一定的情況下，求取最大的效用或者滿足，也就是希望在眾多無異曲線中，設法達到最高的無異曲線。

圖5.12中，消費者應當買多少X與Y，才可得到最大滿足？答案是A點，在A點，達到了均衡。

圖5.12：消費者均衡

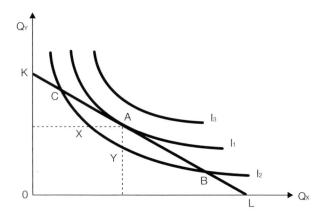

小偷的無異曲線

小偷在台灣的無所不在、無時不在，變成了「台灣經驗」的一部分。

多年前，搬到大安區的二樓公寓來，拒絕了所有親友要裝鐵窗的建議。我心中想：到底被偷的經驗是什麼？

果然，搬進不久，小偷來了一次。雖然損失有限，但要以稿費計，也需要費盡心思寫下二十萬字。

最近回來，小偷來了兩次；一次在熟睡之中，一次在外出的時候。

令我驚喜的是：一些我認為值錢的東西，他已經不要了，因為這不是他的需求。

令我失望的是：一些我認為有價值的東西，他從不帶走──如我的藏書，甚至自己寫的書。這些東西顯然不會增加他的邊際效用。

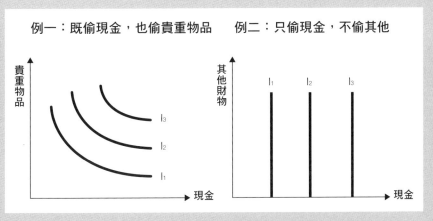

（注：現金愈多愈好，其他不拿，因此
無異曲線 I_3 帶給小偷最大的滿足。）

在懊惱中，倒也令我佩服前後三次小偷的「有所取，有所不取」。最後一次，他只取現金；他不拿信用卡、護照、旅行支票、照相機。

在當前這個「貪」的社會中，有多少人是在冠冕堂皇的保護與津貼之下，多少人是在特權的暗中掩護與說詞之下，剽竊了國家的資源與人民的財富，同時也帶走了社會的公平與公道。他們的危害遠勝過小偷。

公寓裝上了鐵窗，我終於向小偷投降。

但是我們永遠不能向那些比小偷更貪的人投降。

根據圖5.12，KL是預算線，並且圖中有三條無異曲線。如果沒有預算限制，第三條無異曲線（I_3）最好，因為消費者可擁有較多的X或者（以及）較多的Y；可惜，I_3在預算線之外，表示消費者沒有能力可以買到那麼多的X或者Y。

在預算範圍內能達到的無異曲線為I_1與I_2，因為曲線I_1高於曲線I_2，所以曲線I_1是消費者所樂意選擇的。而在A點上，當預算線與無異曲線相切時，消費者一邊是用完了他的錢，一邊也達到了最高可能達到的無異曲線，因此，他達到「均衡」。

預算線也與無異曲線I_2在C點和B點相交，但因為是在較低的無異曲線上，消費者應當放棄那樣的選擇。

值得再進一步討論的是，在A點上，無異曲線的斜率為Q_y / Q_x，也就是上面討論過的邊緣替代率，因此$MRS = \triangle Y / \triangle X$。同時預算線的斜率是$P_x / P_y$。在均衡點上$MRS = \triangle Y / \triangle X = P_x / P_y$，這就是說在均衡狀態之下，邊際代替率等於兩種商品價格之比。

（五）價格擴張曲線與所得擴張曲線

　　當我們以無異曲線做工具來解釋需求法則時，就是希望最後能導引出消費者的需求曲線。如圖5.13（A）與（B）所示，首先讓我們先求出「價格擴張曲線」（price-expansion curve, PCC）。當消費者購買X與Y時，假定讓X的價格（P_x）變動，而名目所得（M）沒有改變，那麼商品「X價格擴張曲線」就是消費者在價格X變動時的多種均衡點的軌跡。

圖5.13（A）：導引價格擴張曲線

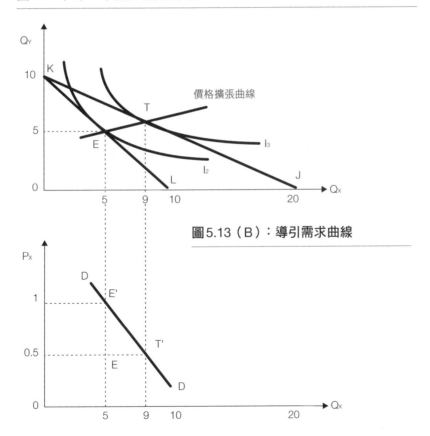

圖5.13（B）：導引需求曲線

1. 求取價格擴張曲線

（1）$P_x = P_y = \$1$，所得(M) = \$10，KL是預算線，消費者在E點上達到均衡。

（2）如果$P_x = 0.5$，P_y與M沒有變化，則X財貨的最大購買量可以增加到J點，但Y財貨的最大購買量不變，仍然是K。所以新的預算線變成KJ，此時新的均衡點變成T。

（3）連接E與T，就得到了「價格擴張曲線」。

2. 導引需求曲線 DD

（1）當$P_x = \$1$，購買5X，在E'點上

（2）當$P_x = \$0.5$，購買9X，在T'點上

（3）連接E'T'，就得到需求曲線DD。

此時的需求曲線即表示在所得水準（M）與Y商品價格不變的情況，當X商品價格變動時，對X商品購買量的變化。

在P_x與P_y不變的情況下，當消費者所得增減時，我們可求取「所得擴張曲線」（income-expansion curve, ICC）以及恩格爾曲線。前者是在維持價格不變的情況下，所得變化時，消費者達到多種均衡點的軌跡。後者表示在不同的所得水準下，消費者對著一商品（X）的購買量，如圖5.14（A）所示。

圖5.14（A）：導引所得擴張曲線

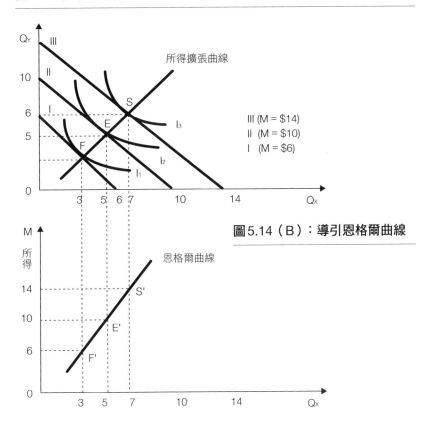

圖5.14（B）：導引恩格爾曲線

所得擴張曲線：

1. $P_x = P_y = \$1$，假設所得（M）由$6，變成$10，再變成$14，因此產生了三條平行外移的預算線I、II、III。

2. 當M = $6，均衡點在F，購買3個X與3個Y；當M = $10，均衡點在E，購買5個X與5個Y；當M = $14，均衡點在S，購買7個X與7個Y。

3. 連接F、E、S就導引出所得擴張曲線FES。

恩格爾曲線

1. 從圖5.14（B）中知道，當M = $6，購買3個X，產生F'
點；當M = $10，購買5X，產生E'點；當M = $14，購買
7X，產生S'點。

2. 連接F'、E'、S'，導引出恩格爾曲線。

3. 由於此處繪出的恩格爾曲線是正斜率，表示商品X是正常財
貨，即較高的所得，會引起較高的購買量。

　　恩格爾曲線表示在財貨價格不變的情況下，所得與購買量之間
的關係。當商品是正常財貨時，商品需求量與所得是正向關係，因
此恩格爾曲線為正斜率；當商品是劣等財貨時，商品需求量與所得
是相反關係，此時恩格爾曲線為負斜率。

四、替代效果與所得效果

（一）價格效果

　　在前節的討論中，我們看到影響效用變化的兩個主要來源，一
個是商品價格的變化，另一個是所得的變動。前者使預算線的斜率
發生變化，後者則使預算線產生平移的效果。這兩種情況下，都會
使消費者的商品需求量產生變化。現在讓我們把這兩種變動所產生
的影響，做更進一步的說明。

　　當商品的價格上升時，有兩件事值得注意：1.商品的相對價格
提高，2.消費者的實質所得降低（因為他們的購買能力已較以前降
低）。

　　為說明價格變動對消費者的影響，經濟學者將價格上升的效果
分成以下兩項：

　　1. **替代效果**（substitution effect）：

　　指在實質所得不變下（即維持同一條無異曲線時），一種商品
相對價格上升，使其需要量減少，而使另一種商品數量增加的效
果。食物的相對價格提高，使得消費者購買較少的食物，但在維持
效用不變下，購買衣服會相對增加。

　　2. **所得效果**（income effect）：

　　在貨幣所得不變下，商品實際價格上升將使實質所得減少，這
項實質所得的降低，本身將使得「正常品」的需要量減少，但是將
使得「劣等品」的需要量增加。

■綜合來說：

　　1. 價格變動的替代效果，是在實質所得維持不變下，來自價格
　　　變動對商品相對需求量產生的影響。

　　2. 價格變動的所得效果，來自於價格變動產生實質所得的影
　　　響，然而造成的兩種產品需求的變化。

　　3. 價格變動的淨效果，是價格變動的替代效果與所得效果之
　　　和，此即「價格效果」（price effect）。

　　在沒有學習無異曲線前，對於需求曲線所反映的價格與需要量
之間的反比關係，我們籠統的解釋是：價格下跌就會誘導消費者需
要量增加（如圖5.15所示，從A點移到B點）。但是，為什麼消費
者會增加購買呢？我們只能含糊的說：因為價格的下跌，使得消費
者樂意多購買這件商品A，也就表示他要少買別種商品B，這一種

圖5.15：需要曲線

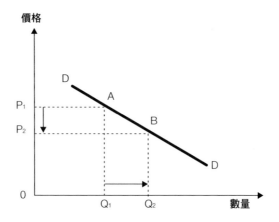

樂意多買A商品的消費即是所謂的「替代效果」。另一方面，由於價格的下跌，使消費者的真實所得（real income）增加，因此他有能力多去購買這件商品。這種增加即是所謂的「所得效果」，就圖5.15而言，數量從Q_1到Q_2的增加，即是這二種效果的綜合。

　　由於我們現在已經懂得無異曲線的一些運作，我們就可具體地區別這二種效果，並且清晰地呈現出來，見圖5.16。

1. $P_x = \$1$，$P_y = \$1$，所得（M）= \$10，KL是預算線，與無異曲線I_2相切於E點，此時消費者達到均衡，購買5個X與5個Y。

2. 現在假設X財貨的價格下跌一半，$P_x = 0.5$，Y價格不變，KJ變成新的預算線，與無異曲線I_3相切於T點，此時消費者達到了新的均衡，購買9個X與5.5個Y。（亦即10元所得以\$4.5買X，\$5.5買Y。）

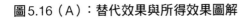

圖5.16（A）：替代效果與所得效果圖解

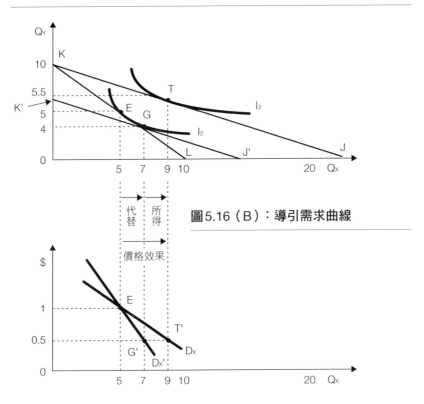

圖5.16（B）：導引需求曲線

3. 我們要解答的是從5單位X到9單位X，所增加的4個單位稱
   為價格效果，其中所增者，多少是來自「替代效果」？多少
   是由於「所得效果」？

■計算代替效果：

　　在無異曲線I_2上，從E點移向G點，是代表價格下跌以後之
「替代效果」。求得的步驟是把新的預算線K'J'向左下方平行移動，
直至相切於原來的無異曲線I_2之G點，這樣的移動減少他的所得，

但剛好保持消費者原有的「實質所得」（因為維持在同樣的效用水準I_2）。

請注意：經過價格變化後，消費者仍然在原先的無異曲線上移動（E到G），所以「實質所得」與以前相同。

在「實質所得」一樣的情況下，他仍然樂意從5個X到7個X（同時，Y由5個減少到4個），則新增加的2單位X即完全來自「替代效果」，因為此時X的價格相對而言較以前為低。

■計算所得效果：

由於K'J'與KJ是平行的，因此從無異曲線I_2上之G點到無異曲線I_3上之T點，是代表價格下跌以後之「所得效果」。

價格效果＝代替效果＋所得效果

$$ET = EG + GT$$

如果價格下跌，「實質所得」不變，EG代表「替代效果」，則另一部分GT就代表由於實質所得增加而帶來的「所得效果」。而所增加之所得，清楚地反映在縱軸標K'K之距離上，在本例中也是2單位的X（由7增加到9）。

1. 根據圖5.16（A），當我們使「實質所得」不變，只得到「替代效果」時，就導引出需求曲線（Dx'），這是最常指的因相對價格變化而發生的需求曲線。

2. 如果再把「所得效果」計算在內，則就導引出另一條需求曲線Dx，此即一般的需求曲線。

（二）吉芬財

在替代效果方面，因為本例中X的價格下跌，Y的價格不變，因此X商品變得比較便宜。在相對價格變動而必須維持原來的效用水準下，即由圖5.16（A）中的E點移動到G點時，對X商品的需求量一定會增加，對Y商品的需求量一定會減少。換言之，當X價格下跌時，代替效果必須是正的，即X商品的需求量會增加。

另一方面，在本例中出現所得效果的主要理由在於：當X價格下跌時，人們的購買力增加，也就是說在原來所得（M）下，人們可以購買更多東西，所以人們的實質所得是增加的。同時，此例中淨所得效果是增加購買2單位的X商品。

而我們知道所得效果的正負決定於商品是正常財或是劣等財，此處實質所得增加，使X商品的需求增加，因此X商品是正常財。而在圖5.16（A）中我們看到「替代效果」與「所得效果」都是正的，兩者相加稱為「價格效果」。

那如果這時X財貨為劣等財，則會出現什麼情況呢？顯然其所得效果是負的，與替代效果方向相反，因此價格效果會變小。如果是一種非常差的劣等財，其負的所得效果超過了正的替代效果，則可能使X商品的價格效果也成為負的。這時情況就會很嚴重，因為它表示當X商品價格下跌時，總的需要量變化是負的，也就是說，這時候的需求曲線具有正斜率！這違反了基本的需求法則！所幸這種情況在真實社會中很少出現，我們較常看到的是商品為劣等財；即所得增加時，需求量會減少。例如馬鈴薯、地瓜、廉價衣服、黑白電視等。但我們很少看到價格下降以後，需求量也跟著減少的商品。根據我們的討論，只有那種非常差的劣等財才有可能出現這種

情形，在低所得國家中的馬鈴薯可能是一個例子。因為比方說，某國家的人們通常把馬鈴薯當成主食，而馬鈴薯價格下跌以後，人們可以省下一些錢購買白米或麵粉來代替，因此反而會減少購買馬鈴薯。但這種情況畢竟是少數，此種消費情形最早是由英國經濟學家吉芬所發現，所以我們又把這種財貨稱為「吉芬財」（Giffen goods）。

　　總之，吉芬財是劣等財的一種，由於其負的所得效果很大，因此使得其價格效果也是負的，換句話說，吉芬財價格下跌時，人們的需求量是減少的。因此，吉芬財的需求曲線具有正斜率。

經濟名詞

效用	總效用	邊際效用遞減法則
每元貨幣等邊際效用法則	相對價格	預算線
消費者剩餘	願付價格	基數效用
序數效用	無異曲線	中性商品
邊際替代率	價格消費曲線	所得消費曲線
替代效果	所得效果	價格效果
吉芬財	自由財	經濟財
使用價值	交換價值	

討論問題

1. 請說明總效用與邊際效用的關係為何？

2. 下列說法有何錯誤：「依邊際效用遞減法則，如果你消費的食物較少，從最後一單位食物所獲得的邊際效用就會增加。所以你消費較少食物，會得到較大的總效用。」

3. 利用下表回答下列問題。TU 代表總效用（total utility）單位。

單位	1	2	3	4	5
商品 X 的 TU	6	10	12	13	13
商品 Y 的 TU	7	11	12	12	11

(a) 請列表說明每單位的邊際效用。邊際效用是遞減或是遞增？

(b) 如果消費者有 \$7 可供支用，二項商品的價格皆為 \$1，消費者應購買二項商品的數量各是多少？

　　　(c) 如果商品Y的價格增為$2，而所得仍為$7，需要量將如何
　　　　　變化？

4. 什麼是願付價格？其大小如何決定？為什麼不同人對同一商品
　　會有不同的願付價格？

5. 什麼是消費者剩餘？其大小與消費量和價格有何關係？請舉一
　　實例說明之。

6. 請列舉並說明無異曲線的四個特性。

7. 圖示並說明二個你認為有「負效用」的商品。

8. 假設有二個商品彼此是「完全替代品」時，請圖示它們的無異
　　曲線。

9. 請說明如何由「價格擴張曲線」導引出需求曲線。

10. 請說明如何由「所得擴張曲線」導引出恩格爾曲線。

11. 請利用圖5.16，繪出吉芬財的替代效果、所得效果、價格效
　　果。

12. 請問對家長而言，小孩子是正常財或是劣等財？

13. 某甲說：「你給我再多的錢，我也不會去吃一條蟲。」請繪出
　　某甲對錢與蟲的無異曲線。

14. 把牛奶做橫軸，把大炮做縱軸，請分別繪出軍人與反戰者的無
　　異曲線。

第六章

供給與需求的應用

 本章重點

一、價格機能與管制

二、農業問題

三、準租與價格管制

一、價格機能與管制

（一）價格機能與經濟福利

　　前面幾章中，我們已經提及在市場經濟體制下，價格機能與市場運作可以帶給社會最大的福利。因為在每一個經濟體系中，生產、消費、資源配置等諸多選擇問題，都是非常複雜的。在計畫經濟體制下，所有的資源配置與選擇都由集權者來決定，先不說他們如何去生產與分配，只要先說集權者去蒐集體系中所有個人的偏好，可能就是一個無法實現的社會工程。因此，大多數的計畫經濟體制運作的結果，滿足的不是經濟體系中所有人的偏好，而經常只是滿足了獨裁者個人的偏好。

　　市場經濟體制的特點之一是：所有的決策都是由每一個人自己決定，因此是非常「分權化」（decentralization）的。每個人都依自己的偏好與所得，來決定消費什麼及消費多少；而每個廠商則依自己的成本因素和市場價格，來決定要生產什麼、如何生產，以及生產多少等各項決策。市場經濟體制的第二個特色就是「價格體系」。也就是說，市場上有這麼多的買賣雙方，大家都有不同的消費偏好或不同的生產能力，這些人如何彼此聯繫以決定生產和消費呢？答案很簡單：「價格機能」。在自由市場經濟中，價格可以充分反應市場的供需狀況。當產品價格太低時，需求量就會比較大，同時供給量會比較少，在供不應求下，價格會上升，需求量與供給量就會調整。如果一開始產品價格太高，則會出現需求量太少，供給量太多的情況。只要市場經濟下的價格可以自由調整，價格就可以充分反應出市場狀況，最終使得市場調整到供給量等於需求量的

均衡狀態。

　　市場經濟體制的第三個特色是，我們不需要知道每一個人的偏好，只要假設每一個人都在尋求自己福利最大即可。在追求福利最大的目標下，大家都努力的工作、生產與消費。雖然大家追求的只是自己福利最高，這就是市場經濟體制的關鍵所在。

　　為了衡量生產、消費，以及所帶來的社會福利的大小，我們在第五章中仔細說明了消費者剩餘的觀念。而在市場經濟體系中，由於每一個人都是追求自己的福利最大，因此在市場均衡下，我們把所有的個人最大福利相加總，得到的就是整個社會福利的最大。個人消費者剩餘決定於個人願意支付的價格與實際支付價格之間的差額，社會的消費者剩餘則是全社會願意支付的價格與全社會實際支付的價格之間的差額。個人的消費者剩餘是由個人需求曲線下的面積，減去支付的成本，所得到的差額。在本書第三章中，我們曾說明整個市場的需求曲線係由所有個人需求曲線所加總，因此，我們可以利用相同的方式來計算全市場的消費者剩餘，如圖6.1所示。

　　在圖6.1中，DD為市場需求曲線，由所有個人的需求曲線相加

圖6.1：市場消費者剩餘

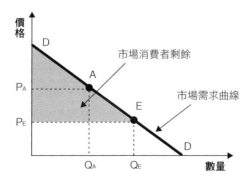

總而得。在市場需求曲線上的任何一點（如 A 點）表示市場為消費
該產品所「願意支付的價格」。但在市場上，不論消費多少單位，
人們支付每一個的價格都相同，即 P_E。因此，$P_A P_E$ 就是在 A 點上的
消費者剩餘。在假設市場均衡時的價格為 P_E 時，均衡交易量是 Q_E
下，斜線面積就是整個社會所能達到最大的消費者剩餘。

　　消費者剩餘的概念同樣可以用在生產者身上，我們稱為「生產
者剩餘」（producer surplus）。生產者剩餘表示生產者實際出售商品
的價格與願意出售價格的差額，生產者剩餘的大小與供給函數有
關。供給函數表示在不同價格之下，廠商願意供給的數量。一般而
言，由於廠商的邊際生產力會遞減，因此要多生產一單位產品時，
其邊際成本會提高。所以，如果要廠商多增加產出，市場價格也必
須提高。事實上，在完全競爭下，生產者的供給曲線係由廠商的邊
際成本所決定，我們會在下一章的廠商理論中再做仔細的說明。

　　基本上來說，廠商利用邊際成本的概念來形成其供給曲線，
就正如消費者依其邊際效用來形成其需求曲線是相同的。因此，
在一條供給曲線上，生產每一個數量時，如圖 6.2 的 A 點，其供給
價格就是廠商願意生產該產品的最低價格，P_A。但市場上每一單位
產品的真正交易價格都是 P_E，因此 $P_E P_A$ 就是廠商在 A 點上的生產者
剩餘，把所有產量下的生產者剩餘相加，就是個別廠商的生產者剩
餘，如圖 6.2 的陰影面積。

　　由於市場的供給曲線係由個人供給曲線加總而得，因此在整個
市場供給曲線上的任何一點，如圖 6.3 的 B 點，表示市場上提供該
產量時所願意出售的最低價格 P_B。由於市場均衡時，每個商品的出
售價格皆相同，如 P_E，所以 $P_E P_B$ 就是在 B 點出售該產品者的生產者
剩餘。把在每一個數量上的生產者剩餘相加，就得到全市場上的生

圖6.2：個別廠商的生產者剩餘

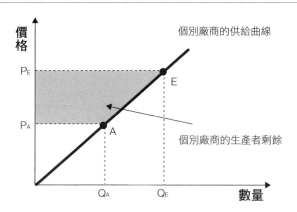

圖6.3：市場生產者剩餘

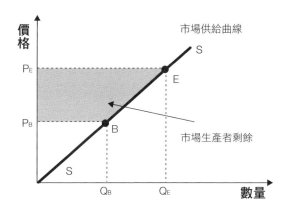

產者剩餘，如圖6.3中的陰影面積。

　　在市場經濟體系下，均衡價格與數量係經過供給與需求的運作而得。由於每個個別生產者與每個消費者都在追求自己福利最大，因此在均衡下，每個人都可以得到最大的生產者剩餘與消費者剩餘。同時在此情況下，市場也可以達到最大的生產者剩餘與消費者

剩餘，兩者合計就是整個「社會福利」（social welfare）的最大，如
圖6.4的斜線面積。

　　在明瞭消費者剩餘與生產者剩餘的觀念以後，我們就可以利用
供需模型來說明市場經濟體制如何可以使社會的福利達到最大。同
時，我們也可以進一步探討供需雙方對社會福利的影響。更重要的
是，我們可以利用供需模型來分析政府執行的一些經濟政策（如最
低工資、房租管制等），對全社會經濟福利的影響。

　　我們必須指出的是，雖然供需模型很簡單，消費者剩餘和供給
者剩餘的觀念也十分直覺，但如此簡單的架構卻可以普遍的應用在
許多經濟分析當中，因此，有心的讀者必須很仔細的讀完本章，並
加以融會貫通。

（二）政府干預政策的成本與效益

　　市場經濟體制的特色是在政府沒有干預下，讓經濟個體自由的

圖6.4：消費者剩餘與生產者剩餘

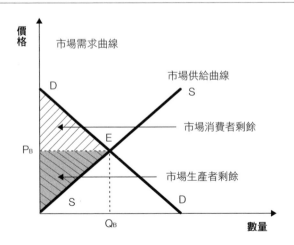

進行其最適的選擇。而計畫經濟體制則是另一種極端，即由政府負責一切經濟活動，包含生產、消費與分配等。近年來，蘇聯解體、東歐共產國家紛紛改行民主制度，以及中國大陸採行市場經濟體制以來，計畫經濟幾乎已經不存在，大概只剩北韓與古巴等極少數國家。

　　然而，即使是市場經濟體制國家的政府也鮮少讓市場完完全全的去運作，絲毫不加干預。中國大陸實行的市場經濟中，政府及國營事業的角色仍然是最吃重的；台灣的市場經濟中，政府及國營部門也仍然十分重要；即使號稱是資本主義天堂的美國，其政府也不時運用各種經濟政策來影響經濟體系。事實上，世界各國政府部門在經濟體系中扮演的角色都有逐漸增加的趨勢。

　　除了擁有國營事業以外，政府對經濟體系的干預可分為「直接的干預」與「間接的干預」。直接干預就是對市場上生產的數量或價格加以管制，這是比較嚴重的。而間接干預大都是以課稅或收費的方式進行。也就是說，以課稅來改變價格，一方面可以利用稅收來從事其他政府活動，一方面則利用課稅來改變產出價格，以改變人們的消費與選擇。此處我們先舉一例來說明政府課稅對消費者、生產者，以及社會福利的影響，然後再分別討論政府實施價格管制和數量管制所可能帶來的效果。

1. 課稅的代價

　　假設台灣地區汽油市場的供需情況如圖6.5所示，均衡點為E點。均衡數量為Q_1（即每日生產100萬公升汽油），均衡價格為P_1（即每公升16元）。現在假設政府為了提高能源使用效率，同時促使國人節約使用能源（但為避免對市場干預過大，不採用數量管制

圖6.5：對廠商課徵貨物稅的效果

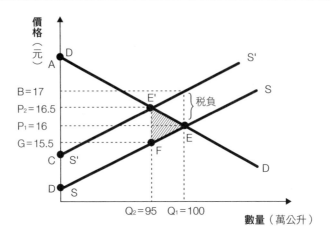

方式），採用對廠商生產的汽油課徵每公升1元的貨物稅。

　　由於廠商每生產一公升汽油，就必須多繳一元貨物稅，等於在任何數量下其每單位邊際生產成本都會增加一元。因此對廠商課徵貨物稅的結果，會使廠商的供給曲線平行往上移動一元的距離，即由SS移到S'S'。換句話說，此時如果要廠商維持生產100萬桶的汽油，必須讓售價上升到每公升17元，如此廠商才可以維持原有每公升16元的收入，他才願意生產原來的數量。

　　但問題是，當價格上升以後，消費者的需求量會減少，假設在新的供給曲線S'S'下，新的市場均衡點為E'，此時市場價格為P₂（16.5元），新的市場均衡量為Q₂（每日95萬公升）。政府課徵1元貨物稅的結果，使得市場上汽油銷售量由每日100萬公升減少到95萬公升，減少5%的使用量，達到節約使用能源的目的。

　　雖然政府達到其目標，但在政府干預下，市場受到影響，而使買賣雙方都必須付出一些代價。先從價格上來看，原先市場均衡價

格為16元，買方支付1公升16元的價格，賣方也收到16元。但現在每公升的交易，政府必須徵收1元的貨物稅，因此雖然均衡價格上升到16.5元，亦即消費者每公升要支付16.5元，但其中有1元要廠商交給政府。所以，廠商真正拿到手的只有15.5元。換句話說，在我們的例子中，政府的1元稅收中，有0.5元來自消費者支出的增加（支出由16元增加到16.5元），另外0.5元則來自廠商收入的減少（收入由16元減少到15.5元）。在本例中雙方各承擔0.5元的稅負支出，我們稱為「租稅歸宿」（tax incidence）。在數量方面，則由100萬公升減少到95萬公升，所以雙方也都有損失。

再讓我們看看消費者剩餘與生產者剩餘的變化，因為這才是代表雙方福利變化的真正指標。在原來的均衡是E時，消費者剩餘為$\triangle AP_1E$；在新的均衡點E'，消費者剩餘減少到$\triangle AP_2E'$，消費者剩餘減少了P_2P_1EE'的面積。

在生產者剩餘方面，在原均衡點E下，生產者剩餘為$\triangle DEP$；在新的均衡點E'下，生產者剩餘剩下$\triangle CE'P_2$。然而，由於SS與S'S'是平行的，故$\triangle CE'P_2$等於$\triangle DFG$的面積。換句話說，生產者剩餘在E與E'之間的差異是P_1GFE的面積。

雖然消費者剩餘和生產者剩餘都有減少，但政府收入卻同時增加——政府收入增加額即每單位稅額（E'F，即1元）乘以交易量（GF，即95萬公升）。易言之，政府的收入為$GFE'P_2$的面積，這部分來自消費者剩餘和生產者剩餘的移轉。

最後，我們把消費者剩餘的減少部分（P_2P_1EE'），加上生產者剩餘減少的部分（P_1GFE），再減去移轉給政府收入的部分（$GFE'P_2$），剩下的就是社會福利的淨損失，即圖6.5的斜線部分（$\triangle FEE'$）。

　　△FEE'是消費者剩餘和生產者剩餘減少，但卻無法移轉給政府的部分，故是社會的淨損失，又稱為「無謂的損失」（dead weight loss）。此一損失主要係來自政府對市場課稅的結果，我們可以將之看成政府為使人們減少能源消費，採行干預政策所必須支付的代價。

2. 社會福利與彈性

　　在上述的分析過程中，細心的讀者可能會立即詢問兩個重要的問題：第一，是否消費者剩餘和生產者剩餘的損失一定會一樣多？如果不一樣，如何決定誰的損失較大？第二，如果政府向消費者課徵空氣污染稅，而不向廠商課徵貨物稅，是否消費者就必須承受較大的損失？這是兩個非常重要、但卻十分根本的問題，以下我們就對這兩個問題做更進一步的闡述。

　　假設現在供給彈性很大，即供給曲線斜率較小，如圖6.6（A）所示，在每公升課徵1元的貨物稅之下，供給曲線會平行上升至S'S'。由於供給彈性較大，故價格上升會使其產量減少較多。如圖所示，在新的均衡之下，均衡量減少到只剩90萬公升，新的市場價格則為16.8元。此時在政府徵收的每1元稅收中，買方承擔0.8元（支出由16元增加到16.8元），賣方則只承擔0.2元（收入由16元減少到15.8元）。故在供給彈性較大時，賣方承擔的租稅歸宿較小（0.2元），買方承擔的歸宿較大（0.8元）。

　　同時，由於均衡數量由100萬公升減少到90萬公升，減少10萬公升，比圖6.5中減少更多。因此，整個社會的福利會減少更多。換句話說，此時社會的無謂損失比較大，即圖6.6（A）中的斜線面積會大於圖6.5中之斜線面積。

圖6.6（A）：供給彈性大時的課稅效果

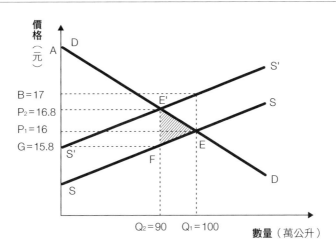

圖6.6（B）：供給彈性小時的課稅效果

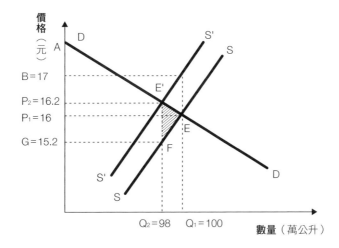

　　一般而言，當供給彈性愈大，課徵貨物稅對均衡數量減少的效果就愈大，同時，社會無謂的損失也就愈大。此外，在租稅歸宿方面，由於供給彈性較大，賣方承擔的歸宿較少；相反的，買方承擔的歸宿會較大。

　　事實上，雖然在本例中政府對生產者課稅，但廠商經過漲價的效果，使得部分租稅轉由買方承擔。而均衡數量與均衡價格的變化，不但與供給彈性有關，其實也與需求彈性有密切的關係。為節省篇幅，我們不再此進一步說明需求彈性不同的影響，留給讀者自行練習。一般而言，需求彈性愈大，賣方愈不容易將租稅負擔轉嫁給買方，因此買方承擔的稅負歸宿較小，賣方承擔的歸宿較多。由於賣方要承擔的租稅較多，因此在收入減少較多的情況下，其產量也會減少較大，所以最終的社會無謂損失也比較多。

3.社會福利與課稅對象

　　我們要問的第二個問題是，如果政府把課稅對象由賣方轉向買方，則對社會福利與買賣雙方剩餘的影響，會有何種不同？假設現在政府不再對生產者課徵貨物稅，而改向消費者課徵空氣污染防治稅，每公升仍然課徵1元的稅。對消費者而言，原來的消費者偏好並不會因為課稅而改變，即其需求曲線仍然是DD線，但因為不論購買任何數量的汽油，每公升都要都多繳交1元的空污稅，所以現在在相同的數量下，其願付價格都會減少1元，因此其真正支付給廠商的錢會減少。換句話說，廠商面對的需求曲線是原來需求曲線平行往下移動1元，即D'D'，如圖6.7。

　　假設原有的市場情況與課徵貨物稅完全相同，即原市場均衡點為E點，原均衡交易量為Q_1（為每日100萬公升），原均衡價格

圖6.7：對消費者課徵空污稅的效果

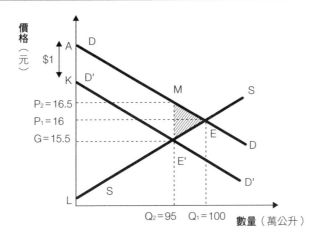

為 P_1（每公升16元）。現在課徵空污稅後，需求曲線平行往下移1元，成為 D'D'，此時均衡點會成為 E'。由於在原來供需彈性假設下，買賣雙方均分稅負，即每人0.5元。現在由於供需曲線與以前相同，故仍然由雙方均分稅額，故市場價格仍下降至15.5元，這是賣方能收到的錢。但買方還必須支付1元的空污稅，所以買方實際支付16.5元，與圖6.5中完全相同。由於價格變化相同，故數量變化也會一樣，即由每日消費100萬公升減少到95萬公升。

　　事實上，不但均衡價格與均衡交易量會與以前一樣，而且買賣雙方的消費者剩餘和生產者剩餘的變化也都會與以前相同。在消費者剩餘方面，由原來的△ AP_1E 減少為新的△KE'G，亦即△ AP_2M。因此消費者剩餘損失了△ P_2P_1EM。

　　在生產者剩餘方面，原來的生產者剩餘為面積△ LP_1E，在新的價格數量之下，生產者剩餘只剩下△LE'G，故生產者剩餘共減少□ $P_1GE'E$。

　　另一方面，政府稅收增加□P$_2$GE'M的面積。所以，將消費者剩餘減少的面積（P$_2$P$_1$EM），加上生產者剩餘減少的部分（P$_1$GE'E），再減去轉給政府稅收增加部分（P$_2$GE'M），我們可以得到課徵空污稅的社會福利的無謂損失，即圖6.7的斜線面積部分，△MEE'。與圖6.5相比，由於價格變化與數量變化都完全相同，因此兩塊斜線面積也應完全相等，即圖6.7的△MEE'等於圖6.5的△FEE'。

　　此時，我們得到一個非常重要的結論，即不論政府是對生產者或消費者課稅，最終的結果是完全相同的。換句話說，課稅的影響大小決定於買賣雙方的供需彈性和稅率的大小，而與對誰課稅沒有關係。

　　至於租稅的最終歸宿，同樣決定於買賣雙方的彈性。一般而言，彈性較大的一方，承擔較少的租稅歸宿；反之，彈性較小的一方，則必須承擔較大的租稅負擔。

（三）價格管制

　　租稅政策基本上還是尊重市場機能，由政府利用課稅方式提高產品價格，而讓原來需求慾望不是那麼強烈的人減少消費。但原先消費慾望很高的人，或是願付價格很高的人，則仍然會願意支付較高的價格來消費。租稅政策可以說是一種間接的政府干預，另外有兩種直接干預的方式，一種是「價格管制」（price control），一種是「數量管制」（quantity control）。此處我們先討論價格管制可能帶來的影響。

　　價格管制是對某一種商品的價格加以限制；有時候政府會對一些商品的價格設定下限，我們稱為「價格下限」（price floor）。

價格下限規定某商品的交易價格不得低於該規定之價格，見圖6.8
（A）中之P_{min}。例如，2016年時，我國勞動基準法中明訂任何全
工時工作的每月「最低工資」（minimum wage）不得低於新台幣
20,008元；時薪最低不得低於120元。

　　有時候政府會對某些商品的價格設定上限，我們稱為「價格上
限」（price ceiling）。價格上限則規定某商品的交易價格不得超過
該上限，如圖6.9（A）中的P_{max}。價格上限最有名的例子是「房租
管制」（rent control），在美國有些城市規定房東每年調整房租時，
漲幅不得超過一定比例。我國在民國四十年代中期實施的三七五減
租是另外一個例子，三七五減租規定地主每年徵收地租不得超過佃
農收入的37.5%。另外，我國銀行法規定，銀行現金卡利率或信用
卡循環利率上限不得超過15%，是另外一個價格上限的例子。

1. 價格管制的效果

　　價格上限與價格下限的管制效果，決定於其與原來市場均衡的
狀況。如果價格下限低於原市場均衡價格，如圖6.8（A）所示，

圖6.8（A）：無效的價格下限

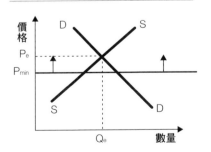

圖6.8（B）：有效的價格下限

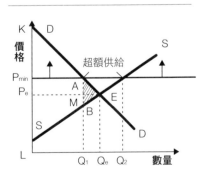

則市場交易價格仍然會維持在原均衡點E，均衡價格維持在P_e，數量維持在Q_e。此時，價格下限政策就不會對市場產生任何影響。例如2016年之前，我國的最低工資為每月新台幣20,008元，此工資幾乎低於大多數工人的薪資，因此最低工資政策的影響效果很小。

但如果政府為落實所謂達到照顧勞工的目的，而大幅提高最低工資，比方說提高到圖6.8（B）的P_{min}水準，此時由於最低工資高於原來的均衡工資P_e，於是廠商會減少工人的雇用，到Q_1。另一方面，由於工資明顯增加，會使更多人有意加入勞動市場，而使供給量增加到Q_2。因此，此時市場上會有Q_1Q_2的失業（即超額供給）出現。

相反的，在價格上限方面，當價格上限高於原來均衡價格，如圖6.9（A），則市場會維持原來均衡，不受到任何影響。反之，如果政府將價格上限訂在較原均衡價格為低，如圖6.9（B），則因價格低於市場均衡價格，廠商的供給會減少到Q_1。而另一方面，由於價格很低，於是需求量會增加到Q_2，故此時會有超額需求

圖6.9（A）：無效的價格上限

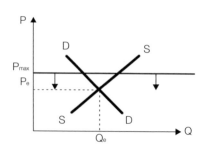

圖6.9（B）：有效的價格上限

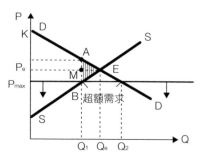

（Q_1Q_2）出現。

2. 價格管制的福利效果

在前面的說明中可知，要使價格管制達到效果，就必須採用較強烈的手段。例如價格下限要訂得很高，至少要超過原均衡價格才行；另一方面，價格上限則必須訂得很低，要低到原均衡價格以下才看得到效果。但我們也指出，雖然提高價格下限可以產生作用，比方說提高最低工資，可以使一些工人的工資提高，同時卻出現一些負作用，比方說使失業率增加。同樣的，在有效的價格上限情況下，市場會出現超額需求。如此一來，政府數量管制的干預結果到底是好是壞呢？

事實上，在最低工資、三七五減租，以及房租管制政策方面，除了有經濟福利的目的以外，還有許多經濟公平性的考量。我們會在本章第三節做更進一步的分析。此處我們先討論價格管制帶來的直接福利效果，同時只考慮有效政策下的影響。

有效的價格下限，會使社會的無謂損失增加，使社會淨福利減少，如圖6.8（B）中，消費者剩餘由△KEP_e減少到△KAP_{min}。另一方面，由於每單位價格上升，使得賣方的收益增加。但因為銷售數量減少（由Q_e減少到Q_1），所以賣方的生產者剩餘則不一定會增加。如圖6.8（B）中，生產者剩餘由△LEP_e變成□$LBAP_{min}$，生產者剩餘是否增加要看價格上升多少與數量減少多少相比較。當然，其中還與供需彈性有關。

然而，可以確定的是，整個社會的無謂損失一定會增加。因數量減少而使生產者剩餘減少的部分（△BEM），和消費者剩餘減少的部分（△AEM），則造成全社會的無謂損失，如圖6.8（B）的

斜線面積。

　　有效的價格上限同樣會使社會的無謂損失增加，而使社會淨福利減少。在圖6.9（B）中，當價格上限訂在P_{max}時，會使價格低於原均衡價格，而使數量減少到Q_1。價格降低使生產者剩餘減少（由△LEP_e減少到△LBP_{max}）。同時，價格降低一方面使消費者剩餘增加P_eMBP_{max}，但也因數量減少，而使消費者剩餘減少△AEM。因此，消費者剩餘是增加或減少，則要看兩塊面積何者較大。

　　同樣可以確定的是，由於全社會的均衡數量減少，使得全社會的淨福利減少，無謂損失為圖6.9（B）中的斜線面積，△ABE。而斜線面積的大小除了決定於價格上限的高低以外，也受到供給彈性與需求彈性的影響。

（四）數量管制

　　價格管制係限制產品的價格上限或下限，數量管制則限制產品數量。一般而言，數量管制比較容易出現在產能不足，或政府將資源移做其他用途的時候。比方說，在戰爭期間，政府為提供足夠的軍用物資（如汽油），就調用許多民間物資使用，導致民間物資不足。或是在共產國家，把大量物資投入在生產重工業或軍事之上，造成民生物資生產不足（如食物）。

　　假設在原來的市場上，均衡點為E點，均衡價格為P_e，均衡交易量為Q_e，如圖6.10。現在為了某種理由，政府將產量限制在不得超過Q_1。由於產量不能超過Q_1，於是供給曲線變成了LBS'。新的供給曲線與舊的需求曲線相交於A點，故此時市場均衡價格上升為P_1，交易量為Q_1。

圖6.10：數量管制

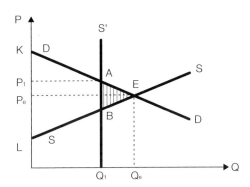

　　比較圖6.10與圖6.8（A），兩者效果非常類似，即管制以後都使市場價格上升，市場交易量減少。因此，所造成的福利效果也十分類似，即消費者剩餘減少，生產者剩餘變化的方向不能確定，而社會淨福利減少，社會無謂損失為△ABE。

　　數量管制與價格管制的一個最大差別在於，前者的使用時機通常較為特殊，例如戰爭或計畫經濟，而且很多限制下的商品都是民生物資。由於這些商品大都屬於民生物資，若單以價格做為分配的原則，可能會使一些低收入家庭因為無法負擔高價格，而造成生存的問題。因此，伴隨著數量管制而來的政策經常包括有「配給」（rationing）的問題，或其他非價格的分配方式，例如排隊、黑市、走後門等。

　　配給制度是最常見到的，例如中國大陸在1979年改革開放以前使用的糧票、油票就是一個例子。解體以前的蘇聯不採用糧票，但由於民生物資的供給極為有限，只要一有東西上市，立刻被搶購一空。他們用的方式是「先到先買」，因此，排隊就變成日常生活

中不可缺少的一環。事實上，不論是糧票或是排隊，都不符合效率原則。因為在糧票制度下，大家分配到的東西都一樣，可是有些人喜歡吃飯，有些喜歡吃麵，他們可以交換糧票嗎？我們是不是需要另外建立一個糧票市場？排隊問題也同樣嚴重，試想大家沒事就站在那裡大排長龍，都不必上班了？這些排隊時間的損失，就是社會

蘇聯人民的排隊哲學

在蘇聯共產體制下，大量物資被用於生產重工業產品（如鋼鐵）和軍用物質，因此民生物資的供給十分缺乏。在沒有配給制度下，大家都經常四處打探消息，只要一聽到哪裡有商品，就趕快排隊去買，不管現在是不是有急用。因此，他們平常都習慣隨時攜帶大筆現金或購物袋，以備不時之需。

卡諾斯基是個家境不錯的商人，有一天下班時，看到路邊有人在大排長龍，他就立刻加入排隊，然後問前面的人說：「請問今天有什麼貨可以買？」前面的告訴他：「今天在登記購買小汽車。」卡諾斯基在問清價格以後，就打電話回去請他太太把錢送過來，他則繼續排隊。

好不容易輪到他，他小心翼翼的把錢送到店員面前，店員把錢點清後，說：「好了，你交的錢夠了，你可以在十年後的今天來領車子。」卡諾斯基又小心翼翼的問道：「請問是十年後的今天上午或下午？」店員非常生氣的說：「十年都等了，你還在乎上午或下午？」卡諾斯基說：「當然有關係，十年後的今天下午，水管工人要來我家修水龍頭。」

福利的損失。

█ 二、農業問題

　　古人云：「民以食為天。」農業在傳統經濟社會中一直扮演著很重要的角色。但隨著經濟的成長，農業在先進經濟社會中的角色愈來愈弱。不論在已開發國家（如美國）；或在新興工業化國家（如我國），農業大都有下列幾個重要的特徵：第一，農業產值占全國產值的比例不斷下降，而且農業人口也一直在萎縮。第二，由於農產品生產速度受到自然因素的限制，使得生產不易調整，導致農產品價格經常大幅波動。每年二月十四日情人節玫瑰花的價格幾乎都會大漲，就是個最好的例子。第三，由於農產品價格大幅波動，對農民產生很大的不利影響，為保障農民權益，很多國家就對農業提出一些保護政策，我國的稻米收購制度及糧食平準基金就是因此產生的。

　　無疑的這些農業問題都非常重要，而且對吾人的日常生活也有直接影響。本節就要利用簡單的供需模型，來解釋為何會有長期下農業占GNP的比例不斷下降，而短期下，農產品價格又經常會大幅波動。最後，我們也要利用供需模型來說明政府實施的農業政策對農民及總體經濟造成的影響。

（一）穀賤傷農

　　在世界各國的經濟發展過程中，我們看到一個普遍現象，即農業部門的產值占全國總產值的比例逐漸萎縮；另一方面，農家所得與非農家所得的收入也逐漸降低。我國也不例外，表6.1顯示我國

農業產值占GNP的比例，由1952年的32.6%逐漸下降，到2015年時只剩1.7%。至於農家所得與非農家所得的比例則出現上下波動的情況，主要原因在於我國農家所得中有很大一部分來自非農業收入。如果只單單看農業收入與非農家所得相比的話，前者的占比則呈現長期下降的趨勢。

在經濟發展過程中，造成農業產值逐漸萎縮的主要原因有二：第一，農業生產受限於土地，因此增產不易，而工業與服務業則較不受限制，因此產出可以不斷增加。第二，更重要的原因是，農業產品固然重要，但大多數的農產品都屬於民生必需品，其特性是需求彈性較小。因此，當農業產量增加時，會使價格下跌較大。若從人們的支出結構來看，依恩格爾法則，若一種商品的需求彈性小於一，當所得增加時，人們對此種商品支出占總支出的比例會減少。

如圖6.11（A）所示，由於人們對農產品的需求彈性很小，使

表6.1：農業部門產值與農家所得

單位：%

年度	GDP比重			平均每戶可支配所得：農家所得／非農家所得
	農業	工業	服務業	
1952	32.6	18.5	48.9	–
1960	29.1	25.4	45.5	–
1970	16.3	35.8	48.0	79.1
1980	7.8	43.7	48.5	81.6
1990	4.0	39.3	56.7	78.7
2000	2.0	31.3	66.7	82.5
2010	1.6	33.8	64.6	79.2
2015	1.7	35.1	63.2	87.3

資料來源：行政院主計總處《國民所得統計年報》、《家庭收支調查》。

需求曲線DD較陡。另一方面，所得增加時，需求曲線外移幅度不大（D'D'）。同時，由於農業生產在短期內不易迅速增加，故農產品供給彈性也很小，供給曲線SS很陡。但長期下，農業產出會因為農業生產技術進步而增加（S'S'）。因此，長期下農產品價格由P_0下降到P_1，而產出增加為Q_1。農業部門總收入由OQ_0EP_0變成$OQ_1E'P_1$。兩者何者較大，則視P_1減少及Q_1增加的比例何者較大而定。

　　但如果人們對農產品的需求彈性較大，如圖6.11（B）所示，則長期下，雖然農產品價格仍然會下降，但由於產量增加較多，故此時農業部門的總收入就會增加。

　　一般而言，由於人們對農產品的需求彈性很低，因此我們經常聽到人們說：「穀賤傷農。」即當農產品豐收時，由於產量大幅增加，但由於需求彈性很小，欲使市場吸收所有農產品，必須使農產品價格大跌才可以。因此，豐收固然可以使產量增加，但卻不一定使農家總收入提高。而由於農產品的需求彈性很小，反而有可能使農家總收入減少。如圖6.12所示，在產出增加之後，農家收入由

圖6.11（A）：農產品需求彈性較小　　**圖6.11（B）：農產品需求彈性較大**

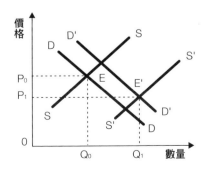
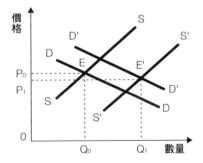

OQ_0EP_0 變成 $OQ_1E'P_1$，收入反而減少。

（二）蛛網理論

　　我們常見的第二個農業現象，就是農產品價格經常暴漲暴跌。比方說，每年七、八月之間，由於國內颱風頻傳，農作物經常受到傷害，使得蔬菜價格高居不下。每年十月左右，國內的大蒜價格經常高漲，也是類似原因。造成農產品價格大幅波動的理由與前述相同，即一方面農產品的需求彈性較小，而同時農產品的供給彈性亦很小。

　　農產品在生產時，不但需要很多土地，更重要的是需要花費較長的時間去生產，因此不容易在短時間內調整產量。另一方面，由於農產品不易儲藏（尤其新鮮蔬果和肉類的儲藏成本很高），農家也不易以調整存貨的方式來改變供給。

　　農產品的生產要花相當長的時間，所以農產品在市場調整過程

圖6.12：穀賤傷農

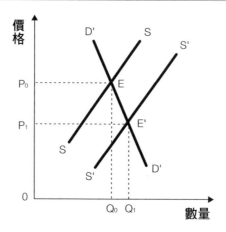

中，不容易達到最適的均衡。如圖6.13的雞蛋市場中，假設原來的市場均衡是E點，雞蛋的均衡價格與數量分別為P_0、Q_0。現在因為雞瘟使得大量雞隻死亡，導致雞蛋供給左移至S'S'，價格則上升至P_1。在價格大漲的誘因下，農人開始大量飼養母雞，以便一年以後可以生產雞蛋。由於蛋價很貴，於是有很多農人開始養雞，使得第二年雞蛋的供給曲線移回到SS，且生產量為Q_1。

　　由於雞蛋需求彈性很小，當雞蛋供給增加到Q_1時，蛋價立即大跌到P_2，交易量增加為Q_1。這些爭相養雞的農人們再次嘗到「蛋賤傷農」的苦頭。由於蛋價下跌太多，再下一年的雞蛋產量又不足（Q_2），蛋價再起。如此周而復始，使得蛋價逐漸調整回到原來的均衡價格（P_0）與數量（Q_0）。

　　由於上述調整過程形成網狀，因此稱為「蛛網理論」（cobweb theory）。在調整過程中，我們發現價格變動的幅度大於數量變化調幅，主要理由就是在於雞蛋的需求彈性很小，即使價格大幅波動，對人們日常消費雞蛋的行為也不會有太大的影響。

圖6.13：蛛網理論

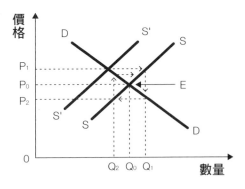

（三）保證收購價格與糧食平準基金

由於農產品產量受天候影響很大，且產量在短期內不易調整，再加上需求彈性又小，使得農家在歉收時愁眉苦臉，在豐收時也不見得高興，因為此時市場價格經常會大跌。在此種先天市場條件不佳的情況下，農家的收入不但較低，而且十分不穩定。

在此種情況下，許多國家紛紛對農業提出各種保護措施，因為無論如何，農產品總是大家日常生活上一定要消費的商品。有些國家以嚴格管制進口農產品的方式來保護國內農業（如日本）；有些國家則有時補貼農民減少產量，以免穀賤傷農的情況發生（如美國）。

我國農業產值占GDP比重雖然逐漸下降，但基於戰略需要，政府認為仍然有必要保留一定產量的主要農作物，即稻米。國內主要的幾種稻米保護政策包含：1.設立稻倉，2.設立稻米「保證收購價格」，3.設立糧食平準基金。此處我們就利用簡單的供需模型，來分析我國稻米市場上的主要幾個保護政策的效果。

為戰略上的需要，我國稻米政策的第一步就是「普遍設立稻米倉庫」，儲存稻米。相對於其他農作物而言，稻米是比較容易儲存的，因為其儲存成本較低。在普遍設立稻米倉庫下，稻米的供應量就可以利用調節存貨的方式，達到穩定供應的目的，因此稻米價格在長期下也可以保持穩定。目前國內稻米儲存量大約可以供國人使用兩年，儲存量算是相當充分。

一般而言，設立穀倉以達到調節供給、穩定稻米市場的目的，可能是成本最低，而且效果最好的政策。如圖6.14中，假設稻米供給突然由S_0S_0減少到S_1S_1，由於稻米的需求彈性很小，價格會立

圖6.14：利用穀倉調節稻米供給

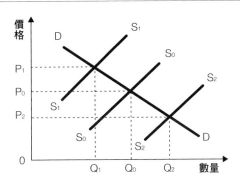

即上升到P_1。此時政府就可從穀倉中釋出Q_0Q_1的稻米數量，使價格重新回到P_0。另一方面，如果稻米突然豐收，供給由S_0S_0增加到S_2S_2，價格大幅下降到P_2。此時政府便可出面收購多餘數量的稻米，即Q_0Q_2，儲存於穀倉中，使價格再回到P_0，而不致出現穀賤傷農的情形。

　　利用穀倉調節稻米供給，只能應付短期稻米供給的變化，無法解決長期農民將農田轉作其他農作物的可能。為使農民耕作稻米的意願提高，以維持一定數量的稻米供給，同時也可以達成照顧農民的目的，因此，政府提出另一個重要的政策，即「稻米保證收購價格」。稻米保證收購價格政策係由政府保證農民的稻米一定可以用某一最低價格出售，所以保證收購價格是一種價格下限政策。

　　我們在前節已說明，價格下限政策要產生效果，必須要讓價格下限（P_1）超過原來的市場價格（P_0），如圖6.15的P_1必須高於P_0。如果政府把保證收購價格訂的比市價低，如P_2，則農民生產P_0，產量則為Q_0。達不到增加稻米產出以及提高農民收入的目標。

　　因此，為達到政策目標，政府必須把稻米收購價格訂在高於市

圖6.15：稻米保證收購價格

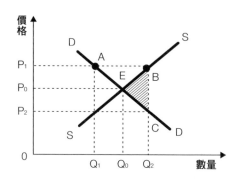

價P_0的P_1。在P_1價格下，市場需求量只有Q_1，但因為價格高，供給量會提高，為Q_2，因此政府必須收購Q_1Q_2數量做為存糧。這時候政府的收購支出為□AQ_1Q_2B。

　　此種刺激產出的政策在短期下問題較小，在長期下造成的問題可能會較多。首先，政府的資金從何而來？為了使資金能有效運用，政府設立糧食平準基金，當市價太低時，用基金來支應保證收購價格；而當市場供給不足，市價太高時，則拋售政府存糧，一方面抑制米價，一方面可回收糧食平準基金。第二，上述原則是對的，但問題是由於稻米生產技術愈來愈進步，國內稻米產量逐年增加，政府收購數量逐漸擴大，一方面平準基金的使用會捉襟見肘，一方面穀倉也無法存放。政府雖然鼓勵人們多多消費稻米，但這畢竟與人們的習慣有關，況且隨著所得的增加，國人食用肉類、蔬菜、麵食的比例也不斷增加，對稻米的需求可能是不增反減。

　　事實上，即使假設政府成功提高人們對稻米的需求量為Q_2，使得產量能被需求完全吸收，農人的收入增加完全來自政府移轉支出，此時社會上就沒有無謂損失的存在了嗎？有一個很簡單的方式

可以計算此時社會無謂損失的大小。假設政府以P_1向農民購買稻米，再以P_2賣給社會大眾，在數量為Q_2下，此時的社會無謂損失有多少呢？與Q_0相比，當產出增加為Q_2時，農人為多生產Q_0Q_2所增加的邊際成本為Q_0Q_2BE（此即農民為增加Q_0Q_2產出所必須增加最小的成本，我們可以視為全社會的成本）。在需求方面，與Q_0相比，當消費增加到Q_2時，消費者邊際效用增加的部分只有Q_0Q_2CE（此即消費者為增加Q_0Q_2消費的最大願付價格，我們可視為社會的收益）。在兩相比較下，在Q_2時，社會的生產成本（Q_0Q_2BE）超過社會的收益（Q_0Q_2CE），其多出的部分（$\triangle CBE$）就是社會的無謂損失，即圖6.15中的斜線面積。

事實上，由於台灣人口密度高居世界第二位，土地在台灣是非常珍貴的，但農業卻必須使用大量的土地，尤其是稻米。因此，我國長期下的稻米政策似乎有再重新調整的必要。以台灣極有限的土地來看，似乎應發展精緻農業或休閒農業，鼓勵並協助農民耕種高價值作物，例如新鮮花卉、高價值水果、設立休閒果園等。同時應減少土地使用及農業人口，以提高每單位土地產出以及每單位人口的所得，可能才是比較好的方式。

三、準租與價格管制

前面幾節提及如何利用供需模型來說明政府的幾種管制政策效果，以及說明農業部門的情況。本節將更進一步以實際經濟案例，來說明政府管制下可能帶來的效果及其對社會福利的影響。

（一）地租與準租

　　土地是一項重要的經濟資源，不但農業生產上需要大量的土地，工業及服務業的生產都需要用到土地。更重要的是，家計單位的消費過程中，也需要大量的土地，即住的需求。然而，土地做為經濟資源的一項主要特色，就是土地資源的供給不但有限，而且可以說是固定不變的。雖然土地可能在不同的產業之間交換使用，但對每一個國家而言，全國的土地都是固定不變的；即使在不同產業之間可以移轉使用，這種移轉使用的比例也很小。

　　在此種情形下，土地的供給可以視為固定，因此其市場供需情況就十分特殊。在圖6.16中，我們假設土地供給不變，因此其供給曲線為垂直線SS，在市場需求（DD）下，土地的市場價格為 P_0，土地供給量為 Q_0。此時土地擁有者的生產者剩餘為斜線面積部分（OQ_0EP_0），此亦為土地的地租收入。相較於一般正斜率的供給曲線而言，土地擁有者的生產者剩餘較大。

　　隨著經濟的發展，不但產業對土地的需求愈來愈多，家計單位對住宅的需求也愈來愈大，因此市場上對土地的需求曲線向外移

圖6.16：地租與生產者剩餘

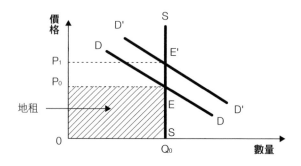

動，D'D'。但由於土地供給量仍固定在Q_0上，因此需求的增加只使地價上漲（P_1），但無法增加土地的供應量。在此種情形下，土地與生產者剩餘同時增加為$OQ_0E'P'_1$，消費者剩餘沒有任何改變。

上述結果顯示，經濟發展導致對土地的需求增加，而此成果都將完全被土地擁有者所享有，無法讓一般消費者所分享。這也是為什麼國父提出土地要「漲價歸公」的主要理由之一。

在本章第一節中，我們曾提及課稅固然可以達到政府的目的，但同時社會必須支付無謂損失做為代價。那麼如果我們對土地課稅，以實現漲價歸公的理想時，我們必須付出多少代價呢？在圖6.16中，假設因為需求由DD移到D'D'，使土地價格由P_0上升到P_1。現在政府對土地購買者課徵P_0P_1的稅，使得他們的願付價格下降回P_0，但實際支付金額仍然是P_1（即P_0的地價加上P_0P_1的稅額）。如此一來需求曲線又如同回到DD，生產者剩餘又回到原來的水準，而政府的稅收增加P_0EFP_1。我們發現政府對土地課稅的結果並沒有產生任何的無謂損失，主要原因在於供給是固定的，因此無論如何課稅，數量都永遠固定在Q_0。注意，此時政府若對生產者課稅結果也一樣，因為他們無法變動供給。

如此我們得到一個重要的結論，即當供給曲線為垂直時，政府課稅不會產生任何的不良效果。而此種情況可以適用在任何供給為固定的商品上。比方說，我們假設全台灣只有10張已故畫家楊三郎的畫，供給是固定的。此時擁有其畫作的人擁有很大的生產者剩餘，由於情況與土地擁有人享有地租或「經濟租」（economic rent）十分類似，故我們又稱之為「準租」（quasi-rent）。當人們所得增加以後，對買畫的需求會增加，因此楊三郎的畫價格會上升，但供給量是固定的，因此擁有其畫作的人可以享有更多的準租。

超級巨星經濟學（I）

　　美國NBA籃壇芝加哥公牛隊的「空中喬丹」在1996年球季的年薪是三千萬美元，全年球季要賽82場球，平均一場球可賺36.6萬美元。NBA球賽每場打48分鐘，所以喬丹每分鐘的平均薪資是7,625美元，相當於20萬元新台幣！這還只是單純的薪資收入，還不包括球隊分紅及廣告收入等更大筆的進帳。

　　不必太驚訝，美國體壇年薪收入在千萬元以上的運動員不在少數，例如NBA克里夫蘭騎士隊的詹姆斯大帝（2016年，3,096萬美元）及職棒大聯盟洛杉磯道奇隊賽揚投手克蕭（2015年，3,100萬美元）等等。

　　為什麼這些球隊的老闆願意付他們這麼高的薪水呢？他們不怕虧本嗎？當然不怕，羊毛出在羊身上，在體壇的競爭市場中，每個明星選手都一定要有真材實料才行，而且能吸引大批球迷，否則早就被淘汰了。

　　問題是，我們如何利用市場的供需條件來解釋這些人的高薪現象呢？美國人對體育的熱中眾所周知，對運動明星的需求之大也可想而知。然而運動員除了本身的努力以外，要成為超級運動巨星，則還要加上無比過人的天賦才行。試想，如果沒有抵抗地心引力的能耐，喬丹如何在空中飛行，同時變換方向、挺腰飛身灌籃？問題的癥結在於，世界上有幾個人有此能耐？

　　由於喬丹的飛行能耐，除了他以外，大概再也找不到第二個人。所以，市場上能提供喬丹的人只有一個，因此供給曲線是垂直的，如下圖SS線所示。在原有的需求曲線D_1D_1下，喬丹的年薪身

價決定於P_1，而由於供給是固定的，其報酬就等於全部都是準租或經濟租，如斜線面積部分所示。而當NBA觀眾人數不斷增加，需求不斷上升的時候，如D_2D_2和D_3D_3，喬丹的身價也就節節上升。2016年主宰NBA籃壇的換成6月拿到NBA總冠軍的騎士隊詹姆斯大帝，其2016年年薪為3,096萬美元。

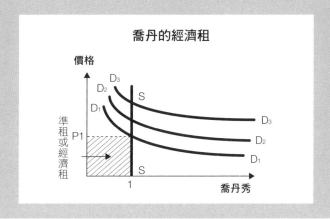

此時政府可以對出售畫作的人課徵「資本利得稅」（capital gain tax），由於對畫作擁有人課稅並不會減少畫作的供給，社會上不產生無謂損失，故不會產生不良影響。

（二）最低工資

在大多數國家中，政府為保障勞工權益，避免他們受到雇主剝削，大都會設定一個最低工資標準。我國也不例外，民國105年我國基本工資為每月新台幣20,008元，此一標準還會逐年提高，2017年1月1日再調高為21,009元，最低時薪則為133元。

　　最低工資屬於價格下限政策的一種，若訂的比均衡工資低，則最低工資不能產生太大作用；若訂得較高，固然可以使工人薪水增加，但同時也會使失業增加。例如圖 6.17 中，若把最低工資訂在 P_1，低於原市場均衡價格 P_0，則勞動市場不會受到影響。但若把最低工資訂到 P_2，則固然使工資增加，但亦使失業增加 Q_1Q_2 之多。問題是，這些失業者是誰呢？

　　在我們的例子中，我們把勞工一視同仁，所以只有一個價格。但事實上，工人的種類很多，大家的薪資都不盡相同。我們可以簡單的把工人分成兩種：「技術性工人」（skilled labor）與「非技術性工人」（unskilled labor），而且前者的薪資顯然要高於後者。

　　當政府提高最低工資時，若最低工資超過非技術性工人的薪資時，廠商就會開始裁員，裁掉的都是這些非技術性工人。一般而言，非技術性工人大都屬於學歷較低、初踏入工作市場的年輕人或婦女。因此，最低工資政策本來是要保護這些低工資者的權益，不幸的是，提高最低工資的結果，反而使這些人失業增加，這符合訂定最低工資的精神嗎？

圖6.17：最低工資

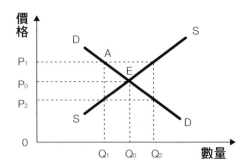

我國最低工資的演進

　　一般來說，最低工資的設定主要目的在保障勞工最基本的生活，因此，大多數先進國家幾乎都設有最低工資。我國也不例外，以1970年為例，當年的最低工資為新台幣600元。其後，我國的最低工資每隔數年就會調整一次。民國73年勞動基準法通過以後，最低工資的調整更是勞委會的主要任務之一。

　　下表顯示我國最低工資演進的過程及其與全國平均工資的比較。大致而言，我國的最低工資率都低於全國平均工資，因此對於勞動市場的影響並不十顯著。

單位：新台幣元

年度	最低基本工資（新台幣元）	最低時薪（新台幣元）	製造業平均薪資（新台幣元）	最低基本工資／製造業平均薪資(%)
1970	600	–	1,684	35.6
1975	600	–	3,424	17.5
1980	3,300	–	8,034	41.1
1985	6,150	–	12,677	48.5
1990	9,750	–	22,011	44.3
1995	14,880	58.5	32,489	45.8
2000	15,840	66	38,914	40.7
2005	15,840	66	41,858	37.8
2010	17,280	95	42,300	40.9
2015	20,008	120	46,781	42.8

註：最低時薪之規定由1992年8月1日起開始。
資料來源：勞動部、主計總處《薪資與生產力統計月報》。

以目前我國製造業為例，2015年時平均製造業工資為月46,781元，而最低工資為20,008元，後者約是前者的42.8%，因此最低工資對勞動市場的影響很小。如果政府把最低工資提高到50,000元，則會產生什麼結果？無疑的，廠商會開始裁撤生產力低於50,000元的工作，而這些工作都屬於非技術性工人，而且這些人可能原來就屬於低收入家庭，因此，提高最低工資可能對他們產生巨大的衝擊。

因此，最低工資固然應該存在，但也不宜訂得太高，否則若將最低工資訂得太高，立即受害者就是這些低工資者，因為他們可能會失去他們原有的工作。

（三）房租管制

「房租管制」是美國經常見到的一種價格上限政策，一般房租管制並不是限制房租，而是限制上漲的幅度。例如美國有些城市管制較嚴，它們規定每年漲幅不得超過3%；有些較鬆，規定每年漲幅不得超過7%。另外，有些城市規定如果房東進行全面整修或更換房客時，可以做較大幅度的調升房租。基本上來說，房租管制對於抑制房租上漲都有很大的效果。但這對誰有利呢？是否所有房客都受益呢？

假設原來市場是均衡的，如圖6.18的E點，其中由於房屋的短期供給不容易變動，故供給曲線（$S_R S_R$）是垂直的，而長期供給曲線（$S_L S_L$）是具有正斜率。但房租管制規定房租在均衡價格P_0，不得上漲。

現在假設因為人口與所得的增加，人們對房子的需求增加到$D'D'$，在短期下的房租會上升到P_2，長期下則因供給增加，而使房

圖6.18：房租管制

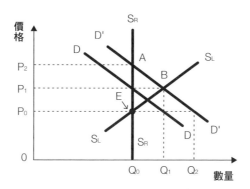

租上升幅度較小，為 P_1。但由於房租管制限制房租必須維持在 P_0 上，於是出現超額需求 $Q_0 Q_1$。

從短期來看，由於住宅供給固定，所以利用價格管制可以使消費者剩餘增加（$P_0 E A P_2$），而同時減少同樣大小的生產者剩餘，亦即租金部分。由於沒有任何社會無謂損失，而只是將福利由房東移轉給房客，再說理論上來看，前者的所得比後者高，因此大部分人都會接受房租管制政策。

但長期效果則截然不同。因為長期下，本來供給會增加，以提供更多房子供社會使用，但因為房租管制，使建商或房東蓋房子的意願降低。另一方面，由於房租管制使得房價更形便宜，因此吸引更多的需求，導致市場上出現大量的超額需求。但這些人的需求如何滿足呢？事實上，房租管制下，原有房客得以享有很多優惠，他們搬家的誘因很小，同時卻有很多人在等待名單上大排長龍。

更嚴重的是，在長期房租管制之下，不但新蓋房子的誘因會減少，原有房子的房東對於房子的維護意願也會降低，因此加速房子

聖塔摩尼卡的台灣寓公

美國加州洛杉磯的聖塔摩尼卡市（Santa Monica）及舊金山市的柏克萊（Berkeley），是兩個曾經以嚴格的房租管制而出名的城市。一九八〇年代，聖塔摩尼卡市政府規定，該市每年房租上漲不得超過3.5%，除非房客換人且房東同時有對房子做資本性支出（capital improvement），才可以大幅度的提升房租。但同時，市政府又規定只要房客表現良好，房東不能任意要求房客搬家。只有在特殊情況下，房東才可以要求房客搬遷，比方說房東要把房子收回來自己住，或者房子要全面整修。在此種情形下，房東幾乎沒有任何能力要求房客搬遷，而房租上漲速度緩慢，因此房客搬進來之後，就很難再搬出去，因為住愈久，房價相對就愈便宜。洛杉磯其他大部分地區的房租管制較鬆，每年房租漲幅規定在7%以內。

聖塔摩尼卡市有一位台灣寓公，擁有一棟有六個單位的小公寓。有一天這位房東到他的鄰居家中聊天，這鄰居家中住著幾位台灣學生。這位房東說：「最近我的公寓中會有一棟房子空出來，這是我的公寓蓋好將近十年第一次有人搬出去。以後我希望租給學生，可以增加搬遷的速度。」

短期下的房租管制，對於現住戶有很大的好處，因為房租被壓得很低。但同時也會有許多人不易住進來，這些人就會有損失。另一方面，嚴格的房租管制會減少出租公寓的興建。更嚴重的是，房租管制會降低房東整修房子的意願，因此會加速房子的折舊，這是一項社會損失。長期下，房租管制嚴格的地區容易形成房子破舊、較低收入家庭集中的地方，社會問題也會增加。

折舊，這是另一種社會損失。事實上，在美國幾個嚴格執行房租管
制的城市中，我們看到的是長期管制下，雖然房租很便宜，但房子
的品質都很差，因此房客大都以中低收入戶為主，形成一個不良的
社區環境，經常產生社會問題。

（四）固定匯率

　　「固定匯率制度」（fixed exchange rate system）是政府價格管制
政策的另一個例子。在二次大戰後，大多數國家都希望維持固定的
國家與國家之間的貨幣交換比率，我們稱之為「固定匯率制度」。
此種制度的最大好處是希望在維持特定匯率下，降低國際貿易時產
生的兌換風險。然而，國際間的貨幣就與貨品一樣，其相對價格也
由供需決定。因此，如果要維持固定的匯率，政府就必須大力介入
市場。根據我們的分析，政府介入通常都會帶來不良的效果，雖然
短期看起來也許不錯，但長期累積的結果可能會更嚴重。

　　我國的新台幣在早期採取固定匯率，以新台幣40元兌換1美元
的交換比例維持過很長一段時間。但為維持此一交換比率，政府曾
付出很大代價。到民國七〇年代，政府無法再承擔此一代價，遂順
應世界潮流改採「浮動匯率制度」（floating exchange rate system），
讓市場決定新台幣與美元的兌換比率。雖然中央銀行還可以不時進
場干預，但其干預的代價要遠比固定匯率制度少了許多。

　　假設政府採取固定匯率，在美元市場供需均衡下，新台幣與
美元的比率維持在32：1，如圖6.19的E點，此時每日市場交易量
為10億美元。現在由於台灣出口日漸順暢，出口廠商賺了許多美
元，同時在市場上出售，造成美元供給往右移動（S_1S_1）。若沒有
市場干預，美元供給增加，美元對台幣的兌換價格應下降到30：

圖6.19：固定匯率制度

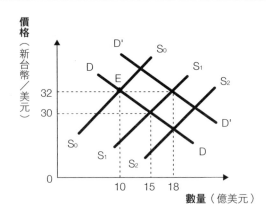

1（即美元貶值，台幣升值）。但要維持32：1的固定匯率，中央銀行就須介入購買美元，以吸收多餘的美元，即圖6.19中的18億美元，即需求會增加到D'D'。

如果這只是短期現象，中央銀行自然可以應付，因為可能有時美元供給減少（如出口減少），或需求增加（如國內進口增加）。但近年來，台灣每年都保持大量的貿易順差，換句話說，出口商都一直賺入大量的美元。在此種情形下，他們會不斷的在美元市場出售美元，供給會再增加到S_2S_2。為維持固定匯率，央行就必須不停的介入購買美元。在長期下，任何一個國家的央行都無法一直持續不斷的買入（或賣出）外國貨幣。尤其當人們預期新台幣升值，美元要貶值時，人們更會大量拋售美元，使得央行必須再購入更多美元，面對更大的壓力。

在國際貿易長期順差，美元供給不斷增加之下，中央銀行只有兩種選擇，一種是升值，另一種作法是採行浮動匯率制，讓市場自行決定。前者問題是，該升值到何處呢？在台灣貿易長期順差下，

何種匯率才是均衡呢？其實，一勞永逸的最佳方法還是採行浮動匯率，讓市場自行決定最好。

新台幣對美元匯率曾經長時期固定在40：1的比率，民國六〇年代新台幣與美元匯率升值到38：1，民國七〇年代初期又短暫回到40：1。但由於民國七〇年代台灣貿易順差擴大，迅速大量累積美元，使得央行無法再過度干預市場，只能一方面在民國75年到76年之間讓新台幣與美元匯率迅速由36：1上升到28：1，同時採行更鬆弛的浮動匯率制度，直到近年都維持在30：1到32：1之間浮動。雖然我們稱目前的浮動匯率制度為「管理下的浮動匯率」（managed floating rate）制度，但央行在管理外匯上的負擔要比以前小得多，市場機能也得以充分發揮。

經濟名詞

經濟福利	分權	願付價格
生產者剩餘	租稅歸宿	無謂損失
價格管制	價格上限	價格下限
數量管制	房租管制	配給管制
蛛網理論	保證收購價格	糧食平準基金
準租	經濟租	最低工資
固定匯率制度	浮動匯率制度	

討論問題

1. 何謂生產者剩餘？試舉二例說明之。

2. 何謂價格下限？何謂價格上限？試分別舉兩例說明之。

3. 最低工資是不是對工人一定有利？請說明為什麼工會都會大力支持呢？

4. 在什麼情況下，政府課稅才不會產生任何無謂損失？

5. 你贊成漲價歸公嗎？我國目前課徵土地增值稅係以公告現值為準，而不是以實際交易價格為課徵基準，你認為此種政策對社會福利會產生什麼影響？

6. 何謂準租或經濟租？英國One Direction合唱團的演唱會一張票超過新台幣1萬元，你認為合理嗎？你會不會去聽他們的演唱會？

7. 何謂蛛網理論？造成農產品價格大幅波動的理由何在？你建議該如何解決？

8. 我國農業的一般特性為何？為何會產生這些現象？

9. 請比較固定匯率制度與浮動匯率制度的優缺點，並說明為什麼固定匯率不易長期存在？

10. 請利用消費者剩餘與生產者剩餘的觀念，說明本章圖6.15中，在稻米保證收購價格下所出現的社會無謂損失。

11. 何謂租稅歸宿？與供需彈性有何關係？與課稅對象又有何關係？

12. 試說明房租管制下的長短期效果為何？

市場經濟與經濟制度

> 市場經濟所追求的一個目標是經濟自由。
>
> 讓人們自由地去創業、競爭、冒險、成功，以及失敗。
>
> 沒有一項誘因比經濟自由更能鼓舞企業家，
>
> 也沒有一項因素比它更容易在不知不覺中喪失。

　　在諾貝爾經濟獎得主傅利曼教授（Milton Friedman）的邏輯世界中，政府的管制要減少到最低，人民誘因要發揮到最高。市場上充滿了競爭，當然沒有聯合壟斷；消費者有足夠的情報，當然可以做明智的選擇；賺錢的廠商應任其不斷的擴展，虧本的事業應任其倒閉。政府預算不宜有赤字，貨幣供給量應當受到穩定的控制；窮人申請救濟時就給他們現金，富人創造財富時就給他們減稅；人民的資金與貨物可以在國內外自由流動，沒有本國的干預，也沒有他國的限制。

　　在公開競爭下，效率比公平更重要；在現代社會裡自由比平等更可貴；人為了滿足自己，結果反而是利人；人如果一心為了利他，結果反而是兩頭落空。

　　傅利曼教授的邏輯來自他對於資本主義、市場經濟、混合型經濟制度的信心。他心目中的這個理想世界變成了人間的天堂，又有誰會不嚮往？

　　問題是，到天堂之路何其坎坷而遙遠。在現實世界中，不論中外，我們所觀察到的幾乎與他所嚮往的仍有那麼大的差距。

　　不論我們是否完全接受他的論點，讓我們首先來了解市場經濟、資本主義及相關名詞的定義。

▍一、資本主義

有人曾寫過：「資本主義所創造出的力量，比以往歷代的總和還更巨大……它所創造出的奇蹟，遠超過埃及的金字塔、羅馬的競技場，或是哥德式大教堂；它所從事的征服，使從前各國的移民與十字軍東征都顯得微不足道。」

這個人就是馬克斯（Karl Marx），這些話就是他在1848年出版的《共產主義宣言》中所寫的。馬克斯不是資本主義的信徒，而是資本主義的敵人。

不流血的革命

現代資本主義源自十八世紀的英國，再散布到歐洲及北美。資本主義可說是一種「革命」，雖不像美國、法國，或蘇聯的流血革命一樣，但對現代社會的塑造卻有根本的影響。

今天大多數歐美國家的經濟制度，都是所謂的「資本主義」、「自由企業」或「私人企業」。這些意義相近的名詞，究竟是指什麼？

「資本主義」的定義簡單地說乃是經濟組織的一種體系，其特徵是允許私人擁有生產（土地、廠房、鐵路等）與分配的工具，在相當競爭的情況下，追求利潤。

要進一步了解資本主義的特質，必須對相關的觀念：私有財產、利己主義、自由放任、競爭與自由市場等再做進一步的說明。

私有財產

私有財產制（private property）乃是資本主義最基本的元素。

它保障每個人都有權利以合法手段獲取經濟財貨與資源、簽訂使用的合約，並且隨心所欲地處置自己的財產。這種思想源自十七世紀末的英國哲學家洛克（John Locke），他認為私人擁有並控制財產，而不受國家力量的干涉，乃是一種「自然權」（natural right），這種權利將可為整個社會帶來最大的利益。

從經濟觀點看，私有財產的保障產生了三項重要的作用：

（一）激勵擁有財產的人盡量將其財產做最具生產效率的運用。

（二）由於允許個人累積資產並於身後移轉，所以對財產與所得的分配產生了很大的影響。

（三）由於個人必須先擁有財產權，然後才能移轉這些權利，所以社會上產生了頻繁的交易與追求利潤的活動。

利己主義

亞當·史密斯在十八世紀出版的《國富論》一書中描述了「一隻看不見的手」的奇妙。他認為如果每個人都追求本身的利益，而不受到政府的干涉，就會如同受到一隻看不見的手所引導，能使整個社會都獲得最大的利益。

史密斯寫道：「個人既未打算促進公益，也不覺得自己在促進公益……他只注意自己的利益，但卻被一隻看不見的手所引導，而完成了他自己並未關注的目的……我們之所以能有晚飯吃，並非是由於屠夫、酒店、麵包師的好心，而是由於他們對本身利益的關切。我們不必訴諸於他們的人道精神，而應是他們對自己的愛，我們也不必和他們談我們的需要，而應該談他們自己的利益。」

「利己」（self-interest）雖能驅使人們生產，但在現代社會中這一觀念還嫌不足。因此經濟學家又引介了「經濟人」這個概念，

說明資本主義社會中
的個人，都受經濟力
量的驅使，因此個人
都尋求能以最少的犧
牲或成本，獲致最大
的滿足。所謂滿足，
可能是商人的利潤、
工人的加薪或休假，
或是消費者購物的樂
趣。

　　當然有時人們也
會受到利己之外的力
量所驅使，如善盡社
會責任。但是經濟人
的假設，大致上是合
乎資本主義社會中經
濟行為的模式。

市場經濟的賣場

自由放任

　　十七世紀末，法王路易十四的財政大臣柯貝（Jean Baptiste
Colbert）有一次詢問一位製造商，政府應如何才能幫助企業界，
結果得到的回答是：「自由放任」（Laissez nous faire or leave us
alone）。這句話後來就變成資本主義的箴言。

　　所謂「自由放任」（laissez faire）就是指在沒有政府干預的情
形下，所產生的經濟上的個人主義與經濟自由。依照這一觀念，經

濟活動是個人的私事，消費者可以自由花錢買自己喜歡的東西，生產者可以自由購買他們需要的經濟資源並加以運用。傅利曼教授，曾在其引起不少爭論的《資本主義與自由》一書中，聲稱競爭性的資本主義為個人自由提供了最有力的保證。他指出，如果有人因為無法取得執照而不能進入他想要從事的行業，如果有消費者因為進口限制而無法購買某項進口品，或是有企業家因為沒有政府的核准而無法從事他的事業，則他們就是被剝奪了自由的重要一部分。傅利曼還進一步從歷史中證明，經濟的自由與政治的自由密切相關。他說：「一個社會擁有高度的政治自由，卻沒有類似自由市場的制度來安排各項經濟活動的例子，我找不到。」

　　但事實上，自由放任的概念在二十世紀已受到相當的限制，因為為了保障經濟自由與大眾福利，政府必須對經濟活動有所干預，產生了所謂的「混合型經濟」。

競爭與自由市場

　　資本主義的運作是假想在「競爭」的狀態下進行的。也就是說，賣主在吸引顧客，買主在採購貨品時，都會遇到對手；工人在找工作，雇主在雇人時，也會遇到競爭；而買賣雙方在交易時，相互爭取對自己最有利的條件，也形成了相互的競爭。

　　理論上來說，資本主義常被視為是一種自由市場制度。競爭與自由市場關係密切。純粹的自由市場，具有兩個特色：

　　（一）市場上具有大量的買者與賣者，他們個別的買賣比例都很小，不足以影響產品的市場價格。

　　（二）買方與賣方都不因經濟上或制度上的限制而受妨礙，同時他們對市價及有關事項充分了解。因此，他們會在自己認為適當

的時機進入或退出市場。

在這一情況下，某一產品的市價，乃是靠需求與供給交互作用而決定的。買賣雙方為了自己最大的利益，決定是否在現行價格下進行交易。沒有人能在市場中發揮顯著的影響力，所以對價格也就無法獨自控制。因此，自由市場發揮了兩個重要功能：

（一）為消費品及生產因素建立了競爭價格。

（二）促進了經濟資源的有效運用。

當自由市場產生獨占和壟斷時，這兩個功能即無法發揮，於是往往要透過政府的干預，來維護市場競爭。

價格制度——看不見的手（an invisible hand）

是誰告訴工人應該選擇什麼工作？是誰決定要生產多少輛汽車、要造多少棟房子？是誰設計出婦女時裝的流行款式？

當市場上競爭的程度愈大，上述這些問題由「價格制度」或「市場制度」來解決的可能性就愈大。價格制度就是一種獎懲制度；獎是指能生存的廠商與個人所獲得的利潤，而懲則是指失敗的虧損或破產。

價格制度運行的原則，乃是有交易的東西——財貨、勞務、資源——都有其價格。在買主與賣主眾多的市場中，這些東西的價格反映了賣方所能提供的數量與買方希望購買的數量。

因此，如果買方要多買某種貨品，則其價格會上漲，於是刺激生產者多生產、多銷售。如果買方要少買某種產品，則會使其價格下跌，於是生產者就會發現必須要減少生產與銷售這些產品。

這種競爭場中買賣雙方的交互作用，以及由此所造成的價格變動，變成了經濟學上最基本的「供給與需求」法則。

政府的角色

　　自由放任的信念，自亞當·史密斯於《國富論》中倡導後，在十八世紀受到了重視。這個觀念除了經濟的意義外，也有重大的政治意義。依據自由放任的信念，資本主義制度中政府並不扮演積極參與的角色，而是消極地扮演法令制定者、保護者，以及裁判三種角色。具體地說，政府的功能是維持秩序、制定財產權、保障契約、促進競爭、保衛領土、發行貨幣、簽署自由貿易協議、制定度量衡標準、籌集行政經費、裁決爭論等。

▌二、混合型的經濟

　　「自由放任」的信念至今是否仍被奉行？那隻「看不見的手」是否如亞當·史密斯所說的那樣奇妙，而使經濟運作達到最佳的狀況？

　　對這兩個問題，答案既非完全肯定，亦非完全否定。這些年來，自由世界的經濟活動日益複雜，政府的角色也顯得更為重要。

　　各國政府常常透過立法，扮演保護者與管制者的角色，如抑制輸入的保護關稅、激勵生產的補貼等。透過這種角色，政府希望能夠提升農業、勞工，與消費者的利益。政府有時也對國內受管制的運輸、通訊、電力等產業加以保護，並對未受管制的大部分企業，盡力維持市場上的有效競爭。政府也擔負了平衡經濟總生產與總支出之責，以達成經濟成長與充分就業的長期目標。同時政府又提供了許多公共財貨與勞務，如教育、公路、國防等。這一演變，就產生了自由世界中的「混合型經濟」（mixed economy）──私人企業

以市場機能為中心的財經政策

儘管市場經濟有它眾所周知的缺點，但整體而論，當前的富裕國家無不以這一經濟制度為主要型態。

我們過去三十年中具有相當保護色彩的財經政策曾有過歷史性的貢獻。當前情勢則應採取尊重市場機能，與自由貿易的政策。

從總體經濟的觀點來看，這些政策可由八個方面推動，相互配合，彼此策應：

——減少政府在經濟活動的比重，加強民營化。

——擴大投資、儲蓄與生產誘因，如減少稅率。

——增加金融系統相互競爭性，擴大金融自由化。

——開放進口、增加產業競爭力，如降低關稅。

——吸引外資的引進及技術的移轉。

——修訂相關法令、鼓勵企業規模擴大，但防止壟斷或獨占。

——尊重市場商品供需力量，少作人為干預。

——除對低所得的人民予以必要照顧外，減少全面性的補貼措施。

這些政策原則很少有人會反對，但當財經首長真要付諸實施時，就會遭遇到各種阻力。有些阻力來自既得利益團體的反對，有些來自與流行的觀念相衝突，有些來自短期會有調整的痛苦，但長期的利益又尚未出現，有些又受現行法令的束縛……。

首長們領導才能的最佳測驗，不在於他們是否已提出好的構

想，而在於能否與民眾充分溝通，並付諸實施。

要付諸實施之前，首長們還需要周密的參謀作業來配合。可是，在目前行政與立法分權及人事法規的諸多限制下，政府首長需要借重的專才又無法延聘，形成了政策無法推行的惡性循環。

可是，首長們除了要徹底執行這些政策外，別無他法。

為了贏得人民的喝采，任何財經首長可以在短時間內宣布一些受人歡迎的政策，但是有遠見的首長們必須要有道德勇氣與政治智慧，牢牢的掌握住市場經濟的原則，減少人為的干預，使經濟結構與企業心態做根本的調整。

仍然扮演重要的角色，但政府部門也參與很多的經濟決定。

由歷史的趨勢來看：以美國為例，美國的經濟自一九三〇年代以來，早已非純粹的資本主義或純粹的市場經濟，而是一種資本主義導向的混合型經濟，因此私人與政府均在市場中發揮經濟影響力。其他主要的工業化國家的經濟體系亦極類似。

▍三、市場經濟的優缺點

綜合起來說，市場經濟的優點是：

（一）透過價格機能，供需可以達到均衡，而毋需政府操心；即使政府操心，也常常於事無補。

（二）價格決定的力量是分散的，沒有一個廠商可以壟斷價格，也毋需任何其他機構（如政府）來決定價格。

　　（三）資源可以較有效地利用，消費者的慾望較易滿足，生產者的利潤較易增加。

　　（四）供需間的失調（所謂disequilibrium）會逐漸消失。

　　因此諾貝爾經濟獎得主海耶克教授（Friedrich Hayek）曾經寫過這樣的評語：

　　「假如自由市場制度是經過人們深思熟慮之後的結果；而且人們為滿足自己的需要而決定是否接受價格機能指導的同時，也能夠了解自己所作決定的重要性，以及它背後所隱含的重大意義時，那麼我確信自由市場制度將值得我們歡呼喝采，它是人類心智活動的一項最偉大成就。」

　　美國總統甘迺迪（John Kennedy）也有過這樣的稱讚：

　　「自由市場不僅是一個比最聰明的中央計畫機構還更有效率的決策者；而且更重要地，自由市場使經濟權力廣泛散布，因此它是維持美國民主制度的支柱。」

　　如果「市場經濟」真是那麼的完美，那豈不是社會上就沒有嚴重的經濟問題了？可惜現代社會中的經濟活動沒有十八世紀那麼單純，所謂「自由放任」毋需政府參與的主客觀環境早已經改變了。

　　這個制度所帶來的缺點是：

　　（一）貧富懸殊的問題。

　　（二）過多的私人消費財、過少的公共財。

　　（三）社會成本（公害、景觀破壞等）的產生。

　　（四）經濟波動。

　　亞當·史密斯曾以「一隻看不見的手」指出每一個人在追求自利的動機下，冥冥中指揮了經濟活動的運作，產生了「利己」也「利人」的後果──價格低、服務好、品質高！但是這隻「看不見

的手」並不是一直如史密斯形容的那樣奇妙。一九三〇年代的經濟
大恐慌與2009年的全球金融海嘯，使政府部門——這隻看得見的
手——不得不干預，一方面帶來了西方世界資本主義本質的改變，
另一方面帶來了以後凱因斯理論五十年的風靡！可是一九七〇年代
以後，幾次世界性經濟衰退又使凱因斯學派遭到嚴厲的批評，從而
又衍生出各種總體經濟學派的不同思潮。

　　經濟學理與經濟學者所遭遇到的也許正如在美國華府國立氣象
所上的那塊標語所寫的：「當我們對了，沒有人會記得；當我們錯
了，沒有人會忘記！」

四、經濟制度

　　經濟制度（economic system）是泛指各種經濟活動的組織與行
為模式。所謂組織（institution）與模式在這裡可以解釋為運作的一
種方式。因此，經濟制度也可以說是滿足消費需要以及資源分配的
各種運作方式。一國的法律、習慣、風俗、價值準則等即反映各種
運作的方式。

　　一國的經濟型態或本質的塑造及形成，通常受五種因素的相互
影響：

　　1. 歷史、文化、宗教的背景。
　　2. 人口、自然資源、氣候、地形等的條件。
　　3. 某些領袖所倡導的思想。
　　4. 追求理想與達到目的的各種主張。
　　5. 追求經濟目標時，人民所嘗試過的方法。

一國的經濟制度常常直接決定或是間接影響下述六種經濟行為：

1. 人民准予擁有多少財富或者何種生產工具？
2. 哪些經濟行為是被准許的？如果獲利，利潤如何處理？
3. 人與人之間可以合起來生產或投資嗎？
4. 以什麼獎勵方式來誘導人民從事經濟活動？
5. 什麼因素影響人民生產時所獲得的利潤？
6. 價格功能是否存在？能否發揮？

不論一國的經濟制度是美國式的市場經濟，或前蘇聯式的管制經濟，終是要試圖解決幾個基本經濟問題：

1. 生產「什麼」？
2. 「如何」去生產？
3. 又如何去「分配」？
4. 如何又再能「維持」持續的經濟成長？

由於解決這些問題方法的不同，產生了各國不同的經濟制度。
一般來說，區分經濟制度的四個主要標準是：

1. 生產工具是私有抑或國有？
2. 生產行為是否以價格或「管制」為核心？
3. 經濟活動是以私人抑或政府部門為主？
4. 個人財富是否允許大量的累積？

　　因此，一九五〇年代到一九八〇年代世界上一邊出現了以市場為中心的私人企業，另一極端則出現了以計畫為中心的國營經濟。

　　共產制度逐漸崩潰之後，我們對於共產制度的經濟判斷結論是，低效率的、優先次序混淆的、沒有經濟自由的、剝奪了人民工作意願的、有特權階級的，而且是不公平的。

█ 五、市場經濟與共產制度的比較

　　市場經濟是指經濟活動以價格為中心。價格的高低一面反映出生產者的成本，一面反映出消費者的需要。這種價格的變動是毋需中央政府來指揮或監督的。市場經濟運作的一個前提是私有財產制──人民可以擁有、累積及志願性地與人分享自己努力獲得的成果。

　　另一個十分重要而且相互關聯的前提是生產工具──如廠房、機器設備、土地──可以私有。因此，在美國，即使最機密的武器（如戰斧飛彈、F35戰機）不是美國政府的軍火工廠製造的（事實上，美國沒有國營的軍火工廠），而是由私人的公司透過合約而生產的。

　　與市場經濟制度截然相反的另一個制度是由政府來全盤控制經濟活動的共產經濟制度，有時被稱為：中央化的（centralized）管制（command）經濟。或者如《世界銀行年報》含蓄地稱為「非市場型的經濟」（non-market economy）。它的兩個主要特性是：

1. **政府擁有生產工具**：除了特許的私人有極零星的土地、極零碎的服務業之外，全國皆是國營事業──涵蓋了衣、食、住、行、育、樂等生產業及服務業。

2. **人民少有經濟自由**：生產、交換、就業、消費等的經濟行為，幾乎全聽命於政府的整體安排，個人喪失了大部分的自主權。

美國的市場經濟制度當然也有它的缺點，如經濟起伏帶來的物價波動與失業；如特殊利益團體（如工會、大企業）帶給政府的壓力；如追求個人利益的過程中忽視社會成本與社會責任。但是這些缺點較共產制度要人道得太多、緩和得太多。

波蘭有句諺語：「資本主義下，人剝削人；共產主義下，特權剝削非特權。」昨天的資本主義已變成今天的「混合型經濟」，但是共產主義已經幾乎消失殆盡。

如果我們把一九九〇年代以前共產主義下的蘇聯與東歐，及市場經濟下的美國、西德與日本再作一個概括的比較。我們可以清楚的看到美、德、日三國人民的生活水準，清一色地高過蘇聯及其他東歐共產國家。

共產世界用一切方式——包括情緒上的激發（愛國家、愛主義）、心理上的鼓勵（頒發勳章、享受權位），及實質上的駕馭（全面控制、全面計畫）——來發展經濟，其結果是人民的生活水準，一直趕不上西方世界，而西方世界所憑靠的兩個主要工具就是財產私有與市場經濟而已。如果我們再介入「政治自由」的因素來比較兩種制度，其優劣更明顯。美、德、日不僅享有高度的生活水準，同時也享有最多的政治自由。市場經濟與政治自由是不可分割的。

邱吉爾曾經寫過兩句俏皮但一針見血的話：「資本主義的原罪是，有福時並不一定為大家共享；社會主義先天的美德是，有苦時大家一定同當。」

在蘇俄境內被允許的少數私人企業之一：賣自己種的花

　　在共產管制經濟下，國營事業在前蘇聯發揮到了極致，其無效率與不公平也暴露無遺：凡是人民想買的常常買不到；凡是不想買的則常常過剩；凡是在公開市場上買不到的，終可在黑市買到；凡是以盧布買不到的，總可以在外幣商店（政府准許的）買到；凡是一般老百姓不能享用的，特權階級終可以享用到。

　　共產主義經濟制度的特色是：

　　──由於價格功能無從發揮，資源更難有效利用。

　　──由於實施僵硬的公平，人民缺少工作的意願。

　　──由於私人企業的禁止，經濟缺少衝勁與競爭。

　　──由於黨中央操縱一切，市場的供需無法正確反映。

　　──由於偏重國防工業，人民生活的改善遭受犧牲。

　　──由於服從基本教條，官僚主義普遍，個人創業精神喪失。

邁向自由化、制度化、國際化

　　目前世界各國遭遇的經濟難題都是冰凍三尺，非一日之寒。例如西方國家的財政赤字即是歷年來在不同政黨執政下，政府入不敷出的結果。一言以蔽之，這種結果大都是在討好選民、空放諾言、私心作祟的心態下所產生的錯誤決策。

　　台灣在1984年俞國華先生出任行政院院長後，即提出邁向自由化、制度化、國際化的三大政策目標。俞院長說得中肯：

　　「自由化：自由經濟必須在一套合理的典章制度下運作，因此今後對於金融制度現代化、財稅制度合理化，以及經濟法規健全化，都應懸的以赴。」

　　「國際化：要努力減少各種生產因素在國際間流動的障礙，力求產業的國際化，同時還應積極參與區域間的經濟合作，在國際間扮演一個活躍的角色。」

　　這「三化」的闡述既清晰又明確，可惜要嚴格執行時，又將是何等的艱辛！

　　要逐步建立自由化、制度化、國際化，首先需要調整的是三十餘年來的心態──人民過分倚賴政府、工商界過分倚賴保護、政府過分信任自己的「大有為」。在目前的心態與作風下：

　　　──走向「自由化」的途中，怎麼乾乾淨淨地拋開「保護」的
　　　　　包裹？
　　　──走向「制度化」的途中，怎麼徹徹底底地消除人情、特
　　　　　權、私心的壓力？

——走向「國際化」的途中，怎麼完完全全消除利益團體與守舊意識的抗拒？

經過多年的努力，這「三化」已經有成效，但距離攀登的頂峯還有段漫長的距離，自由化、制度化、國際化是三座值得全力攀登的頂峯。但攀登每一座頂峯還需要付出無比的代價。正如凱因斯提醒我們的：「人類會做理性的決定，但總要在探索所有別的途徑之後。」

我不會忘記一個勇敢的前蘇聯人民寫給蘇聯政府信中的兩句話：「我們已有足夠的核子武器可以摧毀敵人幾百次，請讓我們自己的人民好好活一次吧！」

在這個矛盾社會中，前蘇聯革命時的理想繼續落空，共產領袖的諾言依然沒有實現。

在這個矛盾社會中，婦女、消費者、守法的人民都沒有得到公平的待遇。

在這個矛盾社會中，人沒有自由，人缺少微笑；微笑與自由一樣變成是稀罕的商品——排隊都買不到。

如果我們可以三句話來形容前蘇聯：

它是一個冷冰冰的、缺少人性尊嚴的社會；它是一個充滿矛盾的、缺少理性的社會；它也是一個物質缺乏的、生活落後的社會。

蘇聯在1991年的解體，使得東歐及其原有的共和國可以勇敢的、獨立的，來決定他們的經濟制度。

全球化浪潮與反思

二次大戰結束後，為了加速恢復全球的經濟，聯合國底下設置了三國重要的經濟組織，包括協助貧窮國家投資建設的「世界開發銀行」（簡稱世界銀行，World Bank）、協助各國中央銀行資金不足時提供融資的「國際貨幣基金會」（International Monetary Fund, IMF），以及協助擴大國際貿易的「一般關稅與貿易總協定」（General Agreement of Tariff and Trade, GATT）。

GATT成立於1944年，其主要目的在協調各國，希望大家都能降稅，擴大各國之間的國際貿易，以帶動全球的經濟發展。GATT時代曾經有過三次所有會員大規模的協商降稅，第一次在1965年的甘乃迪回合，使得所有會員國的關稅約降了三分之一；第二次在1973年的東京回合，除了持續降稅以外，還去除了許多的非關稅障礙；第三次在1985年的烏拉圭回合，除了持續討論降稅以外，主要還討論智財權保護和農產品的開放。

這三次的協商結果都還不錯，1995年GATT更名為「世界貿易組織」（World Trade Organization, WTO），以便更進一步的協助國際間的貿易成長。（台灣在2002年1月1日，以「台澎金馬獨立關稅區」的名稱加入，成為第145個會員國。）因此自二次大戰之後，國際之間的貿易量快速成長，使得全球的經濟也因此而受惠許多，因此大家也看到所謂的全球化情況。在全球化之下，許多國家得以享受全球市場，並充分發揮比較利益，因而使得這些國家的經濟快速發展，包括最早的日本，然後是四小龍、拉丁美洲及其他的開發中國家。

　　然而，全球化的一個副作用就是，因為全球競爭的結果，使得有競爭力的人得以享有更多的利益；相反的，缺乏競爭力的個人就會遇到更多的競爭而蒙受不利。包括，有錢的人利用其資本的優勢，容易賺到更多的錢，最終我們看到的結果就是國際間普遍出現的所得分配惡化。

　　法國經濟學家皮凱提（Tomas Piketty）在其巨著《21世紀資本論》中，研究過去世界各主要國家經濟發展的結果顯示，長久以來，資本的報酬率一直高於經濟成長率。由於生產投入中兩個最重要的部分是資本與勞動，因此當資本報酬率高於經濟成長率，就代表資本收入占所得的比重會逐漸擴大，而勞動占比則不斷縮小。因此，有錢人會愈有錢，而受薪階級則相對被壓迫，這就是造成各國所得分配惡化的最主要原因。

　　因此，最近幾年，我們看到許多國家都出現反所得分配的舉動，包括2011年美國紐約的占領華爾街活動等等。更嚴重的則是2016年6月英國脫歐公投通過同意英國脫離歐盟；以及11月美國大選結果，反全球化的川普當選等等。由於所得分配惡化加上反對政策等因素的影響，未來反全球化的力量可能會愈來愈大，值得所有人深思。

　　中國大陸自1979年實施經濟開放及改革以來，已大步向前邁進。

　　人類經歷了半世紀以上的共產制度，已經證明它是一條死胡同。希望歷史的教訓可以世世代代傳下去，再也不要走回頭路。

經濟名詞

資本主義	混合型經濟	供需失調	自由放任
私有財產	自由市場	利益均等法則	中央計畫機構
看不見的手	價格制度	經濟人	競賽規則
經濟制度	市場經濟	管制經濟	中央化的管制經濟

討論問題

1. 請説明私有財產制的作用。

2. 試述經濟學者所謂「經濟人」的概念。

3. 請討論自由競爭市場的特色及其功能。

4. 試述自由世界中混合型經濟制度。

5. 試述利益均等法則如何運作以達成最適資源配置？

6. 試述經濟制度的定義，一國經濟制度常影響哪些經濟行為？

7. 試説明管制經濟下物價穩定為何貨品會產生短缺現象？

8. 請討論資本主義及共產主義經濟是否能達成全民共享的理想。

第八章

生產與成本

一、廠商的角色

在每一個商品或勞務的市場中，都必須有買賣雙方存在，交易才得以進行。比方說，在手機市場上，社會大眾是買方，蘋果與HTC等手機製造商則是賣方；而在勞動市場上，廠商為勞動的購買者，家計單位與個人則成為勞動的供給者。在前面幾章當中，我們已經詳細說明了家計單位如何選擇其對商品和勞務的購買與消費，以追求自身利益的最大。現在我們要探討市場的另一面，即「廠商行為」。

廠商是由一群人所組成，他們利用自己的勞動，加上購買的廠房、機器和原料，來生產市場所需的產品和勞務，以賺取利潤。從法律的角度來看，廠商屬於法人，而家計單位與個人是自然人；但是從經濟學的角度來看，廠商與家計單位或個人都是經濟個體，他們的行為幾乎完全一致；前者是追求利潤最大，後者則在追求自身的利益或效用最高。

在分析家計單位行為時，我們強調選擇與消費帶來的最大效用；而在分析廠商行為時，我們則必須考慮廠商選擇生產什麼、生產多少，以及如何生產等。基本上，這些仍然是選擇的行為，但我們強調的是生產部分，因此我們要考慮生產多少，這顯然與產品的價格有關，但同時也與生產技術和生產成本有關。至於如何生產，則決定於生產技術與生產要素的價格高低，更直接的說，廠商一定會選擇成本最小的方式來生產。

我們將在本章中探討廠商如何決定其生產成本，亦即在一定產量下，如何使其生產成本最小。在後面幾章我們則進一步探討廠商要追求最大利潤時，應如何決定最適的產量。

（一）企業的形成

　　企業形態依所有權種類區分可分為三種，即「獨資」（single proprietorship）、「合夥」（partnership），以及「股份公司」（corporation）。獨資企業係由一個人單獨出資，通常規模較小，比方說路邊的麵攤及餐館等。合夥企業則是由數人共同出資組成，通常以專業性企業較多，例如律師事務所、會計師事務所等。股份公司是最常見的企業組織形態，由於參股人數較多，因此可以組成較大規模的公司。如果股份公司的股票公開在市場發行，就稱「股票上市公司」，我國的大型企業大都屬於股票上市公司。

　　不論企業的種類為何，基本上，企業可說是由一些契約所組成的個體，其目的在於把四種最主要的生產要素加以組合，包含勞動（labor）、資本（capital）、土地（land）、企業家精神（entrepreneurship），然後生產產品，銷售於市場上，最終目的在追求企業所有人的利潤最大。

　　在亞當‧史密斯的分工理論之下，本來每一個個人都可以自行組成一個企業，生產其最拿手的產品，然後到市場上銷售，交換其他商品。如此一來，其實並不需要有許多人組成的企業。然而很多時候，市場上的交易要花掉許多「交易成本」（transaction cost）。因此，雖然每個人都當自己的老闆，但同時也要花掉許多時間去從事交易。如果在個人生產過程中，要花許多時間去購買原料，則不如直接由自己企業內部來生產更有效率。

　　比方說，一家小麵攤可以由老闆一個人負責煮麵，然後再請清潔公司來專門負責洗碗。但一方面，麵攤規模很小；另一方面每天請清潔公司來洗碗也不方便，因此老闆可以自己同時負責煮麵和

洗碗。如果麵攤生意很好，老闆可以再雇用一個人，幫忙洗碗、切菜，自己負責煮麵與收錢就可以。如果生意再做大一點，可以再多請一個人當大廚，老闆只要負責收錢即可。

　　因此，企業的形成基本上只是要市場上的交易行為（請清潔公司來洗碗），轉換成企業內部的行為（老闆自己雇人來洗碗）。只要生產因素在組織內的效率會高於在市場上外購，即應由公司內部自行生產，否則則可考慮向外採購。比方說，大同公司生產的彩色電視機需要使用很多液晶螢幕，如果剛開始時，大同公司的生產規模不夠大，自行生產電視螢幕並不符合經濟效率，則大同公司會向外採購電視液晶螢幕。但當生產規模漸漸擴大，需要的電視液晶螢幕愈來愈多，大同公司就可以考慮自行設廠專門生產彩色液晶螢幕。此時，大同公司就把原先的市場交易（購買彩色電視液晶螢幕）轉換成企業內部的生產；同時，企業的規模也就逐漸擴大。

　　一般而言，大規模生產可以降低成本，所以成功的企業通常會逐漸擴大其規模。但是，企業存在的重要理由之一在降低交易成本，當企業規模擴大時，企業內部的交易成本會逐漸增加，因此，企業的規模不可能無限制的擴大。另一方面，企業生產過程所使用的生產因素中，有些也不可能無限制的增加（例如董事長的能力與時間），所以也會限制企業的規模。

（二）廠商的決策行為

　　企業在形成其組織後，就會面臨一連串生產上的問題，包含生產什麼、生產多少數量、以何種方式生產等。在生產產品的選擇上，通常問題較小，因此企業所有人在組成企業之前，大概就會先有腹案，知道自己的企業要生產什麼樣的產品。不過，此一問題仍

會在企業經營過程中不斷出現，例如某一種零件是否該自行生產或該外購，又譬如是否該「多角化」（diversification）經營，跨足到另外一種產品。

生產多少數量的選擇則必須同時考慮產品價格與生產成本。一般而言，生產價格愈高，廠商會有愈高的誘因增加生產，但生產成本卻也是很重要的考慮因素，雖然很多時候生產過程會有大規模的效率，但到了最後生產成本都會出現遞增的情況。因此，如果增加產出的成本小於產出的收益，則應該增加產出；反之，如果產出的收益小於增加產出所需的成本，則自然不應該增加產出。

至於生產方式的選擇方面，大致上受限於生產技術與生產期間。如果沒有任何限制，廠商可以自由的在各種生產要素之間做選擇，比方說多用勞動少用機器，或是多用機器少用勞動，決定於勞動與資本的價格與它們的生產力。另一方面，由於數量的增減比較容易，所以企業在短期內要調整其產量時，可以利用變動員工人數的方式來達成。而擴廠與機器設備等資本支出所需的時間較長，因此較適用於長期產量的調整。

不論廠商面臨的選擇有哪些，基本上我們假設廠商決策的最終目的在追求利潤最大。或許有些人會認為有些企業追求的是銷售最多、市場占有率最高、或經理人員福利最大等。其實經濟學並不排除這些可能，但如果再仔細分析，雖然企業可能追求銷售最大或市場占有率最高，其實最終可能都是在追求企業的長期利潤最大。即使企業可能仍然有其他目的，但在簡單的假設企業最終目的在追求利潤下，我們就可以充分的說明並預測絕大多數企業的行為，如此就足以支持我們假設企業追求利潤最大的觀點。

（三）生產要素與產品

　　廠商為了要生產產品或提供服務，在生產過程中，通常都要先
投入一些人力或物力才能生產，這些為了生產而投入的人力或物
力，我們稱之為「生產要素」（production factor）。一般而言，這
些物品包含勞動、機器、廠房、原物料，以及其他中間產品等。由
於這些物品種類繁多，不易一一列舉，故我們將之區分成四大類，
即勞動、資本、土地、企業家精神。

1. 勞動

　　勞動可說是生產要素中最重要的一項，因為每一項工作都需要
有人力負責。勞動的報酬是「工資」（wage），通常工資支出在廠
商生產成本中都占很高的比例。勞動包括的範圍很廣，從掃街的非
技術工人到操縱大型電腦的技術工人都屬於勞動的範圍。

2. 資本

　　資本則包括機器設備與廠房。資本的主要特色之一是其金額較
大，使用的時間較長。換句話說，新的機器設備與廠房通常都要花
上一段很長的時間才能完成裝置或興建。一旦設備固定之後，就不
易再任意增加或減少。

　　雖然廠房與機器設備可以長期使用，但仍然會逐漸折耗，我們
稱之為「折舊」（depreciation）。換句話說，當機器使用一段時間
以後，折舊完畢就不能再使用。

　　由於資本可以長期使用，所以當購買機器或興建廠房時，我
們不應以當時的所有支出做為利用機器與廠房的成本。事實上，

使用資本的成本有二項，一項是使用資金的成本，也就是「利息」（interest），另一項則是每年必須分攤的「折舊費用」。此種計算方式才能正確的將購買機器的成本分攤到每一個使用年度上面，而不會使所有成本都集中在購買機器的當年度。

3. 土地

土地也是生產過程中必要的生產要素之一，為能使更多的生產物品包含在生產要素之中，此處我們對土地採用較寬的定義。亦即土地除了包含一般人認為的土地之外，我們把一些從土地中直接生產的物品也都包含在土地之內，例如礦產品。土地與其他生產要素最不一樣的地方是：土地的供給非常有限，雖然每一家廠商可以增加或減少其土地投資，但對整個城市或整個國家而言，土地的數量則幾乎是完全固定的。土地的另外一項特色是使用土地沒有折舊問題，因為土地是可以永久使用的。同時，使用土地的代價是「地租」（rent）。

4. 企業家精神

生產要素的最後一項是企業家精神（entrepreneurship）。企業家精神的範圍並不十分容易界定，企業家精神的報酬就是企業的利潤，也可以看成是廠商收益減去所有支出與成本以後，所剩下來的部分。依經濟學大師熊彼德（Joseph Alois Schumpeter）的觀點，企業利潤的報酬主要來自兩方面，一個是企業家要把這許多生產要素組合起來，生產產品或提供服務，這屬於一種「創新」（innovation）行為，利潤則是創新行為的報酬。另一方面是，企業除了生產產品以外，還必須承擔許多風險，包含面對變化多端的市

我國各級產業產值的分配

基本上，我國政府在統計全國的產出時，把全國的產業也分成三大類，一級產業為農業（agriculture），二級產業為工業（production industry），三級產業為服務業（service industry）。其中農業包含農業、漁業和林業；工業包含製造業、建築業、水電瓦斯業；服務業則包含商業、運輸倉儲業、政府部門及金融保險業。各級產業產值占總產值的比例如下表所示：

我國各級產業產值百分比

（單位：%）

年度	農業	工業	製造	電力及燃氣供應	營造	服務業	批發及零售	運輸及倉儲	金融及保險	公共行政及社會安全
1952	32.2	19.7	12.9	0.9	3.9	48.1	17.9	4.2	9.6	9.6
1955	29.1	23.2	15.6	1.0	4.8	47.7	16.6	4.3	9.5	11.0
1960	28.5	26.9	19.1	1.7	3.9	44.6	15.3	4.7	9.0	10.7
1965	23.6	30.2	22.3	2.1	4.0	46.2	15.8	5.4	9.2	10.2
1970	15.5	36.8	29.2	2.4	3.9	47.7	14.5	6.0	9.8	11.5
1975	12.7	39.9	30.9	2.6	5.3	47.4	13.2	6.0	10.5	10.5
1980	7.7	45.7	36.0	2.5	6.3	46.6	13.2	6.0	12.7	9.7
1985	5.7	44.8	35.3	4.5	3.9	49.5	12.2	4.6	3.8	8.6
1990	4.0	39.3	31.2	2.8	4.4	56.7	12.7	4.4	7.4	8.8
1995	3.3	33.7	25.6	2.4	4.8	63.0	14.3	4.3	7.4	8.4
2000	2.0	31.3	25.6	1.9	3.1	66.7	16.8	4.0	8.1	7.9
2005	1.6	32.3	27.8	1.4	2.4	66.1	17.1	3.4	7.5	7.8
2010	1.6	33.8	29.1	1.3	2.6	64.6	16.8	3.0	6.2	7.4
2015	1.7	35.1	30.1	1.9	2.5	63.2	16.4	3.1	6.6	6.4

資料來源：行政院主計總處，《國民所得統計年報》。

場價格，以及其他生產上的風險，因此利潤也可看成是企業承擔風險的報酬。

　　廠商在雇用這些生產要素以後，開始生產產品或提供服務。廠商生產產品的範圍很廣，可以從農產品、家庭用品，到工業用品等。廠商提供勞務的範圍也很廣，從理髮、計程車，到百貨公司、律師、顧問公司等都是服務業的範圍。就經濟學的角度來看，不論是產品或是勞務，我們都一視同仁的視為「商品」，因為它們都有供需雙方，都有價格，而且價格也都由市場決定。

（四）成本的意義

　　成本是廠商使用生產要素所必須支付的代價，包含工資、利息及地租等。廠商生產時必須使用生產資源，就像消費者消費商品時一樣，因此我們在計算廠商的生產成本時，也必須以實際發生的成本為計算對象。換句話說，我們仍然必須使用機會成本的概念，因為如此才能正確反映出使用了多少資源。

　　假設趙老闆在興隆路買了一棟房子，再加上一些簡單的設備，共花1,000萬元開了一家牛肉麵館。同時，趙老闆還需要雇一名夥計負責洗碗及其他雜務，預計每個月支薪20,000元。趙老闆自認為燒牛肉麵的手藝是一流的，估計每個月可以做到15萬元的生意。請問趙老闆的利潤會是多少？

　　首先，如何計算投資成本是非常重要的，為簡化分析起見，我們暫時不考慮房屋及設備折舊與增值的問題。同時，我們假設市場利率為10%，或者我們可以假設該棟房子的每年租金為100萬。當我們計算趙老闆使用該棟房子時，不能以1,000萬元做為成本，否則賣掉再多碗牛肉麵可能也賺不回來。但是趙老闆也不可能說，

反正房子是自己的，不必計算成本；因為房子是資源的一種，只要
生產上使用了房子，成本一定會發生。其實，只要我們使用機會成
本的觀念，此一問題就很容易解決。因為趙老闆花 1,000 萬元買這
棟房子，因此它使用了 1,000 萬元的資源，而使用這些資源的市場
價格是 10% 的利率，所以趙老闆使用房子與設備的真正成本是每
年 100 萬元。其實這棟房子不論是趙老闆新買的，或原來就是自己
的，或是租來的，使用這棟房子的機會成本應該都相同。

　　在此種情況下，趙老闆將其預估每年收益（15×12 = 180 萬）
減去成本（100 萬），再減去每年工資成本（2×12 = 24 萬），因此
其每年利潤應該是 56 萬元。這是正確答案嗎？是否所有使用的資
產資源成本都已計算了呢？答案是否定的，因為趙老闆並沒有把自
己下廚煮麵的成本計算進去。我們假設趙老闆手藝很好，如果去餐
館幫別人燒菜，每個月可以有 4 萬元的收入。因此趙老闆自己開店
時，使用他自己勞動的機會成本，每年應有 48 萬元。

　　所以在本例中，趙老闆的真正利潤只有 180 − 100 − 24 − 48 = 8
萬元。在本例中有二項成本必須特別說明，一是趙老闆本身的勞動
成本必須計算，因為這是一項生產資源。另一項是房屋與設備的成
本，不能因為一次支付 1,000 萬元，就以 1,000 萬元來計算成本，因
為這項設備以後還可以使用，並不會在一年之內就使用完畢。事實
上，我們應該用機會成本的觀念來計算這 100 萬元資金成本（即利
息）才是正確的計算方式。

　　此外，為便於討論生產成本的特性，我們再把成本分成「變動
成本」（variable cost）與「固定成本」（fixed cost）。變動成本係指
在短期內，會隨著產量多寡而變動的成本。在上述例子中，趙老闆
支付其夥計的工資就是一項變動成本。因為如果趙老闆覺得人手不

足，隨時可以再多請一個人來幫忙，其工資支出會立即增加。固定
成本指的是在短期內不易變動的房屋與設備支出（在本例中每個月
的成本是100萬元）。如果趙老闆生意很好，每天都高朋滿座，位
子不夠，趙老闆想把樓上或隔壁也買下來，但卻苦無機會，只好慢
慢再等。因此，趙老闆無法在短期內變動的該項支出，我們稱之為
固定成本。但在長期下，趙老闆可以遊說樓上或隔壁鄰居將房子賣
給他，如此趙老闆可以擴大營業，此時房屋與設備支出也就會增
加。

（五）利潤與資源配置

　　利潤是廠商創新與承擔風險的代價，事實上，也是收益減去各
項成本以後的剩餘。以趙老闆的例子來看，趙老闆的手藝很好，他
燒牛肉麵有獨到之處，這屬於他的創新部分。同時，他還要投資買
房子與設備，再去雇用一名夥計。萬一沒有客人，就會面臨賠本的
風險。所以，利潤是其承擔風險的代價。上例中，扣除所有費用以
後，趙老闆的每年淨利潤只有8萬元。

　　或許趙老闆對此利潤不甚滿意，他覺得他還有其他更好的機
會。比方說，他可以考慮去開計程車，預計扣除油錢和計程車租
金以後，每天淨收入1,000元，每月可以有3萬元的收入，每年可
賺36萬元。但我們知道趙老闆如果去當廚師，每個月有4萬元的收
入，每年有48萬元，這是他的機會成本。由於開計程車的收入小
於機會成本，趙老闆自然不會選擇去開計程車。

　　事實上，在自己當老闆、當廚師、與開計程車之間，以前者的
收入最高（180萬），因此趙老闆會選擇自行開業。從經濟學的角
度來看，趙老闆選擇了一個最具有生產力的行業，因為他可以得到

最高的利潤，因此這時資源是最有效利用的。

　　上述的例子告訴我們，一種生產資源通常都可以有多種用途，不論是個人或廠商，都會設法將這個資源在多種用途中選擇最有效率的一種。而決定最有效率的方法很簡單，就是找到能使廠商利潤最大的那一種使用方式。只要每個廠商都追求最大利潤，就可以保證資源達到最有效率的運用。如果每一種資源都能達到最有效率的使用，則全社會資源也就可以達到最有效率的配置。此一現象正符合經濟學之父亞當·史密斯的一句名言：「當每一個個人或廠商都在自私的追求自己利潤最大的同時，也使全社會的資源達到最有效率的配置——雖然這並非任何一個個人或廠商始料所及的。」

二、短期下的生產與成本

（一）生產函數

　　我們常常聽到「賠本生意沒人做」這句話，如果有人向某廠商訂購某產品，開價過低，該廠商經核算各種成本之後，發現價格不敷成本，勢必會放棄這筆生意。因此我們知道：在進行一筆交易之時，賣方必須計算他的成本，才能決定成交與否。因此對於「成本曲線」（cost curve），我們必須有所了解。然則「成本曲線」係由生產函數導引而來，因此，我們又得先從「生產函數」（production function）開始。

　　早期的經濟學家在觀察生產要素投入與商品產出之間的關係時，曾注意到這樣的現象，我們以表8.1為例加以說明。

　　假設某地主有10公畝水田，雇用工人替他耕作。根據該地主

的經驗，雇用1人時，這名工人能生產1公噸的稻米；雇用第2個人時，這第2名工人能為他生產2公噸稻米；雇用到第5個工人時，該工人能為他生產5公噸的稻米。這種每增加1個工人所能增加的產量，在經濟學上稱為「邊際產量」（marginal product, MP）（見表8.1第2欄）。雇用第6個工人時，所能增加的產量比雇用第5人時還少1公噸，表示邊際產量已開始遞減。這種現象之所以會發生，表示與雇用人數配合的資本數量（在此例中指土地面積）已呈不足現象。當雇用到第10個工人時，該工人已經對生產完全沒有貢獻，因為他的邊際產量變成了「零」。再雇用第11個工人時，該工人的邊際產量已經成為負值，顯示出這名工人是愈幫愈忙，反而使整個生產效率降低。

「總產量」（total product, TP）則是指將所有的邊際產量累加起來所得到的值。例如雇用1個工人的邊際產量為1，其總產量自然也是1，增雇第2個工人，其邊際產量為2，因此，雇用2個人的總產量為3；如再增雇第3個工人，則需將該工人的邊際產量3也加進去，表示雇用3個工人，一共可以生產6公噸的稻米，以下類推（表8.1第3欄）。

「平均產量」（average product, AP）是將總產量除以工人數所得到的值。如果雇用3個工人的總產量為6公噸，表示平均每名工人可以生產2公噸的稻米（表8.1第4欄）。

假定該地主所有的土地是20公畝，而非10公畝，那麼雇用工人替他耕作又會有什麼結果呢？由表8.1我們可知道邊際產量先升後降的現象仍然存在，但是下降的時間較為延後。如表8.1所示，當有20公畝土地時，需雇用到第7個人，邊際產量才會降低；而若只有10公畝土地時，雇用至第6人時，邊際產量即已下降。此外，

表8.1：投入與產出

投入因素	產出			產出		
	有10公畝地，與雇用人數配合			有20公畝地，與雇用人數配合		
(1)	(2)	(3)	(4) = (3)/(1)	(5)	(6)	(7)
雇用人數	每增雇1人所能增加的產量（即邊際產量）(MP)	總產量(TP)	平均產量(AP)`	邊際產量(MP)	總產量(TP)	平均產量(AP)
1	1	1	1.00	1	1	1.00
2	2	3	1.50	3	4	2.00
3	3	6	2.00	5	9	3.00
4	4	10	2.50	7	16	4.00
5	5	15	3.00	9	25	5.00
6	4	19	3.17	11	36	6.00
7	3	22	3.14	9	45	6.43
8	2	24	3.00	7	52	6.50
9	1	25	2.78	5	57	6.33
10	0	25	2.50	3	60	6.00
11	−1	24	2.18	1	61	5.55
12	−2	22	1.83	0	61	5.08
13	−3	19	1.46	−1	60	4.62
14	−4	15	1.07	−3	57	4.07
15				−5	52	3.47
16				−7	45	2.80

雇用人數與較多的資本數量配合時，邊際產量亦跟著提高，如10
公畝土地雇用第2個人，其邊際產量為2，而當有20公畝土地時，
其邊際產量為3。

　　我們可以下式代表生產函數：

圖8.1：土地數量固定時，總產量的變動

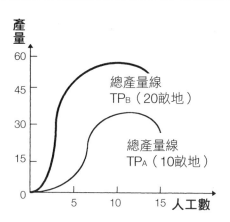

(8.1) $$Q = f(L, K)$$

　　其中Q為商品產出，L與K為生產要素投入，L為勞動投入
（labor input），K為資本投入（capital input）。在上例中，Q為稻米
產量，L為雇用工人數，K為土地面積（資本投入的一種），因在
本例中資本數量假定在短期內不變，故以K代表定額的資本量。

　　經濟學上有所謂長期與短期的概念，當勞動投入變動，而其
他生產因素（如資本量）不變時，這是短期（short run）的概念，
而當其他因素（如資本量）也跟著變動時，就成為長期（long run）
的概念。土地面積不易增加，而增雇工人卻很容易，在圖8.1的
TPₐ線為有10公畝土地與雇用人數配合的稻米產量，TP_B線為20公
畝的情形，此二線各自表示兩個不同的長期生產函數，但如果是從
TPₐ線移動為TP_B線的過程，那麼這就成為長期生產函數了。

　　圖8.2則顯示表8.1中，邊際產量曲線（MP）與平均產量曲線
（AP）的變化狀況。我們可以看到兩條曲線都有先升後降的性質。

圖8.2：10畝地情況下，邊際產量與平均產量的變動

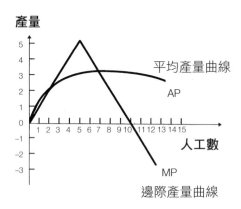

（二）生產三階段與報酬遞減律

1. 生產三階段

我們現在可以再進一步以圖8.3把總產量曲線（TP）、邊際產量曲線（MP）與平均產量曲線（AP）的相互關係清晰地表示出來。

圖8.3的（A）部描繪出總產量曲線的變動，（B）部描繪出相關的邊際產量曲線與平均產量曲線的變動。三者之間的關係更可由表8.2中一目瞭然。

從上面的討論中，我們可以清楚地發現，只有第二階段是一個生產者應當合理生產的範圍，因為如果生產停留在第一階段，則生產者將無法獲得最大的報酬；如在第三階段生產，則邊際產量已成負數，顯然不合算。因此，在資源運用上，第三階段係「過度生產」，而第一階段則「生產不足」。當生產者在合理的第二階段中

圖8.3：生產三階段

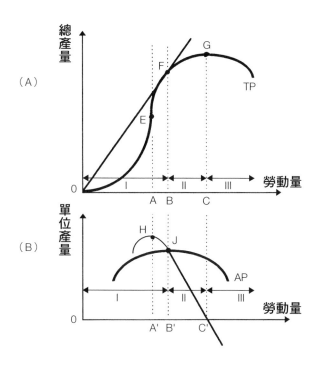

表8.2：三種產量的關係

	總產量（TP）	邊際產量（MP）	平均產量（AP）
第一階段			
O至E點	增加量遞增	達到最高點H	增加
E至F點	增加量開始遞減	開始下降	繼續增加
第二階段			達到最高點J
F至G點	繼續遞減性的增加	繼續下降	開始下降
在G點	達到最高點G	達到零點C'	繼續下降
第三階段			
G點之右	開始下降	變成負邊際產量	繼續下降

生產時，則所雇用的勞動量也就既不會少於OB，也不會超過OC，
而會在BC的數量內。

2. 報酬遞減法則

這三種數量的變動上，我們可以說明經濟學上一個著名的法
則：「報酬遞減法則」（law of diminishing return）。當其他生產因
素不變，一個生產因素的增加，首先會使總產量增加（如在第一階
段之OE點之間），然後增加量會遞減（E點至G點），以後會愈來
愈少，見圖8.3。正因為受這條定律的支配，也就是因為其他相關
的生產因素沒有隨著一個因素同時增加，我們無法在一塊土地上種
米時，靠不斷施肥來不斷增產；我們也無法在一條電視生產線上，
不斷地增加工人來持續增加電視機的數量；我們也無法在練琴室中
只有一架鋼琴的情況下，不斷增加老師來教更多的學生。

此處我們必須強調的是，我們並不排除生產上有報酬遞增的可
能。但對一個追求最大利潤的廠商而言，當其面對報酬遞增的階段
時，它一定會不斷擴大生產，直到報酬遞增消失，再回到報酬遞減
的情形為止。換句話說，報酬遞減階段才是一個理性廠商所選擇的
階段，因此我們的分析都只針對報酬遞減的狀況即可。

現在我們可以更進一步的說明總產量（TP）、平均產量
（AP）、邊際產量（MP）之間的關係。首先，在表8.1的例子中，
我們看到三種產量都出現先遞增再遞減的現象，但是以邊際產量
的變化最快。這主要反應出邊際報酬遞減的現象。第二，當MP高
於AP時，AP必然在遞增階段，即圖8.3中的OB'階段。因為當MP
大於AP時，每多增加一單位因素投入的邊際產出會大於平均產
出，因而會使其平均產出增加。我們可以舉一個很簡單的例子來

說明：如果一間教室內有50個人，平均身高為170公分，當第51個人走進教室，這個人的身高有175公分，則這時該教室內的平均身高就會增加（超過170公分）。第三，同理，當MP小於AP時，AP必然在遞減階段，即圖8.3中的B'C'階段。在上面的例子中，如果第51個人走進教室，身高只有165公分，則此時全教室的平均身高必然會降低。第四，由於MP > AP時，AP正在上升；而MP < AP時，AP正在下降；因此當MP = AP時，AP必然不會上升，也不會下降，也就是說，這時的AP必然在最高點。再用一句更簡單的說法，MP 與AP必然會在AP的最高點相交。第五，當MP大於零時，TP必然會上升，因為邊際產量為正，必然可以使總產量增加。但由於邊際產量遞減，使得TP上升速度會減緩，當MP = 0時，TP會達到最高點，即C點；而當MP < 0時，TP會開始下降。

若以Q代表總產量（TP），由（8.1）式的生產函數可知，$Q = f(L, K)$。因此，勞動的平均產量（AP）為：

（8.2）
$$AP = \frac{Q}{L}$$

而邊際產量（MP）為：

（8.3）
$$MP = \frac{\triangle Q}{\triangle L}$$

其中$\triangle Q$與$\triangle L$分別代表產量與勞動量的變動量。

（三）短期成本函數

我們已從觀察得到的經驗，歸納出上述的生產三階段，然而它

又如何與成本函數發生關聯，並進而影響到市場價格與產量的決定
呢？

短期的討論

下面我們將對成本函數的成因做深入的探討。探討可分短期及
長期看，所謂「短期」是指時間不長，廠商無法隨著產量的變化而
同時調整所有其他相關的生產要素。因此，在短期下生產因素有些
隨產量而變動的，視為變動要素（例如勞動）；有些生產要素不隨
產量變動的，就視為固定要素（例如資本）。

假定某人認為蘋果的價錢看好，於是購入10公畝土地，從事
蘋果的栽種，此例中10公畝的土地就是固定要素，這一購買費用
就成為固定成本。而隨產量變化雇請的工人就是變動因素，其費用
即為其變動成本，讓我們先分析變動成本曲線。

在前述圖8.1的TPA線，在本例中代表有10公畝土地與雇用
工人數配合所能生產的蘋果數量。其橫軸為雇用的工人數，而縱
軸代表蘋果的產量。假設每一工人的工資為2萬元，那麼將這2萬
元乘上工人數，就表示需要多少的工資（即變動成本）。再將工人
數換算成變動成本，我們就可以得到「變動的成本曲線」（variable
cost curve）。若再把購地所需的費用畫入圖中（即固定成本），就
成為圖8.4所示。圖中所示為「固定成本線」（total fixed cost curve,
TFC）、「變動成本線」（total variable cost curve, TVC），以及「總
成本線」（total cost curve, TC）。

其中三種成本之間的關係可以表示如下：

（8.4） $$TC = TVC + TFC$$

圖8.4：總成本線

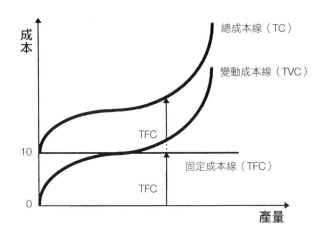

除了總成本以外，廠商也很在意每一單位產出的成本。其中
「邊際成本」（marginal cost, MC）表示每增加一單位產出，使總成本
增加的部分；而「平均成本」（average cost, AC）則表示生產某一定
數量下，平均每一單位產量所需的成本。若以Q代表產量，則：

$$（8.5）MC = \frac{\triangle TC}{\triangle Q} = \frac{\triangle (TFC + TVC)}{\triangle Q} = \frac{\triangle TVC}{\triangle Q}$$

$$（8.6）AC = \frac{TC}{Q} = \frac{TFC + TVC}{Q} = \frac{TFC}{Q} + \frac{TVC}{Q} = AFC + AVC$$

其中AVC表示「平均變動成本」（average variable cost），AFC表示
「平均固定成本」（average fixed cost）。前者表示生產一定數量產出
下，平均每一單位所必須支付的變動成本，後者表示平均每一單位
所必須支付的固定成本。

　　我們再以表8.1中的生產函數資料轉換為表8.3的成本函數資料。假定某地主每年以10萬元的代價，租用10公畝土地做為資本投入，那麼這10萬元就是固定成本，而以每人2萬元的工資雇用工人，則成本函數就如表8.3所示。表8.3中第1欄的總產量就是表8.1中的第3欄，而表8.3中的第3欄的變動成本，就是表8.1第1欄雇用人數乘以工資所得到的值；表8.3中第4欄的總成本則為固定成本與變動成本之和；第6欄的邊際成本則是每增加一單位產量所需花費的成本，例如總產量由3增為6時，總成本由14增為16，因此這時候邊際成本為2/3等於0.67，將表8.3第1欄的資料畫在圖上，得到圖8.4的總成本線；將第5、6兩欄的資料畫在圖上，則得到圖8.5的平均成本線與邊際成本線。此處需注意的是，當邊際產

表8.3：總產量與成本

(1)	(2)	(3)	(4) = (2) + (3)	(5) = (4)/(1)	(6) = △(4)/△(1)	(7) = (3)/(1)	(8) = (2)/(1)
總產量	固定成本	變動成本	總成本	平均總成本（或平均成本）	邊際成本	平均變動成本	平均固定成本
(TP)	(TFC)	(TVC)	(TC)	(AC)	(MC)	(AVC)	(AFC)
1	10	2	12	12.00		2	10.00
3	10	4	14	4.67	1.00	1.33	3.30
6	10	6	16	2.67	0.67	1.00	1.67
10	10	8	18	1.80	0.50	0.80	1.00
15	10	10	20	1.33	0.40	0.67	0.67
19	10	12	22	1.16	0.50	0.63	0.53
22	10	14	24	1.09	0.67	0.64	0.45
24	10	16	26	1.08	1.00	0.67	0.42
25	10	18	28	1.12	2.00	0.72	0.40
26	10	20	30	1.20	∞	0.80	0.40

圖8.5：平均成本線與邊際成本線

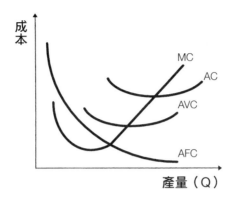

量成為負值時（即總產量下降時），雇主不可能增雇工人，這部分成為負值的邊際成本沒有意義，因此不予討論。

先看總成本（TC）、變動成本（TVC），以及固定成本（TFC）之間的關係。固定成本是指某一項成本，其大小與產量無關，因此它是一條水平線，如圖8.4所示。在本例中，某人以每年10萬元地租租用10公畝土地，不論這塊土地能生產多少數量的產品，這10萬元支出都是固定不變的，所以是固定成本。另外一項是變動成本，變動成本是指某一種成本會隨著產量的變動而變動。在本例中，支付工人的薪資就是變動成本，因為若要增加產量，就必須多聘用工人。當工人數目增加，薪資支出也增加，因此這一部分的支出是與產量有關係的，故為變動成本。將固定成本與變動成本相加後，就可以得到總成本。在圖8.4中，由於固定成本是水平線，因此TC與TVC也是呈平行的，兩者之間的距離就等於固定成本。

接著我們再看平均成本（AC）與邊際成本（MC）之間的關

係。首先，邊際成本表示每增加一個單位產出，所必須增加的支出。決定邊際成本大小的因素有二個，一個是員工的薪水，一個是員工的生產力。在員工薪資固定下，當員工生產力愈高，廠商的生產成本就會愈低。因此，邊際成本（MC）與邊際生產力（MP）兩者之間呈現倒U的形態，故邊際成本就會呈現正U字型，如圖8.5所示。邊際成本先降再增的理由很清楚，因為當產量較小時，勞動會出現報酬遞增的情況，因此這時邊際成本會遞減。但等到勞動數目不斷增加，而土地數目保持不變時，勞動生產力終究會出現邊際報酬遞減的狀況，所以這時廠商就會面臨邊際成本遞增的階段。事實上，理性的廠商都會選擇在邊際生產力遞減的階段中做選擇，換句話說，理性的廠商面臨的必然是邊際報酬遞減的狀況。

在邊際報酬先增後減的情形下，平均變動成本（AVC）也會出現先減再增的情形，即U字型，見圖8.5。事實上，AVC出現U字型正與勞動平均生產力（AP）呈倒U字型息息相關，因為AVC與MP的關係正好與MC和MP的關係完全相同。我們可以這麼說，由於勞動的平均生產力先增後減，在薪資固定下，廠商面臨的平均變動成本就會先減後增。

平均固定成本（AFC）是將固定成本平均分攤到每一個產品上面去，因為固定成本總是固定的，因此當產量逐漸增加時，每一單位產品分攤到的固定成本就會愈來愈小。所以，AFC會隨著產量增加而不斷減少，見圖8.5。AFC是圖8.5中唯一不是U字型的成本線。

最後，平均成本（AC）等於平均變動成本（AVC）與平均固定成本（AFC）的加總。由於AFC隨著產量增加會愈來愈少，因此AC受到AVC的影響則會愈來愈大，故AC會與AVC愈來愈接

近。事實上，AC與AVC之間的直線距離，就等於AFC的高度。由
於AVC呈現U字型，因此AC也會呈現U字型，這表示廠商的平均
生產成本也會出現先遞減再遞增的狀況，見圖8.5。

最後，我們再指出MC、AVC、AC之間的幾項重要關係，見
圖8.6：第一，當MC小於AVC時，AVC必然在下降。這仍然是
平均量與邊際量的關係，在我們說明MP與AP時所用的身高例子
中，在此也可以適用。第二，當MC大於AVC時，AVC必然會上
升，理由同上。第三，因此，MC必然與AVC在後者的最低點之處

圖8.6：總成本、平均成本，與邊際成本的關係

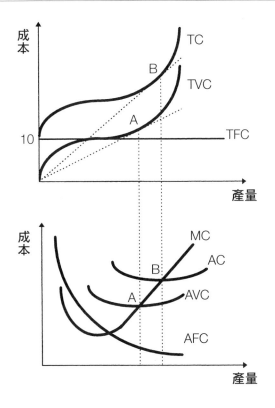

相交（A點），在該點上由於邊際成本等於平均變動成本，因此多增加一單位產出，並不會改變平均變動成本的大小。事實上，由於MC是MP的倒U關係，而AVC又是AP的倒U關係，因此在圖8.3中，我們說明MP與AP會在AP的最高點相交，所以在圖8.6中，MC也會與AVC在AVC的最低點相交，即A點。第四，MC與AC的關係也一樣，即MC小於AC時，AC會下降；MC大於AC時，AC會上升；而MC與AC在AC的最低點相交，即B點。

　　成本曲線可說是廠商做決策的最重要考量因素之一，因此成本曲線的特性也就格外重要。在前節中，我們曾提及生產函數，表現出生產要素與產出之間的關係。其實，這是一個非常抽象的概念，如果我們去問一家公司的經理，他可能很難告訴你說他們公司的生產函數是什麼樣子。但是，如果你問他多聘一個工人要多花多少錢，或者，多生產一個產品要多花多少錢，這個經理也許可以很快的就可以給我們一個明確的答案。因此生產成本可說是廠商最能掌握的訊息，我們在分析廠商行為時，自然也必須對生產成本的特性要能完全了解。

三、長期下的生產與成本

（一）等產量曲線

　　在前節的分析過程中，我們一直假設土地的支出是固定的，也就是有固定成本的存在。但我們知道，只要時間夠長，廠商當然也可以改變固定支出，比方說購買更多的土地或是購買更多的機器設備。因此我們把時間很短的情況（也就是有固定成本存在的

情況），稱為短期；而長期下，則所有的生產要素都可以變動。事實上，廠商的決策不但在短期與長期下有所不同，在「極長期下」（in the very long run）也會有很大不同。此處我們所謂的極長期除了包含固定支出可以變動以外，主要是指廠商可以引進或創造出新的「生產技術」（technology）。在新的生產技術下，相同數量的工人可能可以有更多的產出。比方說，同樣的土地與同樣的農人，可以有更多的稻米產量，因為長期下可以有更優良的稻米品種以供使用。

在前節的表8.1中，我們同時列出土地為10公畝與20公畝的生產數量。在短期下，假設土地為10公畝（K_1），我們可以繪出一條平均成本曲線，見圖8.7的AC（K_1），其中成本最低點為A，在A點下的產量（Q_1），可稱為K_1固定成本下的生產容量（capacity）。我們已經說明過AC（K_1）會出現先遞減再遞增的情況，因為在固定成本固定下，平均產量會有先遞增再遞減的情形。

在短期下，因為土地大小是固定的，所以要變動產量時，唯一的方法就是變動勞動數量，即變動成本。但在長期下，廠商卻

圖8.7：長期下生產容量的變化

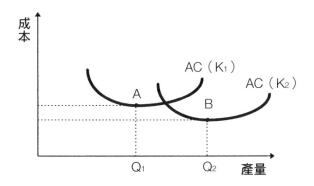

可以考慮是否要擴大土地的使用，如果廠商決定增加土地到20公畝（K_2），則他就會面臨一條新的平均成本曲線，AC（K_2）。顯然的，在新的固定成本下（K_2），廠商的生產容量會變大，即Q_2。由於長期下，土地與勞動都可以變動，因此如果廠商要增加產出時，他面臨的問題就會複雜的多！他應該增加勞動就好？或是只增加土地？或是兩者都增加呢？說不定還可以增加土地，而減少勞動？到底應該如何選擇呢？

要回答上述問題，我們首先要知道勞動（L）與土地（K）之間有多大的代替性，或者說如果我們要維持相同的產出，L與K之間可以做什麼樣的組合呢？我們把可以達到某一定產出量（Q_0）之下，所有L與K的可能組合連接起來，可以得到一條曲線，我們稱為「等產量曲線」（isoquant），見圖8.8。等產量曲線的概念與消費者無異曲線的概念十分類似，後者是說消費者為達到一定數量的效

圖8.8：等產量曲線圖

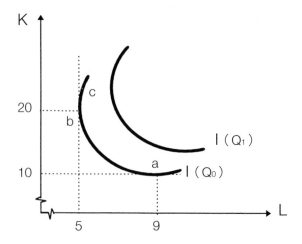

用，所必須消費的產品組合；而前者則是說廠商為達到一定產出，所必須投入的生產要素組合。比方說，在表8.1中。我們可以看到為達到25單位的產出，我們可以選擇10畝地與9個工人，如圖8.8的a點，或是20畝地與5個工人，即b點。此處必須再強調一次，因為這是長期分析，所以我們才可以自由的在不同的固定支出之間做選擇。

　　等產量曲線與無異曲線十分類似，也有一些特性，茲說明如下：1.等產量曲線原則上都應是負斜率的，因為K與L都有正的邊際產出。只有當K或L具有負的邊際產出時，等產量曲線才可能出現正的斜率，如圖8.8中的c點以上（K有負的邊際產出）或a點往右（L有負的邊際產出）。然而理性的廠商不會選擇K或L為負的邊際產出下生產，所以廠商的選擇必然只會存在於ab之間。2.等產量曲線愈往右上方代表愈高的產出，因為此時要素投入愈多。3.等產量曲線會布滿整個圖形之中，且任何兩條曲線都不會相交。4.等產量曲線上任何一點的斜率，稱為「邊際技術替代率」（marginal rate of technological substitution, MRTS），即：

$$\triangle K / \triangle L = MP_L / MP_K。$$

　　邊際技術替代率（MRTS）表示在維持固定產出之下，減少一單位的某一種要素投入時，必須增加另一種投入的數量。由於任何一種因素投入都會出現邊際生產力遞減的狀況，因此邊際技術替代率也會出現遞減的情形。換句話說，當一種投入減少時，要維持同樣的產出，另一種投入的增加量就必須愈來愈大，因為後者的邊際生產力愈來愈小。

　　既然在同一條等產量曲線之下，有如此多種的可能組合來完成

某一定的生產量，此時廠商該如何選擇產出呢？答案很簡單，找出
成本最小的組合。問題是，該如何找呢？在消費者選擇商品時，無
異曲線告訴我們說，消費愈多愈好。但消費者有所得限制，因此有
預算限制式來決定其有限的選擇。預算限制式不但決定於消費者的
所得，更重要的是，預算限制式同時表現出兩種商品的相對價格。
消費者的最佳選擇條件是，花在每一種商品上的最後一塊錢所帶來
的邊際效用必須相同。

　　對廠商而言，問題幾乎也完全一樣。廠商面臨的問題是，在固
定產出之下（即同一條等產量曲線）如何使成本最低。此處我們
先說明廠商的「等成本線」（isocost curve），等成本線上每一點的
成本都相同。假設每一個員工的薪資是 w，每一單位土地的租金是
r，則廠商雇用 L 單位的員工與 K 單位的土地時，其總成本 TC 為：

（8.5）　　　　　　　　　$TC = wL + rK$

　　如果我們在保持 TC 不變之下，而讓 L 與 K 自由的變動，則不
同的 L 與 K 組合，可以達到相同的成本（TC），此不同的 L 與 K
之組合就是我們所稱的等成本線，見圖8.9。等成本線也可以表示
為：

（8.6）　　　　　　　$K = \dfrac{TC}{r} - \dfrac{w}{r} \cdot L$

因此，等成本線的斜率就是兩種生產要素的相對價格之比，即
$\triangle K / \triangle L = - w / r$。

　　此外，在要素價格固定下，等成本線愈平行往右移時，表示成
本支出愈高，因為廠商使用更多的生產要素，如 TC_0 到 TC_1。如果

圖8.9：等成本線

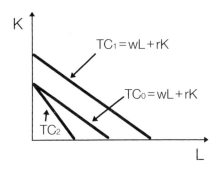

等成本線的斜率改變，表示兩種生產要素的相對價格發生變化，如圖8.9中的TC_0變成TC_2，表示勞動變得相對較貴。

　　在產量固定下，要使成本最小，就應找出一個能使成本線最低的生產要素組合。圖8.10顯示，在產量固定在Q_0之下，選擇A點生產時，成本較高。另一方面，選擇較低的成本支出，如C點，則無法達到產量Q_0。唯有選擇等產量曲線$I（Q_0）$與成本線相切的一點，即B點，才能達到成本最低。換句話說，B點是長期下廠商生

圖8.10：廠商的最低成本組合

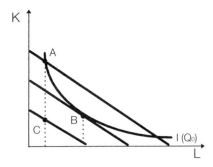

產某一產量Q_0所能達到的最低成本，而B點也是成本最低組合之點，也是廠商的最佳選擇。

由於一方面成本線的斜率代表兩種生產要素的相對價格，另一方面，等產量曲線的斜率表示兩種生產要素的邊際技術替代率（$MRTS = -MP_L / MP_K$）。當等產量曲線與等成本線相切交於B點時，兩條線的斜率相同，即：

$$-\frac{w}{r} = -\frac{MP_L}{MP_K}$$

上式可以改寫成：

$$(8.7) \qquad \frac{MP_L}{w} = \frac{MP_K}{r}$$

（8.7）式是廠商達到成本最小的必要條件。其經濟意義非常清楚，在成本最低的情況下，廠商花在勞動（L）上的一塊錢所帶來的邊際產量（即MPL/w）要等於花在土地（K）上的一塊錢所帶來的邊際生產量（即MP_K/r）。如果前者大於後者，廠商應增加勞動數量而減少土地用量；反之，則應該減少勞動，增加土地數量。

（二）長期成本曲線

長期下，廠商可以任意變動勞動與土地，因此生產函數中不再有固定生產要素，也沒有固定成本，因此生產函數可以寫成：

$$(8.8) \qquad\qquad Q = F\,(L, K)$$

長期下，當Q改變時，廠商應如何選擇L、K、或其間之組合

呢？答案很簡單，廠商可以先把所有可能的組合都排列出來，然後
針對每一種不同的產量，尋找最低成本的生產方式，而該最低成本
就是生產該產量下的長期成本。

在前節中我們假設只有二種固定成本可供選擇，現在我們再增
加一個30畝地的選擇，現在有K_1（10畝）、K_2（20畝）、K_3（30
畝）等三種長期下的不同固定支出可供選擇。針對不同的K，廠商
可以選擇不同的勞動加以配合，因此可以得到三條不同的平均成本
曲線，AC（K_1）、AC（K_2）、AC（K_3），如圖8.11所示。

現在假設廠商要生產Q_1的產量，它會選擇哪一種方式生產？
生產成本為何？在三種不同的固定成本下，生產Q_1所需的成本分
別是C_A、C_B、C_D，其中以C_A最低。表示長期下廠商若要選擇Q_1的
產量，則應選擇K_1的固定支出，因為如此可以使其生產平均成本
最小。換句話說，此時生產Q_1的長期平均成本為C_A。同理，長期
下，若要生產Q_2的產量，則廠商應選擇K_2的固定投入，如此可以
使長期平均成本最低（E點）。在生產Q_3的產量下，則以K_3的固定

圖8.11：廠商的長期成本曲線

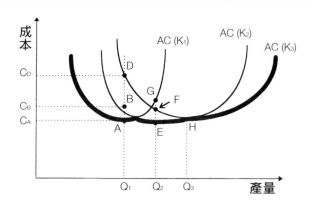

投入最低，可以使長期平均成本最低（H點）。

由上述解釋可知，其實「長期平均成本曲線」（long-run average cost, LRAC）是由所有最低的短期平均成本所組成。在圖 8.11中，粗線部分即是廠商的長期成本曲線，即長期成本曲線是短期成本的「包絡曲線」（envelop curve）。由於在我們的例子中只有三種固定投入的選擇，因此長期成本曲線看起來並非一條平滑的曲線。事實上，只要我們允許有許多不同的固定投入，則就會有許多的短期成本曲線存在，如此長期成本曲線就會形成一條平滑的曲線，見圖8.12。同時，我們看到長期成本曲線的形狀也跟短期成本曲線相同，即呈U字型。

長期平均成本曲線由短期成本曲線所組成，因此「長期邊際成本曲線」（long-run marginal cost, LRMC）也就是由對應的短期邊際成本（SRMC）所組成。在圖8.12中，假設我們有無限多條的短期平均成本曲線，因此每條SRAC對LRAC的貢獻都只有一點，因

圖8.12：長期成本曲線與短期成本曲線的關係

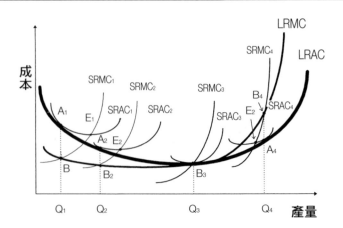

此在該點（如A_1點）下對應的長期邊際成本（如B_1點）就是該產量（Q_1）下的長期邊際成本。將這些相對應的長期邊際成本點連接（B_1、B_2、B_3……），就可以得到長期的邊際成本曲線（LRMC）。

　　在長期平均成本曲線與長期邊際成本曲線的構成中，有幾個重要的特性必須加以澄清：第一，長期平均成本是短期平均成本的包絡曲線，因為我們定義長期成本是所有短期成本中，針對每一個產量都能達到最低成本的組合。而長期邊際成本雖然是由長期邊際成本所組成，但卻不是長期邊際成本的包絡曲線。第二，長期平均成本曲線是某一產量下，所有短期成本中生產成本最低的一點，但該點不一定是該短期平均成本的最低點。例如在圖8.13中，產量在Q_1之下的長期平均成本為A點，但卻不是對應短期成本（$SRAC_1$）的最低點（B點）。第三，長期平均成本曲線下降時，會與短期成本曲線的下降部分相切（A點）；而長期平均成本曲線上升時，會與短期成本曲線的上升部分相切（E點）。第四，唯有在長期平均成本最低的一點才會與短期成本曲線的最低點相切（D點）。此時由於邊際成本曲線也正好與長期平均成本曲線相交於該點，所以長

圖8.13：長期成本曲線的特性

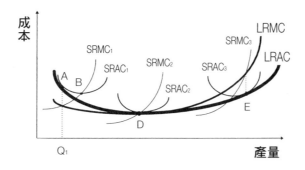

期邊際成本曲線也會通過該點。

（三）規模報酬

在圖8.12中，我們看到長期平均成本（LRAC）的幾個特性與
短期平均成本曲線的幾個特性非常類似：第一，長期邊際成本呈正
U字形。第二，當長期邊際成本小於長期平均成本時，長期平均成
本會下降。第三，當長期邊際成本大於長期平均成本時，長期平均
成本會上升。第四，所以，長期邊際成本必然會與長期平均成本在
後者的最低點相交。

在上述的四個特性中，後三個特性都可以用平均量與邊際量的
概念加以解釋，理由與長期成本曲線完全相同。但是為何長期平均
成本也呈U字型，值得吾人進一步說明。首先，短期平均成本出現
U字型的主要理由在於邊際報酬先增後減，或者我們稱為「邊際報
酬遞減法則」。由於短期下，有某一種固定成本存在，因此當另一
生產要素不斷增加時，其邊際生產力遲早一定會出現邊際報酬遞減
的情形。

但是長期平均成本的情況不一樣，因為長期下，廠商可以同
時變動所有的生產要素；換句話說，廠商有可能同時增加兩種生
產要素，也可能同時減少。當廠商固定一種生產要素投入量，而
只增加另一種生產要素時，這時我們稱產量的變化為「邊際報酬」
（marginal return）。但是在長期下，當兩種生產要素同比例變動
時，我們稱產量的變化為「規模報酬」（return to scale），因為這時
候廠商的生產規模擴大了。

在圖8.14中，在產量Q_1之前，當廠商長期同時變動兩種生
產要素情況時，長期平均成本不斷下降，顯示兩種生產要素變

圖8.14：規模報酬

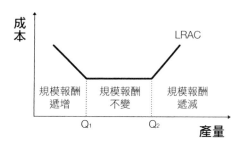

動帶來的平均產量增加更快。因此我們稱其為「規模報酬遞增」
（increasing return to scale），即此時同時變動兩種生產要素下，產
量增加的速度超過要素投入增加的速度。當產量介於Q_1Q_2之間，
長期平均成本呈水平線，即長期平均成本是固定的。此時表示兩種
要素投入增加的比例剛好等於其產量增加的比例，因此平均生產
成本沒有變化，此時我們稱為「固定規模報酬」（constant return to
scale）。在產量超過Q_2之後，長期平均成本在遞增，表示此時產量

短期成本與長期成本之比較

　　短期下，由於固定投入不能改變，因此要增加產出時，廠商只
能用增加變動投入的方式來達到目的。但是長期下，廠商的自由度
就有很多，他不但可以考慮增加變動投入，也可以考慮是否要變動
固定投入。換句話說，短期下的辦法，在長期下也可以使用；但長
期下的辦法，短期下卻可能無法使用。既然長期下可以選擇的辦法
較多，其成本也必然不會高於短期下的辦法。我們可以利用下面的
例子，做更詳細的說明。

　　假設在原來的產量（Q_0）之下，變動投入（L_0）與固定投入（K_0）是最佳組合，見下圖中之A點。現在廠商要增加產出至Q_1。短期下，因為固定投入不能變動，仍然維持在K_0，因此廠商只能增加變動投入量至L_1，生產點由A點移到B點，此時的生產成本增加到C_1。

　　然而，事實上，由於產量增加，長期下的最佳選擇也許應該以增加一部分的固定投入（K）來因應。在下圖中，長期下的最佳選擇是K增加到K_2，L增加到L_2，即E點。由於此時新的等產量曲線與等成本曲線相切，表示此時可以達到最低的成本組合。事實上，此時的生產成本為C_2，小於固定成本維持不變下生產點（B）的生產成本（C_1）。

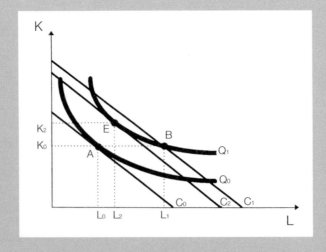

增加的比例會小於兩種生產要素同時增加的比例，稱為「規模報酬遞減」（decreasing return to scale）。

　　我們可以用一個距離與交通工具的選擇，來說明規模報酬的觀念。假設我們有四種交通工具，即走路、騎自行車、開汽車、坐飛機，這些工具對應的平均成本曲線分別為圖8.15中的AC$_1$、AC$_2$、AC$_3$與AC$_4$。若我們要從台北車站到新公園，走路應該是最有效率的方式；要從台北車站到台大醫院，則騎自行車也很方便。但如果要由台北到新竹騎車可能就太辛苦了，此時開車會是最有效率的。但如果要坐飛機，似乎就有點不太經濟，因為飛機剛起飛可能馬上就要降落了。如果要從台北到高雄，坐飛機則比開車要有效率，而且成本會低很多。

　　在圖8.15的例子中，在1公里距離內，走路的成本最低，是最有效率的方式。在1公里到5公里中間，則以騎自行車最方便，成本最低。5公里到200公里之間，開車最有效率，成本最低。200公里以上，則應坐飛機，成本才最低。此例告訴我們，針對不同的生

圖8.15：距離與交通工具

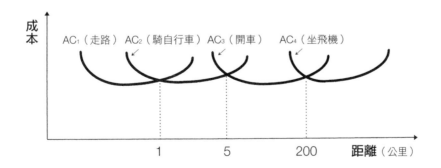

規模經濟與範疇經濟

「規模經濟」（economy of scale）說明了為什麼企業會有愈來愈大的趨勢，尤其對一些需要大量生產且需要大量固定投入的產業，如汽車業、鋼鐵業，因為大量生產可以迅速降低生產成本。但是除了大規模生產以外，我們也經常看到一些企業擴大生產另一種類似的產品，比方說聯合報系除了主要出版《聯合報》以外，還出版《經濟日報》與《聯合晚報》；中國時報系則有《中國時報》與《工商時報》。由於他們生產的報紙不同，因此我們不能稱為經濟規模，但這些產品的性質卻又十分相近，我們稱之為「範疇經濟」（Economy of scope）。

出現範疇經濟的主要理由在於這些產品由於性質相近，廠商可以在生產上將生產資源做更有效率的運用。報業是一個明顯的例子，比方說，《聯合報》每天要出版一百萬份報紙，編輯群在每天晚上十點截稿，十一點開始印刷，清晨四點出報。其中印刷機真正

產規模，會有不同的固定成本投入來對應，才可以達到最低成本的生產方式。

規模報酬在經濟學上是一個很重要的觀念，因為在不同的生產量下，往往要對應某一個固定投入的規模，才能達到最有效率的生產。尤其固定支出在短期內不易改變，因此廠商在投資時，長短期之間的決策經常不同，一旦固定成本投入以後，不易再變動，對於長期下的決策也會有很大的影響。此外，邊際產出與規模報酬是兩個完全不同的觀念，讀者務必要仔細加以辨別。

利用的時間只有十一點到四點之間的五個小時，其他時間都閒置不用。由於自動彩色印刷機成本昂貴，且屬於固定成本，不論印多少份報紙都必須支出相同的固定成本。因此，如果再多發行一份晚報，每天上午十點截稿，十一點印刷，下午三點出報，印刷機可以再多用四個小時，但卻不必增加固定成本。事實上，一家報社出版數種報紙是全世界都存在的普遍現象。

　　大規模的旅遊業者不會只代理出售機票而已，他們的業務範圍一定還會包含代訂旅館、導遊服務、組團出國旅行、代客設計旅程等。因為只要花費相同的時間去了解國際旅遊市場的狀況，這些相關的業務就可以同時進行。這是範疇經濟的第二個例子。

　　中油公司在生產汽油時，不會只生產高級汽油，它會同時生產汽油、機油、柴油、潤滑油等相關產品。因為這些產品的生產過程十分相近，只要略加調整生產過程，這些產品都可以一一生產。因此，固定設備成本便可以分攤到這些產品之中。這是範疇經濟的第三個例子。

四、極長期下的生產

（一）技術進步與生產成本

　　不論是短期或是長期，生產函數告訴我們產出與要素投入量之間會有一定的關係。當生產要素投入愈多時，產出就愈多。但生產成本與要素投入的生產力有關，當平均生產量愈大，平均生產成本就愈少；反之，則愈大。而不論是在短期或長期下，我們都假設生

產技術是固定的，因此產量才會與生產要素之間維持一定的關係。

　　但隨著時間的推移，科技不斷進步，再加上廠商研究發展支出（research and development, R&D）的擴大，我們不能排除生產技術的改變與進步（technological change）。在技術進步下，同樣的要素投入有可能帶來更多的產出，因此生產成本也相對降低。但由於技術進步通常需要耗費大量時間，所以我們稱之為極長期下的生產。比方說，台灣的農業生產技術不斷在進步，一個很重大的突破就是稻米生產從一年收成兩次，變成一年可以收成三次。在此種情形下，即使人力與土地的投入量都不變，但每年稻米的產量卻可以增加50%，這就是技術進步帶來的效果。

　　技術進步的種類很多，尤其在工業革命之後，人類科技突飛猛進，生產上的技術進步也在各方面顯現。大致上來說，我們可以把技術進步分成三大類：第一，生產技術的進步。例如由手工織布進步到機器織布，由走路進步到汽車，由飛鴿傳信到電話。第二，新產品的引進。比方說，由收音機進步到電視，由自行車進步到汽車，由電話進步到手機。第三，新原料的使用。比方說由銅器進步到鐵器，由尼龍進步到混紡；更重要的是，由教育水準較低的非技術性工人進步到教育水準較高的技術性工人。

（二）技術進步與經濟成長

　　自從工業革命以來，幾項重要的科技創新，大大提高人類的生產能力，也迅速促進了工業國家的經濟發展。其中尤以蒸汽機的發明為最，蒸汽機的出現造就了大量的火車與蒸汽輪船，兩者都大大降低了運輸成本，使得國與國之間、地區與地區之間的貿易快速成長，人們更容易以專業化的方式生產，來提升全面性的生產力。

其次是電的出現，以及隨後的電燈、電話與電報的出現。前者使得人們每天的工作時間得以延長，等於增加了更多的人力投入；後者則更進一步降低訊息與交易成本，縮小了全球市場的距離。

第三是新能源的出現，由煤炭到石油再到核能，沒有新能源的出現，前兩項的貢獻可能會大打折扣。

然後是電腦與智慧型手機的發明。電腦的出現不僅是原始的快速運算而已，其後資料處理變得很重要。但自從電腦網路出現以後，大家才發現電腦的能力是真正的無遠弗屆。智慧型手機不但取代了電話，而且也相當程度的取代了電腦，尤其是在網路應用方面。

最後是網際網路的發明，物聯網的出現不但使訊息傳遞快速提升，而且在日常生活各方面都大大增加了方便性。雖然，到目前為止，物聯網能夠帶給人類福祉尚未達到極限，但其對於人類的貢獻絕對不少於以前任何一種創新。

由於科技發明（invention）與創新（innovation）在現代的經濟成長中扮演著極端重要的角色，世界先進國家莫不積極的大量投入科技研發，競爭激烈的廠商也個個不落人後。研發支出在先進國家與大型廠商的各項支出中，都占有愈來愈重要的比例。

對新興工業化或開發中國家而言，研發的投入自然十分重要，但由於其科技技術根本上落後已開發國家相當大的距離，因此追趕不易。但前面提到，技術進步的項目中有一項是生產要素的改變與增加，卻是比較容易達到的。以亞洲四小龍的成功例子來看，普遍存在於台灣、韓國、香港、新加坡的二項重要因素，就是高等教育的普及和高比例的儲蓄率。高等教育的普及，也可以看成是人力資本的累積，使得每個個別勞動者的生產力大幅提高，等於是一個

人當兩個人用，自然可以加速經濟成長。另一方面，高比例的儲蓄率，提供國內投資所需的大量資金。換句話說，高儲蓄率使得國家在長期下有能力不斷的增加機器廠房等資本累積，這是另一種生產要素的累積。在技術性勞動與生產性資本大量快速累積之下，造就了亞洲四小龍的經濟奇蹟。

經過三十年的快速經濟成長，亞洲四小龍幾乎同時面臨同樣的問題，因為它們無法再繼續使用大量累積人力與資本的方式，達到加速經濟成長的目的。它們需要的是真正的技術進步，包含發明與創新。一方面四小龍的科技基礎本來就無法與西方先進國家相抗衡；另一方面，除了韓國以外，四小龍的產業結構又並非以大企業為主，因此四小龍面臨的轉型問題其實是很簡單的產業升級問題。然而，問題雖然簡單，答案卻需要極長的時間來解決。

經濟名詞

獨資	合夥	股份公司
勞動	資本	土地
企業家精神	交易成本	技術性工人
非技術性工人	創新	固定成本
變動成本	生產函數	總成本
邊際成本	平均成本	總產量
平均產量	邊際產量	生產要素
報酬遞減率	生產技術	長期成本曲線
等成本曲線	等產量曲線	包絡曲線
邊際技術替代率	規模報酬遞增	固定規模報酬
規模報酬遞減	規模經濟	範疇經濟

討論問題

1. 試述邊際產量與總產量的關係。

2. 何謂生產三階段？其中哪一階段是合理的生產範圍？

3. 試述固定成本與變動成本如何劃分？

4. 試述短期、長期、極長期如何劃分？

5. 請說明短期平均成本曲線與長期平均成本曲線的關係，及短期
   邊際成本曲線與長期邊際成本曲線的關係。

6. 請問在「殺雞用牛刀」、「殺牛用菜刀」，以及「殺雞用菜刀」
   三種方法中，何者有效（effectiveness）？何者無效？何者有效
   率（efficiency）？何者無效率？何者符合經濟規模？

7. 以前電視廣告中，有一家藥廠曾提出一句很有名的廣告詞：「雙

層藥片，相乘效果」。你可以用經濟規模的理由加以說明嗎？

8. 請說明為什麼邊際成本會在平均變動成本的最低點與平均變動成本相交？

9. 請說明為什麼邊際成本會在平均成本的最低點與平均成本相交？

10. 在圖8.6中，我們看到B點在A點的右邊，也就是說，邊際成本與平均成本相交在邊際成本與平均變動成本交點的右邊。這是一般現象嗎？還是特例？為什麼？

11. 請分別舉出二例說明規模報酬遞增、規模報酬不變，以及規模報酬遞減的狀況。

12. 請分別舉出二例說明邊際報酬遞增、邊際報酬不變，以及邊際報酬遞減的狀況。

13. 請說明廠商如何追求最小生產成本的組合？請問其原則與消費者追求最大效用有何差異？

14. 你覺得企業存在的目的為何？為什麼會有不同形態的企業組織存在（如獨資、合夥、公司）？其優劣點為何？

15. 何謂範疇經濟？請舉二例說明之。

16. 請說明為什麼長期平均成本在下降時，會與某一條短期平均成本的下降部分相切；長期平均成本在上升時會與短期平均成本的上升部分相切，而長期平均成本的最低點又會與短期平均成本的最低點相切？

17. 請說明造成短期平均成本呈現U字型的理由何在？造成長期平均成本呈現U字型的理由何在？

18. 請繪圖說明長期成本必然會小於或等於短期成本。

第九章

完全競爭市場

┃ 一、市場結構與廠商行為

　　在前面一章中我們曾分析廠商的成本結構，以及如何追求成本最小的產出。然而，廠商的最終目的在於追求最大利潤，因此除了要知道如何使生產成本最小以外，另外一個重要的影響因素就是廠商的產品價格。

　　廠商追求利潤最大，直覺來說，當然應該把價格訂得愈高愈好。但是，我們知道在現實社會中，廠商的確希望如此，但可能不一定能實現。

　　對小雜貨店老闆來說，他希望一斤雞蛋能賣到50元，但他知道並不可行，因為對街的統一超商只賣25元一斤。HTC可能希望把手機賣到3萬元一台，但他們知道這並不可行，因為消費者會很快的轉到其他廠牌去。台電公司在國內的電力市場上是唯一的供應者，不必擔心別人的競爭，他們可以用漲價的方式來增加收益嗎？姑且假設經濟部的油電價格審議小組不存在，沒有人會干預台電調整電價的行為，在此種情況下，台電以漲價方式來達到增加利潤的目的，可行嗎？我們知道雖然台電是唯一的供給者，但消費者卻永遠有另外一種選擇，即減少消費。因此，台電不一定增加電價就一定可以提高利潤，因為還要看看消費者的反應如何。

　　在上述的例子中，我們可看出雖然市場上的產品價格表面上是由廠商決定，但真正決定市場價格的仍然是供需雙方。當然在某些時候市場競爭很少（比方說國內的電力市場），此時賣方（台電公司）有相當大的力量來決定市場價格，我們稱其具有「市場力量」（market power）。而在某些時候，廠商幾乎完全沒有決定產品價格的能力（如雜貨店裡的雞蛋價格）。至於廠商具有多少市場力量，

則與「市場結構」（market structure）有關。如果某種產品在市場上只有一家廠商（如台電公司），沒有其他競爭者，我們稱該廠商為「獨占」或「壟斷」（monopoly），此時廠商具有很大的市場力量。如果市場上有很多很多的廠商（如出售雞蛋的小雜貨店），而且該產品的品質與別家廠商幾乎完全相同（如雞蛋），則這些廠商之間彼此的競爭必然十分激烈，彼此之間對於價格都沒有決定的力量，我們稱該市場為「完全競爭市場」（perfect competition market）。

　　事實上，獨占與完全競爭是市場結構的兩個極端，大多數產品市場都介於兩者之間，既不是獨占，也不是完全競爭。比方說，台灣的水泥市場中只有少數幾家生產者，如台灣水泥、亞洲水泥、嘉新水泥等。由於有好幾家生產，所以它們不是獨占，但由於廠商數目不多，因此每一家對於水泥的市場價格都有相當大的影響力。在此種情形下，我們稱該市場為「寡占市場」（oligopoly）。還有一種情形，是廠商的數目很多，例如服飾精品店，因此它們市場價格的影響力不大，但由於每家出售的服飾精品與別家又不完全相同，因此它們還是可以在產品價格上自由的做一些調整，在此種情形下我們稱該市場為「獨占性競爭市場」（monopolistic competition market）。

　　本章先介紹完全競爭市場的特性，下一章介紹獨占市場，最後再介紹不完全競爭市場。

（一）市場結構

　　市場結構對於廠商利潤、消費者福祉，以及資源使用的效率都有很大的影響。一般而言，市場結構與廠商數目有很密切的關係，但是真正重要的是不同市場結構下帶來的競爭程度。以獨占市

場為例，因為只有一家廠商，沒有競爭可言，因此獨占廠商有很大的市場力量來決定產品價格，我們稱其為「價格追尋者」（price searcher），或者是價格決定者（price maker）。另一方面，當廠商數目很多很多，每一家廠商相對而言都非常小，因此它們彼此之間的競爭都很激烈，大家都沒有決定價格的能力，只能接受市場決定的價格，我們稱其為「價格接受者」（price taker）。

雖然，市場競爭程度與廠商數目有關，但也不一定會絕對相關。比方說，台灣的水泥產業中大約有六、七家廠商，彼此之間默契很好，形成一個相當大的利益共生集團，對於生產的水泥價格採取相同的訂價步調，因此彼此之間的競爭很小，此時我們可稱之為「聯合獨占」。另外一個極端的例子，是美國有名的可口可樂與百事可樂之間的競爭。在美國的飲料市場中，可口與百事兩家一直占最大的市場。由於兩家飲料公司傳統上就一直採取競爭的態度，使得雖然龐大的市場上只有兩家公司最大，但彼此之間的激烈競爭絕不輸於任何其他產業。

產品差異的大小也是決定市場力量大小的重要因素。以農產品而言，一般來說，稻米、蔬菜、雞蛋等商品的品質相去不遠，我們稱為「齊質產品」（homogeneous product），因此消費者在購買這些產品時，都以價格為主要的考慮因素。所以在大量的生產者存在時，由於消費者有充分的選擇，使得每家生產者間彼此都沒有能力變動價格。但如果產品品質有些不同，例如服飾精品店出售的商品，廠商經常可以利用品質、品牌或服務態度等各方面的差異——我們又稱之為「異質產品」（heterogeneous product），來訴求自己的產品與別人的不同，進而可以要求較高的價格。因此，雖然同樣有很多的廠商，但因產品的差異，使得廠商仍然具有某種程度的市

場力量。

　　很多時候市場競爭程度不只與市場上有多少競爭對手有關，也與市場上潛在的對手有關。廠商能否「自由進出市場」(free-entry)是一個重要關鍵。很多時候，法律或政府規定保障某一家廠商，形成獨占與「進入障礙」(entry barrier)，此時這家廠商自然不必擔心有潛在的對手加入（例如我國的台電公司）。

　　但有些時候，有些獨占廠商的存在是由於其具有某種特殊的生產技術而形成獨占。這時候，這家獨占廠商可能會擔心有其他潛在廠商會發展出類似的產品，加入競爭，因此該廠商有可能會降低其產品價格，雖然可能損失一點利潤，長期下卻可以抑制潛在對手進入市場，此時這家廠商的獨占力量就比較小。例如英代爾公司雖然目前在生產個人電腦中的數學運算器世界市場上享有獨占的地位，但它仍不斷的研究開發更新更快的產品，以免可能被其他潛在的對手追過去。

　　獨占廠商另一個潛在的對手雖然不在同一產品市場上，但卻可能在其他相似的產品市場上。由於兩種產品相類似，消費者可以在不同產品之間做替代選擇時，原先獨占廠商的市場力量就會受到限制。比方說，在高鐵通車之前，鐵路局在台灣是獨占廠商，是台灣唯一提供鐵路服務的企業。但是當鐵路局提高火車票價時，人們可能會轉向公路局或航空公司，或者自行開車，而減少購買火車票。因此，雖然鐵路局本身不用與其他火車公司競爭，卻必須與其他提供交通服務的公司競爭，在此種情形下，鐵路局的市場力量其實是受到相當大限制的。

　　另外，在廠商規模方面，由於完全競爭和獨占性競爭的廠商數目都很多，它們的市場占有率都很小，因此廠商的規模都很小。至

於寡占廠商因為市場上的數目很少，因此它們的規模都比較大，比方說，台灣的水泥公司的規模都不小；此外，例如台灣的報紙主要是由四家大報所組成，每一家的規模都很大。最後，獨占廠商因為只有一家來提供產品給整個市場，因此通常它的規模都會很大，例如台灣電力公司，以及以前的中油公司，它們都因為是獨占而有很大的生產規模。

至於在利潤方面，一般而言，只要廠商能夠提出一些特別的想法或作法，通常在短期下廠商都會有利潤存在，不論他們是在什麼樣的市場結構裡面。比方說，農業是比較接近完全競爭的產業，農人之間的競爭一直都是很激烈的，但是如果一開始只有一家農人會種甜柿，他當然可以賺到錢；但是，當別的農人看到這個農人種甜柿的利潤很好，他們也會想要學習種甜柿，等到大家都會種了以後，由於甜柿的供給增加，價格下跌，長期下種甜柿的利潤就會消失。同樣的，獨占性競爭廠商面臨類似的問題，比方說，幾年前，台灣曾經瘋迷過葡式蛋塔，最先開始引進的廠家的確賺了一些錢，但是不久別的廠家看到蛋塔的生意很好，就立刻有很多廠家進入市場，也開始瘋狂賣蛋塔，結果很快蛋塔的價格下跌，利潤就不見了，於是很多的廠商也退出市場，台灣人們瘋蛋塔的情況也就消失了。因此，獨占性競爭廠商也是短期下有利潤，長期下的利潤也會不見。其主要原因與完全競爭市場相同，也是因為其他廠商很容易進入市場，只要有錢可賺，就會有人想要進入分一杯羹，因長期下這些利潤就會消失。

然而，寡占和獨占的情況就很不相同，因為當寡占廠商有利潤時，由於市場上有進入障礙，而使得其他廠商無法進入，於是其長期利潤就可以一直維持。比方說，台灣的油品市場上只有兩家廠

商，即中油和台塑石化。這兩家每年利潤都很多，但是因為投資生產汽油的金額很大，一般人根本沒有這個財力；另外，即使像一些國外的油品公司雖然財力上沒有問題，但是卻不容易找到銷售管道（加油站），於是它們也不容易進來。在新的廠商不容易進來的情況下，寡占廠商在長期下仍然得以享有利潤。獨占的情況也一樣，一般而言，主要是因為政府的規定讓獨占者享有唯一在市場上銷售的權利，因此其利潤很大，而且可以長期存在。

　　根據以上的討論，我們可以把不同市場結構下的特性先加綜合於表9.1中，後面再針對這些不同市場結構下的特性一一探討。

（二）價格的決定

　　價格在市場體系中扮演著最關鍵的角色。藉著價格的高低，消費者知道要選擇什麼樣的商品來消費，同時可以決定要消費多少。

表9.1：市場結構的特性

	完全競爭 (perfect competition)	獨占性競爭 (monopolistic competition)	寡占 (oligopoly)	獨占 (monopoly)
廠商數目	為數眾多的廠商	頗多廠商	為數不多的廠商	一家廠商
產品性質	產品性質相同	產品間有差異，但差異很小	產品有差異，且差異頗大	只有一種產品
市場進出	進出市場容易	進出市場容易	進入市場困難	幾乎無法進入
市場力量	對價格沒有控制力	對價格有少許控制力	對價格具控制力，但擔心同樣的價格報復	對價格有很大控制力
廠商規模	小	小	大	很大
短期利潤	存在	存在	存在	存在
長期利潤	不存在	不存在	存在	存在
實際例子	農業	服飾、餐廳	汽車、水泥、家電	公用事業、瓦斯、水電等

同樣的，生產者也會利用價格所帶來的訊息，決定該生產什麼東西，同時決定生產多少。當市場需求超過供給時，價格就會上升，消費者得到訊息知道購買這些東西的人太多了，就會考慮是否該轉向購買其他代替產品。另一方面，價格上升又告訴生產者，生產數目可能太少了，才會出現供不應求的狀況，所以產品應該趕快增加產出，以供應市場的需要。所以，價格是由市場供給與需求雙方所共同決定的。

但是，當我們走進統一超商時，經常會看到店員正在為每一項商品掛上價格標籤。也許會有人納悶價格不是由廠商決定的嗎？為什麼會由市場決定呢？

的確，價格到底是由誰決定呢？價格發生變化時，是誰開始先變動價格的？這可說是經濟學中最基本的問題，但也是最難回答的問題之一。我們說價格是由市場供給與需求共同決定的，這是從整個市場的角度來看。問題是「市場在哪裡」呢？對每一個生產者而言，在他選擇價格時，他必須考慮的市場是什麼呢？他需要考慮全國人民的反應？還是只考慮他家小店附近的消費者或其他競爭者的反應？

當每一個廠商在決定自己的價格時，他至少必須考慮到二種可能的反應，一種是來自同行或競爭者的反應，一種則是來自消費者的反應。廠商數目非常多，而且生產的產品又十分相似，使得生產者彼此不知道誰是誰時，表示相對於市場而言，每一家廠商的規模都很小，因此當一家廠商企圖改變價格時，其他廠商可能根本不會注意到。這時候，這家廠商變動價格就不會引起其他廠商的反應。另一方面，當廠商數目很多，充斥了整個市場時，消費者可以很容易的在不同家廠商間做選擇。在此種情況下，比方說，當甲廠商提

高價格時，其他廠商不會有反應而維持原來的價格，但一旦消費者
發現甲廠商的價格比別家高，品質又十分相近時，他們會立即轉向
其他家購買。甲廠商的銷售量會立即減少許多，甚至可能根本賣不
出去。顯然，此時甲廠商不敢任意提高價格。

　　稻米市場是一個很好的例子。生產稻米的農家非常多，一般而
言，農家之間很難分說誰家生產的稻子與別人有何不同。另一方
面，稻米銷售廠家也非常多，一般的消費者可以很容易的在不同的
地方買到白米。所以，如果某家品牌的白米真的比別人貴很多，消
費者就根本不會向這家買。

　　那麼降低價格又會如何？同樣的，在別家廠商沒有任何反應
下，消費者會蜂擁的擠向甲廠商，由於甲廠商相對於市場而言，規
模太小，無法吸納所有消費者，因此最好的方式仍然是再提高價
格。

　　根據以上分析可知，在完全競爭市場下，廠商數目太多，品質
又十分接近時，廠商很難隨心所欲的改變價格，而只能面對市場
所決定的價格。所以我們說，完全競爭廠商是價格的接受者（price
taker），它們沒有任何市場力量。由於廠商產品之間彼此替代性非
常高，因此它們之間的競爭十分激烈。

　　在獨占的市場結構之下，由於只有一家廠商，它不用擔心其他
競爭者。然而，即使不考慮其他可能的潛在競爭者，獨占廠商仍
然要面對來自消費者的競爭。換句話說，由於獨占者面臨的市場需
求其實就是整個的市場需求，因此當生產者提高價格時，一定也會
考慮需求量，因此，這時候獨占廠商就必須在價格與數量之間仔
細考慮。而且，它要考慮生產成本，另一方面則要考慮薄利多銷或
厚利少賣的問題，當然，這與消費者的需求彈性有密切關係。無

論如何，在獨占的情況下，廠商有很大的力量去決定市場價格，也就是說，廠商有很大的市場力量，我們稱其為價格決定者（price maker）。

至於介於完全競爭與獨占之間的不完全競爭情況就複雜許多。在寡占的情形下，廠商數目不多，因此每家廠商之間彼此都十分在意。當第一家廠商變動價格時，其他廠家很可能會立即採取反應的行動。這時候，廠商之間彼此的競爭可能很激烈。但另一方面，由於廠商數目不多，廠商之間彼此可能十分熟悉，長久之下，彼此也可能形成某種默契，在調整產量或價格上採取一致的行動，此時廠商間的競爭就會很小。

寡占的另一特色是，由於廠商數目不多，相對於整個市場而言，每一家的規模都相當大，任何一家廠商採取行動時，都會對市場產生重大影響。換句話說，當市場需求發生任何變動時，廠商都會受很大的衝擊。因此，這時候寡占市場的廠商會對市場有很大的影響力，它們會有相當程度的市場力量來決定產品價格。但是同時，由於它們受到其他廠商的牽制，也無法完全的去變動價格。它們的市場力量要比獨占廠商小了許多。

如果說寡占廠商的行為比較接近獨占廠商，那麼獨占性競爭廠商的行為就比較類似完全競爭廠商。就廠商的數目而言，獨占性競爭廠商的數目也有很多很多，相對於整個市場而言，增加一家或減少一家都不會有任何影響。從廠商之間的關係來看，彼此之間是不太會有直接反應的。但是與完全競爭市場最大不同之處是，獨占性競爭廠商生產的產品在品質上會略有差異。因此，雖然產品之間會有替代性，但由於品質上的差異，消費者可以區分出不同廠商之間的差別，所以產品之間的替代性會比完全競爭市場下要小。在此種

情形下，不完全競爭廠商可以要求與其他廠商不同的價格，因為他可以宣稱其產品與他人不同。

服飾精品店是最好的例子。我們在台北街頭的每一個角落，都可以看到服飾精品店充斥著。常常是那裡又開了一家，這裡又關了一家，廠商來來去去，不會引起太大的注意。由於數目太大，廠商的進出並不會對整個產業有任何的影響。但是每家出售服飾時，卻可以訂定不同的價格，這與銷售食米是完全不同的。因為賣米的很難說他的米跟別人有什麼不同，服裝店的老闆娘卻可以一連串的敘述她的衣服有多麼與眾不同，尤其是穿在某一位顧客身上的時候。

在獨占性競爭市場下，由於廠商數目非常多，彼此之間的競爭也非常激烈，所以廠商能決定價格大小的空間並不大，而通常取決於其產品與其他廠商之間的差別大小。如果廠商可以愈明顯的將其產品與其他人區別，則它對價格會有較大的影響力；反之，則愈小。

（三）自由與競爭

大致上來說，廠商的市場力量與廠商的數目多寡和產品品質的相似與否都有密切的關係。廠商數目愈多，彼此之間的競爭愈激烈；產品品質愈相似，廠商之間的競爭也愈激烈。廠商之間競爭愈激烈，市場力量愈小，影響價格的能力也愈小；市場力量愈小，廠商的利潤也就愈低。以獨占廠商來說，它幾乎可以完全自由的決定價格，唯一要考慮的因素就是消費者的反應和需求彈性，因此它的利潤可能是最高的。另一方面，完全競爭廠商情況則正好相反，由於完全無法自行決定價格，因此市場力量很小，故其能擁有的利潤空間就很低。

　　事實上，長期下影響廠商市場力量與利潤大小的因素，除了廠商數目和產品品質近似與否以外，也與市場的開放和自由進出有密切的關係。在一個開放的市場下，當一個獨占廠商享有高額利潤時，很容易引起他人注意，也想加入市場分一杯羹。如果此廠商沒有受到法律獨占的保護，長期下別家廠商進入的可能性會非常大，因此獨占的利潤就會被分享。以國內的油品市場為例，早期中油公司長期受到政府保護，為唯一的生產者，因此能一直享受獨占所帶來的豐厚利潤。1992年，政府訂定石油業法，允許開放其他廠商煉油及銷售汽油等，結果台塑集團決定進入市場投資成立台塑石化公司，成為國內唯二的石油公司。目前國內汽油市場上，中油公司的市占率約三分之二，台塑只有三分之一，但後者的經營效率較高，其每年利潤都超過中油公司。

　　在完全競爭的市場中，雖然廠商人數眾多、競爭十分激烈，但短期下我們並不能排除利潤的存在。如果利潤一直存在，而且市場可以允許廠商自由進出，則長期下就會一直吸引更多的廠商加入。在供給不斷增加之下，市場價格會被迫逐漸往下調整，每一家廠商能享有的利潤空間會愈來愈小，最後終將完全消失。同樣的，如果短期下完全競爭廠商若有損失，則長期下會有廠商退出市場，在市場供給減少下，價格逐漸上升，使得廠商能重新回到沒有損失的情形。

　　此處必須注意的是，當我們說廠商沒有利潤時，我們指的是廠商沒有「超額利潤」（excess profit）或「經濟利潤」（economic profit）。即廠商沒有超額利潤，它們的「正常利潤」（normal profit）仍應存在。所謂「正常利潤」，是指廠商的利潤應該要剛好與它們的機會成本相等。

　　由於廠商調整固定資本必須在長期下才能進行，因此進入市場或退出市場的決定也必須是一種長期下的決定。長期而言，廠商能否自由進出市場，對於提高市場的競爭程度與廠商的長期利潤有非常密切的關係。在允許自由進出市場下，完全競爭廠商即使在短期內可以享有利潤，但長期下利潤將會因為吸引更多廠商加入而消失。

　　不完全競爭市場的情況也十分類似。在寡占市場中，由於廠商數目較少，在彼此牽制之下，廠商之間不至於任意調整價格。但為追求利潤最大，廠商之間容易形成默契，採取一致的產品與訂價政策是可以理解的，因此，寡占廠商在短期下就可以享有相當程度的利潤。然而，如果市場允許自由進出，當寡占廠商享有巨額利潤時，自然也會吸引潛在競爭者進入市場，分享利潤。但是即使市場允許自由進出，一般而言，寡占市場下，廠商的進入並不十分容易。第一，一般而言，寡占廠商的規模較大，廠商的進入成本很高，風險較大。以台灣地區為例，汽車業、水泥業，以及家電業都屬於寡占市場，每家企業的規模相當大，新的廠商不容易與之競爭。第二，每家企業為了競爭，通常都會投入大量的廣告費用，打響它們的品牌。我們經常說消費者對品牌有忠誠度，大都指的是這些寡占廠商的產品。在此種情況下，也相當程度的限制了新廠商的加入。第三，有些時候，寡占廠商為了降低新廠商加入的誘因，採取聯合壓低價格的方式，雖然在短期下的利潤較低，但由於長期下不會吸引新的競爭者加入，而使原有廠商得以長期享有這些利潤。

　　獨占性競爭廠商則沒有那麼幸運，主要理由在於它們的規模太小，根本沒有任何能力去影響市場，也沒有能力去阻止其他廠商進入或退出。因此在短期下，獨占性競爭廠商也許可以利用產品差異

化的訴求而享有利潤，但長期下的利潤就不容易存在。服飾店與餐飲業是標準的例子，KTV與小鋼珠店的情形則更為明顯。在KTV業者剛成立之初，由於家數少再加上產品新鮮，大家趨之若鶩，使得業者得以享有巨額利潤。但在巨額利潤引誘之下，立即會有其他人也想要加入，長期下就不斷的有新的KTV業者出現。在龐大的競爭壓力下，業者必須不斷的推出吸引顧客的手段，當然更直接的作法還是壓低價格。不論業者採用何種方式，其長期下的利潤都會因其他業者的加入競爭而降低。

因此，長期下獨占性競爭市場上的廠商能否存在長期利潤，端視其能否保持與其他廠商在品質上的差異而定。就服飾店而言，它是否能一直推出領先市場潮流的衣服？就餐飲業而言，它是否能保持與眾不同的口味？就KTV來看，它能否提供賓至如歸與安全上的服務？只有在長期下能一直保持與其他廠商不同產品品質的廠商，才有可能在長期下擁有利潤，不必擔心其他廠商的競爭。

從整個社會資源使用效率的角度來看，在市場自由開放下，現有廠商會因為長期下潛在廠商加入的威脅，而必須壓低產品價格或提高產品品質，以保持競爭力。因此，社會資源的使用效率較高，消費者的福利也會因此而增加。

二、完全競爭市場的短期均衡

（一）完全競爭市場的特色

前節已簡略介紹各種市場結構下的特性，現在我們要更進一步說明不同市場結構下的假設，及廠商如何決定其最適產量並追求最

大利潤。首先，一個市場要符合完全競爭，必須先滿足下列四種條件：1.廠商數目眾多；2.各廠商產品的品質完全相同；3.廠商可以自由的進入或退出市場；4.廠商與消費者對於產品價格和產品品質都具有「充分訊息」（full information）。

　　首先，完全競爭市場的第一個條件是：市場上要有為數眾多的廠商，數目多到每一家廠商都變得相對很小，小到無法影響價格為止。由於廠商數目很多且規模又小，因此一家廠商多賣一個商品或少賣一個商品既不會影響到市場價格，也不會影響到別家廠商的銷售量。其次，每家廠商提供產品的品質要完全相同，因此廠商不能利用產品的差異來要求不同的價格。就消費者而言，他們也無法區分不同廠商提供的產品有何差異，因此不會產生產品忠誠度的問題。第三，完全競爭下的廠商可以完全自由的進入或退出市場。由於每一家的規模都很小，增加一家或減少一家廠商並不會在市場引起任何注意，但是雖然個別廠商對市場沒有影響力，長期下經過新廠商的不斷加入，會使市場供給增加，價格下降，終使原有廠商享有的超額利潤消失。同樣的，若原有廠商有損失，長期下也會因為有些廠商退出市場，而使全市場的供給減少，價格回升。完全競爭市場的最後一個條件是，生產者與消費者對於產品價格及其他市場狀況都具有充分的訊息。因此，哪一家廠商漲價或降價，大家都知道；任何一家提高價格，消費者會立即轉向其他廠商購買；同樣的，當任何一家廠商降價，消費者一定會蜂擁而至，因為他們都具有充分的訊息。

　　在上述的四種條件下，完全競爭市場就可以顯現出它的最主要特色，即每家廠商都是價格的接受者。如果有一家廠商要漲價，所有的顧客都會跑光，若一減價，則會有一大堆顧客上門；換句話

說，每一家廠商面對的市場需求曲線都非常具有彈性。在極端情況下，我們可以說完全競爭廠商面對的是一條具有水平線的需求曲線。同時，由於每一家廠商規模相對於市場而言，都非常的小，因此不論它銷售多少個產品，都不會影響到市場價格。所以，每一家廠商都可以在面對的水平市場需求彈性下，自由地選擇其最佳的產出量。

我們必須再提醒讀者，雖然每一家廠商的規模很小，雖然每一家廠商都不能單獨影響價格，但是最後的市場價格卻必須由所有廠商加總所組成的供給曲線與市場需求曲線來共同決定（如圖9.1）。在圖9.1（A）中，市場的均衡價格（P_0）由市場供給曲線（SS）與市場需求曲線（DD）所決定，但在圖9.1（B）中，每個個別廠商所面臨的卻是一條具有無限彈性的水平線的市場需求曲線。

此處我們要再說明的是，事實上，完全競爭市場是一個非常理想化的市場，因為要找到品質完全相同的產品可能並不容易。農產品的品質很相近，以白米來說，我們也可以區分池上米、中興米、

圖9.1：完全競爭廠商所面對的市場需求曲線

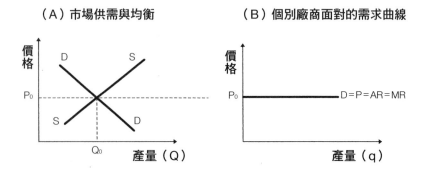

富麗米等，它們的價格也不會完全相同。雞蛋沒有品牌之分，但也有大小和新鮮與否的差異。即使我們找到兩個完全相同的產品，但也會因銷售地點不同，而使價格有所差異。比方說，我們家巷口小店的統一原汁牛肉麵一包要賣40元，但再遠一點的統一超商只賣35元。換句話說，廠商可以很容易的找到藉口，讓消費者相信它們的產品與別人不同。因此，要找到品質完全相同的產品是很難的。

　　同樣的，假設消費具有完全充分的市場訊息，也是一個與現實社會不盡相符的情況。一般而言，消費者的市場訊息都會比生產者少，況且競爭市場上的廠商數目那麼多，消費者如何去尋找售價最低的廠商呢？

　　不過，雖然我們指出一些不符合實際現象的假設，也指出完全競爭市場只是一個理想中的市場，但卻不能抹殺完全競爭市場理論所帶給我們的重要訊息與經濟含義。尤其在下節中，我們會詳細說明完全競爭市場所具有的重要經濟福利之含義。雖然我們不能使市場達到完全競爭，但「競爭」所帶給我們的經濟意義卻非常清楚。如此，完全競爭理論就足以有它存在的價值了。

（二）個別廠商的短期均衡產出

　　由於完全競爭廠商面臨的市場需求曲線是一條水平線，因此不論它要銷售多少產品，都可以用市場價格（p）來出售。假設一家廠商出售的數量為q，則其「總效益」（total revenue, TR）為：

（9.1）　　　　　　　　　$TR = p \times q$

因此「平均收益」（average revenue, AR）為：

$$（9.2）\qquad AR = \frac{TR}{q} = p$$

而每多賣一個產品的「邊際效益」（marginal revenue, MR）為：

$$（9.3）\qquad MR = \frac{\triangle TR}{\triangle q} = p$$

事實上，由於需求曲線是水平線，每個單位商品的售價都是p元，因此平均價格也是p元，所以平均收益也是p元。同時，每多出售一個商品的收入也是p元，此即邊際收益。因此出售商品的平均收益與邊際收益會相同，即 AR = MR，這可說是完全競爭下的另一項特色。如圖9.1（B），個別廠商面臨的（水平）需求曲線 D，也就是他的平均收益曲線（AR）和邊際收益曲線（MR）。

廠商的最終目的在追求最大利潤。當廠商知道市場價格及自己的收益情況之後，它就要再進一步考慮自己的最適產量與生產成本，以求得最大利潤（π）。廠商的利潤為總收益（TR）減去總成本（TC）的剩餘，即：

$$（9.4）\qquad \pi = TR - TC$$

要使利潤最大，廠商必須找到一最適量（q*），使下式成立：

$$（9.5）\quad 0 = \frac{\triangle \pi}{\triangle q} = \frac{\triangle TR}{\triangle q} - \frac{\triangle TR}{\triangle q} = MR - MC$$

亦即：

$$（9.6）\qquad MR = MC$$

　　（9.6）式的經濟意義很清楚，廠商追求最大利潤的必要條件是要找到一個產量，使得生產的邊際效益（MR）等於邊際成本（MC）。此一直覺非常簡單，當邊際收益大於邊際成本時，表示多生產一單位產品的收入會高於多生產一單位產品的成本，此時廠商當然應該增加產出。相反的，當邊際收益小於邊際成本時，多生產一單位產品的收入會小於多生產一單位產品的成本，此時廠商自然要減少產出。唯有當邊際收益等於邊際成本時，廠商才不應該再增加或減少產出，此時的產量（q*）應該就是廠商的產量，因為這時廠商的利潤最大，我們也稱該產量為廠商的均衡產出。

　　我們也可從圖9.2中，進一步了解廠商的最適產量。在圖9.2中邊際收益（MR）與邊際成本（MC）相交於A點，該點就是廠商追求最大利潤下的最佳選擇，或稱短期均衡點，此時廠商的最適產量為q*。

　　在均衡產量q*之下廠商的平均成本為Bq*（或D0），總成本為平均成本（Bq*）乘以數量（0q*），因此總成本為面積0DBq*。

圖9.2：完全競爭廠商的短期均衡

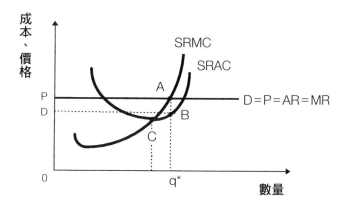

同時，平均收益為OP，總收益為平均收益乘以數量（0q*），故總收益為0PAq*。後者減去前者就是廠商的利潤（π），即面積DPAB，這也是廠商在現有價格P下所能達到的最大利潤。

值得注意的是，完全競爭市場並不能保證廠商在短期下一定會有利潤。比方說，在圖9.3中，若市場價格（P）低於生產成本的最低點（E），此時廠商在短期下就會有損失。此時廠商該如何選擇最適產量呢？答案與前面相同，即仍然選擇邊際收益等於邊際成本的一點（即A點），因為如此可以使廠商的損失最小，如圖9.3中的PDBA。

（三）完全競爭廠商的短期供給曲線

在圖9.2中，我們看到價格較高時，廠商會維持邊際成本等於邊際收益，使利潤最大。而在圖9.3中，我們也看到價格較低時，廠商仍然會維持邊際成本等於邊際收益的條件，使得損失最小。事實上，不論價格是高或低，為追求利潤最大，廠商都會維持邊際成

圖9.3：有損失的完全競爭廠商

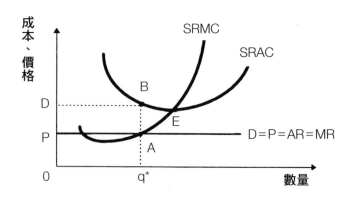

本等於邊際收益的條件。

在此種情況下，我們發現其實廠商的最適產量選擇一直都在其邊際成本曲線上移動，如圖9.4。在價格為 P_1 時，廠商的短期均衡為 A 點，最適產量為 q_1；價格為 P_2 時，最適產量為 q_2；價格為 P_3 時，最適產量為 q_3。因此，我們可以得到一個很重要的結論，即對完全競爭廠商而言，其邊際成本曲線就是廠商的供給曲線，因為個別廠商的短期供給曲線的價格與數量關係會完全反應在其短期邊際成本曲線上。

不過，並不是整條短期邊際曲線都是供給曲線。我們知道當價格低於平均成本的最低點（如圖9.4的C點）時，廠商會面臨損失，但為追求損失最小，廠商仍然會持續生產（q_3），使得邊際收

圖9.4：完全競爭廠商的短期供給曲線

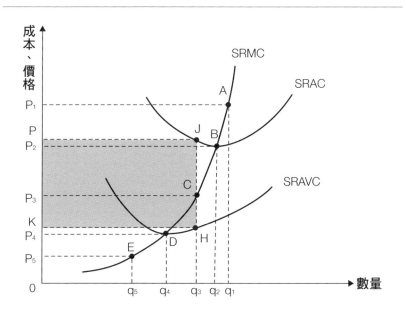

益與邊際成本的條件被滿足。但如果價格再下降呢？比方說降到E點，廠商還應該生產嗎？此時應該生產多少呢？這裡有一個非常重要的觀念，必須詳加解釋。

短期下，廠商的成本可分為兩種；即「變動成本」與「固定成本」。前者與產量有關，產量愈多，變動成本支出也愈大；而後者則與產量無關，不論生產多少，固定成本的支出都是固定的。當產品價格為圖9.4中的P_1時，廠商有正的利潤，廠商當然會樂於生產。但是當產品價格下降到比平均成本還低的時候，如圖9.4中的P_3點時，廠商是否還應該生產呢？此時廠商有兩種選擇，即繼續生產q_3，或完全不生產。依圖形來看，廠商繼續生產時，其損失為每單位損失AC乘上產量q_3，因此總損失為面積P_3CJP。但若完全不生產，則會損失所有的固定成本，在圖形中，q_3下的平均固定成本為JH，即短期平均成本（SRAC）與短期平均變動成本（SRAVC）之差距，因此此時固定成本總額可以用圖形面積PJHK來表示。由於P_3CJP小於PJHK，因此廠商應選擇繼續生產。

上述選擇的經濟理由也很清楚，因為如果不生產，廠商會損失已經投入的所有固定成本（PJHK）。而如果生產，因為此時價格（C）高於平均變動成本（H），因此，在生產q_3之下，廠商不但可以把變動成本（面積$0q_3$HK）賺回來，甚至還可以多賺回一些（KHCP_3）來彌補固定成本的損失，因此生產下的淨損失較小。

如果價格跌到P_5，此時廠商若生產，其最適點為E點。在E點下，由於價格低於變動成本，所以廠商若投入生產，則其收入不僅不能收回變動成本，更不可能回收任何已經投入的固定成本。所以廠商這時最好的選擇應該是歇業不生產，放棄已有的固定投入，這是最佳的選擇。

沉沒成本不是成本？

固定成本是短期下存在的成本，特性之一是廠商在決定生產多少數量之前，就已經存在的了。不論廠商最後決定生產多少產量，固定成本都不會變動，因此我們稱為「沉沒成本」（sunk cost）。由於固定成本與產量無關，廠商在決定最適產量時，應該完全不用考慮固定成本的大小，只要考慮收益與變動成本之間的關係即可。這是一個非常基本且重要的經濟觀念，茲舉一例說明之。

假設崑濱叔住在濁水溪旁，以種植西瓜為業。某年夏天，他投入了種籽及肥料等共20,000元的成本，種出了總重1,000公斤的西瓜，準備收成。但他估計還要花上10,000元的人工來收成與搬運到市場上去。請問在下列三種不同的市場情況下，他應該如何去做決策才可以使他的利潤最大，或損失最小呢？

情況1：現在西瓜的市場情況很好，西瓜批發價每公斤35元，崑濱叔如果把西瓜收成，並送到市場上去，他的利潤會是：

$$（35 \times 1,000）- 20,000 - 10,000 = 5,000元$$

如果不收成，則已投入的20,000元心血（沉沒成本）就泡湯了，損失為20,000元。當然，這時候他會選擇收成他的西瓜。

情況2：由於今年瓜農的一般收成都還不錯，市場上的西瓜批發價格每公斤20元。請問他該收成這些西瓜嗎？若不收成，則原來的心血就都損失了，損失20,000元。但若收成，則會有損失，損失為：

$$（20 \times 1,000）- 20,000 - 10,000 = 10,000元$$

在收成之下，淨損失為10,000元，小於不收成下的損失（20,000元），故他應該收成該批西瓜。

情況3：由於瓜農全面豐收，市場上西瓜的批發價大跌到只剩下每公斤5元，此時崑濱叔還應該收成嗎？若不收成，則沉沒成本是他的損失（20,000元）；若收成，則損失為：

$$（5×1,000）-20,000-10,000＝25,000元$$

收成下的損失（25,000）還超過不收成下的損失（20,000元），因此崑濱叔這時的最佳選擇是讓西瓜留在田裡，不應該採收。

在上述的三種情況中，其實真正該比較的是收成後的收益與收成時要多花的成本（即變動成本10,000元），而原先已投入的20,000元是沉沒成本，不應考慮。在三種情況下，收益分別為35,000、20,000，以及5,000元，前兩者高於變動成本（10,000元），故應採收，而最後一種情況下的收益（5,000元），甚至無法用來支付採收時的人工成本（10,000元），因此應該放棄而不收成。

因此，我們可以得到一個結論，當產品價格低於平均變動成本（SRAVC）的最低點時，廠商的最佳選擇是歇業，不再生產；而價格若在SRAVC的最低點以上，則應依邊際成本等於邊際收益的條件繼續生產。因此，我們把平均變動成本的最低點（D點），稱為廠商的「歇業點」（shut-down point）。因此，廠商歇業點以上的邊際生產成本曲線，才是完全競爭廠商真正的「短期供給曲線」

（short-run supply curve）。

（四）完全競爭市場的短期均衡

　　在完全競爭下，每家廠商都會把它的邊際成本曲線當做供給曲線，然後依市場價格來決定其最適產量。但另一方面，市場價格卻要由所有的市場供給與市場需求來共同決定。為簡化起見，我們假設所有的廠商訊息都相同，生產能力也一樣，所以生產規模也相同，因此生產函數與生產成本也都一樣。因此，我們把所有廠商的供給曲線水平加總，就可以得到整個市場的供給曲線，見圖9.5。假設完全競爭市場中共有n家廠商，每家的供給曲線為S_1、S_2……，其中P_1為變動成本的最低點，即廠商歇業點，因此供給曲線一定要在P_1之上。當我們把所有的供給曲線水平相加，就可以得到全體產業的供給曲線S。注意此時S曲線的斜率要小於任何一條個別廠商S_i的斜率，換句話說，整個產業的供給彈性要大於個別廠商的供給彈性。因為當價格上升時，個別廠商會隨著邊際成本線來增加產出，但對全體產業而言，不但個別廠商的產出增加，而且

圖9.5：完全競爭市場下的市場供給曲線

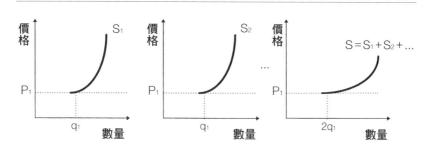

愛迪生是第一位美國產品傾銷專家

　　大家都知道美國的愛迪生（Thomas Edison, 1847-1973）是一位電器發明家。事實上，根據1911年12月20日《華爾街日報》的報導，他也是一位懂得變動成本與固定成本、邊際成本與邊際收益的行銷專家。下面引述他在報上的談話：

　　「我是美國第一位把賣不掉的存貨向國外傾銷的製造商。三十年前我的財務報表顯示沒有賺什麼錢。工廠的設備沒有完全利用，因為產品在國內市場已經飽和。我們就想到讓工廠設備完全利用，把生產出來賣不掉的產品以低於總成本（注：固定成本加變動成本）的價格向國外銷售。所有同事都反對我，但我早就請專家做了成本的計算。如果我們增加產量25%，變動成本只增加2%。我就請人把這些國內賣不掉的產品以遠低於歐洲產品的價格向歐洲傾銷。」

　　愛迪生了解到：只要賣到歐洲商品的價格高於變動成本，其高出的收入就可以用來償付固定成本。這短期策略有助於減少損失，長期來說，也就有助於市場占有率的擴大、公司的成長與利潤的增加。

廠商都會增加產出，並且還會有其他廠商的加入，因此產出增加更多。所以，整個產業的供給彈性會大於個別廠商的供給彈性。

　　最後，由市場供給與需求，我們就可以得到市場的「短期均衡」（short-run equilibrium），如圖9.6的E點。在短期均衡下，市場價格為P_0，市場供給量為Q_0。此時個別廠商的生產最適點為A

圖9.6：完全競爭廠商所面對的市場需求曲線與短期均衡

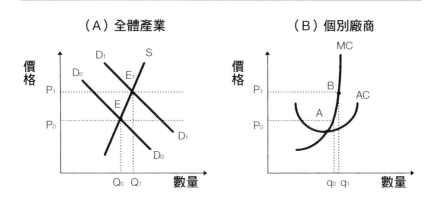

點，且供給量為q_0。因為我們曾經假設此時有n家規模相同的廠商，所以市場的總供給量Q_0就會等於個別市場所有供給量的總合（即$n \cdot q_0$）。

在短期市場均衡下，個別廠商可能有利潤，也可能有損失。在圖9.6中，由於價格超過平均成本的最低點，所以廠商有超額利潤存在。在長期下，就有可能吸收更多的廠商進入市場，分享這些超額利潤。但在短期下，新的廠商無法加入市場，使得現有廠商得以享有利潤。

如果此時市場需求突然由D_0D_0增加到D_1D_1，在短期下，由於廠商數目相同，因此市場供給曲線不會移動。在需求增加之下，市場均衡移動到E_1點，市場均衡價格會上升到P_1，均衡產量增加到Q_1。在市場價格上升之下，此時價格超過原來的邊際成本，因此個別廠商的產量就會增加直到價格等於邊際成本為止（B點），個別廠商的最適供應量為q_1。由於市場上廠商的總數n不變，因此市場總供給量Q_1仍然等於個別廠商供給量的加總（$n \cdot q_1$）。

　　短期下，需求增加時，會導致市場價格上升，及交易量增加；由於廠商數目不變，個別廠商的產量也會隨著增加，同時個別廠商的利潤也會擴大。反之，若市場需求減少，則市場的價格與交易量都會降低，個別廠商的產量與利潤也會同時減少。

三、完全競爭市場的長期均衡

（一）長期均衡狀況

　　短期下，完全競爭市場的主要限制之一是廠商的數目不變，因此當需求發生變化時，均衡數量的增加或減少都要由個別廠商的產量變化來因應，個別廠商的利潤也會隨之發生變化。在圖9.6中，我們看到短期下，個別廠商的利潤隨著需求的增加而擴大，因為短期下不會有新的廠商進入市場來競爭。

　　長期下的情況就複雜許多，當現有廠商有超額利潤存在時，就會吸引新的廠商加入。新廠商加入一方面會使市場供給增加，導致均衡價格下跌。另外一個影響則是，由於現在有更多廠商投入生產，因此會對生產要素產生更多的需求，如勞動、資本、土地等。在要素市場需求增加下，要素價格被迫上漲，導致所有廠商的生產成本全面提高。因此新廠商的加入，一方面會使產品價格下降，一方面又可能使產業的生產成本上升，終將導致現有廠商的利潤逐漸減少。

　　完全競爭市場允許新廠商加入，因此只要現有廠商有超額利潤存在，上述過程就會不斷進行，現有廠商的利潤就會不斷減少，直到價格下降到平均成本的最低點，也就是直到廠商的超額利潤為

零，新的廠商才會停止進入。

　　相反的，如果短期下現有廠商有損失存在，長期下就會有廠商不堪虧損而退出市場，當然也不會吸引任何新廠商進入。在廠商數目減少下，供給減少，價格上升，直到仍停留在市場上的廠商虧損消失為止。

　　因此，長期下的市場均衡情況會如圖9.7所示，市場供給與需求所決定的均衡價格P*，會剛好為個別廠商長期供給曲線的最低點（即A點）。由於此時市場價格等於平均成本（也等於邊際成本），因此個別廠商沒有超額利潤，所以不會吸引新的廠商進入；但因為沒有損失，所以也不會有廠商退出。因此，廠商的數目也確定（假設共有n*家）。由於此時市場交易量為Q*，而個別廠商的最適產量為q*，所以市場交易量（Q*）應該等於所有個別廠商產量的加總，即n*q*。

　　我們稱上述狀況為完全競爭市場的「長期均衡」（long-run equilibrium），因為此時不但每一個廠商都維持在最適產量（即平

圖9.7：完全競爭市場的長期均衡

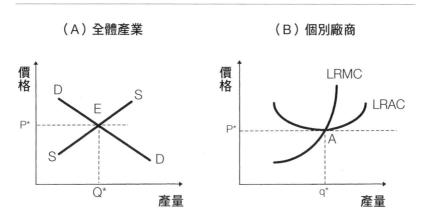

（A）全體產業　　　　　　　　（B）個別廠商

均成本最低下的產量q*），而且廠商數目固定。在沒有其他外力影響之下，個別廠商產量不會發生變化，且廠商數目也不會變動，所以是一個均衡狀態。

　　值得注意的是，當市場由短期均衡調整到長期均衡時，市場價格（P）與市場產量（Q）都會發生變化，兩者都由市場供給與需求所決定。但對個別廠商而言，為因應新的市場價格，不但每家廠商的生產數量會調整，而且整個產業中廠商的數目也會變動，這是長期均衡與短期均衡，一個很不一樣的地方。

（二）長期均衡下的福利含意

　　完全競爭長期均衡對於資源使用效率與社會福利有幾個很重要的經濟意義，值得我們再加以說明：

　　第一，完全競爭在長期均衡下，會使廠商在長期平均成本曲線

圖9.8：完全競爭市場長期均衡的福利含義

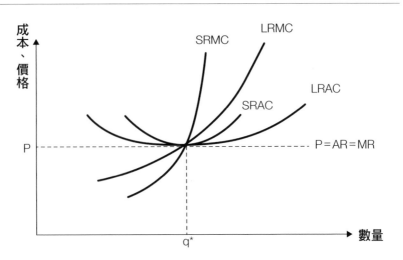

的最低點生產。事實上，該點同時也是短期平均成本曲線的最低點，見圖9.8。由於是短期平均成本曲線的最低點表示該生產規模已被充分利用，而且長期平均成本的最低點也表示在所有產量當中，能夠達到成本最低的生產方式。無疑的，這是最有效率的生產方式，生產性資源都被充分利用。

第二，長期均衡下，市場價格（P）等於廠商的平均收益（AR），也等於邊際收益（MR），也等於邊際成本（MC）。其中市場價格（P）代表市場上消費者在消費此一單位商品時，所願意支付的價格，我們也可以看成是這個產品所能帶給整個社會的邊際利益。另一方面，廠商生產一單位商品需要投入的邊際成本，則可被看成是社會為生產此一單位商品所需支付的邊際成本。在完全競爭之下，兩者相等，表示這時候的社會福利可以達到最大，即P＝MC。因為若P＞MC，表示每單位商品帶來的社會福利大於社會生產所需的成本，從整個社會的角度來說，此時應該再繼續生產。反之，如果P＜MC，表示全社會的生產成本太高，應該減少生產。而完全競爭之下，可以使P＝MC，達到社會資源使用的最高效率。同時，由於此時價格也等於長期平均成本的最低點，表示消費者可以用最低的價格來購買，因此消費者剩餘最大，社會福利最高。

第三，使完全競爭市場能達到長期平均成本最低點生產的一個重要條件，就是廠商可以自由進入或退出市場。在允許廠商自由進入之下，當原有廠商有利潤存在時，長期下就會有新的廠商加入競爭。此時，由於供給增加，會促使市場價格下降。另一方面，價格降低長期下也會迫使廠商尋求成本最低點的方式生產。對大多數經濟學家而言，幾乎都會同意市場開放與自由競爭，主要的理由在

此，這也就是自由競爭的真諦。

（三）產業的長期供給曲線

在短期下，由於市場上廠商的數目固定，因此整體產業的供給曲線由個別廠商的供給曲線水平加總即可。但長期下情況不同，一方面廠商數目會調整，使得廠商供給曲線水平加總之和會產生變化。更重要的是，由於廠商數目的變化，可能因生產要素需求增加，導致要素價格和生產成本的變動，使得整個產業的供給曲線發生變化。

假設市場原來在長期均衡下，如圖9.9（A）的E點，市場均衡價格為P_0，交易量為Q_0，個別廠商的生產量為圖9.9（B）中的q_0。現在假設市場需求突然增加至D_1，短期下價格上升至P_1，交易量增加為Q_1，個別廠商的產量增加到q_1，但長期下的變化呢？

由於此時市場價格超過長期成本的最低點，因此廠商有利潤存

圖9.9：完全競爭產業的水平長期供給曲線

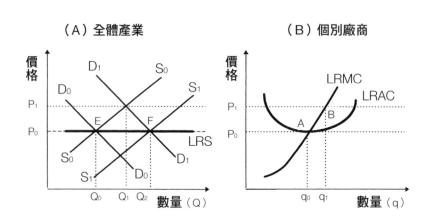

Uber與計程車的市場競爭

隨著網路世界的發達，全球最大的網路叫車平台Uber，對於世界上許多國家的計程車業都造成強大的競爭。在台灣也是一樣，由於網路叫車很方便，再加上其價格具有很大的彈性，因此目前國內使用Uber叫車的也大有人在。然而，由於Uber一方面不願意在台灣設立實質的公司，接受政府管理；一方面，他們也不願意在台灣繳稅，因此政府一直不願意開放Uber在台灣合法的營運。

另一方面，長久以來，台灣的計程車業都實施所謂的靠行制度，主要理由在於方便政府管理。另一方面，由於擔心計程車數目太多，於是政府對於每一縣市的計程車數目都加以管制。在嚴格的數目管制之下，計程車牌照變得物以稀為貴。不但如此，只擁有計程車牌照還不夠，還必須要登記在某家計程車行之下，才能營業，這就是所謂的靠行制度。於是有心想開計程車的人就必須準備兩種基本費用，一個是繳納高昂的成本，以購買計程車營業執照；同時，還必須定期繳納計程車的靠行費用。相形之下，計程車業者就大發利市，有些業者乾脆自行購買昂貴的計程車執照，出租給個人計程車司機，然後再收取靠行費用。

較早以前，由於計程車數目較少，雖然開車的司機很辛苦，還要繳納兩種費用，但仍然可以使司機們享有不錯的生活。現在計程車牌照雖然增加發行，但大多數仍流到車行手中，計程車司機除了必須繳納兩種額外費用之外，再加上競爭較大，使得計程車司機們的收入大不如前。

管制計程車數目的目的之一，就是在以限制自由進入市場的原

則下，來提高司機們的收入。但是在靠行制度下，司機們的利潤絕大多數都被車行剝削而去，使得計程車司機朋友苦不堪言，現在再加上Uber的競爭，造成國內計程車業者收入更少。

其實，大家都知道，隨著網路世界的來臨，網路平台的使用勢必不可抵擋。從消費者的角度來看，開放網路叫車是一定有必要的。但是，另一方面，現在國內計程車業者受到靠行制及其他的管制太多，因此，在開放Uber進來之前，國內的計程車業者相關體制也應該做同樣的修訂及開放，包括靠行制度及網路叫車等等。事實上，台灣現在也已經有一些網路叫車平台，例如「呼叫小黃」，但是因為國內計程車管理制度太嚴，使得這些網路叫車也受到很多限制，並容易與Uber競爭。

在。在超額利潤的吸引下，新的廠商源源加入，使供給增加。同時，由於新廠商出現，對於相關的要素市場價格產生壓力。現在有三種可能情況：1.要素市場價格不變；2.要素市場價格上升；3.要素市場價格下跌。茲分別討論之。

如果此一完全競爭廠商在要素市場上只占小小的一部分，當其廠商數目增加時，要素需要的增加對要素價格不會造成任何影響。換言之，我們假設此時廠商的生產成本沒有任何變化。因此，當產品需求增加時，價格上升會引起廠商數目及產品價格的增加，而使價格又趨下降。但只要價格仍超過長期平均成本的最低點，廠商利潤仍然存在，新的廠商就會不斷增加，且使供給曲線右移，一直到均衡價格重新回到原來長期平均成本的最低點，也就是原來的價格為止（P_0）。此時的供給曲線為S_1，新的市場均衡點為F點。

　　在新的市場均衡點F下，均衡價格仍然是P_0，而新的交易量為Q_2。但是個別廠商的交易量由短期下增加的q_1，再回到長期平均成本的最低點q_0。那麼市場是如何因應交易量的增加呢？答案是：市場上廠商的數目增加了。雖然個別廠商的產量不變，但廠商數目增加，因此使得全體產業的供給仍然是增加的。此處我們看到短期與長期在因應市場變化時的不同，短期下因為廠商數目不變，故個別廠商以增加產出來應付需求的增加。而長期下，因為利潤的存在，促使更多的廠商進入市場，而原有的廠商在競爭壓力下，不得不降低生產成本，最終又回到長期成本最低的地方生產，因此產量又回到原先的均衡產量（q_0）。

　　就個別產業的供給來看，長期下的供給曲線雖然由S_0增加到S_1，但真正均衡點的移動由原來的E點移動到F點，連接E、F兩點，形成的才是整體產業的「長期供給曲線」（long-run supply curve, LRS）。在本例中，產業的長期供給曲線為水平線，主要理由在於產業的產量增加時，對生產要素價格沒有產生任何影響，所以個別廠商的長期平均成本也沒有變化。在競爭的壓力下，廠商會回到長期平均成本的最低點生產，而且產品價格也會維持在該點之上，所以長期供給曲線就變成一條水平線。

　　國內的雞蛋市場是一個很好的例子。一方面生產雞蛋接近完全競爭市場，另一方面，生產雞蛋的農人數目相對於全體農人的數目而言是很小的。因此，當雞蛋消費需求增加而導致蛋價上升時，原有蛋農的收益會增加，但也因此而吸引了更多農人從事養雞生蛋的工作。由於所需要增加的蛋農、飼料、土地都不會很多，因此這些生產因素的價格不會變動，原來廠商的生產成本也沒有受到影響。但由於不斷的有蛋農加入生產行列，使得雞蛋供給一直增加，直到

原有蛋農的超額利潤完全消失為止。由於原有蛋農的生產成本不變，故最後的市場價格仍然會維持在原有蛋農生產成本的最低點，所以他們的產量也會回到原來的產量之下。此時，產業產量的增加是以蛋農數目的增加來滿足，個別蛋農的產量與以前是相同的。

現在再假設：原來競爭市場上需要許多的生產要素。因此，當產品需求增加而使價格上升時，長期下廠商數目會因為利潤的存在而增加。另一方面，由於生產要素需求的增加，而導致要素價格上升，也使得原有廠商的平均生產成本往上移動，如圖9.10。在圖9.10（A）中，原來的長期均衡點為E點，均衡市場價格為P_0，市場均衡產量為Q_0，個別廠商的最適產量為q_0。長期下，由於需求增加，使價格上升，也使廠商利潤增加，但由於吸引了許多新廠商的加入，導致要素價格上升，也導致長期平均成本由$LRAC_0$上升到$LRAC_1$，如圖9.10（B），使得個別廠商長期平均成本最低點由A點上移到B點。

由於最低生產成本上升，使得產業的最終均衡價格也上升至

圖9.10：完全競爭產業的遞增長期供給曲線

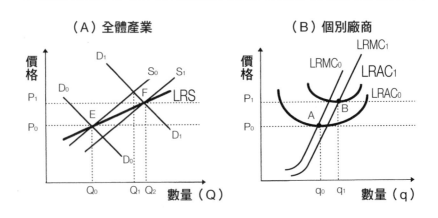

P_1，見圖9.10。在新的市場均衡下，市場價格上升（P_1），市場交易量增加（Q_1），而個別產量也由q_0增加到q_1。此處必須說明的是，我們可以確定全體產業的總產量一定會增加，而且廠商的數目也會增加。但個別廠商的產量則可能會增加，也可能會減少，這必須決定於長期平均成本曲線的形狀，以及如何往上移動。

　　無論如何，我們在圖9.10中看到，由於廠商數目增加以及對要素需求增加，導致生產成本的增加。所以，雖然長期下仍然保持在新的長期成本的最低點，但也同時造成產品均衡價格的上升，所以產業供給曲線（LRS）變成正的斜率，即價格上升，且產量也增加，至於造成產業長期供給曲線具有正斜率的主要原因在於要素成本增加。

　　對大多數的產品來說，只要產業規模夠大，則當全體產出增加時，難免都會造成對要素市場的壓力，從而導致生產成本的增加。所以，我們看到大多數產業的長期供給曲線都是正斜率的。

　　最後一種情況是具有負斜率的產業供給曲線。造成負斜率的產業供給曲線的一個原因在於生產要素市場因需要增加，而使要素市場價格下跌，從而使得產品市場上的生產成本降低。一般來說，這種情況並不容易出現，唯一的可能是當要素市場擴大時，要素市場的供給者可以透過規模經濟的生產方式，來降低要素的生產成本，從而可以用較廉價的方式來供應，使得產品的生產成本降低。

　　雖然我們不容易看到要素市場的價格下跌，但有時候仍然可以看到產業有負的長期供給曲線，主要理由在於產業的生產技術進步。在一個技術進步迅速的產業中，由於生產成本不斷因技術進步而下降，在完全競爭的情形下，會使價格也不斷的往下調整，最終導致產業的曲線出現負斜率，見圖9.11。

圖9.11：完全競爭產業的負斜率長期供給曲線

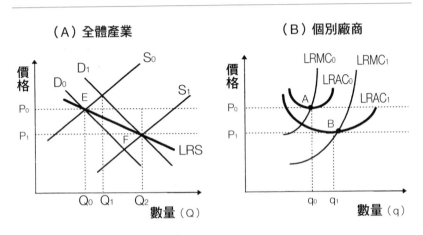

（A）全體產業　　　　　　　　　　（B）個別廠商

　　在圖9.11中，我們假設因為生產技術進步，使得產業中個別廠商的長期生產成本往下移動，由LRAC$_0$至LRAC$_1$。因此，當需求增加時，市場交易量與生產規模的擴大，帶動廠商技術增加與成本降低，終而使產業出現負斜率的長期供給曲線（LRS）。

　　台灣的電腦產業可以做為一個例子。雖然電腦業者的數目不一定多到類似完全競爭，但競爭十分激烈卻是有目共睹的。尤其台灣電腦產業技術進步非常迅速，使得生產電腦的成本不斷下降。在市場競爭的巨大壓力下，廠商也不得不以降價來應付壓力，然而由於技術進步導致成本下降，所以電腦業者也有較大的降價空間。因此，雖然長期下電腦的市場需求不斷增加，供給增加的速度更快，從而使得整個電腦產業出現負斜率的長期供給曲線。

經濟名詞

市場力量	市場結構	完全競爭市場
不完全競爭市場	獨占	寡占
獨占性競爭	價格決定者	價格接受者
進入障礙	自由進入	齊質產品
異質產品	超額利潤	正常利潤
經濟利潤	充分訊息	總收益
平均收益	邊際收益	歇業點
短期均衡	長期均衡	短期供給曲線
長期供給曲線	沉沒成本	

討論問題

1. 請分別說明完全競爭、獨占性競爭、寡占、獨占的特性，並各舉二例說明之。

2. 試述「自由進出」的假設在完全競爭市場中的重要性，及在其他市場結構中的重要性又如何？

3. 沉沒成本是不是廠商的成本之一？廠商在做決策時，應如何對待沉沒成本？你可以舉出二個沉沒成本的例子嗎？

4. 完全競爭市場的條件有哪些？請分別說明之。

5. 請說明正常利潤、超額利潤與經濟利潤的異同。

6. 何謂歇業點？完全競爭廠商的歇業點何在？

7. 試比較完全競爭市場下，短期均衡與長期均衡的異同。

8. 試比較完全競爭市場下，市場的短期供給曲線與長期供給曲線之異同，並說明為什麼長期供給曲線可能會出現負斜率的情況。

9. 請說明完全競爭市場所具有的經濟福利含義？並說明為什麼大多數經濟學家贊成自由競爭？

10. 你贊成「物競天擇，適者生存」這句話嗎？你覺得生物之間的競爭與本章所謂的競爭有何異同之處？

11. 有一家完全競爭廠商面對的商品市場價格為q元，而其總成本線為$TC = q^2 - q + 4$。請問其最適產量為多少？此時的短期利潤為若干？

12. 請說明在完全競爭市場下，廠商平均收益與邊際收益之間的關係。

13. 在完全競爭市場下，如果所有廠商都是價格接受者，請問市場均衡價格是由誰決定的？為什麼？

14. 請找出二樣你認為接近完全競爭市場的商品，並到三家附近的商店中，比較此二種商品的價格。說明你做市場調查的結果是否支持完全競爭市場的條件？為什麼是？或者為什麼不是？

獨占市場

一、獨占廠商的行為

（一）形成獨占的原因

當廠商只有一家時，市場就出現了所謂獨占或者壟斷的現象，有時亦稱「純粹獨占」（pure monopoly）。這種獨占有三個特徵：1.產品只有它獨家銷售，2.沒有競爭對手或潛在競爭者，3.產品缺少近似替代品。

在本章中，獨占與壟斷兩個名詞互用。

在獨占市場中，因為廠商是唯一的生產者，所以它是一個「價格決定者」，可藉著降低價格出售更多的產品。在完全競爭市場下，廠商則是「價格接受者」（接受市場上的價格），在市場決定的價格下，可以出售它所想要出售的數量。因此，在完全競爭下，每一個價格接受者（廠商）所面對的是一條與橫軸平行的需求曲線；在獨占市場下，每一個價格決定者（獨占廠商）所面對的則是整個社會的向下傾斜的需求曲線（見圖10.1）。

獨占產生的基本原因，是由於其他廠商進入產業的障礙，以及

圖10.1：獨占廠商所面對的需求曲線

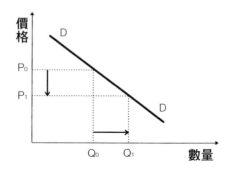

它本身擁有的成本優勢。

1. 進入產業的障礙

　　一旦廠商擁有獨占力（如當地唯一的電力公司），就容易長期獲利，不必擔憂新競爭對手出現。

　　別的廠商要進入一個獨占市場的主要障礙有：

（1）**法令限制**：政府設有各種限制，新廠商不易進入許多產業（例如，電信與電力事業）或職業（例如，醫師及律師等需領執照等）。

（2）**專利權**：政府對發明者提供若干年專利，禁止別人剽竊他們的智慧財產。

（3）**策略性資源的控制**：壟斷者擁有生產該商品所需的關鍵性原料，競爭對手不易加入。例如 De Beers 公司控制了全球大部分的鑽石礦權；台糖公司曾經控制全台灣產糖用甘蔗的購買市場，使得台糖成為台灣唯一的製糖業者。

2. 成本優勢

　　廠商形成獨占的另一個重要原因可能是由於成本低廉，其他廠商皆無法與之競爭。成本低廉的主要原因可能是：

（1）**規模經濟**：如果一個廠商的經濟規模極大，當它達到極高的產量後，平均成本仍然在漸減中，那麼這廠商就能夠以低成本擊敗任何潛在的競爭對手。

　　此種情況一般稱為「自然獨占」（natural monopoly），最

容易出現在需要大規模、且平均成本遞減的產業上，譬如
水電、瓦斯等產業。

（2）**技術領先**：廠商在研究發展方面的投資生效，可能使該廠
商的技術水準優越，生產成本低廉，從而領先競爭對手。
比方說，電腦業中的英特爾公司在生產個人電腦用的數學
運算器上，就具有領先優勢，使其在該產品上享有幾近獨
占的地位。

（二）獨占廠商的成本與收益

在生產成本方面，獨占廠商一般而言除規模較大以外，其成本
形態與其他廠商並沒有太大差異，我們仍然可以沿用完全競爭廠商
的成本形態來表示。後面我們要討論的寡占與獨占性競爭廠商的成
本形態也大致相同。所以除非特別提及，否則我們都以U字型的平
均成本做為所有廠商的成本形態。

在收益方面，獨占者與完全競爭廠商截然不同。完全競爭廠商
是價格的接受者，面臨的是一條水平的需求曲線，所以它可以在固
定價格下，出售任何它想出售的數量，市場價格不會受到影響。但
獨占者不同，它是市場上唯一的供給者，因此整個市場的需求曲線
就是獨占廠商面對的需求曲線。獨占者若想要增加銷售量，勢必要
降低價格才可以，因為市場需求曲線具有負斜率。在此種情形下平
均收益（AR）與邊際收益（MR）就會出現差異。

我們以表10.1來舉例說明獨占廠商總收益、平均收益，以及邊
際收益之間的關係。首先要說明一個重要基本觀念，市場需求曲線
（D）就是獨占廠商的平均收益曲線（AR），見圖10.2，因此第1欄
的價格也就等於第5欄的平均收益。因為就獨占者而言，市場的購

表10.1：獨占者總收益、邊際收益，與平均收益的關係

(1)價格	(2)數量 （即市場需求）	(3)總收益（$） =(1)×(2)	(4)邊際收益（$） =△(3)×△(2)	(5)平均收益（$） =(3)/(2)
8	0	0	–	8
7	1	7	7	7
6	2	12	5	6
5	3	15	3	5
4	4	16	1	4
3	5	15	–1	3
2	6	12	–3	2
1	7	7	–5	1
	0	–7	0	

買量就是獨占廠商的銷售量。以表10.1為例，當價格為2元時，市場需求量為6單位，獨占者的總收益為12元，故平均收益為2元；當價格為5元時，市場需求為3個，獨占者總收益為15元，平均收益亦為3元。因為消費者在購買商品時，係依價格高低，然後再決定一次買多少。所以當時的價格，就是買方每買一個商品的平均支出，也就是賣方每賣一個的收入，亦即廠商的平均收益。事實上，因為交易習慣都是先談好價錢，再決定一次買幾個，因此價格就會等於平均收益。如果交易情況出現了交易價格與數量同時變動的情況，價格就不會等於平均收益。比方說，我們常看到路邊水果攤上的廣告：「一斤40元，三斤100元。」此時我們稱廠商定價有「價格歧視」（price discrimination），因此價格與平均收益不會相等，我們會在本章的下一節中專門討論價格歧視的問題。

　　表10.1中，第2欄表示的是市場需求量，也就是獨占廠商在不同價格下所能銷售的數目。第3欄為總收益，等於價格乘上銷售量。第4欄的邊際收益是指多銷售一單位時，所造成總收益的變

動。準確的寫法應當把邊際收益放在總收益與總銷售量之間。例如
第二單位時，邊際收益為$5，應當放在單位一與單位二之間。不
過通常為了減少閱讀上的麻煩，並沒有這樣準確地標示。

　　邊際收益與總收益及需求彈性之間有十分密切的關係，讓我們
以表10.1及圖10.2來說明。

　　根據表10.1的第1與第2欄，就可畫出圖10.2中的需求曲線；
根據表10.1中的第2與第4欄就可畫出圖10.2中的邊際收益曲線。
比方說，在單位0與一之間時，MR = 7；在單位一與二之間時，
MR = 5；在單位二與三之間時，MR = 3；……其餘依此類推。

圖10.2：獨占者總收益、彈性與總收益的關係

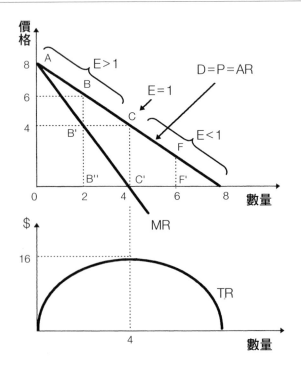

當需求曲線有彈性時（E＞1），邊際收益為正值；彈性變成1時（E＝1），邊際收益等於零；彈性變小時（E＜1），邊際收益變成負值。

從這樣的關係中，我們就可下判斷：壟斷的廠商絕不會在邊際效益等於零，或負數時生產。也就是說，在本例中，他會生產的數量不會等於或超過4單位。

在需求彈性大於1時（即圖10.2的需求曲線AC部分），價格下跌，總收益會增加，因此邊際效益是正值。當彈性變成1時，總收益不變，因此邊際效益等於零（因為邊際收益 = △TR／△Q，當△TR＝0時，MR＝0）。當彈性小於1時，總收益會下降，因此邊際收益就變成了負值。

從這樣的關係中，追求利潤最大的獨占廠商，也就只會在需求曲線彈性大於1的AC部分生產。

（三）獨占廠商的短期均衡與長期均衡

獨占廠商與任何其他廠商的目的相同，都在追求利潤最大。而追求利潤最大的基本原則也相同，即應達到邊際收益等於邊際成本的條件，即MR＝MC。因為若MR＞MC，表示多生產一個產品的邊際效益會大於邊際成本，此時廠商自然應該增加產出；相反的，MR＜MC，表示收入不敷支出，因此廠商應該減少支出。唯有當MR＝MC時，廠商才能滿足利潤最大的條件。但除了MR＝MC以外，廠商還必須考慮時間因素。

因此，廠商的短期下的最適產量，也就是短期均衡應該是：若價格不低於平均變動成本時（P≧AVC），廠商在邊際收益等於邊際成本（MR＝MC）處生產。

　　長期下的最適產量是：若價格不低於平均總成本時
（P ≧ ATC），廠商在邊際收益等於邊際成本（MR = MC）處生產。

　　讓我們以圖10.3來說明。當獨占者的產量為Q_0時（MR = MC時
的產量），他就獲得了最大利潤。在Q_0處，P_0 > AVC（AVC = I），
因為價格大於平均變動成本，廠商在短期中仍會生產。在Q_0處，
P_0 > AC（AC = G），所以，廠商在長期下也將生產。

　　在Q_0處，廠商的利潤等於$GFEP_0$（陰影面積），也就是平均單
位利潤（P – AC）乘以產量 =（P_0 – G）× Q_0。

　　另一方面，壟斷廠商也可能虧本而倒閉。如果固定成本較高，
使得Q_0處的AC > P_0，但P_0 > AVC，那麼廠商在短期中仍然生產，
但長期中則要考慮關閉。

　　例如在圖10.4中，廠商決定生產的話，最適產出水準仍然是
MR = MC時，決定均衡產量Q_0 = 3。在短期下，因為P_0（10元）超
過AVC（6元），所以廠商會生產，但會發生$GFEP_0$的損失（陰影
面積，總收益TR = \$10×3 = \$30，減總成本TC = \$12×3 = \$36，

圖10.3：獨占廠商短期中求取最大利潤

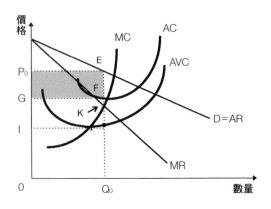

等於損失 $6）。值得注意的是，如果歇業不生產，那麼固定成本的損失會是（12−6）×3＝$18，也就是說，短期下，廠商會持續生產，使損失由$18減到$6，省下了$12的損失。但是在長期下，因為 P＝$10，不敷 AC 的$12，所以廠商面臨關閉的選擇。

有時候，我們經常聽到一些對於獨占的誤解及一些似是而非的說法：

「獨占者要索取所能得到的最高價格。」

事實上，最高的價格是在僅生產一單位時才能得到。只要 MR＞MC，獨占者即能藉著增加銷售而獲利。因為要增加銷售就必須降低售價，所以獨占者不可能也沒有必要索取最高售價，參閱圖10.3。造成這種現象的主要原因在於，獨占者面臨一條負斜率的需求曲線。換句話說，雖然獨占廠商不用擔心別家廠商的競爭，但仍要面對消費者買或不買的選擇。

「獨占者總是在獲利。」

事實上，在短期中，獨占者與其他廠商一樣可能發生損失，見圖10.4。此外，在 MR＝MC 的條件下，如果需求曲線剛好與獨占者的平均成本相切，則此時的獨占利潤會是零。

獨占廠商的行為中，還有一些特色值得吾人進一步闡述：

1. 獨占者未必以最低平均成本生產。

在完全競爭下，長期中，廠商必須在最低平均成本下生產，否則就會被那些在最低平均成本下生產的企業所淘汰。獨占者無此種競爭壓力，他可能在 AC 下降的部分，或最低點，或上升的部分生產（依 MR＝MC 的產量而定）。

由於獨占廠商不一定會在成本的最低點生產，通常會選擇在平

圖10.4：獨占廠商長期中面臨歇業的選擇

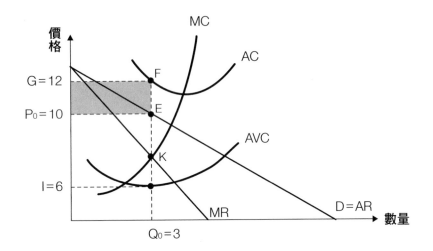

均成本最低點的左邊生產，也就是其產量會小於最適規模下的產量，所以會造成資源的使用缺乏效率，形成資源浪費，這可說是獨占廠商造成社會福利的損失之一。

2. 獨占者在需求曲線上有彈性處生產。

唯有在有彈性的產量範圍內，邊際收益才會大於零（MR ＞ 0）。由於邊際成本（MC）大於零，只有在上述產量範圍內，利潤最大化的條件才可能達成：

$$邊際收益 ＝ 邊際成本（MR ＝ MC）$$

3. 價格超過邊際成本。

在獨占者利潤最大化的產出水準下，MR ＝ MC，所以 P ＞

MC。但是因為價格表示消費者願意支付的成本，也表示該產品能夠帶給消費者的利益。另一方面，MC代表廠商生產該產品所需支付的成本，我們也可看成是整個社會的成本。在 $P > MC$ 下，表示社會對這個產品的消費利益大於社會的生產成本。顯然此時若廠商能增加產出，則社會利益會大於社會成本，也就是說整個社會可以達到更高的福利水準。

　　事實上，$P = MC$ 才應是社會福利最大的條件。不幸的是，獨占廠商在追求利潤最大的條件下，只考慮自己的利益，而忽略全體社會的利益，導致全社會產量小於全社會福利最大的產量。這可說是獨占者造成社會福利的第二種損失。

4. 獨占者無供給曲線。

　　供給曲線告訴我們，在每一個價格下，廠商所願意生產的數量。但是獨占者不是價格接受者，它們可以自行訂定售價。因此我們不可能建立獨占者的供給曲線，來表示某一價格下它願意生產的數量。獨占者經常在價格上升時增加供給，但也可能在價格上升時減少供給。

　　在面對不同的價格下，完全競爭廠商會依邊際成本大小，來決定其最適產量，因此邊際成本曲線成為完全競爭廠商的短期供給曲線，且價格與產量會有一對一的關係。但獨占廠商不會如此做，因為獨占者必須同時考量產量與價格的關係。所以當它面對不同的需求曲線時，在面對同樣的價格下，卻可能會有不同的產量。

　　比方說在圖10.5中，我們假設有二種不同的市場情況。第一種情況的市場需求彈性較大（D_1），第二種彈性較小（D_2），而兩種市場的MR都與獨占廠商的邊際成本（MC）相交於E點上。也

圖10.5：獨占廠商沒有供給曲線

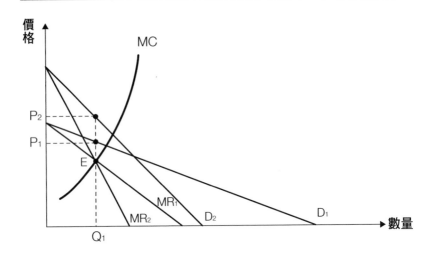

就是說，在兩種不同的市場情況下，獨占廠商都會生產相同的產量（Q_1）。但是在彈性較大的 D_1 上，獨占廠商所訂的價格為較小的 P_1；在 D_2 時，獨占廠商的定價則為較高的 P_2。本例說明，即使產量相同，但為因應市場情況，獨占者會訂出不同的價格。也就是說，獨占者的供給量與價格並沒有如同供給曲線上價格與產量保持一對一的關係，而必須依市場情況而定。所以對獨占廠商而言，供給曲線不存在。

二、價格歧視

（一）價格歧視的原因

到目前為止，我們都假設獨占者將其所有的產品都以相同的價

格出售，這也是一般人的交易習慣。但對獨占者而言，它是唯一的供給者，所以可以把相同的產品依不同的價格出售。比方說，獨占者可以訂價為：「一個40元，三個100元」，對不同數量訂定不同價格；也可以訂價為：「學生與老年人半價，其他人要買全票。」這是針對不同的人訂定不同的價格。如果這些價格的差異並不在反映生產成本上的差異，例如運輸成本的差別，則這種訂價的方式就稱為「價格歧視」（price discrimination），或「差別取價」。

由於獨占廠商面對的是一條負斜率的需求曲線，所以廠商要增加產出時，必須以降價方式進行。因此，如果廠商要多出售一個商品，其邊際收入是該商品的價格再減去前面幾個商品因減價而損失的收入。所以，其邊際收入（MR）會小於價格（即平均收益，AR），這也是為什麼在圖10.2中，我們看到獨占者的邊際收益會小於平均收益。

以前述表10.1的例子來看，原先價格為7元時，市場只願意買一個。當價格降為6元時，市場需求增加為兩個，故總收益增加為12元，相減之下我們得到邊際收益5元，小於當時的價格6元。

但如果廠商採取價格歧視，情況就不相同了。如果廠商規定，第一個商品的售價是7元，如果要買第二個，則第二個商品的售價是6元。因此，兩個商品的總收入是13元，第二個商品的邊際收入是6元，等於當時的價格。由於消費者消費第二個商品的邊際效用是6元，所以會以6元去購買第二個商品。在上述例子中，我們看到當獨占者採取價格歧視時，其總收益和邊際收益都增加了，因此價格歧視對廠商是有好處的。

但是誰損失了呢？當然是消費者，因為消費者剩餘縮水了。在圖10.6中，我們看到原先價格為6元時，消費者會花12元購買2單

圖10.6：價格歧視與消費者剩餘
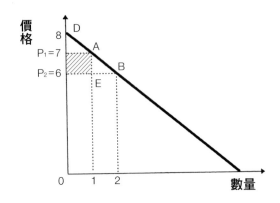

位產品，因此全社會可享有的消費者剩餘為三角形面積DBP₂。但現在獨占者規定買第一個商品要支付7元（P_1），買第二個商品要支付6元（P_2），買2單位商品共需花13元，因此與前面相比，消費者要多支付斜線面積的部分（在本例中為1元），而該斜線面積就是消費者剩餘的減少。事實上，該斜線面積就變成為獨占廠商因價格歧視而增加的生產者剩餘。

　　但是採行價格歧視時，購買者不可以轉售他們購得的產品，否則的話，購買者可以低價購得商品後再轉售給其他買者，此舉會破壞廠商的差別價格策略。以電力公司為例，我們常看到電力公司實施「尖峰訂價法」（peak-load pricing），即為鼓勵人們在非尖鋒時間用電，減少在尖鋒時間用電，他們把尖鋒時刻的電價訂得很高，而離峰時間的電價就訂得較低。由於一般人很難把非尖鋒時間的電力移轉到尖鋒時間來用，因此電力公司的尖鋒訂價法就可以很有效的實施。

　　價格歧視對消費者而言大都是不利的，因為有部分消費者剩餘

會被獨占者拿走。但因為獨占者可因價格歧視而有更高的邊際收益，在可以賺到更多錢的情況下，獨占者也會增加產出，對全社會的福利而言，這可能是唯一的好處。

（二）價格歧視的種類

價格歧視大致上可分為兩類，一類是針對不同的購買者訂定不同的價格。譬如電影院門票分有全票、軍警票、學生票；公車票分全票、學生票；私人醫師對富人與窮人收費不同；健身俱樂部門票分會員與非會員等。另一類是針對相同的購買者在購買不同數量時，給予不同的價格。譬如說：「一斤40元，三斤100元」；水上樂園的門票「一張500元，但30人以上團體打八折」、「襯衫一件500元，買二送一」。這些都是經常看到的商品促銷廣告，事實上都是價格歧視以不同形式表現的例子。

1. 市場區隔下的價格歧視

電影院票價區分為全票與學生票，但學生買票時真的感到被優待了嗎？電影院的老闆區分全票與學生票，是為了優待學生或是增加自己的收益呢？以前電影同業公會對於電影院票價有所謂的公定價格，票價規定十分嚴格，但這形成了所謂的「聯合獨占」。在經過政府多次勸導以後，電影同業公會放棄對個別戲院訂定票價的規定。即使如此，雖然各家戲院票價有所不同，但大家仍沿用全票與學生票的差別訂價，理由何在呢？

在獨占市場下，廠商有能力對不同的購買者出售不同的價格，但如何區分這些人才可以使廠商收益最大呢？答案很簡單：與不同消費者的需求彈性有關，對於需求彈性較小的消費者，廠商可以

圖10.7：市場區隔下的價格歧視

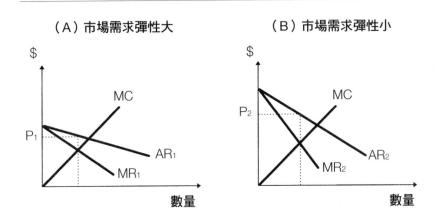

（A）市場需求彈性大　　　　（B）市場需求彈性小

訂定較高的價格；對於需求彈性較大者，則訂定較低的價格。如圖
10.7所示，當市場需求彈性較大時，獨占者所能訂的價格較低，如
（A）中之P_1；反之，當市場需求彈性較小時，獨占者所能訂的價
格較高，如（B）中之P_2。當需求彈性較大時，如果訂價較高，立
即會損失許多顧客，因此採低價政策較佳；反之，當需求彈性較小
時，廠商可以採取高價策略。此原則與本書前數章所提及消費者行
為是完全相同的。

　　現在讓我們再回來看看電影票的訂價策略。一般來說，學生
所得較低，對票價較敏感，同時學生的娛樂種類較多，譬如去
KTV、打保齡球、郊遊、烤肉等等，這些活動都可以做為看電影的
代替品。因此，如果電影票價格太高，他們大可以其他形式的娛樂
來代替。換句話說，學生對於看電影的需求具有很高的價格彈性。
對於其他買全票的觀眾來說，一來他們的所得較高，對於票價的敏
感性較低，再來由於工作時間的限制，參加其他類活動的機會較
少，因此看電影的需求彈性較低。對電影院老闆來說，電影院的成

價格歧視：一個可以支持的例子

　　經濟學者通常是不贊成價格壟斷或差別訂價的。下面一個例子常見於西方的教科書中，用來説明在特殊情況下，差別價格是行得通的。

　　例如在一個缺乏牙醫的小鄉村，如果牙醫對他的顧客收取一樣的費用，則平均成本太高，整個鄉村的總需要無法抵付平均成本。

　　圖（A）表示總需求曲線低於平均成本曲線。如果他收取 P_1 費用，有 Q 數目的顧客，但總收入 $0P_1EQ$ 不足支付總成本 $0CLQ$，兩者的差額 P_1CLE 即是此牙醫的損失。在這一情況下，牙醫遲早會離開，小村就失去了牙醫的服務。

　　如果牙醫可以用差別價格，對有錢人收取較高的費用，對清寒者收取較低的費用，則他的收入會增加，樂意留下來，小鎮也就留住了這位牙醫，豈不是兩全其美？

牙醫收取差別價格

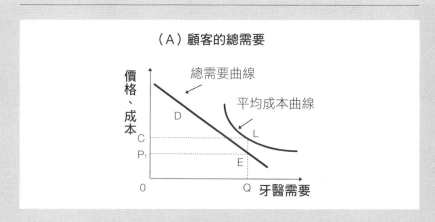

　　圖（B）表示對有錢者收取 Pw 較高的價格，仍然有 Qw 的顧客需要這樣的服務，他的總收入等於長方形（10＋6）的總和。這個收入是大於如果價格在 P1、顧客 Q2 的長方形（6＋7）的總和。有錢者之所以需要支付較高的價格，就是因為他們對牙醫的需求曲線彈性較低。

　　圖（C）表示對清寒者收取 Pp 低價格，有較多的 Qp 顧客，總收入為長方形（6＋10）的總和。這個收入大於如果價格在 P2、顧客在 Q2 的長方形（6＋4）的總和。由於清寒者的需要彈性大，所以低價格可以激發較多的需要。

　　從上面三個圖形中，我們可以觀察到：對所得不同的人收取差別價格，可使牙醫同時從有錢者與清寒者二邊得到較好的收入。大多數經濟學者認為這樣的差別價格是可以容忍的。

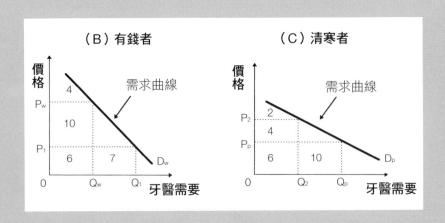

本大都屬於固定成本，邊際成本較低，即使學生票較便宜，但也遠超過增加一個學生觀眾所需的邊際成本；因此，訂價較低的學生票反而可以增加老闆的利潤。

2. 不同數量下的價格歧視

另外一種我們經常看到的價格歧視不是針對某一個特定對象而來的，而是對不同的購買數量給予不同的價格。比方說，我們經常看到：「襪子一雙40元，三雙100元。」的廣告，而在圖10.6中，我們就已經詳細說明了廠商如何利用此種價格歧視達到增加收益，減少消費者剩餘的作法。

事實上，如果廠商將價格訂得愈細，對於消費者剩餘的剝削就會愈大。比方說：「襪子一雙40元，第二雙35元，第三雙25元。」如果一個獨占廠商能夠知道某一個消費者的整條需求曲線，就可以完全按照該需求曲線來訂價。在「需求理論」一章中我們曾提及，需求函數是依消費者的邊際效用或願付價格而形成的。因此如果廠商能夠依需求曲線的斜率，一一加以訂價，就可以得到最大的收益，而消費者的消費者剩餘則會被完全剝削殆盡。此時我們稱為「完全價格歧視」（perfect price discrimination）。

比方說，在表10.1中，我們曾列出市場需求曲線。如果現在獨占廠商規定商品第一個賣7元，第二個賣6元，第三個賣5元，第四個賣4元，第五個賣3元，第六個賣2元，第七個賣1元。如此一來，消費者不論買幾個商品都無法累積其消費者剩餘，因為任何一個商品的價格剛好都等於該商品所帶來的邊際效用。

另外值得一提的是，在完全價格歧視下，價格變成廠商的邊際收益（即 P = MR），因為此時的價格代表多賣一個的價錢，前面

幾個商品的價格並不會受到影響。因此，此時邊際收益會高於非價格歧視下的邊際效益；在完全價格歧視下，廠商的最適產出數量也會高於非價格歧視下的產量。同時，獨占者的最大利潤條件成為 $P = MR = MC$，與完全競爭產業相同，其產量也將與完全競爭產業下的產量相同。

從以上討論，我們知道：

美國經濟學會的價格歧視

美國經濟學會（American Economic Association, AEA）是全世界最大的經濟學會，其會員數目至少在萬人以上，每年元月初在美國召開年會時，都有近萬人左右參加，熱鬧非凡。參加 AEA 會員可以免費獲贈 AEA 出版的期刊，包含《美國經濟評論》（*American Economic Review*）、《經濟文獻期刊》（*Journal of Economic Literature*），以及《經濟展望期刊》（*Journal of Economic Perspective*）。由於這三種期刊都是非常重要的刊物，為獲此三種刊物，參加 AEA 會員的人數非常多。

因為別的學會與期刊都無法與 AEA 競爭，在幾近獨占市場的情況下，身為全世界最大與最重要的經濟學會，當然也會採取它們認為可以獲得利潤最高的訂價方式，即價格歧視。AEA 的會費訂價係以每個會員的收入高低來訂定，以 2017 年為例，AEA 規定會員年收入在 10.5 萬美元以上者，年會會費是 40 美元；年收入在 7 萬美元至 10.5 萬美元之間者，會費為 30 美元；年收入在 7 萬美元以下者，會費是 20 美元。

（1）價格歧視是以不同的價格銷售相同的商品。反映不同成本的價格差異，則不算是價格歧視。

（2）完全價格歧視是銷售者按需要價格訂定每一單位產品的價格。

（3）為了實行價格歧視，必須在購買者難以轉售商品給他人的情形下才易生效。

（4）如果廠商能夠在分離的市場中，以不同的價格銷售產品，該廠商在分配其產出時，應該使每個市場所售最後一單位產出的邊際收益相等，並且使 MR = MC。這樣一來，廠商會對那些需要彈性小者抬高價格，並對需要彈性大者降低價格。

（5）各種形式的價格歧視都會使產量及總利潤增加。

三、獨占的效率與管制

（一）獨占的效率

與完全競爭相比，獨占是市場結構的另一種極端。我們可以發現，在獨占市場下的產品售價較高，產量較低，因此傷害了資源的有效分配及生產效率。而且，我們曾提及能帶來最大社會福利的真正完全競爭市場幾乎是不存在的，但我們看到效率較低的獨占市場卻比比皆是。以下我們就更仔細的來比較完全競爭市場以及獨占市場在效率上的差異。

在完全競爭下，供給曲線（即完全競爭下的邊際成本曲線）與需求曲線相交於 E 點，此時價格等於 P_c = MC，產量等於 Q_c，見

圖10.8。

在獨占情況下，MC＝MR相交於V點，所決定的數量為Q_m，價格為P_m。獨占廠商的價格P_m是高過邊際成本MC_m，且其價格高於完全競爭下的P_c，產量則低於Q_c。

因為獨占價格高過邊際成本（P＞MC），獨占廠商就產生了資源的錯誤分配（resource misallocation）。同時因為售價通常又高過最低平均成本（P＞AC最低），造成了生產無效率（production inefficiency）。

從整個社會的觀點來看，在完全競爭下，當價格是P_c時，消費者剩餘為P_cTE；當獨占者提高價格到P_m時，消費者剩餘減少到P_mTJ，消費者剩餘所減少P_cP_mJE，其中P_cP_mJK轉嫁到獨占者，稱為「獨占者所得」（monopolist's gain），而VJE這一塊三角形的面積則白白的損失了，這一塊VJE的面積就稱為「社會福利損失」（social welfare loss）。

圖10.8：完全競爭市場與獨占市場的比較

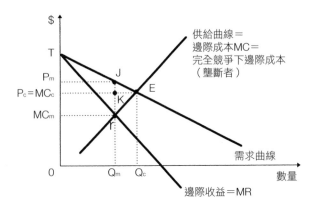

資源運用低效率

此外，獨占又容易造成所得分配不均及資源運用低效率（X-inefficiency），「資源運用低效率」是指在現有的技術水準及資源運用下，未能達到本來可以生產更多的產量，因此生產的平均成本也就比最低可能成本為高。

如圖10.9所示，如果廠商運用資源妥當，生產Q_c時，單位平均成本應為AC_c（A點），但是，如果獨占廠商由於內部管理不善，市場又缺少競爭，它生產Q_c時，成本則為AC_x；同樣的，它生產Q_m時，平均成本可低到AC_m（B點），但獨占廠商的平均成本可能為AC'_x。「資源運用低效率」正反映在AC_x與A點，以及AC'_x與B點的差距上。

獨占固然有上述的弊端，但也有一些可能的優點，其中包含：1.減少廠商投入與倒閉的成本，因為獨占者倒閉的風險較小；2.獨占者的規模通常較大，因此大規模生產可以帶來較低的成本；3.獨占者規模較大，有較高能力進行研發工作，因此可以提升技術進

圖10.9：資源運用低效率

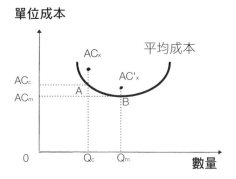

步。我們把獨占廠商與完全競爭相比之優缺點列在表10.2。

（二）獨占的管制

　　獨占市場的缺點較多，因此政府會設法尋找一些辦法來減少獨占所帶來的弊端，大致上有三種作法：價格管制、課徵定額稅（lump-sum tax），以及獨占事業國營化。此處先說明前二項的經濟理由，然後在下一小節中我們再專門討論國營獨占事業的問題，因為國內的獨占事業大都屬於國營，例如台電和以前的中油、中華電信及台灣菸酒公司等等。

1. 價格管制

　　在沒有任何管制下，獨占廠商會依邊際成本等於邊際收益（MC = MR）的原則來決定產量，即圖10.10中之K點。在此種情況下產量較少（2.5單位），產品價格較高（5.5元），但獨占廠商卻享有最大的利潤。獨占廠商的產量較少，對社會全體消費者而言是十分不利的，因此有些人就建議政府應該管制獨占的產品價格。由於獨占者本身並沒有供給曲線，所以價格降低時並不一定會使其產量減少，還必須視廠商的生產成本而定。

表10.2：與「完全競爭」相比時，「獨占」的優勢

明顯的缺點	可能的優點
• 價格較高	• 減少廠商投入與倒閉的成本
• 產量較少	• 大規模經濟生產帶來較低的成本
• 生產與資源分配低效率	• 技術進步
• 資源運用低效率	
• 社會福利損失	

圖10.10：獨占市場下的價格管制

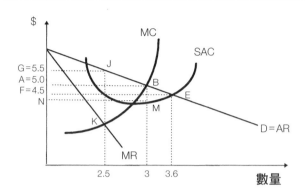

　　以國內為例，台電公司與以前的中油公司都是獨占事業，得以
享有巨額的獨占利潤。由於國內不產石油，中油公司的原油幾乎完
全仰賴進口，國際油價大幅上揚時，中油公司的煉油成本也隨之增
加，為維持一定的投資報酬率，中油公司就會提高油品價格。台電
公司發電過程中，以火力發電所占比例最高，其中使用原油的比例
也相當大，因此國際油價上揚時，同時會增加台電的發電成本。然
而，中油與台電的產品價格應該增加多少才足以反映成本，是個相
當技術性的問題。為避免中油拿台電原油價格上漲的藉口，達到提
高產品價格與利潤的目的，政府於行政院設立油電價格審議小組，
專門負責審查油品價格和電費價格的漲跌，我們會在本章最後一節
做更進一步探討。

　　對於獨占者價格管制的原則，有二種不同的看法。第一種說法
是，我們應該把獨占廠商的利潤完全回饋給社會，也就是要把價格
降到獨占者的利潤完全消失為止。讓廠商利潤為零的方式就是把價
格（即平均收益，AR）降低到廠商的平均成本（AC）為止（即圖

10.10中之E點，此時價格為4.5元）。由於AR＝AC，所以獨占廠
商的利潤為零。此種作法的好處一方面是可以讓獨占者的利潤完全
回饋給消費者，而且同時可以讓產量最大（3.6個單位）。但有一
缺點是E點並不是全社會資源使用效率最高的一點，因為該點不能
滿足全社會邊際生產成本等於全社會使用的邊際效用的條件。

　　事實上，從全社會的角度來看，獨占廠商的邊際生產成本就
是整個社會的邊際生產成本。同時，消費者的需求（亦即獨占者
的AR曲線）代表的是消費者的邊際效用大小，這也就是整個社會
在消費該商品時的邊際效用。因此，就全社會角度來看，滿足資
源使用效率最高的條件是，社會使用該產品的邊際效用等於生產該
產品的邊際成本。在圖10.10中，就是AR＝MC之交點，即B點。
因此，如果政府要讓社會資源的使用效率最高，應該把價格設在
B點之處（即每單位5元），此時獨占廠商的產量為3個，介於利
潤最大的產出與利潤為零的產出之間。但問題是，此種訂價方式
之下，獨占者仍然有相當大的獨占利潤存在，即圖10.10中的面積
BANM。為減少獨占者此一部分的利潤，政府可以利用課稅方式來
處理。但課稅是否會影響廠商的產出，而離開社會資源使用最有效
率的條件呢？這是以下我們要探討的第二個課題。

2. 課徵定額稅

　　由於獨占廠商能用市場的力量，來享受巨額的獨占利潤，為減
少獨占者的利潤，政府對獨占者課徵利潤稅是一個很直接且有效的
方法。然而，課稅不但會影響獨占者的利潤，也可能影響獨占者的
產品價格及其產量。因此如何以課稅方式減少獨占者利潤，但又不
影響獨占者的產出，就成為政府一項很重要的課題。

　　從經濟直覺來看，獨占廠商的產品定價和產出是由廠商的邊際成本等於邊際收益來決定。因此，政府的課稅方式若能避免影響邊際成本和邊際收益，即可避免對獨占廠商最適產出的影響。

　　最簡單且有效的方法是對獨占廠商課徵定額稅，即不論廠商生產多少、利潤多高，政府對獨占者都課徵一定的稅額。由於此稅額固定，其效果就如同增加獨占者的固定成本一般，對邊際成本不會有任何影響。由於定額稅的課徵不影響獨占者的邊際成本，也不影響獨占者的邊際利益，所以對獨占者的最適產出與價格也沒有任何影響。另一方面，而由於價格不變，所以也不會對消費者產生任何影響。

　　以圖10.11為例，在沒有繳交定額稅之前，獨占廠商的最適點為K，即最大利潤是生產2.5個單位。此時價格為$5.5，平均生產成本為$4.0，每一單位產出利潤為$1.5，因此總利潤為$3.75。如

圖10.11：對獨占廠商課定額稅的效果

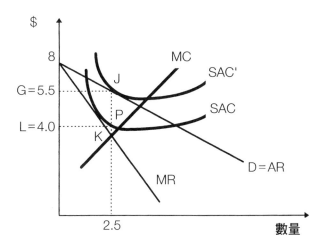

果此時對廠商課徵$3.75的定額稅，即面積GLPJ，則會使廠商平均成本上移至SAC'。但注意，由於對廠商而言，此一稅額是固定的，不論廠商生產多少單位的產品，稅額都不會變動。此種情況下，廠商的邊際成本曲線不會做任何移動，因此獨占者的最適點仍然是K點，最適產量仍然是2.5個，最適價格仍然是5.5元。但此時的利潤（$3.75）則會全部繳稅，使得獨占者完全無利潤可言。

　　但在本例中，若只以課徵定額稅（$3.75）的方式將獨占者的利潤充繳國庫，並不一定能完全符合經濟效率，因為廠商的最適生產點K並不是全社會資源使用效率最高的一點。在圖10.10中，我們曾提及廠商邊際成本與社會需求曲線相交點（B點），才是真正達到社會資源使用效率最高的一點。因此在圖10.10中，政府的最佳政策應該是雙管齊下：首先先對獨占者實施價格管制，限制其價格為OA（即5元），使獨占廠商選擇B點為其最適產出。然後再對獨占廠商課徵定額稅，而此時是稅額總額應該等於獨占廠商在產量為B點（即3單位）時的總利潤，即面積ABMN。在課徵定額稅之下，獨占者的平均成本上升至圖10.11中的SAC'，但邊際成本（MC）不受影響，所以獨占廠商的最適產量仍然會是B點。所以，一方面獨占者的利潤會完全被政府以稅收形式收回，一方面獨占廠商會選擇社會資源使用效率最高的一點（B點）來生產。

（三）獨占與國營事業

1. 自然獨占

　　在世界上許多國家當中，很多獨占市場都由國營事業享有，台灣的台電公司、前中油公司、前菸酒公賣局等並不是特例。造成

國營事業享有獨占市場收益的理由很多，最重要的是因為在獨占市場下，獨占廠商會享有巨額利潤，為使此巨額利潤不至於被民間所獨享，因此由政府國營事業來負責，可以將盈餘繳庫。然而，由於國營企業的經營效率較低也是一個國際性的共通現象，因此獨占事業是否應由國營事業獨享仍有很大爭議。不過，在一種例外的情況下，獨占市場由國營企業來做似乎較有理由，此即「自然獨占」。

　　所謂「自然獨占」是由於某一種產業不論生產規模多大，都一直具有規模報酬遞增的現象；也就是說，其長期下的平均成本一直都在遞減，如圖 10.12。依據邊際成本與平均成本的關係可知，當平均成本下降時，邊際成本會下降更快。換句話說，在圖 10.12 中，邊際成本會一直維持在平均成本之下。在考慮市場需求與邊際效益之下，如果此獨占者沒有受到任何限制，為追求最大利潤，其最適生產點為 E 點，即邊際收益等於邊際成本，產量為 Q_E，價格為

圖 10.12：自然獨占

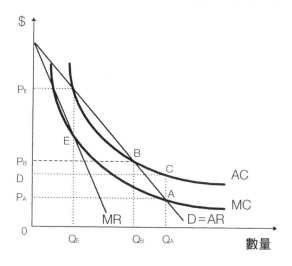

P_E。顯然此時產量太少，價格太高，對社會福利而言是不利的。

若要達到社會資源使用效率最大的目標，獨占廠商應該選擇邊際成本與需求曲線（或平均收益）相交之點來訂價，$P = MC$，即 A 點，此時價格應該為 P_A，此法又稱「邊際成本訂價法」（marginal cost pricing）。但在本例中，由於邊際成本亦遠小於平均成本，兩者差異為 AC 兩點之間的距離，所以採用此種產出原則，此一獨占廠商會出現損失，即 $ACDP_A$。在此種情況下，必然不會有民營企業願意參加此市場，因此必須由國營企業來承擔。而其長期的損失，可以由政府來補貼。但是，由於長期損失的存在，也許並不適合於任何企業，因此有人建議在自然獨占下，應採用 $AR = AC$ 的訂價方式，即 B 點，此時價格應該為 P_B，如此可以保證企業的長期利潤為零，此法又稱為平均成本訂價法（average cost pricing）。

在圖 10.12 中，由於生產規模愈大，生產效率愈高，平均成本愈低，因此廠商規模應該愈大愈好。最好把市場上的產出完全集中由一個企業單獨負責，如此可以使全社會的生產成本最低，所以此時獨占是最好的，因此我們稱為自然獨占。那麼在現實社會中，哪些產業屬於自然獨占呢？一般而言，電力事業、自來水事業、電話通訊等產業，都會有自然獨占的性質。也就是說，需要管線運輸者，都可能會出現平均成本遞減的現象。試想，如果全木柵地區只有政大一個地方有人居住，則台北市政府仍然必須由翡翠水庫拉一條管線到政大，生產成本很高。但如果沿線有愈來愈多人居住，則每個人分攤的成本就會愈來愈低，這也就是經濟規模的出現。一般而言，自來水、電、瓦斯、電話大概都會有類似情況。

在自然獨占條件下，我們看到世界上大多數國家的水、電、電話等企業，大都以獨占形式出現，而且大都屬於國營事業。

2. 國營事業的效率

　　雖然自然獨占是國營事業存在的一個重要理由，但在很多國家
中，仍然有許多不符合自然獨占條件的國營獨占事業。以台灣為
例，前中油公司與前菸酒公賣局都是典型的例子。以中油公司來
說，煉油事業雖然具有大規模生產的效率，但卻不具有自然獨占
的條件，因此沒有獨占的必要。以英美等先進國家為例，他們的
石油公司規模都非常龐大，如艾克森（Exxon）石油公司和德士古
（Texco）石油公司都是世界名列前茅的大公司，但它們都是民營
的。事實上，中油公司成為國營事業的主要理由在於戰略目的，因
為石油是很重要的戰略物資，為確保國內有足夠的石油供使用，故
政府一直將中油公司保有國營的形態。直到後來，政府為引進汽油
產業的競爭，於 1992 年訂定石油業法及 2001 年通過石油管理法，
允許民營企業煉油及售油，全面開放油品進口其後才有台塑石油加
入市場。

　　再以菸酒公賣事業的獨占來看，理由更牽強。生產香菸和製酒
的工廠，可以是很小規模的，甚至每一個家庭都可以有能力自行釀
酒，因此可說毫無經濟規模可言。台灣地區菸酒公賣一方面是基
於傳統，其實更重要的是基於財政上的考量。一般而言，社會大眾
對於菸酒消費的需求彈性很低，因此菸酒業者通常都有巨額利益
存在。在稅收不易徵收的時代，政府菸酒公賣的收益就十分可觀。
以台灣為例，在民國五〇年代，菸酒公賣收益曾占政府每年收入的
10% 以上，比例很高。

　　然而，不論政府將獨占事業國營化的理由何在，一般而言，都
不符合全社會資源使用效率的原則。以前面圖 10.11 的分析為例，

有效率的國營事業是例外

「絕少聽到有倒閉的國營事業」，不是在證明國營事業有效率，而是在證明自由世界或共產世界的政府都不得不年復一年的來補貼。在現代社會中，補貼不再是反映政府對人民的仁慈，而是反映政府對納稅者的歉疚。

補貼是對納稅者的歉疚

從長期來看，國營事業缺乏效率是常態，有效率是例外。而缺乏效率的國營事業，常常在政策性的定價、政治性的配合，以及「不以賺錢為目的」等藉口下，無從嚴格追究真正的效率與盈虧。因此，效率與盈虧的關係在國營事業就變得更模糊不清。

少數有效率的國營事業應當賺錢，但實際上為了配合，政策性的低價格政策可能虧空；大多數低效率的國營事業應當虧本，但因為獨占，實際上卻在賺錢。

國營的理由需要重新評估

如果政府因一些國營事業賺錢而沾沾自喜時，我們幾乎可以確定兩點：其一是其賺錢來自獨占（如菸酒公賣）或意外（如台幣升值）；其二是如果這些獨占事業改由公開招標轉售為民營，我們可以肯定保證繳回的金額不會低於國營時的繳庫額，同時價格也會低些，服務品質也會好些，而且錢一定也會賺得多些。

傳統上，某些事業需要國營的理由，需要重新評估：如民間沒有足夠財力、工商界沒有興趣投資，或是事業有獨占性，以及擔心消費者利益受損。

　　在現代社會，幾乎沒有一項事業不可以民營（包括鐵路與水電），至少可以由國有民營的方式來經營。

　　在美國，政府沒有國營的兵工廠，具有高度軍事機密的武器全是在民營的工廠中製造的。對國人來說，這是不可思議的安排——軍事機密不會洩露嗎？過去以來，偶爾發生美國出售軍事機密給蘇聯的間諜案，全發生在軍中服役的公職人員，而非民營工廠的工程師。

　　美國的電力、電話、核能、航空公司、自來水、瓦斯，無一不是民營。美國政府不是靠自己來創辦這些國營事業，用以照顧人民生活，而是對這些具有「自然獨占性」的事業，透過各種委員會來決定費率的調整，保護消費者的利益。這種執簡馭繁的方式值得模仿，而在美國社會，這種水、電、電話的價格與服務相當合理與周到。

五大問題

　　事實上，不論自由世界或共產國家的國營事業（除了極少數例外），都共同面臨五個先天限制及後天失調的問題：

1. 由於各種政府規定，缺乏效率與彈性。
2. 由於政治性的人事安排，管理階層常常由外行人擔任。
3. 由於政策性的價格決定，不計虧損來照顧人民或贏取選票。
4. 由於員工工作有保障，產品常獨占，造成產品品質差、服務態度差、價格不便宜。
5. 由於「不以賺錢為目的」，政府就要不斷地巨額補貼。

　　因此，普天之下，國營事業幾乎都缺乏效率，需要大量貼補——從英國的煤礦、日本的國鐵、到我國之前的台鋁與中船，更不需要引證造成共產國家經濟致命傷的國營事業的例子了。

我們就曾提及利用價格管制與課徵定額稅的方式，可以使獨占廠商的產出滿足社會資源最有效率利用的原則，且使獨占者的長期利潤完全被政府吸收。以中油公司為例，油價調整一方面需經過政府油電審議小組同意，因此油價是受到管制的。另一方面，中油公司每年都必須將盈餘繳庫，所以長期下的利潤也可看成是零，皆符合最適產出的原則。但問題是，我們如何確定中油公司的生產成本是真正最有效率的成本？或者說，我們如何確定中油公司沒有生產無效率的情形存在？

由於國營事業必須將每年盈餘繳庫，因此國營事業會有誘因去設法降低其利潤。一種減少利潤的方式就是擴大生產成本，比方說，聘用更多的人手、興建豪華的辦公室……當然還有其他許多方法。由於前中油公司在國內屬於獨占事業，我們不能以利潤大小來判斷其效率，但煉油業務在世界上的石油公司之間卻是十分相似的，因此我們可以把世界上其他國家石油公司的煉油成本拿來與中油公司相比較，很容易就可以看出中油公司的經營效率。依據國內學者研究的結果顯示，中油公司每日煉油一萬桶平均需要103人，效率很高的新加坡民營煉油廠，每日煉油一萬桶只需要18人！即使是以一般生產效率較低的泰國來看，每日煉油一萬桶也只需要27人，同樣遠低於中油公司所需的人手。

國營企業效率較低，是一個普通的現象。台電公司由於獨占的利潤存在，不容易看出低效率的影響。在汽油市場開放後，台塑石油公司進入市場，現在台塑石油每年的淨利都比中油公司多很多，就可以看出前者的經營效率要比後者高很多。另外，在市場上面對較龐大競爭的國營事業，如中船、台鐵、台汽公司，則出現連年巨額虧損的現象，正是最好的證明。

經濟名詞

自然獨占	價格歧視	尖峰訂價法
完全價格歧視	資源運用低效率	定額稅
平均成本訂價法	邊際成本訂價法	

討論問題

1. 一般來說，獨占者的價格會超過邊際收益，請說明其原因。

2. 請說明造成獨占的原因有哪些？

3. 課徵定額稅下，對獨占者與競爭性產業的行為產生的影響會有何不同？

4. 政府有什麼辦法可減少獨占者的利益，試以圖形說明之。

5. 請繪圖說明在獨占情況下邊際收益、彈性、與總收益的關係。

6. 請繪圖說明獨占者與完全競爭者對產量與價格如何決定。

7. 請說明為什麼獨占者沒有供給曲線。

8. 請說明為什麼獨占者必然會在需求彈性大於1的地方生產。

9. 請繪圖說明在何種情況下，追求最大利潤的獨占廠商其利潤會等於零。

10. 為什麼在自然獨占下，國營事業的出現是可以被接受的？

11. 請分別說明獨占廠商在（1）MR＝MC，（2）P＝MC，（3）AR＝AC等三種情況下生產，所代表的社會福利大小有何不同？

12. 試述價格歧視的種類，請分別舉二例說明之。

13. 何謂完全價格歧視？有人說，在完全價格歧視下，獨占廠商追求最大利潤的結果可以使社會資源的使用效率達到最高，你同意這種說法嗎？

14.「一件80元，買一送一」與「一件40元」，有何不同？當你看到廣告詞：「跳樓大拍賣，T恤一件40元，三件100元。」你通常會買一件或是三件？你會考慮很久嗎？你知道你為什麼會考慮很久呢？

15. 我們可能常常聽到有人說：「石油是很重要的民生物資，所以應該由政府來管理，最好是由國營事業來生產，以確保石油充分供應。」你同意這種說法嗎？你覺得稻米的重要性與石油相比如何？你認為稻米應該由政府負責生產嗎？

16. 有人說：「也有許多國營企業是很有效率的，我們不能一概而論的認為國營事業都是沒有效率的。」但也有人說：「如果你能指出一個有效率的國營事業，我就可以指出十家沒有效率的國營事業。」你可以指出三家國內有效率的國營事業嗎？你認為為什麼國營事業的效率普遍較低呢？

第十一章

不完全競爭市場

 本章重點

一、不完全競爭市場的結構

（一）市場力量

　　我們在前面兩章中，曾分別闡述完全競爭市場與獨占市場。前者廠商的家數幾乎有無限多家，沒有任何一家廠商有能力影響價格；後者則只有一家廠商，是價格的決定者。但在真實社會中，此二種市場結構都是非常極端的，絕大多數的產品市場都介於兩者之間，它們都有超過二家以上的廠商數目，且彼此之間都有競爭，但競爭程度卻不會像完全競爭一般激烈，我們稱之為「不完全競爭市場」（imperfect competition market）。

　　不完全競爭市場的特色在於，每家廠商或多或少都對於市場價格有一些影響力，我們稱其具有市場力量（market power），但每家廠商市場力量的大小則與廠商規模、廠商數目，以及產品相似程度有關。如果廠商數目很少，產品的品質差異很大，則廠商具有較大的市場力量；反之，如果廠商數目很多，產品品質又十分近似，則廠商的市場力量較小。

　　「市場集中度」（concentration ratio, CR）是一個用來衡量廠商規模相對於市場大小的指標，市場集中度是以每個廠商銷售額占該產業總銷售額的百分比做代表。在獨占市場下，獨占廠商是唯一的生產者，所以其單獨一家的市場集中度就等於整個市場的銷售額。換句話說，在獨占市場下，CR1 = 100%。在一般市場結構中，我們經常用該產業前四大廠商銷售量占總產業的產值來衡量產業集中度，稱CR4，有時候也可以用前十大廠商的銷售比例來看，稱CR10。當CR4愈大，表示產業集中度愈高，廠商對市場的影響力

愈大，愈容易左右產品價格，對消費者可能愈不利。

　　表11.1列出台灣部分產業的市場集中度情況，其中紡織業和電力設備製造業的CR4都超過50%，表示他們的市場集中度很高，因為這兩個產業的廠商都需要大量的資本投入，所以企業規模較大，產業中的企業家數較少，導致市場集中度較高。另外，食品飲料業的集中度就低很多，因為台灣食品業中雖然有一些知名的餐飲連鎖店，但台灣一般的餐飲業的家數非常多，所以即使有一些較大的餐飲連鎖店，但CR4只占24.3%。

　　在不完全競爭市場中，由於產業集中度不同，市場力量大小也不同。另一方面，由於廠商之間競爭力的大小也不相同。在完全競爭市場下，任何廠商只要提高一點點價格，所有的消費者都跑到其他廠商那裡去；反之，只要略為降價，就可以吸引大批消費者過來，因此廠商面臨的是一條非常有彈性的需求曲線。事實上，由於完全競爭廠商的規模相對於市場而言是非常小的，所以我們就直接以水平線當做每一個完全競爭廠商所面對的需求曲線，見圖11.1的

表11.1　台灣市場集中度（CR4），2015

產業別	CR4
紡織業	87.7%
電力設備製造業	59.3%
汽車及其零件製造業	41.8%
食品、飲料及菸草	24.3%
基本金屬及其製品	22.1%

說明：(1)CR4計算說明：依據2015年中華徵信所所公布之製造業前5000大排名，
　　　　將各公司之產值除以該產業之總產值。
資料來源：(1)經濟部統計處，工業產銷存動態查詢系統。
　　　　　(2)中華徵信所（2015），台灣地區大型企業排名TOP5000，製造業篇。

D_1D_1。相反的，獨占廠商是市場上的唯一生產者，其面臨的需求曲線就是整個市場的需求曲線，雖然獨占者不用擔心其他廠商的競爭，但在調整價格時，仍需面對消費者可能不購買的選擇，故需求曲線是有負斜率的，如圖 11.1 中的 D_2D_2。

在不完全競爭市場下，廠商對於價格有一些影響力，但卻不如獨占者那麼大。當廠商提高價格時，他不但要擔心消費者可能不購買該種產品，同時消費者也有可能轉向其他廠商購買。因此，不完全競爭廠商面臨的需求彈性會比獨占者來得大。但由於不完全競爭廠商可以利用異質產品的訴求，使得產品價格調漲時，消費者也不會完全走光，因此廠商也不會面臨一條彈性無限大的需求彈性。換句話說，不完全競爭廠商所面臨的需求彈性應該介於獨占廠商與完全競爭廠商之間，如圖 11.1 中的 D_3D_3。

根據以上討論，我們可以利用廠商所面對的市場需求彈性的大小，來衡量廠商所具有的市場「獨占力量」（monopoly power）。我們以 θ_1 代表獨占廠商面對的市場需求曲線的斜率，由於獨占者是唯

圖11.1：廠商的獨占力量

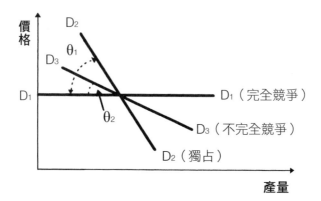

一的生產者，所以θ_1事實上也就是全體市場的需求曲線斜率。不完全競爭市場面對的需求曲線斜率為θ_2，注意θ_2必然不能大於θ_1，但也不能小於水平線。最後，我們可以利用θ_2與θ_1的比例來代表個別廠商所具有的獨占力量，即：

$$\theta = \frac{\theta_2}{\theta_1}$$

若$\theta = 1$，代表廠商為獨占廠商；若$\theta = 0$，代表廠商為完全競爭廠商；若$0 < \theta < 1$，表示廠商為不完全競爭廠商，且當θ愈大，所面對的市場需求彈性愈小，此時廠商的市場獨占力量就愈大。

（二）不完全競爭市場的特性

不完全競爭市場中的廠商雖然具有一部分的市場力量，但事實上，卻經常在同業之間有很大的競爭。它們一方面盡量讓自己的產品與別人的有所差異，以降低彼此間的競爭，一方面又擔心別家廠商的報復，而不敢任意變動價格。在此種狀況下，不完全競爭市場中就出現許多其他形態的競爭，我們稱為「非價格競爭」（non-price competition）。比方說，廠商以廣告、贈品、摸彩等各種促銷手段，來吸引顧客、擴大市場。

對於獨占廠商而言，由於它是唯一的廠商，在缺乏競爭之下，獨占廠商並沒有太大的誘因去促銷其產品。而對完全競爭廠商來說，它們的產品品質一方面與別的廠商十分相近，不易區分，而且完全競爭廠商的規模太小，也不太有能力進行促銷工作。唯有不完全競爭廠商才能一方面有誘因去搶別家廠商的市場，一方面又有能力去促銷，對於廠商數目較少的產業則更是如此。以下我們就分別

針對不完全競爭市場中的一些特色加以說明：

1. 非價格競爭

由於不完全競爭廠商之間的競爭十分激烈，因此它們會採取各種促銷方式。降價當然是最有效的手段，然而在不完全競爭中，由於廠商之間數目不一定很多，因此一家廠商降價後，很可能引起其他廠商採取相同的作法，如此一來所引起的價格大戰對每家廠商都不利。為避免過度刺激競爭對手，我們就會看到廠商採取許多非價格性的促銷手段，例如增加產品廣告、附贈商品、抽獎促銷及採取會員制等。

2. 產品差異化

為了增加自己產品的市場，降低與別人的競爭。「產品差異化」（product differentiation）是一個非常有效的策略。買汽車時，一家廠商會告訴你它們的車子鋼板較厚，開起來比較安全平穩；另一家說它們的車子比較省油，而且好開。還有一些廠商則以自己的品牌來建立消費者的產品忠誠度，藉以區分顧客，減少與別人的競爭。耐吉（Nike）與愛迪達（adidas）穿起來的感覺到底有多不同？但它們各自擁有自己的品牌追求者，全拜產品廣告建立品牌味道不同之賜。

3. 剩餘的生產容量

由於每家廠商都希望自己的產品與別人有所差異，因此比較不容易進行大規模的生產，或者說比較不容易如同完全競爭廠商一般在平均成本的最低點生產。由於產量小於最低成本下的產量，因此

有「剩餘容量」（excess capacity）存在，對社會來說是一種資源的
浪費。不過，也有人說這種剩餘容量是產品多樣化的代價，不一定
對社會不利，我們會在下節有更詳盡的討論。

4. 聯合行為

在不完全競爭市場中，有些廠商為了避免彼此之間過度競爭，
乾脆採取合作的行動，我們稱之為「聯合行為」（collusion），或
「勾結」。此種情形在廠商數目較少時，比較容易出現，一方面廠
商數目少比較容易談判協定，一方面廠商數目少也容易彼此監視，
不至於出現偷跑行為。有些聯合行為是公開的，例如台北市公車聯
營就是最好的例子。這些公車業者彼此約定共同價格、分配路線，
以及相同營業時間等。當然，一般而言，政府是不會允許此種聯合
壟斷行為出現的——台北市公車聯營一方面有台北市公車參加在
內，一方面又受台北市議會監督，才能公開進行聯合獨占的業務。

大部分聯合行為都是以默契的方式進行，例如台北市的百貨業
者從十月開始輪流實施一週的周年慶。難道每家業者巧得都在十月
左右開張嗎？當然不是，這不過是百貨業者彼此之間心照不宣，大
家輪流採取的促銷活動罷了。

一般而言，由於廠商之間的聯合行為與獨占相似，對於消費者
都有十分不利的影響，因此政府在應付廠商的聯合行為便十分在
意。美國的「反托拉斯法」（Anti-trust law）是一個典型的例子。我
國公平交易法於民國80年通過，81年開始實施，其中有相當大的
一部分就是在限制廠商的聯合行為。我們會在本章最後一節，再仔
細探究此一問題。

5. 穩定的市場價格

一方面由於可能採取聯合行為，一方面廠商之間為避免彼此因競爭而引起價格變動，不完全競爭廠商對於變動的價格都十分謹慎，雖然它們都有某種程度的市場力量。因此，當我們看到西瓜、雞蛋等產品價格經常漲跌不定時，許多不完全競爭商品的價格卻十分穩定，例如電視機與水泥等。當然，農產品的價格波動與季節變化有密切的關係，但工業產品的需求也有許多季節性的變化（例如冷氣機），然而，當我們看到國內的辣椒、大蒜價格大漲大跌時，卻很少看到冷氣機價格大幅波動，這與兩者的市場結構不同有密切的關係。

二、獨占性競爭市場

依不完全競爭市場中廠商數目的多寡，我們可以再將之區分成二類：一種是廠商數目很多，規模不大，市場進出很容易，但產品品質之間略有差異，我們稱此種市場為「獨占性競爭市場」或「壟斷性競爭市場」（monopolistic competition）。譬如說餐廳、美容院、服飾精品店大都屬於獨占性競爭市場。獨占性競爭的市場結構與完全競爭市場非常接近，唯一的差別在於前者廠商之間的產品有差異，而完全競爭廠商生產的產品則完全相同。另一種不完全競爭市場的類型是「寡占」（oligopoly），寡占市場中，廠商的數目不多，由二個到三十個都有可能。大致上來說，只要廠商數目很少，而且這些廠商規模都相當的大，大到都可以叫出名字來，則此市場屬於寡占市場。譬如說，國內的汽油業、汽車業、水泥業、家電

業、報業大概都屬寡占市場。我們在本節中將仔細說明獨占性競爭的特性，然後在下一節再介紹寡占市場。

（一）獨占性競爭的特性

依主計總處工商普查調查統計資料顯示，民國100年全台灣地區工業部門企業家數達24.9萬家，其中99.3%以上都屬中小企業。在一個產業中，如果廠商家數非常多，多到廠商彼此不知競爭者是誰，而且因為廠商數目很多，使得每家企業相對很小，則每家廠商對市場的影響力也很小。但與完全競爭市場不同的是，獨占性競爭中廠商數目雖然很多，但每家廠商都能想出一些辦法使自己的產品與別人有些不同，因此這些廠商也就可以利用這些差異來對市場價格產生一些影響。這是獨占性競爭市場與完全競爭市場主要不同之處。

由於獨占性競爭市場上的廠商數目很多，每家廠商之間產品都有差異，雖然這些差異都無法太大，可能只是包裝上、顏色、設計、甚至只有銷售地點上的不同。比方說，同樣在菜市場上賣水果的阿水與阿財，前者賣的水果價格都比後者要高一些，因為前者賣的水果都比後者要來得新鮮。我們家巷口王大媽雜貨店賣的雞蛋一斤要比統一超商貴一塊錢，但因為走到統一超商要多花五分鐘，鄰居大都還是跟王大媽買雞蛋。

此外，由於獨占性競爭廠商規模不大，進出市場都十分自由，其他競爭者也不會太在意。政大校門前有許多家店面，幾年內不知道換過多少次老闆，從自助餐店到炸雞快餐店，從快餐店到咖啡店。開幕之際總是吸引一些人潮，過不久新鮮感一退，人潮就不見了，小店也就可以換手了。當然政大校門口也有不少家餐廳是長期

屹立不搖的，一般而言，這些餐廳都有一些與眾不同的特色，比方說，價格較便宜、服務很快、東西比較有特色、老闆和同學能打成一片等。這些小商店能夠長久存在的理由，在於它們一直保持與別人不同的產品品質。在不完全競爭市場中，由於每家廠商都有一些特色，長期下才能存在；若有些廠商在長期下失掉其特色，則在激烈競爭時就會消失。

　　相對於寡占市場而言，獨占性競爭廠商之間的競爭更為激烈，因為它們的廠商數目較多，產品品質較相近，且可以自由進出。在此種情形下，獨占性競爭廠商產品之間的替代程度也比較高，所以當廠商提高價格時，消費者轉移到向其他廠商購買的可能性也比較大。在此種情形下，獨占性競爭廠商所面臨的市場需求彈性會比較高，也就是說，獨占性競爭廠商面臨的需求曲線斜率較小。但因為它們多少還有一些市場力量，因此所面對的需求曲線也不會像完全競爭廠商一樣呈水平。

（二）獨占性競爭廠商的短期均衡

　　在面對負斜率的需求曲線下，獨占性競爭廠商所面對的邊際收益曲線也具有負斜率，見圖11.2，與獨占市場不同之處是，獨占性競爭廠商面對的市場需求曲線斜率較小。在考慮生產成本因素之後，獨占性競爭廠商會選擇邊際成本等於邊際收益（MC ＝ MR）的條件下生產，也就是圖11.2中的E點。在E點上，廠商的最適產量為 Q_0，在 Q_0 產量下，獨占性競爭廠商的最適定價為 P_0。由於此時的平均成本只有B，所以獨占性競爭廠商是有利潤的，其利潤大小為 $BACP_0$ 所圍成的面積。

圖11.2：獨占性競爭廠商的短期均衡

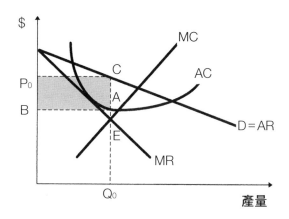

必須一提的是，獨占性競爭廠商在決定產量與訂價的方式與獨占廠商完全相同。也就是說，價格與數量是同時決定的，當然也必須同時考慮市場需求與廠商本身的邊際成本。因此，獨占性競爭廠商也沒有所謂的供給曲線，也就是說，獨占性競爭廠商決定的最適產量與價格之間，並沒有一對一的關係，完全要看當時的市場需求與自己的成本而定。

另外，獨占性競爭廠商也可能會有損失出現。在圖11.2的最適產量下，如果平均收益水準（即價格水準）低於平均成本，獨占廠商就會蒙受損失。但不論是有利潤或蒙受損失，在短期下都不會吸引其他廠商加入或使原有廠商離開。但是，長期的情形則不同，因為在獨占性競爭市場下，每家廠商的規模都不大，且廠商數目很多，廠商進出市場都非常自由。所以當廠商在短期下有利潤存在時，就會吸引新的廠商加入，當廠商有損失時，長期下就會有廠商退出。

（三）獨占性競爭廠商的長期均衡

在長期下，廠商能否自由進出市場是決定廠商能否享有長期利潤的一個重要關鍵。在完全競爭市場中，我們允許完全競爭廠商在短期下得享有利潤，因為短期下，新的廠商無法加入；但長期下來，廠商不斷加入瓜分市場，於是供給增加，產品價格不斷下跌，直到長期利潤消失為止。獨占性競爭市場亦十分類似，在允許長期下廠商得以自由進出條件下，當現有廠商享有超額利潤時，就會不斷吸引新的廠商加入。當新廠商不斷加入瓜分市場，個別廠商所面對的需求曲線就會不斷的往內移動。

長期均衡中，若原有廠商有利潤，新的廠商就會不斷加入，直到所有廠商的利潤都消失為止；若原有廠商有損失，則會有一些現有廠商退出市場，直到留下來的廠商損失不見為止。因此，長期均衡下，獨占性競爭廠商的利潤會等於0，見圖11.3。在圖11.3中，長期下，獨占性競爭廠商仍然會維持在MC = MR條件下生產，即

圖11.3：獨占性競爭廠商的長期均衡

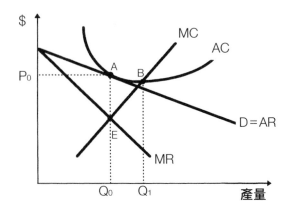

沈嘉宜的服飾精品店

沈嘉宜在忠孝東路的精華路段上擁有一家小小的服飾精品店，專門出售歐洲的高級服飾、皮鞋等精品。為了提供與別人不同的商品，且隨時走在時尚的尖端，沈嘉宜每三個月就要飛往巴黎、倫敦等地，尋找應時的服裝及其他貨源。

由於國內女裝市場競爭非常激烈，類似沈嘉宜一樣擁有自己店面的女強人有很多，沈嘉宜自己就有好幾個朋友從事類似的工作。但由於競爭激烈，很多服飾精品店的壽命都不長，最多幾年就結束經營了。沈嘉宜算是比較幸運的，一方面由於店面地點不錯，顧客容易上門；另一方面，沈嘉宜對於服飾有特殊的品味，顧客進門以後經常會被吸引，所以再度光臨的比例也很高。

然而，女裝市場不但季節變化很快，而且時尚潮流變化更快，如果不能隨時掌握市場動脈，顧客很快就會流失。所以沈嘉宜平常經常翻閱許多有關服裝方面的雜誌，更重要的是沈嘉宜大約每三個月就要去歐洲一趟，一方面為小店進貨，另一方面也去學習歐美服裝界的最新潮流。所以，沈嘉宜的經營成本其實是相當高的。所幸的是，女裝的毛利還不錯，扣除一般開支以後，沈嘉宜每年賺的利潤足夠沈嘉宜跑歐洲好幾趟。雖然經常飛來飛去十分辛苦，但由於沈嘉宜本身對服裝就十分感興趣，所以也頗能自得其樂。

在獨占性競爭市場中，市場的競爭非常激烈，新的廠商經常加入，舊的廠商又不斷離開。在市場競爭中，想要賺取豐厚的利潤不太容易，但如果能掌握一些與別人不同的特色，如地點、品牌等，賺取一些合理的利潤也不是十分困難。沈嘉宜的故事不是一個特

例，不只是在服飾精品店才有。事實上，成衣店、餐廳、KTV、咖啡店等諸多的市場中，都可以再三看到類似沈嘉宜的模式在進行著。

從另一個角度來看，也就是因為有這些人的存在，才使得台北街頭上出現形形色色的商店，也才會讓人感到台北市生氣盎然。

E點。但長期下來，AR不斷移動，直到在最適產量Q_0下，AR會正好與AC相切，如A點。換句話說，在長期均衡時，平均收益等於平均成本，因此利潤為0。此時不會有新的廠商加入，也不會有舊的廠商退出，市場達到長期均衡。

在圖11.3中我們看到，獨占性競爭廠商長期均衡下的最適產量Q_0小於長期平均成本最低點（B點）下的產量Q_1。由於獨占性競爭廠商所面對的需求曲線具有負斜率，在長期均衡無利潤的條件下，我們可以確定AR與AC的相交點一定會在AC最低點（B點）的左邊。換句話說，獨占性競爭廠商永遠不會選擇在長期成本的最低點生產，而是選擇較小的產量。因此，每一個獨占性競爭廠商都會有剩餘容量的出現。從全社會資源使用的角度來看，這是缺乏效率的，因為如果能夠減少幾家廠商，讓存在的獨占廠商略為增加其產出，則可以全面降低生產成本，一直到它們的產量擴大到平均成本的最低點為止。

不過，也有一些人持另一種看法。要知道在現實社會中，大多數產業都屬於不完全競爭產業，其中尤其以獨占性競爭產業的數目最多。如果我們認為獨占性競爭產業的生產缺乏效率，怎麼可能在如此長期的競爭下，還會有這麼多獨占性競爭廠商存在呢？在獨

占性競爭市場中允許廠商自由進出的情況，使得廠商長期下的超額利潤減少到零的水準，同時卻仍然有許多廠商存活下來，此一情形與完全競爭廠商幾乎完全相同。因此，如果我們認為完全競爭廠商是有效率的廠商，則很難下結論說獨占性競爭廠商是缺乏效率的廠商。

那麼我們該如何解釋，獨占性競爭廠商不會在長期成本的最低點生產呢？主要的理由仍然是獨占性競爭市場與完全競爭市場的基本不同，即「產品差異性」。在完全競爭市場中，產品品質完全相同，故廠商可以利用大規模生產的方式，或標準化的生產方式，使生產成本降低。但在獨占性競爭市場下，廠商存活的主要理由就在於產品差異化。換句話說，廠商不但要設法降低生產成本，還必須要不斷保持與別家產品不同。因此，大規模生產或標準化生產的方式比較不容易在獨占性競爭廠商中出現。師大路旁的牛肉麵又便宜又大碗，因此它們可以長期存活，但每碗中放的麵比較多，所以成本較高。士林夜市的東山鴨頭能夠長期存活且遠近馳名，是因為老闆每天都要花很久的時間用小火慢慢的滷出這些味道香濃的鴨頭，這絕對不是大規模生產所能做到的。老闆的生產成本雖然較高，但卻能使他的產品與別人有明顯差異。

從另一個角度來看，與完全競爭市場中提供完全相同的產品相比，產品差異化可能還可以帶給消費者更大的選擇。事實上，對消費者而言，這種多樣化的選擇本身就是一種福利。比方說，大家每天吃的雞蛋或稻米可能沒有太大的不同，但如果大家每天穿完全相同的制服去逛街，感覺會如何？如果公館夜市中只賣自助餐，其他都不賣，還會有人去嗎？無疑的，產品差異化本身就能帶給人們更多的選擇與效用。所以，我們應該把獨占性競爭廠商生產成本較高

的事實，看成是因為廠商為提供不全然相同的產品所必須支付的代
價。

▋三、寡占市場

不完全競爭市場另外一種重要的結構形態，即寡占市場
（oligopoly）。寡占市場與獨占性競爭市場的最大差別就是廠商數
目。一般而言，廠商數目大約在二家到三十家左右的產業，都可歸
類為寡占市場。由於廠商數目較少，廠商規模比較大，對於市場的
影響力也較大。另一方面，由於廠商數目少、規模大，因此也較容
易被人注意。以國內市場為例，一般人能夠叫出的幾家大公司，大
都屬於寡占產業下的企業。同時，由於廠商數目不多，廠商之間也
互相十分注意彼此的行動，當一方有所動作時，另一方可能立即有
反制行動。所以，寡占市場廠商數目雖少，但競爭也可以是非常激
烈的。而且由於廠商數目不多，廠商之間要形成共識也並不困難，
同時廠商少，協商成本也比較低，在此種情形下，廠商之間的聯合
行為或勾結行為也比較容易出現。美國的反托拉斯法與我國的公平
交易法都對於廠商之間的聯合行為，有嚴格的限制。

（一）大就是美？

寡占市場的最主要特色就是產業中廠商數目較少，因此廠商的
規模通常較大。比方說，台灣的汽油業者只有兩家，中油與台塑石
油；再比方說，台灣的水泥業者大概只有六、七家，包括台泥、亞
泥、環球、嘉新及其他；電信業者有中華電信、台哥大、遠傳及其
他；汽車業者有裕隆、福特、三陽及其他。

　　產業形成寡占市場的理由有很多，其中最重要的仍然與規模經濟有關。在工業化的生產過程中，許多產品被標準化，使得產業得以生產線的方式進行生產。很多產業被迫要以大規模的生產才能使其生產成本降低。以汽車製造業為例，據估計，一家汽車製造工廠若要達到平均生產成本最低點的生產規模，則每年的年產量必須在15萬輛到20萬輛汽車之間，這產量幾乎已經接近全台灣每年需要的汽車數量。

　　規模經濟的好處不只出現在生產成本方面，同時也會在其他方面出現，廣告是一個明顯的例子。規模太小的企業一方面無法承擔昂貴的廣告費用，一方面全面廣告也會造成浪費。但大企業就沒有此種顧慮，廣告費用雖所費不貲，但與大企業的收入相比，可能並不十分明顯。

　　廣告可以提供大企業許多好處，茲略述如下：第一，介紹產品。若產品是全新的產品，則企業可以利用廣告來教育社會大眾，同時刺激大眾對此產品的需求。第二，如果市場上已有競爭者，則廣告可以擴大市場，將對手的顧客吸引過來。第三，廣告可以改變企業形象。有很多廣告根本與產品無關，但卻直接以提升企業形象為主要目的。很久以前有一家家電業的廣告詞到現在仍然令人記憶猶新，即「打電話，服務就來。」此種強調公司售後服務的廣告，事實上與提升企業形象有十分密切的關係。第四，可形成進入障礙。由於廣告可以提高顧客對於產品的忠誠度，當大企業大量投入企業形象和產品廣告時，新的廠商想要進入此一市場就必須三思，因為首先要克服顧客對產品忠誠度的問題可能就很不容易。可口可樂與百事可樂是全球知名的兩大可樂製造商，由於它們在全球大多數國家中，都投下大量廣告費用，造成各地顧客都有非常高的產品

忠誠度。因此，雖然生產可樂的成本並不是那麼高，但世界上很少
有國家出產第三種暢銷的可樂，因為大家都知道根本無法與這兩家
公司爭奪顧客。第五，可以建立顧客的產品忠誠度。比方說。Nike
強打「喬丹XX代」球鞋，讓年輕人都以穿該球鞋為酷炫的代表，
而非穿不可。在建立品牌忠誠度之後，就可以用比較高的價格出
售。

　　大規模企業的另外一項優點是，由於企業規模較大，比較有
能力進行研究發展（R&D），因此比較容易促進產業升級。一般而
言，企業的研究發展費用支出都十分龐大，而且研究發展通常都具
有很高的風險，在十項研發中，可能只有一、兩項成功。對中小企
業而言，它們可能無法承擔這些風險所帶來的壓力，大企業卻可以
利用其中一、兩項研發成功的新產品或技術，來回收高額利潤。在
科技產業掛帥的今天，研發工作是企業活動中絕對不可或缺的。由
於大企業在投入研發支出方面也比中小企業有利許多，我們可以預
見未來將會有愈來愈多的大企業出現，而中小企業則將逐漸式微。

（二）非價格競爭

　　由於寡占市場上廠商的數目很少，企業之間對於彼此都十分清
楚，因此容易形成牽制或合作。此處我們先說明寡占市場上企業之
間的競爭。由於廠商數目很少，一旦一家變動價格，就很可能會引
起其他人的反制行動，所以我們經常在寡占市場上看到產品有十分
穩定的價格。比方說，西瓜的價格會隨四季而變，但冷氣機的價格
卻十分穩定，主要理由就在於後者屬於寡占產業。由於寡占廠商之
間不輕易採取價格競爭。因此非價格競爭就是最常被利用的手段，
非價格競爭中又以廣告和產品差異化最常被採用。

1. 折彎的需求曲線

　　我們先說明為什麼在寡占市場下的產品價格通常會比較穩定。比方說，家電產品、洗髮精、醬油等，這些都屬於寡占市場中的產品。假設甲廠商生產的產品屬於寡占市場，當它希望以降價方式來吸引顧客時，別家廠商一定會立刻發現。由於別的廠商擔心顧客會被甲廠商搶走，於是也會降低價格。在此種情況下，甲廠商以降價方式來吸引顧客的效果並不會很好，我們也可以說降價時需求彈性較小，顧客增加不多。因此，甲廠商面對的是一條斜率較大的線，如圖11.4中的D_1。相反的，當甲廠商想要以漲價方式來提高利潤時，卻會碰到另一種困擾。由於甲廠商提高價格時，別的廠商卻可以用維持原價的方式來吸引甲廠商的顧客，擴大市場占有率。所以，在別家廠商不跟進調漲之時，甲廠商的顧客會加速流失。換句話說，當甲廠商調漲價格時，它會面對一條較有彈性的需求曲線，如圖11.4中的D_2。

　　所以，事實上，甲廠商面對的會是一條折彎的需求曲線（kinked demand curve），即BAD_1。針對D_1與D_2之下，分別會有兩條不同的邊際收益曲線，MR_1與MR_2。在對應折彎的需求曲線下，廠商面對的邊際收益曲線是$BCEMR_1$。在追求最大利潤下，甲廠商會選擇$MC = MR$之點生產，即C點，此時產量為Q_0，價格為P_0。

　　在圖11.4中，我們可以看見甲廠商的邊際收益曲線中有一段垂直的部分，即CE段。只要甲廠商的邊際成本曲線移動範圍在該CE之間，則其最適產量與最適定價（Q_0與P_0）都不會改變。因此，我們說寡占廠商的產品價格會是十分穩定的。而造成折彎的需求曲線主要是因為在價格調漲與調降時，其他廠商的反應不同所致。

圖11.4：折彎的需求曲線

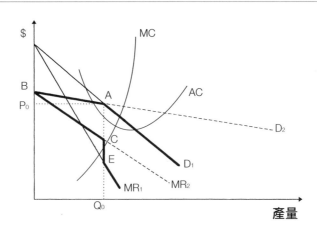

2. U 型的生產成本

　　由於寡占廠商通常都採用大規模的生產方式，在此種情況下，生產成本比較容易出現U字型。而且其中最低成本之處，會有很長的一段水平線，也就是說在該水平線段內產量略為變化，仍然可以保持最低的平均生產成本。所以當市場需求發生變化時，廠商可以利用調整生產規模的方式來應付。比方說，當經濟不景氣，市場上汽車的需求減少時，汽車廠商可以利用關閉整條生產線的方式來回應。因為停止一條生產線，並不會影響其他生產線的生產成本，所以此時仍然可以維持在最低的生產成本之處生產。

　　另一方面，由於大規模生產的產品以工業產品居多，工業產品通常儲存成本較低，當市場需求發生變化時，廠商可以利用調整存貨的方式來應付。比方說，冷氣機是一種具有季節性的商品，當夏季來臨之際，冷氣機的需求會大幅增加，但市場上夏天冷氣機的價格卻不會比冬天貴多少。主要理由在於製造商可在淡季時就先增加

產出，然後儲存到夏季出售。但是，水果也是有季節性產品，儲藏成本卻很高，所以當某一種水果的季節來臨時，其價格就會大跌；其他時候則居高不下。

3. 產品差異化

寡占市場上最常見的非價格競爭就是廣告與產品差異化，廣告的用處我們在前面介紹過，此處只擬說明寡占市場上產品差異化的情況。

寡占市場上廠商的數目較少，因此廠商很容易將產品略為修改，即可達到與其他產品區隔的目的。以汽車市場為例，福特汽車有 Fiesta、Focus 和 Mondeo；馬自達有馬 2、馬 3、馬 5 和馬 6；日產有 Tiida、Livina 和 Sentra 等等。本來生產大型車和小型車是為了市場區隔，但在競爭之下，變成大車與大車競爭，小車與小車搶市場。可口可樂公司產品有可口可樂和雪碧，百事可樂公司有百事可樂、七喜汽水，黑松公司則有黑松汽水和黑松沙士。

（三）進入障礙

寡占市場上的另一個特色就是進入障礙。寡占市場中的廠商由於具有很大的市場力量，所以可以享有相當大的超額利潤。在利潤的吸引之下，長期下新廠商的加入也可以預期。然而，我們看到國內有許多傳統產業，比方說，水泥業，一直享有很高的利潤，而長期下廠商的數目卻十分固定，亦即新的廠商很不容易進入該產業與之分享利潤。此時，市場上存在著相當程度的進入障礙。

在一般情況下，寡占市場都存在相當高的進入障礙，使得廠商數目不易增加。茲分別說明如下：

1. 大規模生產的風險

由於寡占市場企業的規模很大，新廠商加入時必須投入相當大的資金。尤其其中有一大部分屬於廠房、機器，以及開辦費用等沉沒成本。一旦投入之後，即使想退出也不容易收回此部分的投資。由於此沉沒成本費用很大，新廠商在加入市場時，必須有相當大的把握才進入市場。在此種巨大的競爭風險下，往往會使有心加入的廠商卻步。

2. 廣告與產品忠誠度

前面曾經說明過，寡占廠商經常利用大量的廣告來建立公司的知名度及顧客對其產品的忠誠度。事實上，此種廣告效果會造成很大的進入障礙，因為新廠商很難在短期之內與原有廠商競爭，除非新廠商能立即投入大量的廣告費用或以其他方式來吸引顧客。台灣的報業屬於寡占市場，除了少數幾家地方報紙以外，全國報紙市場主要被《聯合報》和《中國時報》所占據。後來，一份全新的全國性報紙《自由時報》進入了市場。為打開知名度，《自由時報》曾投下大量的廣告費用以吸引顧客。《自由時報》曾以推出各種贈品的方式來打動顧客，由於贈品條件過於優厚，而使得公平交易委員會介入，調查其是否有違企業公平競爭之精神。然而，人們看報紙都有相當固定的習慣。訂閱一家報紙以後，常常數十年不換，這是一種典型的高度產品忠誠度，因此通常一份全新的報紙並不容易生存，但是《自由時報》目前已經成為全台灣最大報紙之一。

3. 原料市場的掌握

有些時候，獨占廠商的出現是因為它掌握了所有的原料來源。寡占市場的情況也十分類似，如果少數幾家廠商掌控了大部分的原料來源，新廠商自然不容易加入。台灣的礦產有限，水泥業者能使用的水泥礦場也十分有限，在目前少數幾家水泥公司掌握了大部分水泥礦場的情況下，其他新廠即使有意加入生產，也會因為缺乏原料來源而作罷。

4. 政府法令的限制

很多時候，獨占廠商出現是因為政府的規定，同樣的，寡占廠商的出現也有很多時候受限於政府的法令。以銀行業為例，在多年以前，台灣的銀行業中只有少數的幾家大銀行，如台灣銀行和三商銀（第一、華南、彰化）。但自從 1991 年政府宣布開放民間設立銀行後，立即有十九家新銀行設立。事實上，當時政府對於新銀行的設立仍然有十分嚴格的規定，例如新銀行資本額不得少於新台幣 100 億元。在此種限制下，新銀行的設立自然十分不易。

此外，國內從事票據買賣與交換業務的票券公司也只有三家，即國際票券、中興票券、中華票券，這三家公司都是政府允許下設立，其他廠商不得加入此種票券交換業務。事實上，此種金融服務業的市場需求很大，提供的業務也不一定具有規模經濟。但在政府規定下，造成這三家票券公司壟斷整個市場。其他如無線電視台、大台北瓦斯、欣欣天然氣公司等，都是在政府限制廠商自由進入下的寡占產業。

（四）聯合行為與勾結

　　寡占市場上，廠商的數目很少，廠商之間彼此的一舉一動都十分清楚，大家的行動也都互相受到很大的牽制。但另一方面，由於廠商數目有限，廠商之間若能形成共識，採取一致行動，則彼此都可能獲得更高的利潤。此種聯合行為在寡占市場上最容易形成，如果所有寡占廠商採取完全一致的行動，則稱之為「聯合獨占」或稱「卡特爾」（cartel）。在聯合獨占下，廠商集體的行為與獨占者無異，大家獲得利益後，再依事先約定均分。

　　無疑的，當寡占廠商採取聯合行為時，結果必然是產量減少，價格上升，對消費者十分不利。因此美國的反托拉斯法及我國的公平交易法，對於這種聯合行為都有極嚴格的限制。然而由於寡占市場廠商數目很少，廠商很容易以形成默契的方式，來達到壟斷市場的目的。比方說，我國汽油業者只有兩家，即中油和台塑石油，我們又可稱之為雙占市場（duopoly）。在油品市場只有兩家的情況下，當一家漲，另一家立即跟進；或是一家降價，另一家也跟著降。雖然，雙方事前並沒有約定，但是同漲同跌的默契，很容易就形成聯合行為。

　　由於政府不允許企業之間聯合壟斷的行為，國內並不常見到此種案例，不過台北市已實施多年的公車聯營，就是一個有名的例子。公車聯營的最大好處是一票通用，讓大眾在買票時十分方便。缺點則是：一方面每家公車業者都獨享某些重要路線，在缺乏競爭下，要提高業者的服務品質並不容易。另一方面，在聯營公車制度之下，公車票價是由所有業者共同決定，再經台北市議會同意的。市議員為看緊台北市民的荷包，公車票價的調漲並不容易，調降則更不可能。試想如果某家業者想要更新車輛，增加班次，提供更密

集的服務，但卻無法以相對提高價格來支應。

　　國際市場上一個有名的聯合行為就是「石油輸出國家組織」（Organization of Petroleum Exporting Countries, OPEC）。它們集合世界上大多數的石油輸出國家，成為一個標準的卡特爾集團。1973年中東戰爭爆發，OPEC國家聯合起來限制石油輸出，結果造成了第一次石油危機。1979年兩伊戰爭爆發，國際之間擔心中東石油輸出受影響，再度引發了第二次石油危機。

　　聯合行為的主要困擾是萬一有成員不遵守約定，就會出現壟斷打破的可能。以OPEC為例，二次能源危機後，一方面世界各國開始重視節約能源，使得石油需求的成長受到限制。而另一方面，由於兩伊戰爭持續很久，身為OPEC成員國的伊朗和伊拉克都希望擴大原油出口，以增加政府收入，支應戰爭所需。由於兩伊擴大出口，破壞OPEC約定，其他成員國也不願再受到出口限制。雖然OPEC的主要領導國之一沙烏地阿拉伯，一再以調整自己國家的出口來因應，但終究無法與其他國家的擴產相抗衡。1980年以後，國際油價即一直疲軟不振，OPEC成員國之間彼此信任度不足，使得OPEC對國際油價不易再起重大影響。

　　受到法律限制，寡占市場上廠商之間雖然不能名目張膽的進行聯合行為，但在許多產業上，各種形式的默契行為卻經常出現，包括中油和台塑石油曾經多次同漲同跌。此外，例如《中國時報》與《聯合報》曾在同一天將報價由10元調漲到15元，及百貨業者自十月份開始，輪流實施周年慶，都屬於近似聯合行為。其實，我們經常聽到的綁標、圍標、搓圓仔湯，都是廠商之間的聯合行為，也都屬於違反法律的行為。

　　大致上而言，決定寡占廠商之間合作或競爭的因素，可分成

以下幾項：1.當廠商數目愈少，愈容易形成共同行為。一方面共識比較容易達成，一方面彼此較能互相監視，不致出現違反約定的舉動。2.當產品品質愈接近，由於太容易起競爭，反而容易形成合作。以水泥業為例，由於水泥是相當齊質的產品，同時又具有大規模生產的特性，因此容易形成生產者之間的聯合行為。事實上，國內水泥業者之間的默契式聯合行為也十分出名。3.當產品市場停滯不成長時，廠商之間易於合作，因為彼此之間不願意互搶對方的顧客。4.在寡占市場中，若有一家很大的廠商，則易形成「價格領導者」（price leader），於是易於合作。在OPEC中，沙烏地阿拉伯就扮演此一角色。5.若廠商之間缺少非價格競爭時，易於形成合作。我們再以水泥業為例，由於非價格競爭以產品差異化和廣告為主，而一方面水泥為齊質產品，沒有產品差異化的問題；另一方面，水泥業為工業用品，水泥業者不需要花大筆資金從事廣告活動以吸引顧客，所以水泥業者之間的非價格競爭也是很小的。6.當新廠商不易加入市場時，原有廠商之間容易熟識，易於形成共識，且不用擔心新廠商進入破壞，所以較易合作。

四、公平交易法

　　為阻止廠商之間聯合行為造成獨占，或不公平競爭而影響其他廠商權益以及影響消費者權益，大多數國家對於廠商行為與市場競爭都有相當程度的規範。比方說，美國有反托拉斯法，我國有公平交易法。

公平交易與獨占：統一超商的連鎖店

公平交易法通過以後，公平交易委員會便積極運作，處理過許多有名的案例。最近一件引人注意的案件，就是關於國內最大連鎖商店統一超商的市場獨占地位。據報導，到民國85年底、全台灣地區統一超商包含直營店與加盟店在內，共有1,317家，估計其85年度全年營業額達286.3億元。

據公平會指出，統一超商連鎖事業在某些地區的市場占有率已超過50%。在此龐大的市場占有率下，造成許多不公平競爭上的問題。第一，其他超商的生存空間已經很小，幾乎完全無法與統一超商相競爭。第二，由於統一超商規模龐大，對上游供貨商具有龐大的市場力量——如果對供貨商的價格不滿意，統一超商可以拒絕銷售該商品，達到封殺該商品的目的。第三，統一超商之前曾出現拒絕銷售與統一企業生產相似的產品，使得統一企業近似占有獨占地位。

針對上述不公平競爭所可能帶來的不利後果，公平會考慮依地區劃分原則，在特定地區內只允許統一超商設立一定的數目。同時，為避免統一超商不銷售與統一企業類似的產品，公平會也考慮規定新加盟的統一超商在沒有正當理由下，不得限制與統一企業有競爭性的產品進入其市場通路。

資料來源：《世界日報》1997.2.14。

挑戰廣告

　　美國有一家地方電視台曾經推出一個非常受歡迎的電視節目，其內容主要在針對電視上的產品廣告做實驗。如果有觀眾看到電視上的哪一段廣告覺得有問題，就可以寫信給該節目主持人，由主持人出面依廣告內容做實驗，測試廣告的真實性。

　　大多數廣告大都難免會有誇大其詞的內容，至於是否嚴重到損害消費者權益，則需由法院來判決。在上述挑戰廣告的節目中，大多數廣告都無法經得起實驗考驗，卻也有少數商品能符合其廣告內容，令人驚奇。茲舉二例以饗讀者：

1. 品質純正的沙拉油不會凝結

　　有家廠商強調它們的沙拉油品質純正，放在冷凍庫中八小時不會凝結，而其他品牌則品質不純正，放在冷凍庫會結冰。這個實驗

（一）反托拉斯法

　　美國的反托拉斯法早在1880年就出現，其立法精神在於提高企業之間的公平競爭，主要作法一方面在防止企業形成壟斷，一方面則在禁止企業出現不當的交易行為。

　　企業形成壟斷的方式很多，其中三個較常見的情況包含：1.企業之間的聯合行為；2.企業成長過大，形成獨占；3.企業之間相互併購，造成壟斷。茲各舉一例說明之。

　　傳統上，美國國內與國際電話業務都由美國電話電報公司（AT&T）獨占。1989年，美國聯邦通信委員會（Federal

很容易進行，主持人選了五、六種品牌的沙拉油放到冷凍庫中，第二天在電視上當場開封，結果其他廠家的沙拉油都結冰了，只有該家廠商的沙拉油仍然可以倒出來，完全符合廣告所述。

2. 不怕被猩猩摔打的行李箱

另外有一則廣告內容十分誇張，有一隻（由人裝扮的）大猩猩，把一只新的行李箱又打又摔，結果該行李箱仍然完整如新。有觀眾認為該廠商的廣告過分誇大，請電視主持人進行實驗。電視主持人找了一個體重300磅的職業摔角選手代替大猩猩，把行李箱又踩、又摔、又丟的折騰了十幾分鐘。令人意料之外的是，該行李箱竟然完好如初。電視主持人不得不稱讚該行李箱真的如同廣告所說的一樣耐用。唯一可惜的是，所有實驗都以不記名的方式進行，因此觀眾無從知道到底是哪一家的行李箱如此耐用。

Communication Commission, FCC）勒令AT&T解散。一方面AT&T分出19家獨立的區域性電話公司，服務各地的地域性電話業務，AT&T仍然負責國際電話業務。另一方面，國際電話市場開放競爭，隨即有MCI、Sprint等數家廠商加入國際電話業務市場，形成激烈競爭。不過為防止企業之間不當競爭手段（例如壓低價格，打擊新進入的廠商），FCC對於各電話公司收取的國際電話費用仍然加以監視。

在企業併購方面，美國市場於一九八〇年代開始，出現過一陣購併熱潮，其中有很多筆併購案的交易金額都超過數億、甚至數十億或數百億美元以上。比方說，2017年7月美國電信廠商 Verizon

大家一起唱：好樂迪與錢櫃合併案

　　KTV是台灣年輕人重要的休閒活動之一，其中好樂迪和錢櫃是兩家最大的KTV連鎖店。2003年，好樂迪和錢櫃宣布合併，計畫成立好樂迪育樂集團，雖然雙方把合併計畫送交公平會審查，但是卻沒有實際的進一步行動，合併案就此告終。

　　2006年，好樂迪與錢櫃重啟合併計畫，並再送到公平會審查，但是由於考慮其市占率太大，可能會出現市場壟斷的問題，於是公平會決議否決此一合併案。然後，這兩家公司提出訴願要求重新審查。結果2008年，公平會再度否決此一合併案，後來業者又提出兩次的合併案，但是都被公平會否決。

　　理論上來說，當兩家業者合併後，他們在市占率大增的情況下，一方面可能藉此提高唱歌的收費；另一方面，也可以用較低的價格向上游買歌。無疑的，這兩家公司的經營效率會因為市場規模擴大而增加，其未來的獲利也會增加。

　　但是，從市場競爭的角度來看，兩家合併後在台灣KTV的市占率超過五成，在大台北區更是超過九成，因此如果他們漲價的話，消費者只能乖乖的接受，不容易找到其他的代替者。另一方面，對於唱片公司或作曲人來說，他們在面對龐大的KTV業者也可能因為缺乏競爭，而遭受損失。因此，公平會否決這兩家業者的合併，對於市場競爭來說應該是比較有幫助的。

　　不過，雖然這兩家業者無法進行合併，但是由於台灣的市場較小，而且這兩家彼此又已經有交叉持股，所以某種形式的實質合作是一定會發生的。

資料來源：蘋果日報，2011.1.20.

以48億美元併購Yahoo。全球最大的併購案是2016年10月，美國電信巨擘AT&T用1,087億美元併購時代華納公司。

另外，企業併購案也同時在世界其他國家中出現，而每一個國家對於大型企業合併時，都會小心檢視其市場占有率的變化，主要目的在於防止這些企業藉合併達到獨占市場的目的。比方說，2000年10月，美國GE公司宣布以450億美元併購另一家美國的跨國家電產品大廠Honeywell，結果在2001年7月被歐盟否決，這是歐盟第一次否決美國的企業併購案。另外一個案例是2016年4月，英國電信大廠Three UK以148億美元併購另一家電信公司O₂，但是歐盟擔心併購會造成英國電信產業出現壟斷的可能，於是否決此一併購案。

（二）公平交易法

我國維持市場公平競爭與交易的重要法律「公平交易法」，於民國80年公布，民國81年起實施。其中主要管理的方向有三個：1.禁止獨占廠商出現，2.防止企業有聯合獨占行為，3.防止企業進行不當的交易行為

1. 在禁止獨占廠商出現方面

公平交易法規定，凡是1.一家事業的市場占有率在二分之一以上，或2.兩家事業的市場占有率在三分之二以上，或3.四家事業的市場占有率在四分之三以上者，都視為獨占事業。因此，寡占市場也在認定範圍之內。

在此一規定下，有多家國營事業已違反規定，但有兩個例外，一是公交法實施五年後開始執行；另外，國營事業另有規定者，從

其規定。

2. 在防止聯合壟斷行為方面

公平交易法實施以來，公平會曾多次對廠商的聯合壟斷行為加以調查及處分。其中以國際票券、中華票券、中興票券的案例最引人注意。因為三家票券公司都是在政府允許下成立的票券公司，專門從事票券買賣及借款業務，屬於寡占市場。由於三家票券公司依其協議決定收取相同的收費標準，公平會認定其符合聯合行為，要求其停止該項協議及聯合行為。

3. 在防止企業不當交易行為方面

公平會在防止企業進行不當交易行為方面的案例更多，比方說，它曾多次對多層次直銷廠商進行調查與處分。在廣告不實方面，也有許多案例，其中尤其針對建商出售預售屋廣告中，坪數灌水和建材不符方面，多次對建商展開調查，並認定其違反廣告中之內容，因此判定應予購屋者賠償。

比較新的案例發生在2017年1月，高雄市「聯上湖XXX」建案廣告不實，聯立建設公司被公平會罰新台幣80萬元，聯永廣告公司被罰20萬元。另一個較有名的廣告不實案例，是京銓藝術公司於2015年6月舉辦「達文西特展」，廣告宣稱「70億元達文西自畫像」及「一次讓觀眾可以欣賞總價值近100億元新台幣的真跡畫作群」，但是公平會認定其內容是「虛偽不實及引人錯誤的表示」。簡單的說，由於這些參展的畫作並非真跡，所以這些廣告內容是不實的，結果被公平會處罰50萬元新台幣。

經濟名詞

不完全競爭市場	市場集中度	獨占力量
非價格競爭	聯合行為	卡特爾
反托拉斯法	獨占性競爭	寡占
公平交易法	進入障礙	折彎的需求曲線

討論問題

1. 試舉二例並敘述不完全競爭市場的特性，再比較其與完全競爭市場之異同。

2. 何謂獨占力量？與市場力量有何關聯？

3. 試述獨占性競爭廠商的短期均衡與長期均衡。

4. 試比較獨占性競爭市場與完全競爭市場的效率及其帶來的社會福利大小。

5. 試述寡占市場的特性，並比較其與獨占市場之異同。

6. 你覺得廣告的功能何在？在企業大作廣告下，效果會不會打折？那麼為什麼廠商還要經常大作廣告呢？

7. 何謂聯合行為？你可以舉出兩個例子加以說明嗎？

8. 試述公平交易法的基本精神，並舉例說明之。

9. 試比較獨占性競爭廠商與寡占廠商在產品差異化行為上的異同。它們分屬不同的市場結構，但為什麼都會選擇進行產品差異化的行為呢？

10. 有人說：「大就是美」。你覺得寡占廠商符合這種「大就是美」的看法嗎？你認為市場上應有較多的大企業？或是應有較多的中小企業？

11. 請說明寡占市場上產品價格較穩定的原因何在？折彎的需求曲
    線與廠商之間的競爭有什麼關係？為什麼折彎的需求曲線只會
    出現在寡占市場，而不會出現在其他市場上面？

第十二章

要素需求

一、市場循環

二、廠商的最低成本組合

三、廠商的最大利潤選擇

四、要素獨買

一、市場循環

在本書前六章中，我們說明在所得固定下，消費者如何決定其最適的產品選擇，使其效用最大。同時，我們也說明廠商的成本函數及其與產量的關係。然後，我們在第七章到第十一章之中，討論供需雙方如何在市場上決定產品價格；當然，不同的市場結構對於市場上價格如何決定有重大的影響。這種討論過程，可說把供需雙方與市場都已詳細的說明，已然可以形成一個相當完整的體系。

事實上，對家計單位和廠商而言，這只說明了其行為的一半而已。比方說，廠商決定產量後，下一個問題是該如何生產這些產量？如何選擇不同的生產要素組合才能使成本最低？因為廠商還必須到要素市場上採購它需要的生產要素。對家計單位而言，如何選擇不同的產品來消費，以使其效用最大，這當然是非常重要的問題。但同時，另一個重要的問題是，家計單位也可以設法多找一份工作，來增加其所得。換句話說，他可以在工作與休閒之間做選擇，以提高其效用。當然，他必須以減少休閒為代價，因此也有可能降低其總效用水準。

顯然，此時還有一個重要的市場我們還沒有討論，此即「生產要素市場」（factor market），其中包含勞動、資本、土地、企業家精神。生產要素與傳統產品市場的一個主要差別在於買賣雙方角色是互換的，即廠商在產品市場上是賣方，但在要素市場上卻是買方；相反的，家計單位在產品市場上是買方，但在要素市場上卻成為賣方。

我們把家計單位、廠商、產品市場，以及要素市場連成一氣，才可以形成一個經濟體系中完整的市場循環圖。在圖12.1中，家計

圖12.1：市場循環

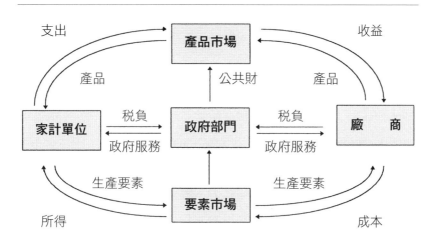

單位支出金額在產品市場上購買商品，而廠商則在產品市場上提供
商品，獲取收益。而另一方面，家計單位在生產要素市場中提供生
產要素獲取所得，廠商則在要素市場中購買生產要素，此即其生產
成本。

　　家計單位購買產品是因為生活所需，為支付日常的花費，人們
必須去工作，賺取所得以供花費。廠商的情況十分類似，廠商的目
的在追求最大利潤，因此它希望在產品市場上能賺取最高的利潤。
但為了要生產產品，它必須同時到要素市場上購買生產要素，以供
生產之用。而且如果廠商想要生產愈多，它就必須在要素市場上採
購愈多；如果廠商完全不想生產，那它也就不需要任何生產因素。
所以廠商對於生產要素需求的大小，可說主要決定於其產品在市場
上銷售的情況。因此我們稱廠商對於生產要素的需求是一種「引申
性的需求」（derived demand）。

　　我們在本章中將專注於討論要素市場的需求，其中我們將說明

如何推導出廠商的引申性需求曲線。在下一章，我們則探究要素供給，基本上這屬於家計單位的供給，其中又以勞動供給最重要，但我們也會討論資本、土地及企業家精神的各種供給情形。

另外必須一提的是，在圖12.1中，我們特別把政府的位置繪出來，主要理由是因為政府部門也在市場中扮演重要的角色。政府部門的功能一方面在於提供市場一個完善的交易環境（例如管制獨占事業），更重要的原因是市場失靈（market failure）。比方說很多時候，有些商品的市場並不存在，如空氣污染；有些時候市場雖然存在，但卻不容易訂價，使得私人不願意生產，如公共建設。因此在大多數國家中，政府部門都扮演非常重要的角色，而且政府部門也在一直擴大中，即使是號稱資本主義天堂的美國也不例外。我們會在第十四章中專章探討市場失靈與政府職能的關係。

▍二、廠商的最低成本組合

廠商的目的在追求最大利潤，因此它必須考慮兩個主要問題：第一，在目前價格下，該生產多少產量；第二，在該產量下，應如何生產？換句話說，該如何選取勞動或資本等不同因素來生產。我們先討論後面一個問題，前一個問題留到下一節再說明。

（一）等產量曲線

在本書第六章中，我們已提及等產量曲線的組成，此處我們再進一步說明其性質。我們假設要素市場上只有兩種生產因素，即勞動（L）與資本（K）。廠商要生產一定數量的產品Q，可以用很多勞動加上較少的資本，或者較多的資本與較少的勞動。基本上，產

量與因素投入之間會有一定的關係，此種關係我們稱為「生產函
數」，即（12.1）式。

（12.1）　　　　　　　　$Q = f(K, L)$

在上述生產函數中，勞動的邊際生產量與資本的邊際生產量都
會是正的。在第六章中，我們曾說明雖然有時候生產要素會因為投
入太多，而出現負的邊際生產量，但任何追求利潤最大的廠商都
不可能會選擇該投入量。我們以產量對生產因素的偏微分來代表兩
種要素的邊際生產量，其中 f_L 與 f_K 分別代表勞動與資本的邊際生產
量，即：

$$MP_L = \frac{\triangle Q}{\triangle L} = f_L > 0$$

$$MP_K = \frac{\triangle Q}{\triangle K} = f_K > 0$$

當廠商想要增加產出時，它必須先知道 f_L 與 f_K 的大小如何，以
便在增加勞動與增加資本之間做選擇。但在此之前，我們應該先
繪出「等產量曲線」（isoquant），以便讓廠商能夠更容易知道如何
可以使產量增加。等產量曲線是表示在維持相同產出（Q_0）下，所
有可能的勞動投入量與資本投入量所形成的組合，見圖12.2。在圖
12.2中，我們把勞動量當成橫軸，資本量當成縱軸，在產量固定在
Q_0 下，再把所有可能的勞動與資本組合連接，就可形成產量為 Q_0
下的等產量線。

等產量線的特性我們在第六章已經說明過，此處再略加敘述：

1. 等產量線必然有負斜率。因為勞動與資本都有正的邊際生產

圖12.2：等產量線

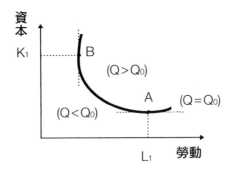

力，所以要維持相同產出時，一種投入量減少，另一種投入量就必須要增加。我們把其斜率稱為邊際技術替代率（MRTS），表示兩種生產要素之間在維持固定產出之下的轉換率，即：

$$MRTS = \frac{\triangle K}{\triangle L} = -\frac{f_L}{f_K} = -\frac{MP_L}{MP_K}$$

　　說的更簡單一點，邊際技術替代率表示若要維持相同產量，減少一台機器時，必須要增加多少工人；換句話說，一台機器的產量可以換多少工人的產量。

　　2. 在A、B兩點上，等產量線出現正斜率是因為某一種要素投入的邊際產量出現負的。如在A點右邊以後，表示勞動投入太多，使得勞動邊際生產量是負的，所以要有更多的資本投入，才可以使產量維持固定。同樣的，在B點以上，表示資本投入太多，資本有負的邊際生產力，所以此時必須有更多的勞動投入才可以維持相同的產量。雖然在生產技術上而言，我們不排除等產量線會出現正的斜率，但對追求利潤最大的廠商來說，一定不會選擇該點作為生產

決策。所以合理的等產量線應該介於A、B之間，因此必定具有負斜率。

3. 等產量曲線為凸向原點。因為兩種生產要素都有邊際報酬遞減的情況，當勞動不斷增加時，勞動的邊際生產力愈來愈小，可以替代的資本量也會愈來愈少。

4. 等產量曲線把整個平面分成三個區間，在等產量線Q_0的上面，表示$Q > Q_0$；在等產量線Q_0的下方，表示$Q < Q_0$；在等產量線上，則是$Q = Q_0$。由於等產量線把整個區域分為三部分，廠商便可以很容易的知道，要增加產量時該朝哪個方向移動。

5. 等產量線布滿整個圖形，而且任何兩條等產量線都不能相交，其理由與無異曲線的情況完全相同。

等產量線純粹是生產技術上，勞動與資本之間的關係。有些時候，生產者很容易把勞動與機器之間做替代。比方說，傳統上，我們可以用人力耕田，也可以用機器耕田，而一台機器可以替代五個人。由於機器與人力之間的替代率是固定的，所以此時的等產量線是一條直線，如圖12.3（A）。

圖12.3：邊際技術替代率

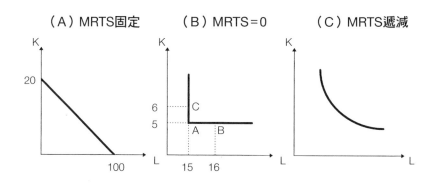

有些時候，機器與人力之間完全不能替代。比方說，一家計程車行有5輛車，因此必須有15個司機。假設每個人每天跑八小時，且三班輪換，則該車行的最低成本組合就是15人與5部車，如圖12.3（B）的A點，若車行多聘一人，因為沒有多餘的車子可用，所以邊際生產量是零，如B點。同樣的，若車行多買一輛車，也因為沒有多餘的人手來開這部車子，所以此項資本投入增加的邊際生產量也是零，如C點。顯然在此種生產技術下，廠商最佳的組合就是每三個人配一部車子，所以等產量線會呈直角型，廠商無法多用人力來代替車子，也無法多用車輛來代替人力，因此車輛與人力之間無法做任何替代，我們稱其邊際技術替代率為零，此種生產函數稱為「李昂鐵夫生產函數」（Leontief production function）。

在正常情況下，等產量曲線的斜率應該介於直線與直角之間，即圖12.3（C）。一般而言，等產量線曲度愈小，愈接近直線，則兩種要素之間的替代率愈高；反之，若曲度愈大，愈接近直角，則兩種要素之間的替代率愈低。

（二）等成本線

等產量線告訴廠商在一定的生產技術下，增加勞動與增加資本對產量的影響有多大。但廠商為追求生產成本最小，所以在決定產量之際，還必須同時考慮兩種生產要素的價格，使其能選擇成本最少的生產組合。假設勞動的價格為工資w，而資本的價格為利息r，當廠商勞動投入量為L，資本投入量為K時，其生產的總成本C可以表示為：

（12.3）$$C = w \cdot L + r \cdot K$$

　　由於（12.3）式是一條直線，表示在該直線上，廠商的支出都是固定的，如圖12.4。「等成本線」（isocost）表示在維持成本固定情況下，所有勞動投入與資本投入所形成的組合。等成本線的斜率表示在維持固定成本下，勞動與資本之間的替換率是多少。說的更簡單一點，為維持相同的總成本，多用一台機器，必須少用幾個人，也就是說一台機器的價格可以取代幾個人的工資，即：

（12.4）
$$\frac{\triangle K}{\triangle L} = - \frac{w}{r}$$

　　等成本線同樣把整個平面區分成三部分：右上方的投入組合成本較高，左下方的成本較低，等成本線上各點的投入組合成本相等。而當整條等成本線平行右移時，表示廠商的成本增加，但兩種生產要素的相對價格不變，因為斜率不變，見圖12.4（A）中的I_0與I_1。若斜率改變，則表示兩種要素的相對價格發生變動，以圖12.4（B）為例，當等成本線由I_0移動到I_1時，表示資本價格不

圖12.4：等成本線

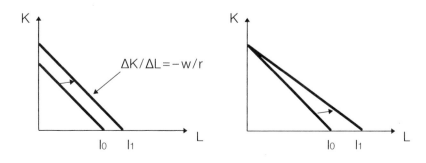

（A）因素相對價格不變，成本增加　　　（B）勞動價格下跌

變，但勞動的價格下降。

（三）最低成本組合

　　等產量線代表廠商生產技術上的限制，原則上廠商希望達到愈高的產量愈好，即等產量線愈往右移愈好。不過，此處我們要問的是另外一個問題，即廠商在產量確定下，該如何選擇最佳的要素組合，使得其生產成本最低？換句話說，在產量固定下，廠商希望等成本線愈往左移愈好。

　　在圖12.5中，假設廠商希望的生產數量為Q_0，在該產量下，廠商應如何選擇最佳的勞動與資本組合？A、B在同一條等產量線上，故產量相同，但B點的成本為C_1，大於A點下的生產成本C_0，故A點比B點為佳。D點的生產成本（C_2）比A點（C_0）低，但D點在等產量線的左邊，表示D點的產量太小，無法滿足廠商的產量要求。

　　事實上，A點是廠商在維持產量Q_0下，所能達到的最低成本C_0，其最佳的投入組合為勞動量L_0與資本量K_0。在A點時，等產量線Q_0與等成本線相切，表示兩條線的斜率在A點上剛好相同，

圖12.5：最低成本組合

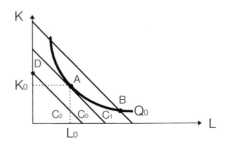

所以利用（12.2）與（12.4）式，我們可得：

$$\frac{\triangle K}{\triangle L} = - \frac{MP_L}{MP_K} = - \frac{w}{r}$$

可再將之改寫成：

（12.5）
$$\frac{MP_L}{w} = \frac{MP_K}{r}$$

　　（12.5）式的經濟意義十分清楚，即用在勞動上的最後一塊錢所帶來的邊際產出（即MP_L/w），必須要等於用在資本上最後一塊錢所帶來的邊際產出（即MP_K/r）。如果前者高於後者，表示最後一塊錢花在勞動上的邊際產量較大，所以我們應該增加勞動投入；反之，如果前者小於後者，表示最後一塊錢花在資本上的邊際產量較大，所以廠商必須增加資本投入。唯有花在勞動的一塊錢帶來的邊際產出等於花在資本上一塊錢的邊際產出時，廠商才達到最適組合，不應該再變動任何投入。此結果與消費者追求最大效用時非常類似，即消費者最後一塊錢花在不同產品上帶來的邊際效用必須相同，否則就必須增加購買邊際效用較高的商品。

三、廠商的最大利潤選擇

　　廠商為追求最大利潤時，有兩個條件必須同時滿足，一方面在面對市場價格下，尋找最適產量，然後在最適產量下尋找最適要素投入組合。對完全競爭廠商而言，其面對的產品價格是固定的，因此在其決定產量後，再找出最適要素組合即可。但若廠商是獨占或

寡占時，情況較複雜，因為它必須知道自己的邊際成本曲線和產品
的市場需求曲線，以決定自己的最適產量；但同時，也要考慮在該
產量下，其生產因素的價格是否會受到影響。

　　換句話說，在產品市場上，廠商是否是完全競爭市場，對於廠
商如何決定產量與價格會有很大影響。同樣的，要素市場是否屬於
完全競爭市場，也會對廠商決定購買多少數量的生產要素有很大影
響。此處我們先討論要素市場為完全競爭的情況，下一小節再討論
要素獨買市場。

（一）引申性要素需求曲線

　　我們先假設生產要素市場是一個完全競爭市場，廠商可以在該
市場中以固定的價格去購買任何它所希望的數量。換句話說，它面
對的是一條水平的要素供給曲線，如圖12.6（A）。在水平的供給
曲線下，供給彈性無限大，不論廠商買多少生產要素數量，都不會
影響要素價格。

圖12.6：廠商的要素需求曲線

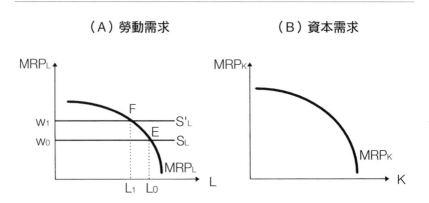

　　在產品市場上，在第六章我們已詳細討論過，廠商若要追求最大利潤，則必須滿足最後一單位產出的邊際收益（MR）要等於生產該產出的邊際成本（MC），即：

（12.6）　　　　　　　　MR = MC

　　邊際成本表示每生產一單位產出所必須多花費的成本。可是在有兩種生產要素下，廠商可以利用增加勞動或增加資本的方式，來達到產出的增加，此時我們該如何計算廠商的邊際成本呢？在前一節中，我們曾說明廠商為追求成本最小的生產要素組合時，必須滿足以最後一元花在勞動上得到的邊際產量要等於最後一元花在資本上得到的邊際產量，亦即（12.5）式。然後我們把（12.5）式等式兩邊的分子與分母互換，得到（12.7）式。

（12.7）　　　　　　$\dfrac{w}{MP_L} = \dfrac{r}{MP_K} = MC$

　　（12.7）式的左邊表示若只增加勞動時，每增加一單位產出，所必須多支付的勞動成本；等式的右邊則表示，若只利用資本增加來達到產量增加時，每多增加一單位產出，所必須多支付的資本成本。因此，其實兩者都是邊際成本，一個是以勞動成本來表示，一個是以資本成本來表示，而在廠商最適成本組合下，兩者必須相等。理由很簡單，若 $w / MP_L > r / MP_K$，表示以勞動增加產出的邊際成本較高，因此應以增加資本的方式來擴大產出；反之，則應以增加勞動的方法來擴大產出。在最適組合下，不論是利用哪一種方法，廠商增加產出的邊際成本都相同，即 MC。

　　為追求利潤最大，廠商必須同時滿足最適產量的條件與成本最

低組合的條件，因此我們把（12.6）與（12.7）兩式合併，得到以下條件：

$$MR = MC = \frac{w}{MP_L}$$

$$MR = MC = \frac{r}{MP_K}$$

經移項後，可改寫成：

（12.8）$\qquad\qquad w = MP_L \times MR$

（12.9）$\qquad\qquad r = MP_K \times MR$

（12.8）與（12.9）式表示廠商為追求利潤最大，在要素需求方面所必須滿足的條件。在（12.8）式中，MP_L 代表每增加一單位勞動投入可以增加的產出，而 MR 則表示這些增加的產出在市場上可以賣出的邊際收益。因此，$MP_L \times MR$ 表示每增加一單位勞動投入，可以多帶給廠商的邊際收益，我們稱之為勞動的「邊際收益量」（marginal revenue of product, MRP_L）。注意，邊際收益量（MRP_L）與邊際收益（MR）是完全不同的概念，後者是指廠商每多出售一單位商品所能增加的收益是多少；前者則是指廠商每增加一單位要素投入，所能增加的收益是多少。因此勞動的邊際收益量不但要考慮生產要素的邊際生產量（MP_L）以外，還要考慮產品出售時的邊際收益（MR）。同樣的，每單位資本投入也有邊際收益量（MRP_K），而資本的邊際收益量是由資本的邊際生產量（MP_K）與邊際收益（MR）所組成。因此，我們可以寫成：

（12.10）$\qquad\qquad MRP_L = MP_L \times MR$

（12.11）　　　　　　　$MRP_K = MP_K \times MR$

　　因為 MP 和 MR 都是負斜率，所以邊際收益量具有負斜率，如圖 12.6，不論是資本或勞動都是如此。因為當因素投入增加時，其邊際產量必然會下降，所以邊際收益量會下降。由於勞動的邊際收益量（MRP_L）代表廠商每增加一單位勞動投入所可以獲得的邊際收益量，而在面對完全競爭的勞動市場下，廠商每增加一單位勞動所必須支付的價格是固定的，即 w_0，所以為追求最大利潤，廠商會增加勞動直到兩者相等為止，此即圖 12.6（A）的 E 點。這時廠商的勞動購買量為 L_0，且 $w_0 = MRP_L$。若勞動供給的減少到 S'_L，價格上升為 w_1，廠商在 L_0 下的邊際收益量太小，因此廠商會減少勞動投入。在勞動投入減少下，勞動的邊際產量（MP_L）會增加，使得 MRP_L 上升，直到 $w_1 = MRP_L$ 再成立為止，此時勞動的需求量為減少到 L_1。

　　由上述說明可知，邊際收益量其實就是廠商對於要素需求的「引申性需求曲線」，因為廠商對於勞動的需求完全依 MRP_L 而決定。以勞動的邊際收益量來看，當廠商增加一單位要素投入時，一方面可以使產出增加（MP_L），一方面可以使收益擴大（MR），兩者的乘積就是廠商因為勞動投入增加而帶來的邊際收益量（MRP_L）。顯然，當此邊際收益量愈大時，廠商對於要素的需求就愈大，因為表示廠商可以賺愈多的錢。我們稱之為「引申性需求」，是因為廠商對於勞動投入需求的大小，除了決定於市場上的勞動價格（w）以外，更決定於勞動的邊際生產量（MP_L）及產品的邊際收益（MR）。在其他條件不變下，產品市場上人們對廠商的產品需求增加，會使廠商的邊際收益增加，所以增加勞動投入可

以帶給廠商更多的利潤；最後廠商就會增加勞動的需求。

（二）邊際產值

到目前為止，我們仍只假設生產要素市場是完全競爭市場，所以廠商在購買生產要素時，可以在固定價格下任意購買其需要的數量。我們並沒有對產品市場做任何假設，但這並不表示產品市場不重要，事實上，廠商的要素需求曲線，即邊際收益量曲線，是由生產要素的邊際生產量（MP）與邊際收益（MR）所組成。前者是由廠商的生產技術所決定，後者則與廠商所面臨的市場結構有密切關係。在第七章到第十一章的分析中，我們曾仔細探討市場結構不同對廠商收益的影響。其中最大的分別是，當產品市場是完全競爭市場時，由於產品價格是固定的，所以該產品的價格（P）就是廠商的平均收益（AR），也就是廠商的邊際收益（MR）。而當產品市場不是完全競爭市場時，產品價格（P）仍然等於廠商的平均收益（AR），但不等於廠商的邊際收益（MR）。一般而言，由於平均收益在下降，所以不完全競爭廠商面對的邊際收益也在下降，而且會低於平均收益。

我們把勞動的邊際產量（MP_L）乘上產品價格（P），稱為勞動的「邊際產值」（value of marginal product, VMP_L）。VMP_L 表示說當廠商多投入一單位勞動，所增加的邊際產出在現在市場價格下所能出售的價值。即：

（12.12）　　　　　　　$VMP_L = MP_L \times P$

（12.13）　　　　　　　$VMP_K = MP_K \times P$

然而，在產品市場屬於完全競爭市場下，則 P = AR = MR，

所以：

$$VMP_L = MP_L \times P = MP_L \times MR = MRP_L$$

$$VMP_K = MP_K \times P = MP_K \times MR = MRP_K$$

上式表示在產品為完全競爭市場下，勞動投入的邊際產值會等於勞動投入的邊際收益量，見圖12.7，主要理由在於廠商的邊際產出可以用固定價格出售。

如果產品市場是不完全競爭市場，則廠商面對的邊際收益會低於價格與平均收益，所以邊際收益量也會小於邊際產值，見圖12.7（B），因為：

$$VMP_L = MP_L \times P$$

$$MRP_L = MP_L \times MR$$

造成MRP_L小於VMP_L的理由也很清楚。當不完全競爭廠商增加勞動投入時，一方面會使勞動的邊際產量減少，因為勞動產出具

圖12.7：邊際產值

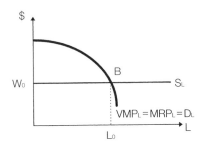

（A）產品市場為完全競爭下的邊際產值與邊際收益量

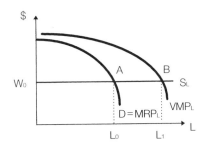

（B）產品市場為不完全競爭下的邊際產值與邊際收益量

有邊際報酬生產力遞減的現象；另一方面，當產出增加時，不完全
競爭廠商要擴大銷售，必然必須降低價格，因此使得其邊際收入減
少。而值得注意的是，廠商在購買勞動時，是以勞動的邊際收益量
做為其決定要素需求的標準，所以其最佳的勞動購買量〔即圖12.7
（B）中的L_0〕，會小於完全競爭市場下的購買量〔即圖12.7（B）
中的L_1〕。

在前面幾章討論市場結構的過程中，我們曾提及不完全競爭廠
商所造成的不利因素之一，就是產量會小於完全競爭廠商。此處
我們又看到另外一個後果，由於不完全競爭廠商的產量小於完全競
爭廠商，所以前者對於要素需求的數量也會小於後者。因此從勞動
市場上來看，不完全競爭廠商提供的就業機會就會少於完全競爭廠
商，這可以說是不完全競爭廠商帶給社會的另外一個不利因素。

最後，我們要進一步說明在要素市場為完全競爭下，廠商對於
生產要素的引申性需求所具有的特性。由於廠商的要素需求決定於
邊際產量與邊際收益，因此其需求彈性也與這些因素有關。生產要
素的需求彈性是指當要素價格下降1%時，廠商對於要素需求購買
量增加量的百分比。比方說，廠商的勞動需求彈性為：

$$（12.14）\qquad D^L = \frac{\triangle L / L}{\triangle w / w} = \frac{\triangle L}{\triangle w} \cdot \frac{w}{L}$$

一般而言，決定要素需求彈性大小的主要因素有四項，茲分別
說明如下：

1. 當產品市場上對產品的需求彈性愈大時，廠商的要素需求彈
   性也會愈大。因為此時廠商的邊際收益會愈呈水平線，所以

邊際收益量也會愈呈水平線，因此要素需求彈性會愈大。

2. 當廠商使用的要素替代性愈高時，要素需求彈性愈大。因為如果資本與勞動之間可以很容易的替代，則當勞動價格上升時，廠商會立即改用資本來代替勞動，在此種情形下，勞動需求會減少許多，因此彈性較大。

3. 若該要素支出占成本比例愈大，則需求彈性愈大。因為當要素支出比例較高，則當價格變化時，廠商的反應會比較敏感，在此種情形下，廠商的需求彈性也就會比較高。

4. 產品市場為不完全競爭市場時，廠商的要素需求彈性較小；反之，則較大。因為產品在不完全競爭市場下，廠商面對的邊際收益曲線較完全競爭廠商所面對的邊際收益曲線為陡，因此廠商的邊際收益量斜率也較陡，故需求彈性較小。

四、要素獨買

在前面數節的討論當中，我們假設要素市場屬於完全競爭市場，因此買賣雙方都可以在市場價格下，任意去購買或出售他們所希望的要素數量，而不至於影響要素價格。也就是說，廠商面對的是一條水平的要素供給曲線。在前數章產品市場的分析中，我們說當市場屬於不完全競爭市場時，廠商若要增加產出，則必須降價，才能達到目的，因此，這些廠商面對的是負斜率需求曲線。同時，由於需求曲線也是廠商的平均收益曲線，故當平均收益曲線隨產量的增加而下降時，邊際收益曲線會下降得更快。因為廠商為擴大銷售量而降價時，不但只降低最後一單位的產品價格，他還必須同時降低前面數量的價格，因此邊際收益會減少更多。

　　在要素市場上，有非常類似的情況。尤其在要素市場上，廠商屬於買方，當廠商的生產規模很大，需要很多生產要素時（例如勞動與土地），很有可能會因為這些廠商對生產要素需求增加，而導致要素價格上升。最極端的情況是要素市場上只有一家單獨的買方，此時我們稱為「要素獨買」（monopsony）。比方說，我們政府曾經規定，所有農家所種植的製糖用甘蔗都必須全部賣給台糖公司，做為製糖之用。因此，台糖公司一方面在製糖市場上成為獨賣者，但同時也在甘蔗市場上成為獨買者。

　　台塑公司在雲林麥寮鄉興建六輕工廠，建廠完成之後，六輕廠會需要大量的工人。無疑的，麥寮鄉會有許多人進入六輕廠工作，因此台塑公司就有可能變成麥寮鄉勞動市場中的勞動獨買者，或者，至少會對麥寮鄉的勞動工資有重大影響。

　　另外一個有名的勞動獨買市場的例子是中華職棒公司。民國78年，當中華職棒聯盟成立時，只有四支職棒球隊，後來增加到六隊。這六支隊伍成為職棒市場上的獨買者，每年由中華職棒公司負責安排職棒新兵的分配事宜。有意參加職棒市場的球員，若不加入中華職棒公司的安排，就無法進入職棒市場成為職棒球員。在此種情形下，由於職棒聯盟具有獨買力量，因此他們可以決定球員的最高薪資。不過，自民國86年開始，第二家職棒公司成立──即台灣大聯盟，其中也有四支新的職棒球隊。一方面台灣大聯盟會增加對球員的需求，更重要的是，他們的加入打破了原先中華職棒公司對職棒球員的獨買力量。在買方的市場競爭之下，球員薪資的增加是可以預見的，當時陳義信、黃平洋、洪一中、鷹俠等職棒明星由中華職棒聯盟跳槽到台灣大聯盟，自然與薪資增加有密切的關係。

　　現在讓我們利用中華職棒公司的球員獨買市場，來分析獨買者所面臨的供給曲線與成本曲線。由於職棒球員的培養十分不容易，每位球員都需要經過小學、中學、成棒等訓練。若要增加一位合格的職棒球員，則可能需要經過長久的努力與訓練才行。尤其在剛開始成立職棒時，有很多先天條件較好的球員，可能很容易的成為職棒球員，因為他們可能有較好的天賦，成為職棒球員的成本較低。而當職棒球員的需求數目增加時，一些天賦條件中等的球員，也可以加入，但卻必須經過更多的努力才得以成為職棒球員。然而這些球員卻必須付出較高的訓練成本，才能進入職棒市場。顯然職棒聯盟若要增加職棒球員的數目，則必須提高職棒球員的薪資才能達到目的。換句話說，職棒公司面對的要素供給曲線是一條具有正斜率的供給曲線。

　　假設職棒公司面對的球隊數目與球員平均薪水之間的關係，如表12.1所示。在表12.1中，當職棒聯盟想要增加球隊數目時，就必須提高球員薪資，以吸引更多球員加入。但由於訓練球員的成本

表12.1：獨買者與勞動供給

球隊數目	球隊平均薪資 （萬元）	總要素成本 （萬元）	平均要素成本 （AFC）	邊際要素成本 （MFC）
1	10	10	10	10
2	12	24	12	12
3	13	39	13	15
4	14	56	14	17
5	15	75	15	19
6	16	96	16	21
7	17	119	17	23

會隨著球員數目而上升，因此球員的供給曲線是具有正斜率的。假設只有一隊球隊時，球員的平均薪資為每月10萬元；球隊增加為二隊時，球員薪資必須增加到12萬元。依此我們可以計算每增加一個球隊所需要的「平均要素成本」（average factor cost, AFC）和「邊際要素成本」（marginal factor cost, MFC）。由於球隊數目增加時，球員薪資也同時提高，而且增加的是所有球員的薪資，不只是新增加球隊的球員薪資，所以邊際要素成本會高於平均要素成本。

依表12.1的數據，我們可以繪出職棒聯盟的平均要素成本曲線和邊際要素成本曲線，見圖12.8。由於職棒聯盟在職棒市場上屬於獨占市場，因為只有中華職棒公司提供職棒比賽。當球隊數目較少時，每場職棒的觀眾人數較多，職棒公司的收益較大。當職棒比賽數目增加之後，每場比賽的收入會減少。換句話說，職棒公司的邊際收益量（MRP）會呈現負斜率，依據我們前面的分析，這也就是職棒公司對球隊的需求曲線（D）。

圖12.8：獨買要素的要素成本曲線

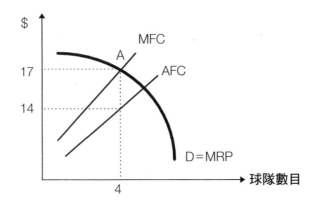

超級巨星經濟學（II）

2016年，洛杉磯道奇隊職棒球員克蕭的年薪為3,200萬美元，NBA巨星克里夫蘭騎士隊的詹姆斯，年薪也高達3,096萬美元。他們並不是特例，美國職業運動員的年薪在千萬美元以上者比比皆是。

為什麼這些運動員會有如此高的薪水呢？理由很簡單，他們個個都有一手。觀眾若想看球員在空中飛來飛去，除了詹姆斯以外不做第二人想；觀眾想看妙傳，則只有已退休的湖人隊的魔術強生是天生好手；若想看高空勾射，則只有湖人隊前球員賈霸可看。

這些人的薪水這麼高，是因為他們能提供一些別人沒有的技巧。換句話說，他們提供了某些獨占的生產要素。觀眾若要觀賞這些特殊動作，就必須花錢。此種特殊才能，使他們成為要素市場上的獨占者。這些獨占力量，造就了這些職業運動員的天文數字收入。

然而，這些運動員畢竟還有其他運動員與之競爭。芝加哥公牛隊的已退休球員喬丹的空中飛行技巧就不一定會輸給詹姆斯。再比方說，猶他爵士隊的後衛史塔克頓的傳球總數就超過魔術強生的紀錄。

事實上，美國娛樂界一些天王巨星的年薪收入有不少是以億美元為單位計算的，例如Lady Gaga、小賈斯汀及泰勒絲等人，這些人具有的才能更難被別人所取代，因此他們不但面對更大的市場，且擁有更大的獨占力量，所以也得以享有更多的獨占利潤。

職棒公司為追求最大利潤，會將球隊數目訂在增加球隊所需的邊際成本等於邊際收益量之處，即 MFC = MRP，亦即圖12.8中的 A點。在 A點，MFC = MRP 所決定的球隊數目為四隊，此即最佳數目。此時，球員的每月平均薪資為14萬元。注意，球員的薪資係由其供給曲線（亦即平均要素曲線）所決定。換句話說，邊際要素成本與邊際收益量決定最適的球隊數目，然後再由供給曲線決定球員薪資。上述的決策過程，與獨占廠商先決定最適產品數量再決定售價是完全一致的。

在圖12.8中，當球隊數目為4隊時，事實上每位球員可以帶給球隊的邊際收益為17萬元，但他們卻只領到14萬元的工資。換句話說，他們的邊際貢獻超過他們所領的工資，多餘的部分成為職棒公司的獨占利潤。

要增加球員的薪資有兩種方法可行：第一種是打破職棒公司的獨占市場，增加競爭。民國86年台灣第二家職棒公司成立（即台灣大聯盟），新職棒公司的加入，一方面增加對職棒球員的需求（即需求曲線往右移動），使得球員薪資增加；另一方面，由於職棒公司的獨占力量減少，同時也會降低球員邊際貢獻與薪資之間的差異。台灣大聯盟成立之後，除了原有球員以外，各隊同時重金挖角，網羅不少中華職棒聯盟的明星球員。職棒公司之間的競爭，勢必提高職棒球員的薪資。同時在競爭之下，球員也會被要求發揮最大的實力，觀眾自然也可以欣賞到更精采的比賽。

增加球員薪資的第二種方式是「自由球員制度」（free agent）。自由球員制度規定球員球齡屆滿一定年限之後（比方說十年），即可成為自由球員。自由球員可以依自己的條件，向各球隊議價。此時，職棒公司不能規定自由球員的去處，所以職棒公司就

不再是要素獨買者。在各球隊求才若渴的情況下，自由球員的薪資會大幅增加。美國職棒大聯盟（Major League）很早就開始採用自由球員制度，因此職棒球員要求的年薪非常高，以洛杉磯道奇隊王牌投手克蕭（Clayton Kershaw）為例，其2016年的年薪為3,100萬美元；其他年薪超過1,000萬美元的球員也比比皆是。日本職棒也在數年前開始引進自由球員制度，一方面增加球員轉隊的機會，一方面也大大提高了球員的薪資；2016年底，陽岱鋼加入日本東京巨人隊，據消息報導，其為五年的合約，每年年薪為三億日圓。

經濟名詞

市場循環	生產要素	要素市場
引申性需求	市場失靈	李昂鐵夫生產函數
邊際收益量	邊際產值	獨買
平均要素成本	邊際要素成本	

討論問題

1. 何謂市場循環？請說明市場循環中，家計單位與廠商所扮演的角色。

2. 何謂引申性需求？請說明如何推導企業的引申性需求曲線？又，產品市場上的獨占廠商是否具有引申性需求曲線？

3. 請說明廠商如何追求成本最小的生產要素組合。

4. 成本最小的要素組合與利潤最大的生產要素組合是否有所不同？兩者之間有何關係？

5. 請說明邊際收益量與邊際產值之間的關係。廠商為追求利潤最大時，所考慮的是邊際收益量或是邊際產值？為什麼？

6. 試比較直線型的等產量線與李昂鐵夫型的等產量線，其具有的特性有何不同？其隱含生產要素之間的替代關係有何差異？請分別舉二例說明之。

7. 試述獨買廠商的平均要素成本和邊際要素成本。

8. 試舉二例說明要素市場的獨買現象，並說明獨買廠商如何利用獨占力量來獲取利潤，並比較要素獨買者與產品獨賣者的訂價方式有何差異。

9. 民國85年第二家職棒聯盟在台灣成立（是為台灣大聯盟），打破中華職棒聯盟的獨占現象。請問此舉對於職棒球員的薪資會造成什麼影響？後來在2003年，兩個聯盟又合而為一，請問此舉對於球員的薪資又會產生何種影響？

10. 假設有一廠商面對水平的要素供給曲線，其中工人（L）薪資每月二萬元，每台機器（K）租金每月為1萬元。廠商的生產函數為 $Q = 6K + 16L - L^2$。假設廠商希望生產34個單位的產出，請問其最小成本的生產要素組合為何？此時每月的支出為若干？

第十三章

要素供給

一、勞動市場

二、資本與利息

三、土地與地租

四、企業家精神與利潤

　　要素市場的另一半，就是「要素供給」。要素的需求來自廠商，其需求主要是為完成生產的目的；而要素的供給則來自家計單位或個人，他們是生產要素的擁有者。在生產過程中，廠商所需要的生產投入非常多，包含人力、資金、機器、廠房、原料、半成品、能源……等。但由於其中很多要素的性質十分接近，而且我們也不可能對所有的要素投入都一一討論，因此我們把生產要素總括分成四大類，即勞動、資本、土地與企業家精神。

　　其中勞動包含一般性工人、技術性工人、管理人員等，勞動應該可以說是生產過程中最重要的一部分。勞動的報酬是「薪資」，薪資通常占廠商成本中最大的比例。

　　資本包含機器、廠房及資金，即一般所謂的「流動資本」（working capital）與「固定資本」（fixed capital）都包含在內。資本的報酬是利息，也可以看成是廠商利用資本的成本或代價。當然這時的利息是只考慮使用資本的機會成本；事實上，使用固定資本的成本，還必須包含折舊費用在內。

　　土地則包含土地本身及土地內所擁有的物品，如礦產。土地的報酬是地租，一般而言，土地是不會折舊的。

　　最後一項重要的生產要素是企業家精神，因為不是說只要把土地、機器、人力放在一起就可以賺錢了，老闆還必須知道該如何生產、生產多少、到哪裡去賣、售價該訂多高，當然更重要的是他還必須經常承擔風險。所以，我們通常把企業的利潤看成是企業家精神的報酬。

　　一般而言，上述四種生產要素都由個人或家計單位所擁有：勞動屬於每一個個人，企業家精神則可能屬於具有高度組織能力或管理頭腦的人所擁有，土地也應該屬於每一個個人。最後，資本也屬

於個人（此處指的是廣泛的資本），因為每一家企業所有的資本都屬於某些個人。

比方說，企業的股本屬於股東，企業其他的資金則大都是向銀行借來的，而銀行的資金則屬於存款者的資金。所以，不論是股東（投資者）或銀行的存款者，他們才是真正的資本擁有人，而這些人都是個人或家計單位。

由於人們的慾望無窮，希望能消費的財貨愈多愈好，但另一方面卻受到資源有限的限制。在我們分析消費者行為中，所得是家計單位的最重要限制條件，我們一直都在所得固定的假設下，分析家計單位如何來選擇消費不同的商品組合，以使其效用最大。然而所得固定只是一個簡單的假設，它並沒有考慮到家計單位如何改變其所得的可能。而事實上，家計單位的所得來自於薪資收入、利息、股利等。

表13.1顯示出台灣地區家計單位的收入來源結構。

在1980年以前，家計單位的收入近七成來自薪資所得，剩下部分主要來自財產與企業所得。其後，薪資所得的比重逐年下降，到2015年的57.6%，而在此同時財產及企業所得的比重則一直維持在28%上下，沒有太大的變動，此結果顯示台灣所得結構變化趨勢對於薪資所得者是不利的，而對於擁有財富及企業者是較有利的。不過，另一方面，由於政府對於公勞保退休金及中低家庭收入的補貼，使得家庭收入不致減少太多。

以下我們就針對勞動、資本、土地，以及企業家精神分別加以討論。

表13.1：台灣地區家計單位收入來源

單位：%

年度	受僱人員報酬	財產及企業所得收入淨額	移轉收入
1981	68.8	28.7	2.5
1985	68.8	29.1	2.2
1990	66.7	30.1	3.2
1995	64.6	29.9	5.5
2000	59.3	30.9	9.9
2005	58.8	29.9	11.3
2010	58.1	29.3	12.6
2011	59.0	28.2	12.8
2012	58.2	27.8	14.0
2013	57.9	27.4	14.7
2014	57.1	28.9	14.0
2015	57.6	27.8	14.6

資料來源：主計總處《國民所得統計摘要》。
註：財產所得包含租金所得、利息及股利所得。

一、勞動市場

（一）勞動與休閒

　　勞動成本是廠商最重要的成本支出之一，勞動收入則是家計單位最主要的收入來源。然而，勞動供給卻有十分高昂的代價，因為每一個人平常都必須上下班（也就是說，必須親身參與），才能達到提供勞務的目的。對每一個個人來說，他當然希望薪資愈高，工作時間愈少愈好，所謂「錢多、事少、離家近」正是一般人心目中理想的工作。

　　為了滿足消費的欲望，每一個個人都必須找一份工作，只要所得愈高，就可以購買更多的商品，提高生活品質與效用。但另一方面，要增加所得就必須更努力地工作或增加更長的工作時間，因此必須以犧牲休閒時間為代價。但是上帝是公平的，每一個人每天都只有二十四小時，每一個個人應該如何在其所得、工作時間、與休閒時間之間做最佳選擇呢？

　　雖然一般人的上班時間為八小時，但人們可以利用加班或找第二份工作的方式來達到提高收入的目的，例如早上送報，晚上開計程車等。但當工作時間增加，休閒時間減少，使休閒所帶來的邊際效用就會愈來愈高。因此，若要人們延長工作時間，則必須以更高的薪水來吸引他們。這也是為什麼政府企業規定民間企業要求員工加班工作時，加班費用的工資要超過正常工資1.5倍以上。

　　假設某甲每小時的工資報酬為w，其公司允許其自由選擇工作時間L，因此某甲每天的收入（Y）就是L×w。我們可以說某甲的效用函數由兩部分組成，即收入（Y）與休閒時間（H）。他一方面希望收入愈多愈好，一方面也希望休閒時間愈長愈好，但是他每天只有二十四小時。所以某甲的時間限制式為：

（13.1）　　　　　　　　$L = 24 - H$

我們也可以將（13.1）式換算成所得限制式，即：

（13.2）　　　$w \cdot L = w(24 - H) = 24w - w \cdot H$

其中w×L＝Y即為某甲每日的收入。

　　把休閒時間放在橫軸，收入放在縱軸，就可以繪出某甲的預算限制，見圖13.1。在圖13.1中，橫軸最多為24小時，為每日的時

圖13.1：家計單位的收入預算限制式

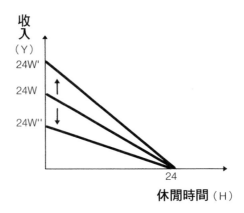

間限制；而縱軸最高為24×w，表示某甲每天不吃不睡所能賺到的
最高收入。預算線的斜率就是某甲每單位工時的薪資w，當某甲薪
資提高為w'，則預算線外移；反之，若工資下降為w"，則預算線
內移。

　　由於某甲的效用由所得（Y）與休閒（H）所組成，他可以為
了增加收入而減少一些休閒時間；或是為增加休閒時間，而減少一
些收入，使兩者的效用水準皆相同。換句話說，我們可以繪出一條
代表某一效用水準的無異曲線，如圖13.2的I_0。該無異曲線表示，
在維持相同效用的水準下，不同收入水準與休閒時間所形成的組
合，顯然無異曲線愈高，代表的效用水準也愈高。

　　某甲自然會希望自己的無異曲線愈往右邊愈好，但卻受到時
間預算的限制。以圖13.2來看，某甲的最佳休閒時間與收入的選
擇，應該是無異曲線I_0與預算線相切的一點，即E點。在E點上，
某甲選擇每天的最適休閒時間為H*。因此他每天的工作時間為L*
（＝24－H*），所以所得是w・L*。

圖13.2：工作與休閒的最適選擇

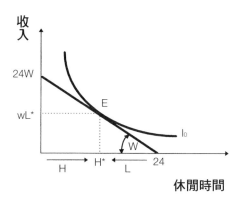

　　我們必須提醒讀者，在圖13.2中，橫軸上代表的是時間，每個人每天擁有的時間為24小時。在最佳選擇的E點時，決定的最佳休閒時間H*，這是由原點往右計算的結果。而另一方面，每天只有24小時，所以用（24－H*）就可以得到每天工作時間L*，也就是由24往左計算到H*點。而由於預算式的斜率就是工資率w，所以在E點下縱軸的高度就代表某甲的收入，即wL*。

（二）後彎的勞動供給曲線

　　近年來我們經常聽到工廠老闆埋怨說，工人一放假就全部不見了，想要找人加班趕工非常困難，即使加班的工資為平常薪資的1.5倍，仍然不容易找到願意加班的人。二十幾年前台灣工人一般的薪資還很低，工人們都很喜歡加班，希望收入愈多愈好，為什麼現在情況不同呢？許多大陸台商的工廠也有同樣的情況，台商工廠中的大陸員工很多都是遠離家鄉來到工廠上班，平常努力工作，遇有加班機會，更是不會放過。他們真的比台灣工人更熱愛工作嗎？

　　答案很簡單，當所得很低時，所得帶來的邊際效用很高，因此
大家喜歡工作，相較之下休閒並不重要。但是當所得逐漸增加，帶
來的邊際效用就會愈來愈小；相反的，休閒就會愈來愈受重視，休
閒的邊際效用愈來愈高。等到薪資高過某一水準，在所得很高的情
況，人們重視休閒，反而會減少工作時間，就形成有名的「後彎的
勞動供給曲線」（backward-bending labor supply curve），見圖13.3。

　　在圖13.3中，當工資率由w_0上升到w_1時，由於工作的報酬
提高，於是人們願意增加工作時間，所以休閒時間由H_0^*減少到
H_1^*。當工資再增加到w_2時，由於薪資已經很高，人們反而希望能
有多一點的休閒時間，於是休閒時間由H_1^*增加到H_2^*，工作時間
反而減少。我們把均衡點E_0、E_1、E_2點連接起來，就形成一條後彎
的勞動供給曲線，L^s。

　　我們可以把圖13.3略加修改，即橫軸以工作時間L來表示，縱
軸以單位薪資w來代表，則圖13.3的後彎供給曲線可以更清楚的表
示成圖13.4中的L^s。

圖13.3：勞動供給與工資率

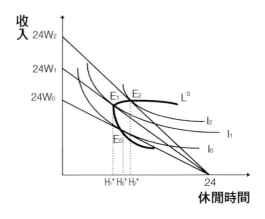

圖13.4：後彎的勞動供給曲線

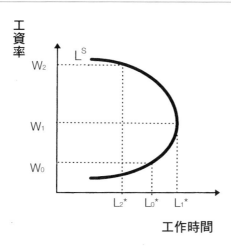

　　我們可以用所得效果與替代效果來進一步說明個人勞動供給曲線出現後彎的原因。當工資率為w_0時，人們的收入較低，此時所得的邊際效用很大，人們希望多增加一些收入，對於休閒時間的多少比較不在意。所以，當薪資由w_0增加到w_1時，會有兩種效果出現。一個是「替代效果」，因為此時工作的報酬率較高，人們會選擇增加工作，此即圖13.5中由E_0增加到A點的部分。但另一方面，由於所得增加，人們開始希望有多一點的休閒時間，因此會增加休閒時間，減少工作時間，此即A點到E_1點的「所得效果」。

　　在圖13.5中，我們看到E_0到A點的距離大於A點到E_1點的距離。也就是說，此時工資增加所帶來的替代效果大於所得效果，所以人們的工作時間是增加的，即由E_0點移動到E_1點。休閒時間由H_0*減少到H_1*，而工作時間則由L_0*增加到L_1*。

　　為便於閱讀，我們不再在圖13.5中繪出薪資再上升到w_2的效果。但是我們可以知道，當薪資不斷增加，所得不斷提高時，人們

圖13.5：工資增加的所得效果與代替效果

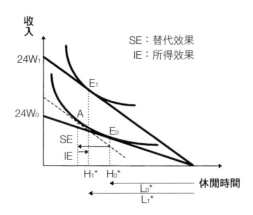

對於休閒的重視程度會愈來愈高。薪資增加對提高人們工作的效果
就會愈來愈小。在圖13.3中，當薪資由w_1提高到w_2時，由於此時
所得已經很高，工資上升所帶來的替代效果很小，而產生的所得效
果較大，因此導致人們的工作時間反而會減少，最終我們就會看到
一條後彎的勞動供給曲線。

　　此種後彎的勞動供給曲線普遍存在於每一個國家與地區。就一
個國家來看，當所得低的時候，人們希望多一點工作，多一點收
入，休閒時間少一點也無所謂。當經濟逐漸成長，人們的一般收入
增加後，勞動的意願會降低，後彎的供給曲線就會出現。

　　如果我們拿不同國家來比較，此種工作意願與所得相反方向的
情況仍然十分明顯。比方說，大陸工人的薪資遠低於台灣，我們看
到台商工廠中，大陸工人對於加班工作的意願十分強烈，但是在台
灣想要找工人加班卻不太容易。然而，如果拿國內勞工工作的時間
與美日等先進國家相比，則我們勞工的工作時間卻較西方國家長。

比方說，西方國家早已實施每週工作五天的制度，我們直到2001年才開始公務員全面實施每週工作五天的制度，而勞工全面周休二日（一例一休制度）更是遲至2016年底才開始實施。甚至現在有些先進國家，如德國，其國內工人每週的工作時數只有35小時。

（三）市場勞動供給曲線

　　前面提及對大多數個人或家計單位而言，當工資不斷增加以後，後彎的供給曲線就會出現。那麼整個市場上的勞動供給曲線是否會出現相同的情況呢？

　　雖然每一個個人都有可能出現後彎的勞動供給曲線，但一方面每一個人的效用曲線不盡相同，而且每一個人原有的財富大小也不一定相同。所以當工資上升時，對一些原先所得效果較大的人來說，可能已經進入後彎階段，但對另外一些人來說則可能還沒有。更重要的是，工資上升之際，會有一些原先不在勞動市場的人被吸引加入勞動市場，這些新的勞動加入，會使整個市場上的勞動供給增加。

　　在圖13.6中，某甲與某乙兩人都有一條後彎的勞動供給曲線。當工資率為w_0時，某甲進入勞動市場提供勞務。當工資上升時，其勞動供給量增加，全社會的勞動供給量也增加。當工資率上升到w_1時，某乙也進入市場，使得市場上的勞動供給量增加更多。當工資上升到w_2時，某甲開始減少其勞動供給量時，由於工資很高，會吸引更多勞工進入勞動市場。後者的加入可以抵消某甲所減少的勞動供給，因此全社會的勞動供給仍然會出現遞增的現象。所以，雖然個人的勞動供給曲線可能有出現後彎的情形，但就社會的勞動供給曲線來看，應該是永遠具有正斜率的。

圖13.6：市場勞動供給曲線

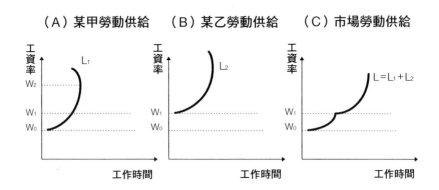

（A）某甲勞動供給　（B）某乙勞動供給　（C）市場勞動供給

（四）工會

　　勞動屬於生產要素的一種，其價格也應該由市場供需來決定。尤其勞動是普遍的平均分散在每一個人身上，因此每一個勞動供給者的規模都很小，所以供給應該是相當具競爭性的。另一方面，市場上的廠商數目非常多，不論何種產業的廠商，原則上都需要勞動，所以勞動需求也是頗具競爭性的。因此，一般而言，大多數國家的勞動市場都相當接近完全競爭市場。

　　雖然勞動市場相當競爭，但由於勞動市場上的賣方（即家計單位或個人）之市場訊息通常較少，且由於個人的議價能力較弱，所以在尋找工作的過程中，屬於劣勢的一方；相反的，廠商由於要雇用較多的勞動，且市場訊息較豐富，因此在勞動市場上屬於較優勢的一方。尤其有不少非技術工人，不但市場訊息少，且工作能力較低，他們很容易就成為勞動市場上被剝削的一群。

　　為保護市場上收入較低的工人，大多數國家的政府便訂定了最低工資來保障這些人的薪資，但是我們在第六章中曾經說明過，

最低工資不一定對低工資者有利。以圖13.7為例，在市場完全自由下，均衡工資為w_0，勞動就業量應為L_0。若政府訂定的最低工資為w_1（低於w_0），則因為低於均衡工資，對市場不會產生影響。若將最低工資訂得較高，如圖13.7中的w_2，這麼一來最低工資固然可以使有工作者的工資上升，但卻同時使工作機會減少到L_1，因為此時工資太高，廠商會減少對勞動的需求量。注意，此時失業人數不是只有原先的L_0與L_1之間的差異，而是$L_1 L_2$。因為當工資上升到w_2時，會吸引更多人進入市場，不幸的是因為廠商減少工作機會，這些新進人員勢必無法找到工作，所以社會的失業會有$L_1 L_2$之多。

　　除了政府可能對勞動市場作出干預以外，勞動市場上出現的另外一種集體力量就是「工會」（labor union）。工會的出現主要是因為個別工人的市場力量太小，在市場上屬於劣勢，於是有許多相同職業的工人，或是同一家公司的工人就會組成工會，利用所有工人的力量來與公司議價。如果工會的參與人數甚多，工會就可以形成勞動市場上的獨賣者，市場力量自然十分可觀。

　　假設原來的勞動市場是完全競爭市場，買賣雙方的規模都很

圖13.7：最低工資

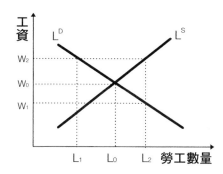

小，現在勞動供給的一方組織工會，就可能形成賣方獨占，我們最常看到的情況就是工會要求加薪。然而其結果會與政府提高最低工資類似，雖然工會達到提高工資的目的，但卻以犧牲一部分工人的工作機會為代價。尤其值得注意的是，這些失去工作的工人大都屬於低工資者，因為這些人的生產力較低，當工資率提高到超過這些人的工資時，廠商一定會先放棄這些人的工作機會。

　　那麼為什麼在工會發達的西方國家，還經常看到工會要求加薪的案例呢？理由很簡單，因為參與工會者大都屬於工資較高的技術性工人，這些人在要求加薪之後，並不容易遭到裁員；而真正失去工作的人，多數是那些原先工資較低者。所以大部分工會都只保護到原先工資就比較高的工作者，因此工會的存在是否真正對所有工人都有利，仍然值得探討。

　　不過，如果當勞動市場上的買方是具有市場力量的大廠時，工會的存在就會有正面的意義。我們再利用中華職棒聯盟的例子來說明。由於中華職棒聯盟是唯一的買方，所以它是職業棒球球員的獨買者，其面對的平均要素成本為 AFC 與邊際要素成本 MFC（如圖 13.8 所示）。在面對中華職棒聯盟的需求曲線（D）下，中華職棒聯盟的最佳決策點為 E 點，即會雇用 L_0 的球員數目，薪資為 w_0。

　　由於事實上球隊球員對職棒公司的邊際貢獻為 E 點，高於 w_0 的薪資，顯然有一部分成為職棒公司的獨占利潤。假設職棒球員們為多爭取自身的利益，成立職棒球員工會，全體球員決定對職棒公司採取一致性的行動，形成了賣方獨占。

　　在買方與賣方都是獨占的情況下，我們稱為「雙邊獨占」（bilateral monopoly）。亦即此時職棒公司是唯一的買者，而職棒工會則是唯一的賣者。

圖13.8：雙邊獨占

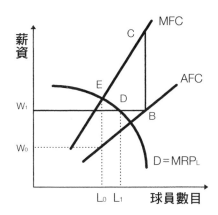

　　假設為維護職棒球員的利益，球員工會要求最低工資上升到 w_1。因此，職棒公司面對的平均成本曲線成為 W_1BAFC，而對應的邊際成本曲線則成為 W_1BCMFC。職棒公司為追求利潤最大，仍然會維持 $MRP = MFC$ 的條件，所以新的最適點為 D 點。因此，職棒工會成立後，一方面使工資由 w_0 增加到 w_1，另一方面也使工作機會由 L_0 增加到 L_1。

「一例一休」做好兩配套，避免三輸

　　一例一休正式上路，全國工業總會秘書長蔡練生說，企業可能會用減班或增加其他人手來因應，所以員工不一定有好處；其次，企業的人事成本一定會增加，對企業不利；最後，企業為反映成本，一定會設法漲價，轉嫁給消費者，因此物價會上升，對消費者也不利。結論是，一例一休的結果是三輸。行政院發言人徐國勇立

即回應說，依據物質不滅定律，一例一休必然是員工的薪資會增加，企業的成本也會增加一些。有人成本上升，但也有人獲益，不可能造成三輸。

讀過經濟學的人都知道，的確有一些經濟理論是從物理學應用過來的，例如推估股價波動的布朗運動，但是從來就沒提到物質不滅定律也可以用到經濟學。行政院發言人的發言代表政府，竟然可以如此「自自冉冉」的說話，把自己當成電視名嘴，也實在令人嘆為觀止。

現在我們來看一例一休可能產生的影響。首先，因為休假日上班的成本是平常的2.66倍，這麼高的成本雇主是不可能負擔的，所以雇主可能找另外一個員工來代替，或是被迫減班。總之，原來員工的加班機會沒有了，因此可能薪水比以前還少。當然，勞工賺到了休假，可是如果他想要的是加班呢？是否應該給他選擇的機會呢？

其次，企業要增加新手工作，成本一定會上升，至於增加多少則決定於勞工成本占總成本的比重。比方說，運輸業者估算他們的勞動成本大約會增加8%左右，所以企業當然會有些損失。

第三，企業成本增加以後，會設法把漲價成本轉嫁給消費者。但是，轉嫁的幅度則要看消費者的需求彈性和生產者供給彈性何者較大，一般來說，雙方都會承擔一部分，因此雙方都會損失一部分。依國內經濟研究機構估計，一例一休會導致物價上漲約0.22%。不過，也可能有些不肖業者會藉此機會跟著漲價，趁火打劫，物價有可能漲得比預期還要高。

另外，由於聘用人員不足，未來企業很可能會以減班的方式來

因應。所以民眾喜歡半夜逛街的習慣可能也要改變了，未來24小時上班的服務業，可能也會改變經營型態。總之，民眾需要犧牲一些生活的便利性，這是另外一種代價與成本。

所以，如果未來配套措施沒有做好，實施一例一休的結果，就是造成勞工、企業與消費者三輸的結果，這與物質不滅定律沒有任何關係。

其實，行政院長林全說的是實話，一例一休後，物價一定是會上漲的。問題是，如果知道物價一定會上漲，為什麼在推動此一政策之前，沒有先告訴全體民眾？讓大家事前有更多訊息可以判斷是否要支持此一政策？或是說，行政院在推動此一政策之前，根本就不在意對物價可能產生的影響？

就像是林全院長說過，未來可能提高貨物稅，來增加政府稅收；但是，是否應該同時告訴民眾，貨物稅也是會轉嫁的，可能造成物價上漲。貨物稅表面上看起來是由企業承擔，但是企業一定會透過漲價的方式，轉嫁一部分給消費者。這是經濟學原理就教過的，所以政府在推行此一政策時，應該考慮可能造成物價上漲的影響。更重要的是，政府部門應該明確告訴民眾，未來必須面對物價上漲的壓力，充分地讓民眾了解，然後再去爭取民眾的支持，這才是負責任的政府應有的作為。

最後，在相關配套方面，至少有兩件事要做好，第一，各縣市的勞動檢查一定要努力執行，確保所有企業都確實遵守此一政策。第二，行政院「穩定物價小組」和公平會應該要發揮功能，一方面要避免企業任意哄抬價格，更不允許相關產業有聯合漲價行為。

資料來源：《經濟日報》，社論，2017.1.6

在西方先進國家中，有許多廠商的規模都非常大，雇用的員工人數也十分可觀，他們在勞動市場上有相當大的市場力量。在此種情況下，工會的存在對員工而言，就十分有必要，這是工會存在的另外一個重要原因。

▌二、資本與利息

廠商為了製造商品出售，賺取利潤，必須先購買機器與廠房設備，稱為「固定投資」或「固定資本」。同時，也需要一些資金和存貨以供銷售週轉之用，是為「流動資本」。兩種資本合為廠商的「資產」，所以廠商是資本的需求者。這些資金的來源可分成兩部分，一方面廠商可以自己拿出一部分錢出來，或者利用股票上市來籌集資金，這部分成為公司的股本，或稱「股東權益」（shareholder's equity）。廠商資金來源的另一部分，則是向銀行借款或發行債券，兩種形式都是廠商的「負債」（liability）。

家計單位是資金的供給者，家計單位可以把錢存到銀行，賺取利息，然後銀行再把錢貸給廠商。或者家計單位可以把資金直接拿到證券市場上去買股票，賺取股利，或購買公司債賺取利息。不論是放到銀行變成存款，或拿到股票市場上去投資，家計單位都成為資金的供給者。

資本是生產資源的一種，因此使用者必須支付代價，即「利息」。在自由資金市場下，利率的高低應該由資金的供給與需求來決定。因此為了解利率如何由市場決定，我們必須先討論資金的供給與需求如何形成。

（一）時間偏好與跨期選擇

假設大雄每個月收入為4萬元，在支付一般正常開銷後，每個月大約都會剩下1萬元。到了月底，大雄必須考量如何來處理這1萬元，比方說，找幾個朋友大吃大喝一頓，或到墾丁玩一趟，把這些錢花光；或者他可以把這些錢先存起來，做為出國旅遊基金；也許以後還可以考慮買車子，甚至買房子。當然，如果能現在就出國去玩一趟最好，但錢還不太夠，只好先忍耐一下。對大多數人來說，面對同樣的商品或勞務，目前的消費應該會比未來的消費帶來更大的效用，我們稱為「時間偏好」（time preference）。因為大雄忍耐目前的消費，留到以後再消費，因此先把錢存到銀行，所以他提供了一些資金，成為資金的供給者。而由於他延後消費，降低他目前的效用，因此必須給予某種補償，這種補償就是利息。由於儲蓄可看成對目前消費的一種忍耐，故有人有把利息看成忍耐消費的報酬，我們稱之為「忍慾說」。

資金報酬的另一種說法是承擔風險。不論是把資金放在銀行或拿去投資，都會產生風險。比方說，當通貨膨脹出現時，今天拿出1元去儲蓄，在通貨膨脹下，明年拿回1元時購買力已經變小了。更嚴重的是，萬一遇到銀行倒閉或是投資的企業倒閉，則存款或投資的錢更是完全泡湯。因此為使這些風險能得到補償，資金供給者應該要有一些報酬，這些報酬就是利率。

我們可以用一個很簡單的模型，來說明時間偏好、儲蓄、與市場利率的關係。假設現在大雄只面對兩期的時間，兩期下的所得分別為 Y_1 與 Y_2，兩期的消費分別為 C_1 與 C_2。市場利率為 r；也就是說，如果第一期有儲蓄 S_1，則第二期就會變成（$1+r$）S_1。大雄兩

期的總效用是由兩期消費所組成，即 $U = U(C_1, C_2)$。而兩期的所得則為其限制條件，如（13.3）式。

$$（13.3）\qquad Y_1 + \frac{Y_2}{1+r} = C_1 + \frac{C_2}{1+r}$$

　　首先，我們可以把大雄的兩期預算限制式繪出，如圖13.9，橫軸代表第一期的消費與所得，縱軸代表第二期的消費與所得。如果大雄第一期一毛都不花，他在第二期的總消費最多就可以達到 $(1+r)Y_1 + Y_2$，即B點；而如果大雄第一期就預支第二期的收入，則第一期全部可以花的錢為 $Y_1 + Y_2/(1+r)$，即A點。連接A、B兩點，就可以形成大雄的預算限制式。決定該預算限制式的斜率大小就是利率。利率愈高，斜率愈大，預算限制式往外旋轉，表示大雄儲蓄的報酬愈大。

　　既然效用函數由兩期消費所組成，當然兩期消費都是愈多愈好，但也必須受到兩期預算的限制。我們可以把兩期消費看成兩種財貨，在維持總效用不變下，一期消費量的減少可以用另外一期消

圖13.9：時間偏好與儲蓄

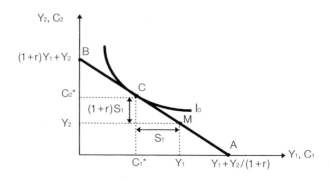

費的增加來彌補。換言之，我們同樣可以繪出維持效用固定下的無異曲線，如圖13.9中的I_0。

　　我們先假設大雄兩期的收入分別為Y_1與Y_2，即M點。在收入限制下，大雄追求總效用極大，因此他要選擇預算線與無異曲線相切的一點，即C點。在C點上，大雄兩期的最佳消費分別為C_1^*與C_2^*。

　　由於第一期收入為Y_1，而消費為C_1^*，所以大雄在第一期的儲蓄S_1為正，即（$Y_1 - C_1^*$）＞0，第一期的收入大於支出。到了第二期時，大雄的總消費為C_2^*，其中包含第二期的收入Y_2與第一期的儲蓄（$1 + r$）S_1。換句話說，第一期的儲蓄S_1到了第二期成為（$1 + r$）S_1，此即儲蓄的報酬。由於第一期的儲蓄是正的，所以大雄成為資金的供給者。

　　細心的讀者應該已經發現，大雄也可能會有負的儲蓄，只要最佳消費組合C點落在所得M點的右下方，就會使大雄第一期的儲蓄出現負數，見圖13.10。在圖13.10中，第一期的最佳消費量

圖13.10：時間偏好與借款

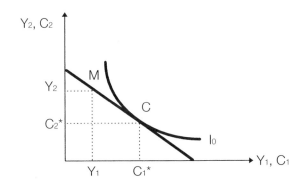

為 C_1^*，大於第一期的收入 Y_1，所以第一期的儲蓄是負的，即 S_1
（$= Y_1 - C_1^*$）< 0，大雄成為借款者。

　　儲蓄大小固然與所得和消費大小有關，也與利率有密切關係。
一般而言，當利率上升時，人們會有更高的誘因增加儲蓄，這是
「替代效果」。但利率上升，也使人們的利息收入增加，同時會使
人們所得增加，所以長期下會增加消費，並減少儲蓄，是為「所
得效果」。不過在短期下而言，利率上升時，應該會使人們儲蓄增
加，如圖 13.11。換言之，資金的供給應該與利率呈正向關係。

　　在圖 13.11 中，原來的儲蓄為 S_1，當利率由 r_1 上升到 r_2，使預算
限制式往外旋轉時，最佳消費點由 C 點移到 D 點，兩期的消費則為
C_1' 與 C_2'，此時第一期的儲蓄成為 $S_1' = Y_1 - C_1'$。依圖 13.11 來看，
S_1' 大於 S_1，表示當利率上升時，人們的儲蓄增加。為節省篇幅，

圖 13.11：時間偏好與利率

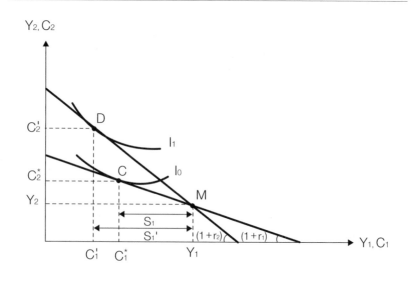

我們不再說明利率上升所帶來的替代效果與所得效果。用心的讀者不妨自己嘗試一下，看看能否將圖13.11中的兩種效果區分出來。

其實儲蓄的目的很多，除了增加未來消費以外，還有預防的動機在內。一般而言，如果國內的社會安全制度不完善，人們希望能有較高的儲蓄，以供未來不時之需。依經濟學大師羅斯托（W.W. Rostow）的說法，當經濟成長邁入成熟期以後，人們習慣於大方消費，儲蓄率才會比較低。目前台灣的儲蓄率有下降的趨勢，主要原因有二。第一，勞退制度與全民健保制度逐漸完善；第二，人們已逐漸有出國旅遊與大量消費的習慣（見表13.2）。

（二）資金需求與市場效率

廠商是資金的需求者，廠商利用資金去購得機器、廠房、原料，以便生產成品，出售賺取利潤。資金做為生產要素的一種，廠商對資金的需求與廠商對勞動的需求相同，都是一種引申性的需求。當市場上對廠商的產品需求愈高時，廠商也需要愈多的機器和

表13.2：主要國家儲蓄率比較

單位：%

年份	台灣	日本	南韓	美國	德國
1960	17.5	33.4	–	23.2	28.9
1970	25.4	38.0	–	21.2	27.1
1980	31.8	31.1	25.0	22.1	22.3
1990	30.3	34.1	37.6	18.9	25.2
2000	28.0	27.6	33.3	20.3	20.6
2015	34.7	23.3	29.7	18.3	23.1

資料來源：主計總處、台灣經濟新報資料庫（TEJ）。

「今朝有酒今朝醉」新解

「今朝有酒今朝醉」是時間偏好說的最佳寫照。時間偏好說告訴我們今天的消費比明天好，今天的一塊錢比明天的一塊錢好。

也許有些人會問：如果時間偏好是對的，為什麼會有那麼多人要儲蓄呢？我國的儲蓄率一向很高（請見上頁表13.2），遠高於歐美等國，我們該如何解釋此一高儲蓄率的現象呢？

儲蓄的另外一個目的是為了「預防」未來可能會需要的支出，例如可能突然生病需要花錢看病，或是退休後，沒有收入但仍需花錢等等。因此，在退休制度或醫療保險制度較為完善的國家，一般來說，其儲蓄率就會比較低。造成亞洲國家儲蓄率較高的原因之一，可能也跟社會安全體系較不完善有關。

廠房來生產產品，對資金的需求愈高，所以廠商對資金的需求也決定於資金的邊際生產量。而資本的邊際生產量與勞動的邊際生產量十分類似，即一方面決定於廠商出售產品的邊際效益，一方面決定於資產的邊際生產力。與使用勞動量的考慮相同，廠商決定最適的資本使用量時，也會使用資本直到邊際產量遞減的部分為止。也就是說，追求利潤最大的廠商，在使用資本時，其最佳選擇一定是在邊際生產力遞減的一段。

由於產品的邊際收益為負斜率，資產的邊際生產力也具有負斜率，所以廠商使用的資金同樣具有負斜率的邊際收益量。換句話說，廠商對於資金的需求也具有負斜率。當市場利率較高時，廠商的資金需求較少；當利率下跌時，廠商的資金需求就會增加。我們

把所有廠商的需求曲線加總，就可以得到整個市場的資金需求曲線。由於每一個廠商的資金需求曲線都具有負斜率，所以整個市場的資金需求曲線也會呈現負斜率，見圖13.12。

最後，把廠商的資金市場需求曲線與家計單位的資金供給曲線放在同一圖形中，我們就可以得到資金市場的均衡，如圖13.13，均衡的市場利率為r_0，均衡的資金數量為K_0。

由於資金的來源來自每一個家庭，所以供給者的數目非常多。同時，資金的需求也來自每一個廠商，所以需求者數目也同樣非常多。而且，資金就是資金，沒有任何品質上的差異，所以資金市場是非常競爭的。尤其資金市場上的訊息流動非常快速，買賣雙方的訊息都非常多，進出市場十分容易，甚至國際之間的資金都非常容易相互流動。在此種情形下，我們可以說資金市場非常接近完全競爭市場。一般而言，要素市場大都十分接近完全競爭市場，但在勞動市場上還可區分技術性勞工與非技術性勞工等，在資金市場上幾乎無法區分任何差異，所以資金市場可說更接近完全競爭市場。

圖13.12：資金需求曲線

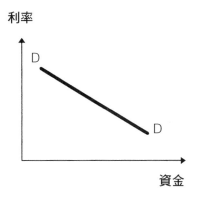

圖13.13：資金市場均衡

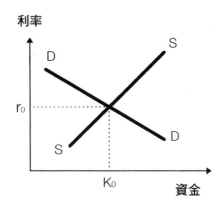

三、土地與地租

（一）地租與經濟租

　　土地是第三種生產要素，它的特色是不容易增加，但也不會折舊，所以土地的供給是相當固定的。但這只是針對全國的土地面積而言，若只針對某一都市或一個地區，則都市和地區仍然有擴大的可能。不過大致而言，土地的供給都是相當固定的；也就是說，土地的供給彈性很小，供給曲線幾乎為垂直。

　　在敦化南路上一家著名的冰淇淋店中，一球香草冰淇淋要賣100元。當你跟店員抱怨說：「東西好貴！」店員會告訴你：「因為我們的店租很貴，所以東西才賣得比較貴。」似乎言之有理！但是再讓我們仔細想想，是因為地租貴所以東西才賣得貴，抑或是因為該地點有賺頭才使地租變貴？

　　十八世紀末期，英國曾出現穀價大漲的情況。有些人認為因為

地租太貴，所以導致穀價上漲，因此他們建議英國政府應該限制穀物價格。但限制穀物價格，可能造成穀物生產不足，且容易出現黑市，使穀價更高。當時的經濟學大師李嘉圖則持不同的看法，他認為穀價大漲，是因為英國連年戰爭，使穀物供給不足，導致穀價上升。而穀價上升時，生產穀物者有利可圖，所以願意支付較高的地租來擴大產量。於是他建議英國政府開放穀物進口，抑制穀物價格上漲，在種植穀物無利可圖的情形下，農人對土地的需求減少，地租自然就會下降。

　　事實上，由於土地供給呈垂直線，因此地租幾乎完全決定於人們對土地的需求大小。在圖13.14中，當需求為D_0時，市場的均衡地租為P_0。當需求增加到D_1時，土地供給量仍然為Q_0，價格卻上升到P_1，此時生產者剩餘增加斜線面積的部分，而完全以消費者剩餘減少為代價。換句話說，土地的供給面決定數量的多少，需求面則決定地租的高低。

　　這些年來，國內房地產價格不斷上升，與土地供給量固定有密

圖13.14：土地需求與地租

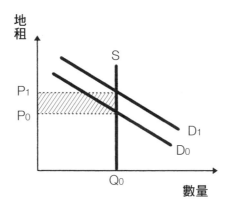

切的關係。一方面台灣島內的人口數量原本就多，民國104年台灣地區平均每平方公里人口密度高達650人。另一方面，由於經濟快速成長，人們所得提高，對於居住環境的要求不斷增加，尤其需要擴大居住面積，因此對土地的需求不斷增加，土地供給又極為有限之際，造成國內房地產價格節節上升。

事實上，任何生產因素只要供給量固定，就會出現類似土地價格節節上升的現象，使該處的生產者剩餘不斷增加。在土地市場上我們稱為「地租」，在其他供給固定的商品，我們稱之為「經濟租」（economic rent）或「準租」（quasi-rent）。比方說，荷蘭的知名畫家梵谷流傳的畫作數目很有限，且數量固定。當世上人們所得不斷上升之餘，人們對梵谷的畫作也愈感興趣，因此其每幅畫作動輒以數千萬美元計算，而且還不斷上升。其情況與土地數量供給固定十分相似，是為準租。

梅莉史翠普演戲、詹姆斯打籃球、周杰倫唱歌大概都有相當程度的準租在內，因為他們的特殊才藝都不是別人所能模仿的。

（二）漲價歸公與實價課稅

由於土地市場的特殊性，使得土地價格經常隨著經濟的成長而水漲船高。從社會公平的角度來看，土地擁有者享有的高額地租，有點不勞而獲，因此國父孫中山先生倡導漲價歸公的原則，也被許多研究土地的學者奉為圭臬。從土地本身的使用效率來說，短期下是否實施漲價歸公並不至於產生多少直接的影響，因為課稅只是將經濟利益由一方轉到另一方手裡而已，但長期下對土地資源使用效率的影響則很大。

首先，讓我們來分析對土地課稅的效果。在本書第四章中，我

們曾討論課稅的效果。我們提及不論是對賣方或買方課稅，結果都很相似，因為最後租稅的歸宿決定於買賣雙方供需彈性的大小。在土地市場上，上述原則仍然適用。在圖13.15中，假設原來的土地需求線為D_0，市場價格為P_0。若我們對土地需求者課每單位t的稅收，則會使需求者的需求曲線下移到D_1的位置，此時市場均衡價格為P_1。而P_1與P_0之間的差異就是稅率t。由於供給曲線固定，所以需求曲線雖然降低，但最終均衡量仍然是Q_0，因此對需求者不會產生任何影響。此時雖然是對土地需求者課稅，但真正的租稅歸宿仍然是土地所有者。因為課稅以後，市場價格降到P_1，而交易量仍然為Q_0。生產者剩餘由原先的OQ_0AP_0減少到OQ_0BP_1。其中相差的部分P_1BAP_0（陰影面積），成為政府的稅收（即$t \times Q_0$）。

另外一種更直接的方式，就是對土地所有者課稅，每單位土地課徵t元的土地稅，如此土地擁有者亦必須支付$t \times Q_0$的稅負。由於土地供給為垂直線，無法轉嫁給土地消費者，因此土地所有者必須承擔所有的租稅。

圖13.15：土地稅的效果

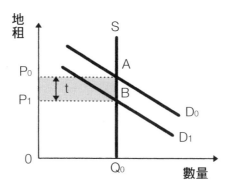

土增稅、地價稅與房屋稅應依實際交易價格課稅

　　從財政學角度來看，土地增值稅、地價稅與房屋稅是一種很好的賦稅，因為課徵這幾種稅既不會影響土地使用數量，也不影響土地使用效率，而且是對較有錢的地主課稅，符合公平原則。因此，大部分的國家都會課徵土增稅、地價稅與房屋稅，原因即在此。

　　在國內，土地增值稅也是一項很重要的稅目，而且稅率很高，最高可達40%。如果土地增值稅確實執行，則一方面可以增加國庫稅收，一方面可以減少某些人對房地產的炒作。但不幸的是，國內在執行課徵土增稅時，遭遇到一個很大的困難，即不動產交易價格認定的問題。另一方面，地價稅與房屋稅的實質負擔較低，主要也是因為不動產價格認定較低，使得持有人的實質有效稅率較低。

　　依目前國內相關規定，土地與房屋等不動產交易有三種價格：一是公告地價，一是公告現值，另一種是實際交易價格，即市價。公告地價數年才調整一次，在房地產價格連年上漲的情況下，根本無法反映市價。公告現值理論上是逐年調整，但一般仍然低於市價。雖然目前很多房地產交易價格以公告現值來認定，但因為仍低於市價，即使課徵40%的增值稅，土地投機者仍然有利可圖。這也是為何台灣土地投機行為始終無法遏止的最重要原因之一。

　　事實上，土地與任何其他財貨相同，只要有交易，自然應該以實際交易價格課稅。但為什麼要按公告價格課稅呢？許多人認為實際交易價格無法掌握，因此無法實價課稅。其實，掌握實際交易價格純粹是技術上的問題，並不難解決。第一，幾乎所有的不動產放款銀行都有徵信部門，他們對每筆不動產價格的估計都相當準確，

政府可以利用這些機構所提供的資料,來對每一筆不動產交易進行估價。第二,由於不動產交易金額通常相當龐大,一般都需要向銀行貸款,政府可利用銀行貸款資料,來估計不動產的實際交易價格。第三,政府也可以要求仲介業者據實申報不動產交易價格,否則撤銷其執照。在美國,所有不動產交易都必須經過仲介業者,而每一個仲介業者都必須領有仲介執照。由於不動產交易金額龐大,不動產的買主通常訊息較少,屬於市場劣勢的一方,若有專業仲介業者協助,對於平衡不動產市場買賣雙方的訊息會有很大幫助。第四,其實我國政府已經於民國101年8月1日開始實施不動產實價登錄制度,要求所有不動產交易都必須以實際交易價格登錄。有這些實際交易價格為基礎的情況下,未來政府對所有不動產的市場價格就可以估計的更準確。

　　總之,房地產屬於生產要素之一,其市場交易亦應遵守供需規則。但由於買方通常訊息較少,專業的仲介業者可扮演維持市場秩序的角色。更重要的是,由於房地產供給有限,很容易成為炒作的對象。房地產價格大漲,不但容易造成所得分配的惡化(如無殼蝸牛族的問題);長期下,也會導致生產事業投資設廠的困擾,導致生產事業長期投資減少,對總體經濟的發展是相當不利的。

四、企業家精神與利潤

　　有了勞動、機器、土地等生產因素以後，還必須有人將之組織起來，這只有企業家出面才做得到。事實上，要生產何種產品、如何生產、如何訂價、如何尋找市場、如何建立行銷網路等，這些都不是簡單的事，必須要有非常專業的人才能完成這一連串事情。然而，這種能力的大小不容易衡量，它不像勞動、機器與土地等實際財貨可以仔細的去計算其數字與金額。在此種情形下，我們很難去計算每一單位的企業家精神有多少報酬。因此，我們採用比較籠統的作法，即把企業的收益減去薪資、利息、地租等成本，剩餘的利潤就稱為企業家的報酬。

　　其實如果企業需要生產、行銷、管理等人員，企業老闆可以聘雇一些專業的經理人員來負責這些企業的重要活動，老闆只要支付他們薪水就可以，因此，企業的利潤來源應該還要有其他原因。事實上，依經濟學大師熊彼德和奈特（Frank Knight）的說法，企業的利潤主要來自創新活動和承擔風險的報酬。

（一）創新與利潤

　　創新可以使企業與眾不同，在享有獨占商品或市場的情形下，企業得以獲得利潤。而此利潤大小端視企業創新活動所帶來的獨占力量能維持多久而定，企業若要能長期享有利潤，就必須不斷的有創新活動。

　　經濟學上所指的「創新」，其範圍要比一般人所稱的發明（invention）要廣泛，而且一般的發明不一定能立刻運用到市場上來。比方說，人造衛星發明之初，只能用在科學與軍事用途上，但

現在商用衛星卻在地球軌道上漫天飛舞。依熊彼德的說法，企業的創新活動可分成四項，即產品創新、原料創新、生產方法創新，以及市場創新。

1. 「產品創新」是最常見的創新活動。全新產品的推出，當然可以讓人一夜致富，比爾蓋茲發明微軟系統，賈伯斯推出蘋果手機，以及祖柏格推出臉書，都使他們成為巨富。其實在現今世界市場的龐大需求下，極小形式的產品創新就足以帶來可觀的利潤。比方說，交通工具由自行車、到機車、再到汽車；個人電腦由桌上型電腦到筆記型電腦，再到智慧型手機。幾乎每一種產品創新的過程中，都有人因而獲得巨額的利潤。當然，我們也可以說，因為有這些巨額利潤的存在，才使得人們有很大的誘因不斷的去創造發明。

2. 「原料創新」也是一種重要的創新。在能源方面，由水力、煤、石油、核能、到太陽能，都一一代表技術的進步。在衣服使用的布料方面，從傳統的棉、麻、絲，到尼龍、人造纖維，一直到混紡，每一個過程，都帶給創新廠商無限的商機與利潤。當然，在新產品推出之際，舊的產品可能就會遭到嚴重打擊，這是市場競爭下出現的自然結果。

3. 「生產方法創新」通常可以使企業的生產成本降低，從而獲取利潤。比方說，以前用人工做饅頭，後來大家都改用機器做饅頭。雖然傳統饅頭有其獨特的口感，但揉麵、發麵、再蒸熟的過程需要太多人力，成本太高，不如機器製作來得方便。譬如以前報紙用人工排版，需要大量的人工，又不靈

活；現在改用電腦排版，又快又美觀，更節省人力。其他如
生產線製造方式、自動化生產等都是一些重要生產方法的進
步，這些都可以帶給企業可觀的利潤。

4. 最後是「市場創新」。麥當勞在美國是一家老牌的速食店，
但1980年初它在台北設立第一家分店時，曾打破麥當勞的
世界銷售紀錄。10年後，麥當勞在北京引進時，再度創下
銷售紀錄。舊的產品換到新的市場，其效果與推出新產品是
非常相似的。亞馬遜（Amazon.com）是美國最大的網路銷
售平台，中國大陸在其國內複製了一個淘寶網，成為大陸最
大的網路銷售平台；臉書是全球最大的社群平台，中國大陸
在其國內複製了一個微博，成為大陸最大的社群平台，這些
都是市場創新的標準案例。

（二）風險與利潤

芝加哥經濟學教授奈特認為，企業的利潤主要是承擔風險的報
酬。企業主投下巨額資金，把勞動、機器、土地配合在一起，希望
能生產產品，然後銷售到市場上賺取利潤。但從生產開始，到獲取
利潤為止的漫長過程中，廠商必須面對各式各樣的風險。包括生產
過程中可能產生的風險、銷售過程中的市場風險、市場上同業競爭
帶來的風險，以及其他各種風險，如天災與政治風險等。等到一家
廠商經歷過這些大大小小的風險之後，它才可以開始享受其姍姍來
遲的利潤。（事實上，其間可能已有許多企業因無法承擔某些風險
而倒閉。）有人說，成功的企業其利潤來自於其他失敗者的損失，
應該也不為過。

殺頭生意有人做，賠本生意沒人幹

　　兩岸之間的政治關係仍處不穩定狀態，但無法阻止兩岸經貿的快速發展。

　　2015年全年，兩岸之間的貿易已超過1,600億美元以上，台灣對大陸與香港的出口總額占台灣出口總額的39.4%，成為台灣最大的出口地區。同時，大陸地區也成為台灣最大的貿易順差來源。在投資方面，台商也進入大陸投資，依經濟部投審會資料顯示，至2015年底為止，有超過4萬家台商赴大陸投資，投資總金額達1,550億美元。事實上，由於兩岸之間政治敏感的關係，許多台商以個人名義赴大陸投資，並沒有在投審會資料中顯示出來。若依大陸官方統計資料顯示，2015年為止，累計赴大陸投資的台商數目至少在9萬家以上。

　　台商赴大陸投資面對的是政治風險，並不是真正幹殺頭的生意。

　　販賣與吸食毒品在台灣是重罪，累犯者可能被處死刑。1996年台灣在時任法務部長馬英九先生的全力掃毒之下，毒品市場的供給迅速減少，毒品價格高漲。海洛英的地下價格為每公克新台幣5,000元以上，有時甚至超過1萬元。

　　1996年美國司法部宣布，香港和台灣是泰國金三角毒品出口的重要轉運站，希望台灣法務部能配合美方全力緝毒。當時馬部長當然非常樂於與美方合作，減少國際毒梟橫行。不過馬部長對於美國司法部把台灣列為國際毒品轉口站深感不平，他說：「海洛英在美國每公克只賣100美元，在台灣要賣到5,000元新台幣以上。

如果國際毒梟能把毒品運到台灣，他們一定會選擇在台灣銷售，怎麼可能再把毒品轉出口到價格更低的美國去銷售？他們難道不知道『殺頭生意有人做，賠本生意沒人幹嗎？』」

　　在生產過程中，企業面對的風險很多。原料投入以後，產品是否能依原計畫生產出來？產品會不會有瑕疵？不良品的比例有多高？存貨會不會太少或太多？

　　市場銷售過程中，風險可能更大。產品價格是否訂得太高？產品能否符合消費者的口味？市場的總體經濟狀況如何？人們的需求是否受到影響？財務調度是否正常？台灣曾經有很多家建設公司在大舉推出新的預售屋後，立即遇上房地產不景氣，導致資金周轉不靈而倒閉。生產廠商財務周轉是一個重大的問題，其帶來的風險經常有致命的危險。台灣一家知名的手機廠商，因為要擴大全球市場，推出了自己的手機品牌，而且曾在世界手機市場中占有一席之地。但是，因為蘋果手機搶占了高端手機市場，再加上大陸小米及其他品牌手機又搶走了低端手機市場，使得這一家台灣手機品牌的全球市占率一下子就萎縮。

　　競爭者帶來的風險更是不容易預測。競爭者帶來的風險一方面可能是推出新產品，一方面可能是壓低產品價格，最後一種就是一窩蜂的搶進，此種競爭在市場上屢見不鮮。新產品的推陳出新以電腦市場最為明顯，從桌上型電腦到筆記型電腦，再到智慧型手機，也不過短短幾十年的時間。從室內電話進展到手機的時間較長，但是從一般手機到智慧型手機卻非常迅速，使得幾家國際手機大廠完全來不及應變而幾乎消失，如Ericsson及Nokia等等。當MTV、

KTV、柏青哥剛剛在台灣推出之際，店家的收入十分可觀。由於開店成本不大，高額的利潤立即吸引了許多業者紛紛加入，當這些商店四處林立時，店家的利潤就消失無形了，於是業者又紛紛結束營業。

　　除了上述的諸多風險以外，天災與政治風險也經常是企業必須面對的。台灣的農民每年夏天都必須面對颱風可能造成的災害，這可以說是每一個農民心中的痛。台灣的養蝦與其他養殖業者也曾風光一時，但養蝦業者前些日子面對全台灣蝦苗的一場傳染病，台灣的養蝦業從此一蹶不振。近年來，海峽兩岸之間的經貿關係快速發展，赴大陸投資的廠商數以萬計。雖然有些廠商蒙受損失，但許多台商賺大錢也是不爭的事實。然而，大部分台商心裡有數，兩岸之間政治情勢並不穩定，一有風吹草動，台商在大陸的投資可能就會受到很大的影響。

經濟名詞

流動資本	固定資本	後彎的勞動供給曲線
工會	雙邊獨占	股東權益
時間偏好	創新	資本利得稅
經濟租	準租	

討論問題

1. 何謂後彎的勞動供給曲線？為什麼勞動供給曲線會有後彎的情況？請舉二例說明之。

2. 設定最低工資對勞動者不一定有好處，為什麼大多數工會還是堅持要求廠商提高工資呢？

3. 何謂雙邊獨占？在勞動市場買賣雙方都是獨占的情形下，工會可以扮演什麼樣的角色？

4. 何謂時間偏好？你覺得時間偏好適用在你身上嗎？請以本身的經驗，舉二例說明之。

5. 時間偏好與儲蓄有何關係？兩者同時存在是否有矛盾？

6. 有人說要素市場比較接近完全競爭市場，你覺得呢？有人說股票市場更接近完全競爭市場，你覺得呢？

7. 創新與發明有何不同？請各舉二例說明因創新與發明而致富的例子。

8. 創新的種類有哪些？請分別舉例說明之。

9. 風險與利潤的關係為何？企業在投資時，應考慮哪些風險？

10. 何謂地租？何謂經濟租？兩者有何關係？

11. 何謂公告地價？何謂公告現值？何謂市價？三者之間有何關係？

12. 請問對土地的賣方課徵交易稅與對買方課徵交易稅會有何不同？

13. 何謂資本利得稅？為什麼大部分國家都對土地利得課以重稅？

14. 你是否贊成土地交易應按實價課稅？為什麼？

15. 請用圖形分析利率上升時，對人們儲蓄意願的影響，同時並分別指出其中的所得效果與代替效果。

第十四章

市場失靈、政府職能與法律

本章重點

一、市場失靈與政府干預

二、政府的職能

三、效率、公平與穩定

四、財產權、專利權與法律制度

經濟學之父亞當‧史密斯在其巨著《國富論》中，一再強調管最少的政府就是最好的政府。他認為除了少數幾件事情以外（例如國防、司法，以及教育），其他事情應該盡量交給市場，讓看不見的手去解決問題，這也就是有名的「自由放任主義」（laisser faire）。在本書的分析過程中，我們曾多次說明自由與競爭的重要性，而且我們也指出自由競爭能帶給社會最高的福利水準。

然而，在某些時候我們仍然需要政府協助。第一，在本書第十章中，我們曾提及自然獨占情況，在自然獨占情況的市場中，若要達到最有效率的產出（均衡條件 P＝MC），廠商必然會有所損失，所以廠商不會依照該條件來生產，此時政府就可以出面成立國營事業負責生產該產品，再由政府補貼其虧損。

第二，有時候有些商品是好的財貨（goods），有些商品是壞的財貨（bads）。人們也願意支付價格來擁有或避免這些商品，但卻沒有市場可以讓人們對這些產品進行交易。比方說，現在台灣人民的平均所得水準很高，一定會有不少人願意多繳一些稅，或多出一些錢，讓住家附近的環境變得更乾淨或更安靜一些。可惜他們找不到可以交易的對象，這時就需要政府出面來負責收稅並處理這些事情。通常這些缺乏市場的財貨，都是由於一些人的消費或生產而使得其他人同時受到影響，我們稱為「外部性」（externality）。例如某人在住宅區中開設一家電動玩具店，影響了這個社區的安寧，這就是一種「負的外部性」（negative externality）。

第三，還有一些財貨在提供人們消費時，不具有「排他性」（exclusive）。比方說，當一座燈塔蓋起來時，所有經過的船隻都可以受益，不會有某一艘船被照到，而另外一艘不會被照到的情形，此種財貨我們稱為「公共財」（public goods）。國防、道路、

橋樑、學校都是公共財。由於消費不具排他性，因此公共財的主要問題是：很難向使用者收費。比方說，政府的國防支出該向誰收費呢？顯然國內的每一個人都同時被保護，此時人們該如何為國防支付費用呢？興建道路又應該向誰收費呢？台灣在拓寬馬路時，有時會向商家收取受益費，雖然受益費收入與修築道路的成本不成比例，但是受益最大的是商家嗎？或是那些川流不息的車輛與路人呢？在訂價困難與收費不易的情況下，公共財通常要由政府出面興建。

　　第四，還有很多時候，市場上買賣雙方的訊息差異大，我們稱為「訊息不對稱」（asymmetric information）。一般而言，訊息較少的一方經常容易受到訊息較多的一方剝削，這時候，政府就必須出面設法彌補雙方訊息的差異。比方說，醫療是非常專業的技術，通常病人幾乎是完全任由醫生擺布。如果醫生醫療的知識或技術不足，病人卻一無所知，病人就會面臨非常大的危險。為保證每一位醫師都有足夠的專業知識，政府就規定開業醫師必須要有多少年的學歷及實習經驗，然後再經過嚴格的考試，才能拿到執照。由於每一位合格醫師都具有足夠的專業知識，病人才不會因醫生缺乏專業知識而受到不適當的治療。會計師、律師、護士等專業需要合格證照，都是基於相同的理由。

　　上述幾種現象都是在缺乏市場或市場無法正常運作下所產生的，此種狀況我們統稱為「市場失靈」。所以，市場失靈可說是政府干預經濟活動的主要理由之一。

　　另一方面，經濟公平也是社會問題中一個重要的課題，例如所得分配、社會福利、失業救濟等。在廠商追求最大利潤的假設之下，通常經濟公平的問題並不容易經由市場來解決，這時候政府職

能就會扮演重要的角色。

一、市場失靈與政府干預

在自由經濟體系中，政府除了訂定適當的法律及維持一個適宜的競爭環境以外，其他干預應該愈少愈好，價格體系自然會發揮「看不見的手」之功能，使社會資源的配置達到最高效率。然而在某些情況下，自由市場不能保證達到資源的有效運用。比方說，有時市場並不存在（如空氣污染），或訊息不完全（如醫療市場），或者市場存在但收費不易（如公共財），或者是在自由市場下，若要達到最有效率的生產，則廠商必然會出現損失，如自然獨占。在此種市場失靈的狀況下，某種程度的政府干預就有必要。

（一）自然獨占

有些廠商在提供產品或服務時，必須先有很大的固定成本投入，然後在增加產出時，邊際成本卻非常小。當使用人數愈來愈多時，每個人平均分配到的平均固定成本愈來愈少，因此使得平均成本呈現持續下降的情況；也就是說，有規模報酬遞增的情形出現，見圖14.1（A）。

譬如說，台北市為提供自來水，必須先花一大筆經費興建翡翠水庫，然後再鋪設地下水管由新店延伸到台北市中心，這些都是耗資龐大的固定支出。假設只有台北火車站一個地方要用自來水，台北市政府仍然要花相同的固定支出。然而，如果台北火車站旁邊來了一戶新的人家，他也要用自來水，這時自來水公司只要再接一條小小的副管到該戶，平均成本就會降低一半。顯然的，當自來水管

圖14.1：自然獨占

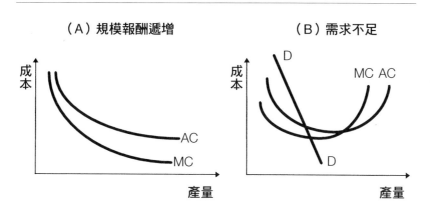

（Ａ）規模報酬遞增　　　　　（Ｂ）需求不足

沿線的住戶逐漸增加時，每戶必須分配的固定成本就會愈來愈低。大多數需要管線運輸的產業都會具有類似的性質，如電信、電力、瓦斯等，這些產業有時也被稱為「公共事業產業」（public utility industry）。

　　這些產業的生產規模愈大，產業的平均生產成本愈低，如果能完全交由一家來生產，則可以使平均生產成本最低。因為此種產業以獨占市場方式生產可以達到最高效率，故我們稱其為「自然獨占」。

　　事實上，即使某一企業的生產成本不具有長期規模報酬遞增的狀況，而是具有傳統的U型平均成本，如圖14.1（Ｂ）。但如果其固定支出很大，使得平均成本曲線維持一段很長的下降，然後才出現上升。而且相對來說整個市場的需求卻不是很大時，因此市場需求曲線與企業平均成本下降的部分相交。換句話說，若市場需求相對很小，不足以完全消化一家企業的生產規模時，仍然可能出現自然獨占的狀況。

　　比方說，某商業用人造衛星專門為傳播國際電話之用，而發射
一顆人造衛星到太空軌道的成本非常高，假設一顆人造衛星可以提
供2,000條國際電話線路同時使用，如果台灣只要1,000條國際電話
線路，則無法使該衛星的規模充分發揮，此時我們只需要一家企業
提供一顆衛星服務即可。

　　自然獨占下，需要政府干預的理由十分明顯，我們在本書第十
章已詳細說明過，此處再略加申述即可。首先，若依獨占者追求
利潤最大的計價方式，即MR＝MC的條件下產生均衡點A點，則
產量為Q_1，價格為P_1，生產者利潤為P_1GJF，見圖14.2。由於此時
社會的邊際利益（GQ_1）高於生產者的邊際成本（AQ_1），所以這
不符合社會福利最大的要求。若要使社會福利最大，產出應該維持
在廠商的邊際成本（MC）與社會的邊際收益（即D＝AR）的相交
點，亦即圖14.2中的B點。此時產品的價格為P_2，數量為Q_2，我們

圖14.2：自然獨占與訂價

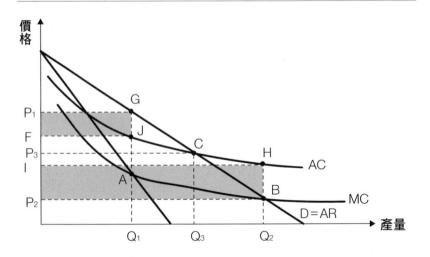

稱此種方法為「邊際成本訂價法」。雖然B點的社會福利最大，但生產者會蒙受損失，因為此時生產的平均成本（HQ_2）高於平均收益（BQ_2），產生P_2BHI的損失，顯然若政府要求產量選擇B點，政府必須對此產業加以補貼，否則此產業無法生存。

另外一種方法是使產業的長期利潤為零，亦即選擇平均成本等於平均收益的方式來訂價並決定產量，此即圖14.2中的C點，此時產品的價格為P_3，數量為Q_3，我們稱此種訂價方式為「平均成本訂價法」。平均成本訂價法可以使廠商利潤為零，但產量少於Q_2，所以經濟福利會比邊際成本訂價法為低。

由上述分析可知，在自然獨占下，一般廠商不會願意進入市場生產。這時最好的方法就是由政府設立國營事業來負責生產。為追求社會最大利益，該企業應選擇Q_2的產量，產生的虧損（P_2BHI）則由政府補貼。這也是為什麼在大多數國家中，電力、水力、瓦斯等產業都由國營獨占經營的最主要理由。

然而，我們必要說明的一點：自然獨占由國營事業來負責可以提高全社會的福利，只是一種理論上的說法。因為國營事業在真正營運時，一方面由於屬於國家監督，經營上受到很多限制；一方面經理的經營目的可能只是為追求自己或企業的利益，而非全體社會的利益。同時，由於事前已知會有損失出現，經理人員可以故意再製造出一些損失（比方說提高所有員工的薪資），然後藉口說是產業本身特性使然。在此種情況下，國營企業本身的經營效率會偏低，因此很有可能抵銷自然獨占帶來的利益。這也是為什麼在一九八〇年代末期以後，西方國家紛紛開始將國營企業民營化的主要理由之一。

（二）外部性

有很多時候，某些廠商在生產過程中影響到其他人，或有些消費者在消費過程中影響到其他人。比方說，宜蘭縣產的砂石由砂石車載運經過北部濱海公路送到台北。這些砂石車經常超載又超速，不但對北濱公路造成嚴重的損害，而且也對於北濱公路的其他行人與車輛造成極大威脅，這是一種負的外部效果。再比方說，某乙為了自家方便，在家門口裝設了一盞門燈，過往的路人都會受益，這就是一種正的外部效果。

外部性的主要問題在於，這些外部性會影響其他人，但卻無法以市場機能來達到最適的數量。比方說，砂石車超載又超速，固然可以減少經營者的「私人成本」（private cost），但卻使社會負擔了很多代價。其中道路的加速損壞與其他人身與車輛的安全受損都是成本，這些成本不需由廠商負擔，而由全社會吸收，我們稱之為「社會成本」（social cost）。由於砂石商不需要負擔這些社會成本，在只考慮私人成本下，他們會生產過多的產品，而社會成本卻相對增加很多。這就全社會的福利觀點來看，顯然是不利的。

同樣的，一樓住家裝設門燈可以使整條街大放光明，一方面行車更安全，一方面行人夜行也不容易受到宵小侵犯。但由於這些好處是由路人享有，而裝設路燈的家庭只會考慮自身是否需要。如果他覺得裝置路燈的利益小於自己支出的成本，他就不會裝置；反之，才會裝置。然而此時由於有很大的「社會利益」（social benefit）存在，從效率的觀點來看，應該要增加裝置，但顯然私人裝置的意願不會太強，使裝置數量過少。

上述兩個例子出現的原因，在於私人的成本和利益與整個社會

的成本與利益有所不同。因為市場上只能反映出私人的利益與成本，因此只由私人成本與利益決定產量，無法保證使全社會的利益最大，此時我們稱為「市場失靈」。

造成市場失靈的主因在於：有些成本或利益不容易顯現在個人成本上，但實際上卻是存在的；比方說，砂石車所造成的社會成本與路燈所帶來的社會利益都屬於這種情況。既然市場失靈是由於缺乏市場所造成，我們就可以設法創造一個市場，把這些社會成本都轉換成私人成本。換句話說，我們可以把這些外部效果「內部化」（internalization）。

譬如，我們可以估計每一部砂石車經過北濱公路時可能造成道路、人身或財產的損失，然後要求砂石車業者支付過路費。過路成本增加後，砂石車的數量自然會減少。由於生產砂石的成本與砂石車造成的外部成本都由私人負擔，此時砂石車業者的產量就會符合全社會的效率水準。同樣的，我們也可以估計每一家一樓住戶裝置門燈所帶來的社會利益有多大，然後由政府支付費用給這些一樓住家。此時一樓住家裝置門燈的個人效益與社會效益都包含在內，因此所有住戶裝置門燈的數量就可以達到全社會的最適數量。

然而，在上述內部化的過程中仍然有許多問題。比方說，這些砂石車造成了道路損失，我們也許可以把錢交給負責修繕的新北市政府，但因砂石車造成的人身與安全問題而支付的費用，應該交給誰呢？那些開車或走路經過北濱公路的人，是否都應該分得一些收入呢？因為砂石車的經過會影響這些人的安危。同樣的，這些一樓路燈的建設費用，該由誰來出呢？其實應該是由每一位路過的車主或行人來負擔。但是我們能想像每天晚上散步時，口袋裡放著一大堆零錢，每走過一家有路燈的門口就投下一元買路錢嗎？此種作法

是否太浪費時間與人力？

　　其實外部性的存在並不是不可以用內部化的方式來解決，但問題在於解決時所需的交易成本（transaction cost）是否太高。比方說，前述路燈的例子中，我們就不可能讓每一位路人出錢。在砂石車的例子中，我們固然不難讓每一輛經過北濱公路的砂石車支付過路費，但卻很難把這些費用交到每一個承擔成本的人身上。

　　在此種交易成本很大的情況下，政府職能的出現就是一種比較有效率的解決方式。譬如，政府可以對砂石車業者收取過路費，也可以對裝置路燈的住戶補貼裝燈的費用。事實上，外部效果出現的機會非常多。譬如廠商製造的空氣污染與廢水污染，開車族製造的噪音污染及道路擁擠成本，住宅區開設電動玩具店與小酒吧帶來的噪音污染和公共安全問題等。這些外部效果有些可以內部化，有些則不容易，但一般而言，內部化的成本都非常高，在此種狀況下，由政府出面來處理這些問題可能會比市場更有效率。

（三）公共財

　　在前節中所提及的道路是公共財，每戶的門燈雖然是私有財，但若政府支付每家的補貼金額不容易計算，則不妨直接由政府出資來設置路燈，也是一種公共財。

　　公共財的主要特性是在消費時，不具排他性。在此種狀況下，大多數人都會有想要搭便車（free-rider）的心理，也就是說由別人興建，然後再來享用即可。比方說，砂石車主希望最好能由政府興建一條台北到宜蘭的快速道路，他們就可以免費使用。路燈方面也是一樣，最好每家一樓住戶都裝置路燈，然後大家都可以免費使用。

　　由於公共財不具排他性，因此多增加一個人消費，並不會影響邊際成本。比方說，國防支出照顧全台灣地區居民的安全，當人口由二千三百萬人增加到二千三百萬零一人，國防支出的總額並不會變動。再比方說，中視、台視、華視與民視四家無線電視台，它們的營運成本與收看節目的人數並沒有直接關係，台視公司的經營成本不會因為觀眾是三十萬人或三十萬零一人而有所不同。換句話說，在非排他性的原則下，多一個人消費的邊際成本是零。

　　在生產者的邊際成本為零的情形下，若要追求社會利益最大，必須使社會的邊際利益等於邊際成本為止，亦即邊際利益也必須為零。換句話說，價格也要為零才能使全社會利益最大。在此種狀況下，顯然沒有任何廠商會投入生產。

　　但是，並非所有的公共財邊際成本都是零。以國防和無線電視為例，消費者人數與經營成本的關係很少，也就是說，每多一位消費者的邊際成本的確近於零，我們稱這種公共財為「純公共財」（pure public goods）。事實上，純公共財的種類並不多，有國防、司法、無線電視等。

　　還有許多公共財的非排他性原則只存在於一定範圍之中，超過該範圍，就可能出現排他性，此時消費者的邊際成本就不會再為零。比方說，高速公路上每分鐘有30部以內的車子經過，大家都可以維持時速90公里的車速。但當車輛數目增加到31部，過於擁擠就會為了保持安全，大家的車速都減少至80公里，顯然第31部車子就會帶來社會邊際成本。一家公立醫院每天供100人看病，醫生可以仔細診療每一個病人。當病人增加到101人時，醫師必須減少診斷時間，以增加看病人數，這第101人就帶來了邊際成本。

　　道路、橋樑、隧道、燈塔、學校、醫院，以及公園等公共財，

都具有類似的性質，在人數較少時，增加一些人的消費對營運總成本沒有影響，其邊際成本為零。但是超過一定人數以後，生產者的邊際成本就會大於零。我們稱此種財貨為「準公共財」（quasi-public goods）或「地方性公共財」（local public goods），又有人稱之為「俱樂部財」（club goods）。

不論是純公共財或準公共財，由於都具有非排他性原則，在人們的搭便車心理下，一般人都不太願意出錢支付費用。這時候政府就有必要出面興建公共財，並加以收費。譬如，全國性的國防建設，就以全國人民的稅收來支應；而地方性的建設，如道路、橋樑等，則可以用地方性稅收來支付。

雖然由政府出面興建公共財，可以解決公共財供給不足的問題，但卻不一定符合使用者付費及其他的公平原則。比方說，興建道路可能是使用所有納稅人的錢，但有車階級享用的道路就會較公車族為多，而前者不一定支付較多的賦稅。因此，為使效率與公平原則同時達成，公共財使用者付費及其他的原則也必須一併同時使用。我們會在後面幾節再仔細探討這些原則。

（四）訊息不對稱

市場失靈的另外一個重要原因在於買賣雙方的訊息差異過大，當雙方訊息不同時，由於有些訊息無法在市場上交易，使得訊息較多的一方可以利用優勢的訊息來剝削另一方，因此市場無法達到最有效率的情況，這時市場失靈再度出現。

醫療市場是一個很好的例子。由於醫療是一個非常專業的知識，當病人去看病時，幾乎完全聽任醫師擺布。由於生病經常是生命攸關的事，醫生若要剝削病人是很容易的。由於醫生的訊息遠較

病人為多，又有高額利潤存在，於是過度醫療、過度給藥、甚至密醫出現的情況時有所聞。顯然，此時醫療市場自由運作可能無法達到最有效率的結果。

此時，為保證每一位醫師都有足夠能力，且不會有不當的醫療行為出現，政府便會出面要求執業醫師必須符合某些最基本的條件，例如在醫學院修課及實習的最低年限，及必須通過嚴格的檢定考試等。如果每一位醫師都是合格醫師，病人在看病時才不易出現誤診或遇到密醫等情況，醫療市場的資源也才可以充分有效率的運用。

以國內為例，西醫醫師的執照取得不易，執業資格要求嚴格，因此西醫市場上供需雙方的訊息差異較小。然而，中醫市場上情形不同；雖然目前政府也要求執業的中醫也要有中醫執照，但由於傳統上就已存在許多中醫診所，其中可能有一些並沒有合格執照。因此，一般人在上中醫診所時，較缺乏信心。在此種情形下，可能本來應該有更多人去看中醫，且應該獲得更好的中醫治療，但由於缺乏對中醫的訊息與信心，而減少了對中醫市場的需求，造成中醫市場資源無法達到充分效率。為提高中醫市場的效率，提高人們對中醫的信心，政府應該更嚴格的要求中醫師執業執照，同時取締不合格的醫師。否則，不合格的中醫師會造成人們對中醫市場的不信任而減少需求，等於是將不合格中醫師的成本轉嫁給合格的中醫師，這是另外一種形式的負的外部效果，這對於中醫市場資源的使用效率會有很大的影響。

住宅市場買賣雙方訊息的差異是另外一個例子。一般而言，住宅市場上賣方訊息較買方多。一般社會大眾一生中買房子的次數不多，對想買的房子情況並不會十分了解。如果賣方是屋主自己，他

對房子本身就會十分清楚（哪裡漏水、是否有蛀蟲等）；如果賣方是房屋仲介，則也會因賣房子的經驗較多，而比買方有較多經驗；如果是預售屋，賣方的訊息更是會比買方多。

　　在賣方具有較多訊息的情況下，買方可能會受到不同形式的損害或剝削。比方說，賣方可能會隱瞞一些不利的訊息，如漏水、蛀蟲、甚至海砂、輻射等。我們也有時候聽到賣主對買主說：「在你之前已有好幾戶人家來看過房子，如果你不趕快做決定，房子可能就被別人買走了。」預售屋建商則經常在廣告坪數上灌水、在建材上動手腳。

　　要解決住宅市場上買賣雙方訊息不對稱的問題，政府的介入也是必要的。比方說，政府可以要求所有不動產交易都必須經過仲介商。而仲介商必須經過一定條件或考試才可以取得執照，同時仲介在協助買賣雙方進行交易時，必須確實揭露所有的訊息，否則吊銷其仲介執照。上述說法似乎不太容易，但其實這在歐美國家早已行之有年。理由無他，一方面房地產交易金額很大，對每一個家庭都會產生重大影響；再一方面就是因為買賣雙方訊息差異很大，必須有一個中性的第三者來減輕雙方訊息的差異，協助交易進行。

二、政府的職能

　　我們經常聽到一些似是而非的說法，比方說：「石油是非常重要的，因此要由政府來負責。」「通訊事業攸關國家安危，故應由政府來做。」「教育事業是百年大計，應由政府負責。」如果這些東西都很重要，都要由政府負責，那麼食、衣、住、行、育、樂哪一樣不重要？是否都應由政府負責生產？我們真的需要這麼大有為

的政府嗎？

　　試想我們周遭日常所用的物品，有多少是重要的？怎麼可能都由政府生產？重要不重要不是政府應否干預或出現的理由，政府的干預應該是以提高全國資源的使用效率為主，當然另外一個重要目的則是維持資源的公平使用。

（一）政府的角色

　　如果有一個偉大又萬能的政府不是很好嗎？為什麼我們不要呢？答案很簡單，因為天下沒有白吃的午餐。再有能力的政府也沒有辦法無中生有。當政府要參與經濟活動，提供服務時，同時就必須使用資源。通常這些資源就必須由社會大眾提供，譬如課稅。因此，問題的癥結不在於萬能政府好不好，而在於政府參與經濟活動，或干預經濟活動時，其成本與效益大小如何。若不由政府參與，由民間市場自行決定，成本與效益又如何？兩者之間的社會福利與社會公平孰高孰低？唯有當這些問題都被滿意的回答之後，我們才能說萬能的政府是否真的是偉大的。

　　一般而言，政府參與或干預經濟活動的目的只有兩個，一個是促進經濟資源更有效率的發揮，以加速經濟成長；另一個則是保持經濟穩定，同時達到經濟公平。

　　在追求經濟效率方面，前節已經說明的十分清楚。在一般情況下，市場機能足以使經濟效率充分發揮。因此，政府必須做的事情就是建立一個有秩序的遊戲規則，讓市場盡量保持自由競爭的條件，其他的事情放手讓市場自行運作即可。唯有當一些特殊情況導致市場運作失靈時，再由政府出面干預或直接生產，其中包含自然獨占、外部性、公共財，以及訊息不對稱等。

　　雖然，資源有效率的運用是每一個政府都應追求的目標，但經濟穩定與公平也是很重要的。因為在市場經濟下，有許多人或消費者在市場結構下就屬於弱勢者，必須由政府協助才得以獲得較公平的待遇。比方說，某些殘障、老邁、單親家庭等弱勢人士，在市場自由競爭下，他們的所得可能根本無法養活自己。在他們缺乏競爭能力下，政府自然不能坐視不管，而應給予某種程度的協助，例如直接給付生活補助金、醫療給付，或是給予就業訓練等。社會福利的支出是每一個現代化國家所必須存在的，且一般而言，愈進步的國家其社會福利支出比重愈高。

　　另外一種經濟的弱勢團體，亦經常出現在不同的經濟結構中。由於缺乏市場來反應這些弱勢團體的需求，因此某種形式的政府協助是有必要的，前節曾經提過訊息不對稱就是一個例子。另外一個常見的例子是通貨膨脹的效果，在經濟不穩定而通貨膨脹嚴重的時候，一般而言大多數受薪階級薪水的增加速度比不上物價上升的速度，於是他們的實質所得減少；相反的，生產者與貸款者則實質所得增加。不幸的是後者的所得本來就較高，在通貨膨脹下，他們反而受益，這違反了一般人認為的公平原則。所以為保障大多數人的實質所得，政府維持平穩的物價是絕對有必要的。

（二）課稅原則

　　對大多數政府而言，幾乎都會提供國防、司法、教育，以及其他種類的公共財，因此政府同時必須要有收入來支應提供這些財貨的成本。一般而言，政府收入包含稅收、其他收入，以及國營事業收入。

　　稅收是政府的最大收入來源，其中包含「直接稅」（direct

tax），例如所得稅（income tax），與「間接稅」（indirect tax），如
貨物稅（excise tax）。政府收稅時，固然希望稅收愈多愈好，但同
時也必須要兼顧效率與公平的原則。

1. 課稅的效率原則

　　課稅必須符合效率原則（efficiency principle），亦即課稅的成
本應該愈小愈好，而課稅的收益則應愈大愈好。比方說，政府為提
高土地使用效率，減少人們炒作土地，而對空地課徵空地稅。但如
何認定空地是一件困難的事，比方說在忠孝東路四段的一塊空地
上，地主為規避空地稅，而種植數棵果樹，宣稱該地為果園，此時
政府是否還能對其課徵空地稅？再比方說，政府要課徵垃圾費，但
不易於每個人傾倒垃圾時收費，於是改依隨水及隨袋來徵收，這就
是提高稅收稽徵效率的作法。

2. 課稅的公平原則

　　課稅必須符合公平原則，亦即「量能課稅原則」（ability
principle），其中包含「垂直的公平」以及「水平的公平」。前者表
示高收入者應繳較多的稅，低收入者則應繳較少的稅；後者表示收
入相同者應繳相同的稅。課稅的公平原則可說是經濟公平中，最重
要的原則之一。

　　此外，課稅不得因身分不同而有所不同。比方說，以前國內軍
人及國中小學教師免繳所得稅，此即違反公平原則。如果政府覺得
軍人與國中小學教師工作非常辛苦，待遇也不夠多，則應以增加他
們的待遇來彌補，而不應以免稅為優待，因為此舉違反國人繳稅義
務的公平原則。

　　課稅公平的另外一項標準就是「有所得即應課稅」的原則。以目前國內稅法規定，股票交易所得免繳所得稅，就是一個嚴重違反租稅公平的例子。一般而言，股票交易所得不但金額大，且大都由高所得者所獲得。更重要的是，股票交易屬於資本利得，在先進國家稅法中，課徵資本利得稅經常比一般所得稅還要來得高。我們國家不對股票交易所得課稅，容易使高所得者累積資產，長期下造成貧富差距擴大，這是另一種形式的經濟不公平。

（三）地方性公共財

　　純公共財的種類並不多，例如國防、司法、無線電視等。其實大部分公共財都屬於準公共財，如道路、橋樑、醫院、學校、公園等。由於準公共財使用規模有限，故不必由全國統一處理，交給各地方政府負責即可。事實上，這也是地方政府存在的主要理由。各地方政府可依其需要來修建道路、醫院、公園等地方性公共財。

　　同樣的，地方政府提供地方性公共財時，必須有財源。大致來說，地方政府的財源有兩部分，一部分來自中央政府的援助，一部分則來自地方財源。由於有些公共財的權屬不清楚，使得中央與地方財源的分配也不清楚，便容易造成中央與地方在財源與提供公共財上的衝突。

　　在國內，大部分的稅收屬於國稅。例如所得稅、關稅、土地增值稅，只有少部分屬於地方稅，如營業稅、土地稅和房屋稅等等。

　　美國也是三級政府，包括聯邦政府、州政府，以及縣市政府，各級政府之間的權利與責任歸屬都十分清楚。為了支付各級政府提供服務和公共財的需求，各級政府的財源分配也十分清楚。除了聯邦政府對地方政府補助以外，州政府與地方政府有自主權利決定

地方性公共財：用腳投票

　　美國是一個由五十州所組成的聯邦國家，各州享有高度的自治權。其中各州自行訂定的稅法與稅率是保障其財源的主要工具，當然各州也享有來自聯邦政府的補貼。在地方自治精神充分發揮下，不但州政府得以訂定各自的州稅，各州內的縣市政府也得以訂定自己的縣市稅目、稅率和規費。除了以稅收為主要財源以外，各州也各自以不同方式開闢財源：有許多州以發行彩券的方式來增加收入，例如加州、麻州。也有許多州允許開放賭場，其中以內華達州最出名。內華達州全州允許開設賭場，美國最有名的兩大賭城，拉斯維加斯與雷諾，都在內華達州境內。由於賭場所徵收的稅收十分豐富，因此內華達州政府不再向人民徵收貨物稅。

　　由於各州財源不一，稅率也不同，造成各州之間貧富差異甚大。稅率較高的州雖然人們繳稅較多，但因財源豐富，使得州政府得以提供較佳的公共財，例如高速公路網較密集，州立大學品質較佳等。此種情況在縣市政府中更為明顯，有些縣市居民收入較高，縣市議會為求縣市民享有較好的醫療服務、學校、公園等，便依法訂立較高的城市稅、牌照稅，以及其他稅目。相反的，有許多城市居民收入較低，不願意支付較多的稅負，因此居民也就必須面對較差的教育品質、醫療服務，以及其他公共建設等。

　　很多由台灣移民到美國的人都知道美國各城市不同稅稅賦與公共財好壞之間的關係。為使子女享有較佳的教育品質，通常都會選擇公共財較佳的城市居住，但也同時必須負擔較高的稅捐。事實上，此種情況不只發生在台灣移民身上，也適用於每一個居住在美

國的家庭，他們都會去尋找最適合自己家庭居住的環境。

上述情況很像是各個縣市在決定自己最適的收入（租稅）與支出（公共財），以滿足全市居民的最大福利。如果某些居民覺得他們對於該城市要求的租稅和提供的公共財不甚滿意，他們就會遷居，尋找另外一個最適合他們居住的環境。我們把這種現象稱為「用腳投票」（voting by foot）。由於不同縣市提供不同的租稅和公共財組合，再由居民自行去選擇最符合他們希望的城市。從此一角度來看，不同城市提供不同的選擇，就好像不同廠商提供不同產品一樣，一般而言，可以達到增加社會大眾福利的目的。

雖然我國憲法規定縣市政府為地方自治的基層單位，但是由於我國對於中央與地方權責關係區分並不十分清楚，再加上各縣市政府財源大都仍由中央轉撥，地方政府的自有經費極小，且地方政府與縣市議會也沒有決定地方稅目與稅率的權利，使得地方政府自行決定提供地方性公共財的能力非常薄弱。

因此，未來政府應明確區分中央與地方體制關係，同時，政府亦應該明確劃分中央與地方財政的關係。尤其應大幅增加地方政府對於財政的自主權，如此才能真正實現地方自治的精神。

是否要增加自己的州稅或城市稅。美國聯邦稅包括聯邦所得稅及社會安全稅（social security tax）；州稅包含州所得稅、交易稅、財產稅；地方稅則有營業稅、燃料稅、牌照稅等。

由於美國政府的地方自治精神實施的非常徹底，除了聯邦政府課徵的國稅以外，各州及各縣市不但可以決定自己的州稅和城市稅，也可以決定新的稅目。其中各州的銷售稅（sales tax）出入很

大，值得一提。比方說，目前美國各州的銷售稅中，以田納西州較
高，達9.46%，阿肯色州為9.3%，阿拉巴馬州為8.97%。也有一些
州則完全不徵收貨物稅，比方說新罕布夏州、奧瑞崗州等。除了各
州的州稅不同以外，各城市的城市稅也有很大出入。由於大城市的
政府支出較大，比方說治安、公共建設、下水道、國民建設等，因
此大城市的城市稅一般都比較高。

（四）使用者付費

公共財雖然在消費上不具排他性，但每位消費者都能獲得相當
的利益，這是無庸置疑的。然而，由於公共財不具排他性，許多消
費者會有搭便車的心態，故意隱瞞其對公共財的需求，以求達到不
必繳稅而能享受搭便車的好處。但若每一位消費者都有此種心態，
大家都低報對公共財的需求，政府提供的公共財數量就會低於真正
的最適水準，這對於資源的使用自然是不利的，對社會福利也會有
很大影響。

因此，雖然公共財的使用者增加時，對於提供公共財的邊際成
本增加幾乎為零，但為避免人們搭便車心態而導致公共財生產不
足，使用者付費是一個必須且重要的原則，畢竟天下不應有白吃的
午餐。

使用者付費的原則可以用在許多地方。譬如說，開車者會製造
廢氣，污染乾淨的天空，因此他們必須支付空氣污染稅。公立學校
的學生享受政府提供的教育資源，他們必須支付學雜費用。道路、
橋樑、機場等，都屬於公共財，使用者付費原則都應適用。

然而，使用者付費原則與課稅原則相同，它們都必須遵守效率
與公平的原則。若徵收費用的成本太高，則不應徵收。比方說，高

速公路徵收過路費很容易，但要徵收忠孝東路的過路費就很難。一方面在忠孝東路上設置收費裝置可能阻礙交通流量，反而提高徵收成本；另一方面，人們也會設法繞道規避收費，因此，使用忠孝東路就不宜收費。

使用者付費也應符合公平原則。比方說，政大每年預算經費約39億元，以政大1.6萬名學生計算，政府每年花在每位學生身上的費用約為24萬元，與政大學生每年所繳的學費只有2.5萬元相比，學生的學費似乎過低。台灣公立大學學費過低是普遍的現象，政大並非例外。基於使用者付費的公平原則，提高公立大學學費是有必要的。

▌三、效率、公平與穩定

除了追求資源使用效率，提高經濟成長以外，維持經濟穩定和經濟公平也都是政府的重要經濟目標。穩定的經濟社會可以提高人們的工作誘因，增加資源使用的效率，提高經濟的公平，而且穩定的經濟本身就能帶給社會更多的福利。在一個經濟公平的社會中，每個人都可以依其能力賺取合理的報酬，工作能力較低的弱勢族群也得以獲得政府的妥善照顧。

但是經濟公平的一個問題在於其主觀性。當我們提及經濟效率和經濟穩定（stability）時，大家都有一個很客觀的標準，對於效率和穩定的定義都具有很高的共識。然而經濟公平卻是一個十分主觀的看法，雖然大家都同意經濟公平，但何謂經濟公平？可能每一個人的定義都會有所不同。比方說，大家都同意高所得者應該繳納較多的稅，這是經濟公平。但是高所得者繳稅時，應採比例稅

（proportional tax）或採累進稅（progressive tax）呢？在比例稅下，每個人的稅率是固定的，由於高所得者所得較高，故其繳納的稅額較高。而累進稅則是稅率隨所得增加而上升，比方說所得淨額在54萬以內部分課5%稅率，54萬到121萬之間課徵12%，121萬到242萬之間課徵20%等。由於每個人對於公平的定義並不一致，因此我們在討論經濟公平時，就必須要不斷提醒讀者我們所謂的經濟公平的定義是什麼。

另外，經濟效率、經濟穩定、經濟公平都是政府所追求的目標，其中有些目標可以互相刺激而同時達成，但也有很多時候這些目標之間會出現衝突與矛盾，這時候政府就必須十分清楚地分析這些目標之間的關聯性。由於這三種目標都很重要，主觀上很難取捨孰先孰後，施政者自然會依民眾需要而做出最佳決策。重要的是，當一個決策決定時，政府也必須對民眾詳細的交代這些目標之間的關聯性。在充分訊息下，民眾才能自行去做出他們自己的最佳選擇。

（一）穩定與效率

經濟穩定的定義十分簡單，一個經濟變數不要起伏不定就是穩定。比方說，一個國家的物價每年波動很小，我們說他們的物價很穩定。台灣的股價指數由民國76年的2000多點上漲到79年的12000點，然後又迅速下降到3000點，這就是一個非常不穩定的現象。在一個不穩定的經濟體系中，經濟成長率、失業率、投資率經常都會起伏不定，對社會是相當不利的。反之，一個穩定的經濟體系則可帶給社會各方面的利益，茲分別加以詳述如下。

首先，穩定的經濟體系可以增加社會資源的使用效率。當一

個經濟體系不穩定時，就會有人希望藉用經濟波動的機會，來維護或創造自己的利益。在世界各國發生的惡性通貨膨脹（hyper-inflation）歷史中，都曾出現類似的景象。在惡性通貨膨脹下，物價一日三變。人們拿到薪水後的第一件事，就是趕快去把一個月該買的東西全部買齊，以免鈔票變薄。於是在通貨膨脹嚴重的國家中，我們可以經常看到人們在大排長龍搶購商品，這些大排長龍以及搶購商品所花掉的時間，就是社會資源的浪費。

其次，穩定的經濟體系可以吸引廠商增加投資，進而帶動生產技術與經濟成長。企業投資是經濟成長的主要動力，而決定企業投資的最主要因素就是經濟體系是否穩定。穩定的經濟體系中，產品需求、產品價格、生產要素價格、生產要素供給都十分確定，廠商生產與銷售的風險較小，在利潤確定下，廠商投資的意願較高。反之，若經濟體系不穩定，廠商面臨的投資風險較大，一方面他們可能要求較高的投資報酬率，或者他們可能根本就停止投資計畫，這對於長期的經濟成長非常不利。

第三，穩定的經濟體系也較符合經濟公平的原則。在通貨膨脹嚴重之際，一般而言，拿固定薪水的大眾或銀行的小額存款者會受到損失，因為他們的薪水和存款的實質購買力都會下降。相反的，企業老闆或是向銀行貸款的人則會有利，因為他們還款會比較輕鬆。換句話說，通貨膨脹會讓中低收入社會大眾的實質所得轉移到企業主與擁有大筆財富的人手中，這也就是有名的「五鬼搬運法」。這顯然不符合經濟公平的原則。

經濟不穩定對經濟弱勢者影響更大。物價上漲不僅對領固定薪資者影響很大，對於退休人士的影響更嚴重。前者的薪資偶爾還可略作調整，以彌補物價上漲所帶來的損失；退休人士的退休金卻是

固定的，他們對於通貨膨脹所帶來的損失則是一籌莫展。這也是何以政府會把退休金也隨著軍公教人員的薪資一併調整的主要理由。

當經濟不穩定，廠商面臨經營困難而必須裁員時，首先遭殃的就是一些非技術性工人，這些人可能是初入社會的年輕人，或是即將退休的人員，或是其他生產力較低的人。這些人在收入上不如別人，再轉業的能力也不如別人。不幸的是，當失業率上升時，這些人通常都是最先被犧牲的。

無殼蝸牛的心聲

民國77年到79年台灣地區的金錢遊戲不只在股票市場中盛行，同樣也在房地產市場上興盛。由於許多人在股票市場上賺取豐富的利潤後，便將其中部分資金轉向房地產市場，使得房地產價格也隨著股票價格水漲船高。以台北市木柵地區為例，一棟40坪的新成屋在民國76年底的價格大約只有200萬，到了民國79年底，同樣的新成屋要賣到1,000萬元。另一方面，台北市每年平均家戶所得在三年之內大約由60萬元上升到80萬元。換句話說，在房價大漲之前，木柵地區一棟40坪的新屋大約需要台北市民三年多的收入即可購得；在房價大漲之後，台北市家庭必須十二年半不吃不喝才能購得一棟房子。

在房價大漲前後，對擁有一棟房子的人來說，房價大漲對他並沒有什麼影響，因為這是自住的房子；對有兩棟房子的人來說，財富就立即大增。比方說，他可以一棟自住，另一棟再用1,000萬元賣掉，然後把1,000萬元存入銀行，以當時年利率7%計算，每月

可以有6萬元的收入。所以這個人可以就此退休，每天靠銀行利率
過日子即可。相反的，對於一個沒有房子的無殼蝸牛來說，他該怎
麼辦呢？如果他家的收入與其他台北市民相同，每年有80萬元的
收入，他仍然無法負擔一棟1,000萬元的房子。

根據統計，在房地產價格大漲後，台灣地區的財富分配迅速惡
化。在房地產價格大漲之前，全台灣地區財富最高的20%家戶，
其平均財富是最低20%家庭的8倍；大漲之後，前者財富增加為後
者的20倍。房地產價格大漲不但使財富分配惡化，更嚴重的是使
許多家庭無法擁有自己的房子，而容易產生社會不安定。此外，昂
貴的房地產價格也會阻礙廠商長期投資設廠的意願。這些不利因素
在長期下，對國內的經濟發展會產生極為不利的影響。

（二）所得分配

雖然經濟公平並不容易定義，每一個人可能都有自己的主觀看
法，但是所得分配（income distribution）是否平均卻是一個大家都
能夠接受的指標。一般而言，一個國家的所得分配愈平均，表示不
同家庭之間的收入愈接近，較符合經濟公平的原則。反之，所得分
配愈不平均的國家，貧富差異愈大，經濟公平愈難達成。

衡量所得分配的方法很多，理論上最容易被一般人所接受的是
勞倫茲曲線（Lorenz curve）。勞倫茲曲線的繪製十分簡單，先把一
個國家所有家庭依財富高低排列，再把家庭數目逐一加總，並將家
庭戶數列在橫軸上；然後再把家庭財富從低到高逐一加總，並將累
積財富數字列在縱軸。最後再把這些對應的點連接起來，就可以得

到勞倫茲曲線，見圖14.3。

　　假設某國有十戶家庭，其所得分配依表14.1所示，我們把所得最低家庭放在最上面，然後再依序排列數值到最後一戶。接著我們可以計算累積的戶數與相對累積的所得金額，並同時計算百分比。比方說，所得最低的10%家庭，其所得只占全體戶數所得的1.8%，我們把該點列在圖14.3的A點。所得最低的20%家庭，所得只占全體戶數所得的5.5%，我們畫在B點。依此類推，我們就可以得到圖14.3中的勞倫茲曲線。

　　勞倫茲曲線愈接近對角線，表示所得分配愈平均。事實上，對角線代表每戶的家戶所得完全相同，也就是家戶所得最平均。因為該曲線表示10%的家庭占10%的所得總額，20%的家庭占20%的所得，因此每一個家庭的所得都是完全相同的。相反的，如果前面所有的家庭收入都是零，所有的所得由最後一戶所得最高的家庭所擁有，則此時勞倫茲曲線會成為直角線，這時所得分配最不平均。

圖14.3：勞倫茲曲線

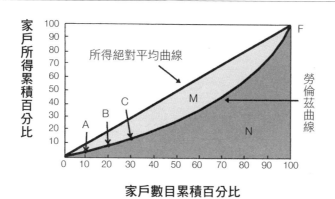

表14.1：家戶所得分配

家戶編號	家戶（累積戶數）	家戶累積（百分比）	家戶所得	家戶所得（累積金額）	家戶所得（累積百分比）
1	1	10%	2萬	2萬	1.8%
2	2	20%	4萬	6萬	5.5%
3	3	30%	6萬	12萬	10.9%
4	4	40%	8萬	20萬	18.2%
5	5	50%	10萬	30萬	27.3%
6	6	60%	12萬	42萬	38.2%
7	7	70%	14萬	56萬	50.9%
8	8	80%	16萬	72萬	65.5%
9	9	90%	18萬	90萬	81.8%
10	10	100%	20萬	110萬	100.0%

　　用勞倫茲曲線衡量所得分配有其缺點，即當兩條勞倫茲曲線相交時，我們便不易區分何者所得分配較平均，如圖14.4中的OAF與OBF。為避免此一困擾，二十世紀初義大利統計學家吉尼再利用另外一個指標來計算所得分配，此即吉尼係數（Gini coefficient）。吉尼係數是以對角線和勞倫茲曲線所圍成的面積（即圖14.3中的

圖14.4：相交的勞倫茲曲線

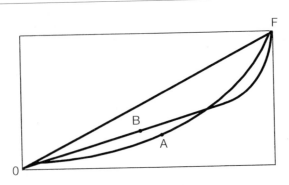

M），占全部對角線面積（即 M + N）的比例。即：

（14.1）　　　　$$\text{Gini Coefficient} = \frac{M}{M+N}$$

依（14.1）式可知，當所得分配完全平均時，M = 0，因此吉尼係數為0；當所得分配完全不平均時，N = 0，因此吉尼係數為1。一般而言，吉尼係數介於0與1之間，係數愈大表示所得分配愈不平均。

另外一種經常被用來衡量家戶所得分配的方式，是五等分係數法。此種方式是先把家戶依收入高低分成五等分，收入最低的是第一等分，最高的是第五等分。然後計算各等分家戶收入占總收入的百分比，最後再計算最高收入家戶（第五等分）所得為最低收入家戶（第一等分）所得的倍數。

我們再以表14.1的家戶收入為例，重新改寫成表14.2。在表

表14.2：家戶所得分配：五等分係數法

家戶編號	家戶所得（萬元）	家戶數百分比	五等分	家戶所得總額（萬元）	家戶所得比例
1	2	20%	1	6	5.5%
2	4				
3	6	20%	2	14	12.7%
4	8				
5	10	20%	3	22	20.0%
6	12				
7	14	20%	4	30	27.3%
8	16				
9	18	20%	5	38	34.5%
10	20				

14.2中，我們把這些家戶依所得高低區分成五等分，並分別計算
各級家戶的收入總額，及其占總所得的比例。結果顯示收入最低
的20%家戶（第一等分）其收入只占全體家戶收入的5.5%；而收
入最高家戶（第五等分）的收入占全體家戶收入的34.5%，是最低
收入家戶所得的6.3倍。顯然的，此一倍數愈大，家戶收入愈不平
均；此一倍數愈小，家戶收入則愈平均。

　　表14.3顯示我國五十年來家戶所得的變化。其中幾個特徵有待
說明：第一，第五等分家戶所得與第一等分家戶所得的倍數持續

表14.3：台灣地區家戶所得分配比

年份	第一分位組(%)	第二分位組(%)	第三分位組(%)	第四分位組(%)	第五分位組(%)	第五分位組為第一分位組之倍數	吉尼係數
1964	7.71	12.57	16.62	22.03	41.07	5.33	0.321
1970	8.44	13.27	17.09	22.51	38.69	4.58	0.294
1980	8.82	13.90	17.70	22.78	36.80	4.17	0.278
1985	8.37	13.59	17.52	22.88	37.64	4.50	0.291
1990	7.45	13.22	17.51	23.22	38.60	5.18	0.312
1995	7.30	12.96	17.37	23.38	38.99	5.34	0.317
2000	7.07	12.82	17.47	23.41	39.23	5.55	0.326
2005	6.66	12.43	17.42	23.32	40.17	6.04	0.340
2010	6.49	12.21	17.39	23.72	40.19	6.19	0.342
2011	6.53	12.05	17.32	23.86	40.25	6.17	0.342
2012	6.53	12.27	17.54	23.68	39.98	6.13	0.338
2013	6.57	17.38	17.49	23.60	39.96	6.08	0.336
2014	6.63	12.28	17.36	23.59	40.13	6.05	0.336
2015	6.64	12.18	17.35	23.63	40.21	6.06	0.338

資料來源：主計總處《家庭收支調查報告》。

上升，顯示我國家戶所得分配在逐漸惡化當中，這並不是一個令人興奮的現象。第二，尤其在1986年以後，此一倍數更迅速擴大，其原因與1988～1990年之間股市狂飆、房地產價格大漲有密切關係。第三，雖然近年來台灣所得分配略為惡化，但大致說來，並不比英美等先進國家差。大多數先進國家的吉尼係數約在0.35與0.5之間，如英、美、德等國均低於0.4。但在許多開發中國家的吉尼係數則較高，見表14.4。

表14.4：主要國家所得倍數比較

國家（地區）	年別	最高所得為最低所得之倍數		吉尼係數
		每戶	每人	
台灣	2015	6.06	5.58	0.338
日本	2015	6.30	–	–
香港	2011	20.70	–	0.521
美國	2009	9.59	–	0.388
新加坡[a]	2015	–	11.78	0.463
韓國	2015	–	5.11	0.295
中國大陸	2010	–	10.02	0.421
英國	2014	–	7.80	0.390
德國	2011	–	4.60	0.301
瑞典	2012	–	4.16	0.273
巴西	2013	–	17.39	0.529
墨西哥	2012	–	11.04	0.481
哥倫比亞	2013	–	17.06	0.535

註：[a] 新加坡2015年數據來自Labour Force Survey，為就業家庭，其不含社福移轉收入及繳稅支出，因此倍數較高。
資料來源：主計總處《家庭收支調查報告》

（三）公平與效率

　　大致上來說，經濟穩定與經濟效率是相輔相成的。因為穩定的經濟體系一方面可以提高資源使用效率，一方面也可以吸引廠商投資，因此可以使得技術進步與經濟成長。雖然有人認為短期下，穩定與成長的目標之間可能會有一些衝突，但經濟穩定是長期經濟成長的必要條件。另一方面，穩定與經濟公平之間也有密切的關係。一般而言，穩定的經濟體系比較容易促成經濟公平。

　　經濟公平與經濟效率目標之間有時候可以相互配合，有時候則不一定那麼和諧。相反的，兩種目標之間經常會出現相互衝突的情況。經濟決策當局在面臨兩相牴觸的經濟目標時，如何折衷或採取某一政策就是一件相當困難的任務。

　　一般而言，如果經濟公平是與競爭或交易有關，則可以提高經濟效率。例如公平交易法中禁止大廠合併，因為市場份額超過一定比例，會造成廠商之間的不公平競爭，此種經濟公平，當然可以增加競爭與資源使用效率。再比方說，我們在前節提及醫療市場與住宅市場上買賣雙方訊息差異太大，造成賣方利用優勢訊息來剝削買方的情況。此種不公平交易對於資源的效率分配也會有很大影響。政府應當設法減少雙方的訊息差異，增加雙方在交易上的公平，如此可以增加資源配置的效率。在此種情況下，由於提高經濟公平可以增加效率，政府當然可以一併解決兩個問題。

　　如果經濟公平直接與個人所得或社會福利有關，則經濟公平與經濟效率之間往往會出現牴觸的現象。比方說，為符合經濟公平原則，經濟學家都會支持所得稅率應採累進稅率，但何種累進稅率結構方式比較好呢？顯然累進稅率愈高，愈能縮小貧富之間的所得差

距，較符合公平原則。但相對的，所得稅率愈高，則愈容易使高所得者的工作誘因降低，對人力資源的運用十分不利。世界上社會福利最完善的幾個北歐國家為提供足夠的社會福利，大幅的向人們收稅，所得稅率最高曾達90%。在此種高稅率之下，大大抑制了人們工作的誘因，長期下空有高稅率，卻收不到足夠稅收。在稅收不足與人們工作意願不高的情況下，北歐國家改弦易轍，降低稅率、減少福利支出，利用刺激人們工作意願的方式，才使國庫有足夠收入進行社會福利支出。

在一九八〇年代的美國雷根總統時代，以供給面經濟學說（supply-side economics）著名的總統經濟顧問拉法（Arthur B. Laffer），就認為減稅可以達到提高人們工作誘因及增加所得的效果。因此，雖然稅率減少，但因人們所得增加，政府稅收並不會減少，這就是有名的拉法曲線。如圖14.5，當稅率為0時，政府稅收為0；而當稅率為100時，由於人們沒有任何工作誘因，所得為0，政府稅收也是0。只有在最適稅率t*下，政府稅收才會最大，即R*。拉法認為當時的所得稅率已超過t*，故建議雷根政府應大

圖14.5：拉法曲線

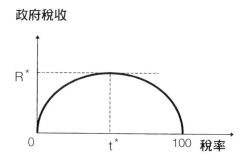

幅降低所得稅率，此舉可以使得人們提高工作意願，增加資源使用效率，提高所得，從而也得以增加政府稅收。雷根政府採納拉法教授的建議，大幅降低所得稅率。此種作法固然使貧富之間的差距擴大，但也的確促使大部分美國人有更高的工作誘因，結果雷根總統任內的八年之間，美國經濟都維持在相當繁榮的情況。

社會福利支出與經濟效率之間的矛盾更為明顯。在先進國家中，一般性的社會福利支出通常在政府總支出中占有相當高的比例，各國的社會福利項目不盡相同。大致上而言，社會福利支出包含：全民健康保險、醫療、老人年金、失業救濟與保險、國民住宅等，不論是哪一種項目，社會福利支出的主要特色之一就是「移轉支付」（transfer payment）。所謂移轉支付就是一方把資源交給另一方，而前者卻沒有得到相對應的資源。比方說，當失業者申請失業救濟金，政府支付失業救濟金時，並不要求失業者提供相對的勞務或其他支付。

大致上來說，社會福利可以帶來社會穩定效果，因為當社會福利增加時，可以使全社會人們對未來生活有更安穩的感覺。比方說，失業救濟制度可以使失業者不必擔心沒有工作以致衣食無虞；老人年金制度可以使老年人不必擔心無人奉養，因為他們可以每個月拿到固定給付。

然而，由於社會福利支出的移轉性質，使得政府社會福利支出本身並不具有任何直接的生產力，但政府仍然要支付相當大的資源。因此當社會福利支出增加時，政府就必須被迫減少其他具有較高生產力的政府支出，如教育支出、經建支出等。比方說，我國最近幾年政府的社會福利支出迅速增加，尤其在民國84年（1995）全民健保開始實施以後，其占GDP的比例由1980年的12.8%提高

到2015年的22.5%。見表14.5，在此種情況下，其他政府支出就被
迫減少，其中國防、教育、經建支出都減少許多。比方說，國防支
出占GDP比重由1980年的40.2%大幅下降到2015年的15.9%；同
期間經建支出由26.0%下降到13.8%。

表14.5：我國政府支出結構

（單位：%）

年份	一般政務支出	國防支出	教育科學文化支出	經濟發展支出	社會福利支出	一般補助及其他支出
1955	7.8	78.5	2.1	3.4	5.5	2.8
1960	6.4	74.7	2.8	1.8	5.3	8.9
1965	6.1	61.9	2.5	14.7	7.9	6.9
1970	6.5	60.1	6.0	6.7	10.0	10.8
1975	5.2	48.0	6.0	18.1	12.6	10.1
1980	4.4	40.2	6.8	26.0	12.8	9.9
1985	5.5	39.8	11.5	18.2	16.7	8.3
1990	8.7	31.3	15.0	16.0	19.4	9.6
1995	9.3	23.5	15.7	13.8	13.5	24.2
2000	10.5	15.4	16.5	16.0	18.4	23.2
2005	10.6	15.9	19.2	15.8	18.2	20.3
2010	10.3	16.7	20.7	11.8	19.8	20.7
2011	10.2	16.4	20.7	12.5	21.5	18.7
2012	9.3	16.1	19.3	14.0	22.1	19.1
2013	9.2	15.6	19.2	14.0	23.7	18.4
2014	9.3	15.9	19.3	14.1	22.1	19.4
2015	9.3	15.9	19.7	13.8	22.5	18.7

資料來源：主計總處。

註：「社會福利支出」：1992年以前包含社區發展及環境保護支出，退休撫卹支
出；1992年以後則不包含。

　　在大部分先進國家中，為應付日漸增加的社會福利支出，為不使其他支出項目受到太大影響，政府就必須另闢財源，其中最重要的就是增稅。在社會福利最完善的北歐國家，個人所得稅就非常的高。然而高額的所得稅不但非常容易遭受人民反對，而且更進一步降低人們的工作意願，對於國家長期經濟發展與成長不利。

　　此外，如果政府社會福利做得太好，例如對於失業者提供高額的失業救濟金，也會降低人們的工作意願。因為失業與就業的所得差異不大，為何要辛苦工作呢？不如每天在家休息，等著領失業救濟金，有何不好？同時，政府為籌措經費支付失業救濟金，又必須對有工作者課徵高額所得稅，進一步降低有工作者的工作意願。

　　除了課稅以外，另一種財源是發行公債。但公債發行只是短期手段，因為政府不可能長期負擔赤字。畢竟如果這一代的赤字不打平，就必須由下一代來支付。在長期赤字下，政府要是不增加稅收，就是必須要減少支出，天下沒有白吃的午餐。

　　為達到經濟公平的目的，政府可以利用課稅和社會福利支出的手段，將部分高所得者的所得移轉給低收入或其他弱勢團體。此種政策在大多數人觀念中都應該可以被接受，然而我們也知道此種移轉支付會造成社會資源使用較低的代價，事實上，這也就是為達到社會公平所必須支付的社會成本。

　　以目前台灣每人平均所得超過2.2萬美元的標準來看，我們政府有足夠的能力提供經濟弱勢族群更多的社會福利，包括醫療保險、老人年金、失業救濟，與長照政策等，而且我們相信每一位社會大眾也都會同意政府應當朝此方向去努力。

　　然而，由於社會福利支出對經濟效率會有很大的影響，政府在選擇適當的福利政策時，必須先仔細分析這些福利政策可能產生的

代價，從而選擇對資源使用效率影響最小的方式去執行。同時，政府在推行任何一項政策時，也必須再告知社會大眾可能的利益與影響，以獲得社會大眾的支持。一般而言，社會福利支出比較容易為大眾支持，政府自然會大為宣傳，但另一方面，政府也必須有足夠財源（比方說增稅），但政府經常不願意公開說明。

以民國84年實施的全民健保為例，雖然民間負擔所有費用的三分之二，其中雇主與員工各付三分之一，但政府仍需負擔其中的三分之一，所以是一項社會福利。但由於全民健保支付迅速上升，使得健保財務赤字逐漸擴大。

為解決全民健保的財務問題，政府於民國91年推出健保雙漲制度，即同時調高每人薪資中的健保費率和每人看病時的部分負擔費用，但仍然無法完全解決健保財務赤字的問題。直到民國102年，政府再推出二代健保政策，針對非薪資所得中，單筆收入超過5,000元新台幣者，課徵2%的健保費用，才使得健保財務問題暫時得以解決。

其實全民健康保險的主要目的應該是為避免有任何國人因為沒錢看病，而導致健康或生命受到威脅，相信任何人都會同意全民健保的人道意義。但是，要知道上述情況只會在人們生重病的情況下發生，比方說心臟病手術或其他重大手術等。而至於國人最容易罹患的感冒、咳嗽等小病，一般只要花三、四百元的診療費即可，對大多數人而言，這些費用比較不是問題。但是由於目前全民健保規定由健保署支付所有費用，再加上國人喜歡小病上醫院的習慣，很容易造成人們過度使用醫療資源的結果。

在保險學中有一項很重要的觀念就是「風險分擔」（risk sharing）。為避免被保人（即社會大眾）任意使用保險（即醫療給

付），承保人（即政府）應該在某種範圍以內與被保人分擔風險。
以全民健保為例，為避免社會大眾過度使用醫療資源，政府可以規
定在某項金額以下（比方說2,000元）不予補助，超過2,000元以上
的部分，健保即全額補助。如此一來，一般人感冒咳嗽等小病就必
須自行負擔費用，在此種情況下，人們過度使用醫療資源的狀況就
會減輕。事實上，目前健保給付中最大的支出項目就是在這些小額
給付上，如果「保大病，不保小病」的原則能夠實施，一方面可以
使醫療資源獲得較有效率的使用，政府財政問題可以獲得舒緩，其
他政府支出也不致受到太大影響。如此一來，健保的經濟公平原則
可以維持，經濟效率也不會有太大的損失。

四、財產權、專利權與法律制度

　　亞當・史密斯認為，自由放任的經濟體系就是最好的經濟體
系，所以政府干預應該愈少愈好。但是，他也強調有幾件事是政府
應當做的，如國防、教育與法律。國防與教育對國家的重要性自然
是不言而喻，法律也不例外，因為每一條法律就代表一個制度，對
於社會的影響非常巨大。事實上，法律不僅對社會的制度與公平有
決定性的地位，而且法律經常對於經濟效率也有很大影響。近年以
來，法律經濟學已逐漸受到經濟學者的重視。

　　公平交易法被稱為經濟體系的根本大法，其對經濟資源使用效
率的影響自然不言而喻。但是，即使是其他法律也經常含有很重大
的經濟效率意涵在內，比方說，一般的交通法律都會規定兩車追撞
時，後車幾乎都必須負完全的責任，為什麼呢？再比方說，為什麼
世界各國禁止漁船用流刺網捕魚呢？為什麼政府對於創新與發明授

予專利權呢？為什麼專利權又有一定年限呢？這些法律背後其實都
與經濟效率密切相關，我們在以下內容中逐一說明。

（一）法律與效率

　　民國80年公布且於81年開始實施的公平交易法，可說是規範
我國經濟體系的基本大法。內容共分為七章四十九條，其中第二章
定義並規範獨占與聯合行為，第三章定義並規範不公平競爭，可說
是最重要的部分。在規範獨占行為方面，第十條規定獨占廠商不得
有某些特定行為，及第十四條規定事業不得為聯合行為，都是對獨
占與寡占廠商行為的直接規範。第十一條則規定廠商結合而使市場
占有率過大時，必須經主管機關核准，其中包含：「事業因結合而
使其市場占有率達三分之一者」、「參與結合之一事業，其市場占
有率達四分之一者」，以及「參與結合之一事業，其上一會計年度
之銷售金額，超過中央主管機關所公告之金額者。」

　　在第三章不公平競爭方面，第十八條規定商品轉售時，廠商可
以自行決定價格；第十九條及二十條明列事業不得進行妨礙公平競
爭之行為；第二十一條及第二十二條規定事業對於商品及其相關事
業必須提供足夠充分且確實的訊息；第二十三條則對直銷事業加以
規範。

　　公平交易法的主要精神正如同第一條條文所述：「為維持交易
秩序與消費者利益，確保公平競爭，促進經濟之安定繁榮，特制訂
本法……」。公平交易法主要在建立一個公平交易的市場，讓買賣
雙方能在平等的地位上進行交易，讓廠商在公平地位上競爭。公平
交易法的實施，使得我國經濟制度更趨完善，對於提升經濟資源的
使用效率有莫大助益。

　　除了公平交易法以外，其他直接管理商業行為與經濟活動的法律仍然是形形色色不勝枚舉，比方說，商事法、票據法、海商法。這些直接管理或規範經濟行為的法律，對於全社會資源使用的效率與公平都有很大的影響。

　　其實不只是這些直接與商業行為有關的法律對於資源使用效率有很大的作用，即使是一些其他看似與資源使用無關的法律，其中卻經常含有一些重要的經濟意義在內。立法者在立法時，固然要考慮立法的公平精神，經濟效率也不應加以忽視，我們可以舉幾個很簡單的例子來說明。

　　我們在本節一開始時，就曾提出一個問題：為什麼前後車相撞時，法律規定要把絕大部分的錯誤歸咎於後方的車子呢？難道前面的車主就不應該注意四面八方的來車嗎？答案與「效率」有關。試想如果法律規定前後車相撞時，責任都歸於前方車主，這時大家開車的習慣會如何改變？此時駕駛人不但要看前方，還要經常回頭看後方，因為他可以撞到前面，但不可以撞到後面。如果大家開車都不時往後看，撞到前面的機會就會增加，全社會的車會肇事的機率也會提高。為避免這種結果，最簡單的方法就是規定前後車相撞時，責任歸屬都為後方來車。如此一來，大家開車只需要輕鬆的注意前方的車子即可，不用擔心後方追撞。此種規定的效率當然較高。

　　再比方說，為什麼要規定「幹道車先行」呢？出事時，為什麼小巷子裡出來的車子要負比較大的責任呢？因為一般來說，幹道車速較快，要注意每一個巷道並不容易，且如果不時減速，容易耗油。更重要的是，如果「巷道車先行」，則幹道上的車子要經常停下來讓路，很容易引起塞車，甚至車禍。因此，為使交通資源更有

效率使用，幹道車先行就是正確的規定。

（二）財產權

　　財產權（property right），或稱產權，是一個很簡單的觀念。在資本主義國家中，大家把私有財產（private property）看做是一件理所當然的事。其實私有財產與共同財產（common property）之分並不是天生俱來的，而是必須經過法律的規定，才得以區分。然而，人們對於私有財產與共同財產在使用效率與公平而言都有很大的差異，一個良好的法律對於私有財產和共同財產的定義必須十分清楚與周延才行。

　　在私有財產制度下，一個人取得任何一項財產都必須支付成本，當然也可以完全享有該項物品所帶來的效用。在本書前面數章的分析中，我們知道一個人購買一種商品，直到邊際效用等於邊際成本為止，此時資源的使用才符合效率原則。

　　但如果有些財產是屬於大家的，或是產權劃分不清，人們在使用該資源時，會有什麼樣的作法呢？比方說，全民健保資源大家都可以使用，就類似一種共同財產，在全民健保制度下，人們看病時總是希望醫師多開一點藥，反正費用是由健保給付。健保署的人在審核健保支付時，也不會有很大誘因去仔細審核，反正都是納稅人的錢。在此種情況下，醫療資源很容易被浪費。

　　共同財產更容易出現資源過度使用的問題。河流的功能很多，可以用來養殖、垂釣、水上活動、排放污水。由於河流的財產所有權並不清楚，於是大家都可以任意使用。其中垂釣及其他水上活動的外部性很小，但排放污水就有很大的負的外部性。由於利用河川排放污水很方便，而且在財產權不清楚的情況下，即使對別人產

生不利的外部性，受到影響的人也無可奈何。在污染河流者的私人成本遠低於污染河流所帶來的社會成本下，河流自然容易被過度污染。台灣絕大多數的河流都面臨污染的問題，主要理由就是在於河流的財產權沒有規範清楚。

要解決河流污染問題，一個簡單的方式就是讓污染者付費。也就是說，法律可以規定把河流的產權歸屬於政府，然後要求污染河川者付費。由於污染者必須付費，所以污染者所造成的社會成本也可轉成污染者的私人成本。這時候，污染者就會考慮污染時所支付的付費大小與污染時所帶來利益有多少（比方說，可以省下多少污水處理的費用）。此時，污染者就可以決定最適的污染水準，而全社會利用河川排放污染的數量也會達到最適水準。

上述污染者付費的原則也許大部分人都可以接受，但在實際執行時則可能會面臨一些問題。如果污染者只是少數大工廠，政府可以很容易執行污染者付費的政策。但如果污染源很多，例如一般家庭排放的污水，這時候政府要依每一個家庭排放污水大小來收費，就是一件執行成本很高的方式。在此種情形下，更有效率的方式可能是先建立一個全面性的下水道系統，來排放污水。

其實不但共同財產會出現很多問題，只要是財產的所有人與使用人不同，就可能出現資源使用缺乏效率的情況。比方說，開車的人都有以下經驗，車子受損送到修車廠時，老闆問的第一個問題就是：「你有沒有保險？」有保險的話，是某一種修理方式，某一種價格；沒有保險的話，則是另一種修理方式，另一種價格。當然，前者的價格會高出後者很多，車子卻不一定受到更多照顧。理由很簡單，反正是由保險公司出錢，車主何樂而不為？

與牛共舞：印第安人的牧場

早在英國清教徒移民美國之前，整個美洲大陸都是印第安人的天下。印第安人的生活以狩獵為主，比方說，吃野牛的肉，穿野牛皮的衣服。由於野牛屬於共同財產，任何人都可以狩獵，大家都希望多捕獵一些。經過經年累月的狩獵，野牛數量逐漸減少。

為使野牛能夠持續維持一定的數量，以供印第安人獵食，有些睿智的印第安長者就將狩獵區劃分成幾塊。然後規定每年只准在某一塊地區狩獵，讓其他地區的野牛能有喘息與再生的機會。如此每年輪流在不同地方狩獵，印第安人也得以長時期保有足夠的野牛群維生。

（三）專利權

專利權、版權、智慧財產權都是很重要的法律制度，而且日漸受到重視。專利權、版權與智慧財產權都是一種知識的權力，為什麼要加以保護？為什麼保護要有年限的規定呢？其中與經濟效率有密切關係。

首先，專利的發明、著作與智慧財產的發明通常都需要大量研究與精力的投入，再經過很久的試驗與嘗試之後，才能獲得成功，其中自然也必須承擔很高的風險。然而，一旦成功以後，新開發的商品與著作在提供給一般人消費時，其增加的邊際成本是很低的。比方說，臉書（Facebook）在開發過程投入大量的研發成本，但是一旦開發成功後，臉書平台供人們上去使用，每增加一個人加入臉書，卻不會使臉書的邊際成本增加多少，所以加入臉書的人愈多，

每個人的平均成本就愈低。另外，參加的人愈多，大家就愈容易找到朋友，臉書的吸引力也就愈大。

　　另一方面，由於臉書的成功，就會吸引其他人抄襲臉書的功能，另外設立類似的社群平台，來瓜分臉書的使用者及利潤，這對於臉書的創辦者而言當然是不利，而且是不公平的。因此，政府應要立法保護這些著作或專利的獲利，如此未來才能持續鼓勵相關的研發。

　　上述情況在著作及智慧財產上都有類似的情形。一個作家可能花上兩、三年的時間才能寫出一本書。不論有多少人買這本書，作家投入寫書的時間都是固定的，所以是固定成本。在出書以後，印書的成本卻非常低，幾乎只有紙張與裝訂費用而已。智慧財產也十分類似，比方說一個電腦軟體業者可能要花很大心血開發出一套新的三國誌遊戲，這可說是固定成本，而當他要拷貝出售給顧客時，邊際成本卻非常低，大概只需要磁片的費用即可。

　　由於專利、著作、智慧財產等都具有平均成本遞減的特性，但又不易由政府生產，因此為鼓勵民間多參與研發與其他智慧財產之生產，政府訂定專利權、著作權、版權、智慧財產權等專利權利。在這些專利所有人享有獨占利益下，可以大大鼓勵民間積極參與生產並提供這些智慧產權。

　　但另一方面，在授與獨占的情況下，每一種智慧產權的生產數量小於社會效用最大的水準。因此，政府在授與智慧產權時，都同時給予一定的時限。比方說，在國內專利權的授與一般是20年，而著作權則享有終身再加死亡後50年的時間。在美國專利權得享有17年的獨占市場，著作權則為50年。在專利權期滿之後，任何人都得以生產或使用該產品。

經濟名詞

自由放任主義	排他性	公共財
地方性公共財	訊息不對稱	市場失靈
平均成本訂價法	邊際成本訂價法	外部性
私人成本	社會成本	內部化
交易成本	純公共財	準公共財
俱樂部財	直接稅	地方性公共財
間接稅	量能課稅原則	效率原則
用腳投票	比例稅	累進稅
所得分配	勞倫茲曲線	吉尼係數
拉法曲線	移轉支付	社會福利
風險分擔	財產權	專利權
共同財產	版權	智慧財產權
供給面經濟學		

討論問題

1. 何謂市場失靈？哪些情況會導致市場失靈？請分別舉例說明之。

2. 何謂公共財？是否政府提供的產品一定就是公共財？

3. 如何區分純公共財與地方性公共財？此兩種財貨的性質有何不同？地方性公共財應由中央或是地方政府提供？為什麼？

4. 請分別各舉出兩種有外部經濟與外部不經濟的例子。並說明在該種情況下，政府應如何介入以提高資源使用的效率？

5. 何謂訊息不對稱？訊息不對稱會造成哪些問題？請舉二例說明之。

6. 政府課稅應遵守哪些原則？

7. 經濟公平與經濟效率之間的關係如何？你認為經濟公平比較重要，或是經濟效率比較重要？

8. 何謂勞倫茲曲線？何謂吉尼係數？兩者之間有何關係？

9. 台灣過去十幾年來所得分配出現逐漸惡化的情況，你可以說明原因何在嗎？

10. 何謂拉法曲線？美國總統川普是雷根總統的信徒，想以減稅的方式來刺激經濟，此種想法與拉法曲線有何關係？

11. 何謂共同財產？在共同財產下，政府應採取何種政策才能提高資源使用效率？

12. 河流是人民的共同財產。有些人建議政府應完全禁止任何形式的污染排放，有些人則建議採用使用者付費原則，還有些人建議由政府提供費用給工廠或其他污染來源，以使其減少污染排放。你覺得哪種效果比較好？請分別從效率與公平的角度說明之。

13. 何謂智慧財產權？其具有哪些特性？政府為何對於智慧財產權給予一定年限的專利權利？

14. 你贊成全民健康保險嗎？為什麼？你覺得目前實施的全民健保有哪些問題？該如何解決？

15. 近年來，台灣房價高漲，一直是民怨之首。政府雖然推出不動產實價登錄及房地合一課稅制度，但對於抑制房價的效果仍然十分有限。有學者建議應該採取實價課稅的方式，來課徵不動產交易所得稅、地價稅及房屋稅等，你認為此舉對於不動產市場會造成何種影響？又，目前政府仍不願意採取此一政策的主要理由為何？

16. 大多數人都同意使用者付費原則，但從來沒有人開車經過辛亥隧道時要繳費，為什麼？

第十五章

不確定性與訊息經濟學

　　「天有不測風雲，人有旦夕禍福。」人生在世處處充滿著風險與不確定性，經濟活動更是如此，年輕人剛進入勞動市場，首先就在盤算怎麼樣才可以找到最好的工作。找到工作以後，又在想該如何努力工作才可以晉升，或至少不被老闆炒魷魚。工作幾年存了一些錢，不知道該放在銀行、跟會，或是到股票市場去投資。買股票、跟會都有風險，即使錢存在銀行也必須小心看看該銀行有沒有參加存款保險。好不容易等錢存夠了，想去買一棟房子，但是該買成屋還是預售屋呢？如何才能找到最便宜的房子呢？買了房子以後，是不是該再去買房屋保險呢？

　　廠商同樣面對各式各樣的風險。產品能否順利生產？產品能否被市場接受，競爭者是不是又會耍什麼花招？最近勞工運動頻繁，公司的員工會不會也參加罷工？不論是個人、家計單位，或是廠商，幾乎時時都會面臨一些有風險或不確定的情況，此時人們該如何抉擇？或者是否有辦法來規避這些風險呢？我們可以把這些問題歸屬於「不確定性經濟學」（Economics of Uncertainty）的範疇。

　　當人們面對風險或不確定時，有時候他可以花一些錢來規避這些風險。比方說，擔心房子發生火災，導致一生心血泡湯，人們就會花一點錢去買保險。事實上，另外一種更積極的作法是在決定以前，先去尋找更多的訊息。訊息愈多時，風險帶來的損失可能就會愈少。到大陸投資風險很大，有心去投資的台商不但會先到投資地區考察很多遍，還會四處詢問朋友蒐集資料，確認蒐集到最完善的情報以後，再決定此一投資計畫是否要實施。然而訊息是要花費成本的，因此，在決定是否要蒐集資訊之前，就必須先考慮訊息的成本及其可能帶來的利益。這些都屬於「訊息經濟學」（Economics of Information）的範圍。

一、不確定性經濟學

（一）不確定性與風險

在日常生活中，不論是個人、家計單位、廠商都經常會遇到一些不確定或風險，使得其效用、所得或利益產生變化。有時候突然中了統一發票，小賺一筆；有時候對手廠商突然宣布退出市場，於是原有廠商就趁機大賺一筆。但也有很多時候人們的財富會突然減少，比方說股票市場突然大跌，或是工廠突然失火，使得廠商血本無歸。

當一個人買了一棟一千萬的房子，為避免火災造成的損失，他可能會去買房屋的火災險。假設保險公司估計每棟房子每年發生火災的機率是萬分之一，因此該棟房子預期的損失就是一千元（1千萬×1/10000）。所以，保險公司每年收取的保費就是一千元，再加上保險公司的行政及其他手續費用。在面對房屋財產的不確定中，我們可以知道火災發生的機率。在本例中，發生火災是一個狀況（state），不發生火災是另外一種狀況；擁有一棟房子，則是一個事件（event）。在本例中我們知道火災發生的機率，故我們稱擁有一棟房子是一個「有風險」的事件。一般而言，當人們知道一個事件發生狀況的機率時，我們稱該事件具有「風險」（risk）。

當我們擲銅板的時候，我們知道出現正面的機率是二分之一，出現反面的機率是二分之一，但我們不知道銅板掉下來時，到底會是哪一面出現，所以丟銅板是有風險的。買人壽保險的時候，保險公司會詢問你的年齡、健康狀況、婚姻、吸菸與否等，之後再決定你的保險事故發生機率與保費。其中機率乘上保險金額的預期支

出，再加上保險公司的行政及手續費用，就可以計算出你應繳的保費。所以，個人是否要買人壽保險也有機率可循。

　　然而，很多時候人們面對的不確定事件要遠比上述情況複雜。比方說，買一棟房屋時，要先考慮它是不是海砂屋或輻射屋，由於人們根本不知道台灣到底還有多少棟這種房子，因此也根本無從計算該棟房子為海砂屋或輻射屋的機率是多少。譬如說，有一天大雄的老闆突然對他說：「我們決定去大陸投資設廠，工廠設在烏魯木齊郊外，我希望派你過去負責三年，薪水是現在的 1.5 倍。」大雄根本沒去過大陸，完全不知道烏魯木齊的狀況，雖然薪水增加，但面對一個完全不確定的狀況，他該如何抉擇？

　　當人們面對的狀況更為複雜、訊息更少，甚至連事件發生的機率都不知道時，我們說他面對的是一個不確定的事件。與有風險的事件相比，一個不確定的事件訊息更少，因為人們不知道可能有哪些狀況會發生，更不必說各種狀況發生的機率會是多少。

　　然而，即使是面對一些非常不確定的事件，人們仍然必須做出決定。比方說，大雄雖然完全不知道大陸的情況如何，但他還是必須告訴老闆他到底決定去或不去。雖然絕大多數的人不清楚到底自己想買的房子是不是海砂屋或輻射屋，但他畢竟還是要決定是否該買這棟房子。從這個角度來看，其實雖然對這些事件並不十分清楚，但人們心中多少總會有些主觀的猜測。比方說，有些人會認為海砂屋的機率太小，不可能發生在自己身上。此種想法就等於在主觀上認定出現海砂屋的機率很小。大雄雖然沒去過大陸，但他家附近有幾個鄰居常常在兩岸飛來飛去做生意，看起來這些人的生活也都還不錯，大雄也許會猜想到大陸工作的機會可能很好。如此，他主觀上也把赴大陸工作此一事件的好的結果（或狀態）給予較高的

機率。

　　事實上，在面對一個有風險或不確定的事件時，人們在做出決定之前，必然會對這些事件所發生的機率加以評估。有些機率是十分清楚的，比方說擲銅板、擲骰子或全台灣地區房子發生火警的機率，有人稱之為「客觀機率」（objective probability）。但也有很多時候，由於訊息很少，人們無法清楚的知道狀況，但仍然必須對該事件加以猜測，此時我們稱之為「主觀機率」（subjective probability）。比方說，大雄對於去大陸工作是好或是壞的猜測。因此有些人說：當人們面對的事件存在有客觀機率時，他面對的是一個有風險的事件；而當人們面對的事件很難知道客觀機率，只能作主觀上的臆測時，他面對的是一個不確定事件。

　　其實，不論是客觀機率也好，主觀機率也好，人們在面對有風險或不確定的事件時，都必須依據機率來做判斷與決策。因此，從此一角度來看，區分一個事件具有風險或具有不確定性，並沒有太大意義。真正重要的是兩種事件所代表的訊息不同。

　　當人們出國旅遊時，他在桃園機場決定是否買旅平險，他要知道的是保費費率與飛機出事的機率即可。他大概不會再花精神去了解坐的是哪一種飛機、不同飛機的肇事率是多少等，因為航空紀錄上帶來的飛行失事紀錄已經很客觀。但當大雄決定要不要去大陸工作時，雖然他可以藉著觀察鄰居到大陸工作的經驗，來判斷去大陸工作是好是壞的機率是多少，但總是可能覺得不太放心。更好的方式是乾脆大雄自己先跑一趟烏魯木齊，看一看那邊的情況，蒐集足夠的訊息，然後再決定是否要去那裡工作。顯然，在面對不確定的事件時，蒐集訊息就更有用。換句話說，在面對不確定情況時，訊息的價值會更高。

　　總而言之，當一個人面對有風險或不確定的事件，必須直接作決策時，不論他有客觀機率或主觀機率，他都會依既有的機率來作決策，此時區分一個事件為風險或不確定事件並不重要。但是如果一個人可以在作決策以前，先考慮是否去蒐集更多訊息作為參考，此時區分一個事件是風險事件或不確定事件就有必要，因為訊息價值（value of information）在兩種情況下是有明顯不同的。在本節中，我們只考慮人們面對風險與決策之間的關係，暫時先不考慮人們去取得更多訊息的可能，所以在本節中風險事件與不確定事件是相同的。

（二）預期效用與風險偏好

　　當人們面對有風險的事件時該如何作決策呢？當所得或財富有變化時，人們該如何計算其財富帶來的效用呢？經濟學大師紐曼（John von Neumann）與摩根斯坦（Oskar Morgenstern）提出「預期效用」（expected utility）的觀念，來處理人們面對風險下的決策。他們認為當人們面對風險事件時，該事件帶來的效用可以用各種不同狀況下所帶來效用的期望值來表示。

　　假設一個事件 W 可能發生兩種狀況 S_1 與 S_2，兩種狀況帶來的所得分別是 W_1 與 W_2，兩種狀況發生的機率分別為 P_1 與 P_2。依預期效用理論，這個事件 W 帶來的預期效用可以表示為：

（15.1）　　　$EU(W) = P_1 \cdot U(W_1) + P_2 \cdot U(W_2)$

　　其中 U(.) 代表財富帶來的效用函數，我們稱之為「財富效用函數」（wealth utility function）。EU(W) 代表事件 W 所帶來的預期效用，是由兩種狀況下的財富 W_1 與 W_2 所帶來效用的期望值。

　　假設有一條財富效用函數如圖15.1所示，則在事件 W 之下，狀況 S_1 的財富為 W_1，其效用水準為 $U(W_1)$，即 A 點；狀況 S_2 的財富為 W_2，其效用水準為 $U(W_2)$，即 B 點。再乘上各狀況相對應的機率，就可以得到預期效用，EU(W)，即 C 點，或稱為「效用的期望值」（expected value of utility）。

　　現在我們可以舉例來說明，如何利用預期效用來解釋人們面對風險下的決策行為。假設大雄剛從大學畢業，找到兩個不同的工作，他面臨該如何選擇的抉擇。第一個工作是到政府部門工作，每個月的薪水固定是20,000元；第二個工作是到平安保險公司上班做推銷保險的工作，如果業績情況好，大雄每個月可以賺到30,000元；如果情況不好，每個月只能賺到10,000元。大雄估計業績狀況好壞發生的機率各半。在此種情況下，大雄該選哪一個工作呢？

圖15.1：財富效用曲線

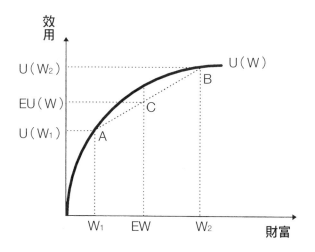

　　如果大雄決定去保險公司上班，他可能賺30,000元，也可能只賺10,000元，機率各是1/2。所以如果他選擇這個有風險的工作，他的預期效用等於：

$$EU(W) = \frac{1}{2} \times U(\$10,000) + \frac{1}{2} \times U(\$30,000)$$

　　在圖15.2中，大雄選擇在保險公司上班所帶來的效用期望值為EU(W)，即C點的高度。

　　如果大雄選擇在政府部門工作，每個月拿固定的20,000元薪水，沒有任何風險，其效用為U(W = \$20,000)，即D點，此時的效用水準為U(EW)。

　　兩個工作相比之下，去政府部門上班拿固定薪水，所帶來的效用U(EW)高於去保險公司上班帶來的預期效用EU(W)。所以，大雄應該選擇去政府單位工作。

圖15.2：效用期望值與期望值的效用

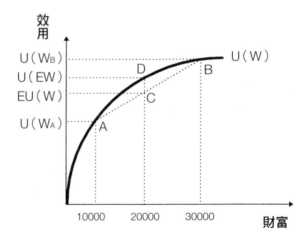

　　此處必須注意的是，在保險公司工作的薪水收入可能是30,000元，但也可能是10,000元，但期望值（expeccted value，EW）為20,000元，即：

（15.2）　　　$EW = p_1 \cdot W1 + p_2 \cdot W_2$

$$= \frac{1}{2} \times \$30,000 + \frac{1}{2} \times \$10,000 = \$20,000$$

　　所以，政府工作20,000元的固定收入也等於保險公司工作收入的期望值。因此，20,000元固定收入所帶來的效用也可以稱做「期望值的效用」（utility of expected value），即U(EW)。

　　既然兩個工作報酬的預期值都相同，為什麼在本例中大雄應該選擇政府的工作呢？答案與財富的邊際效用和風險有關。在圖15.2中，財富效用曲線U(W)雖然隨著財富增加而增加，但卻以遞減的速度在增加。換句話說，財富的邊際效用雖然是大於零，但卻呈現遞減的現象。在此種情形下，所得從20,000元減少到10,000元的效用損失（即圖15.2中的U(EW) − U(W_A)）要大於所得由\$20,000增加到\$30,000的效用增加（即圖15.2中的U(W_B) − U(EW)）。所以，此時固定20,000元的收入所帶來的效用U(EW)會高於有風險下的效用EU(W)。

　　同時，在此種狀況下，我們也可以說由於大雄喜歡沒有風險的工作，不喜歡有風險的工作，所以大雄是一個「風險趨避者」（risk averter）。本書第四章曾提及，大多數人的效用函數都具有邊際效用遞減的現象，所以我們相信大多數的人都是風險趨避者。

　　圖15.3為「風險中立者」（risk neutral）的財富效用曲線圖，由
於其效用曲線為直線，所以效用的期望值EU(W)等於期望值的效
用U(EW)。兩種工作帶給他的效用完全相同，因此他風險是否存在
並不重要，所以我們稱為風險中立者。

　　圖15.4為「風險偏好者」（risk lover）的財富效用曲線。在該
圖形中，效用的期望值EU(W)大於期望值的效用U(EW)。也就是
說，此時有風險的工作所帶來的預期效用EU(W)高於沒有風險下
的工作所帶來的效用U(EW)。由於風險偏好者的效用函數隱含效用
的邊際報酬遞增，一般而言，此種狀況是較少出現的。

　　由於大多數人的財富效用都會有邊際報酬遞減的現象，所以大
多數人都不喜歡風險。因此在政府與保險公司之間做選擇時，大雄
會選擇前者，大多數逃避風險的人也都會做出同樣的選擇。那麼在
什麼樣的情況下，大雄才會願意去保險公司上班呢？由於到保險公
司上班風險較大，承擔風險又是一件不愉快的事情，因此若要大雄

圖15.3：風險中立者

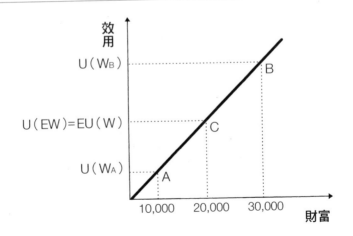

圖15.4：風險偏好者

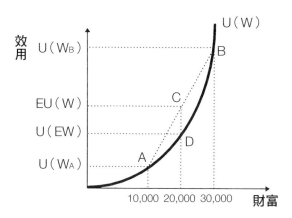

去保險公司上班，預期報酬就必須要高於政府單位的薪資才可以。
增加預期報酬的方式有兩種，一個是增加兩個狀況下的報酬，一個
是提高報酬的機率。

（三）風險與保險

　　大多數的人都厭惡風險，所以大家也都會盡可能遠離風險。賭
博是一種有風險的行為，所以參加賭博的人數為少數，六合彩是其
中之一。賭城拉斯維加斯的遊客很多，但大部分都是以娛樂為主，
真正大贏大輸的人並不多。雖然人們會遠離風險，但在很多情況下
卻不得不面對風險。比方說，買了一部新車，可能就每天擔心會不
會被偷；投資股票，就擔心股票是否會下跌。

　　為避免財產因風險而發生巨大變化時，最簡單的方法就是去參
加保險。為避免汽車被偷或房子被燒所帶來的損失，我們可以投保
汽車險和房屋火災險。為避免生重病沒錢看病，或發生意外而使家
人生活頓失依靠，我們可以投保醫療險或人壽保險。

　　買保險要支付保費，因此會使一個人的財富下降，但萬一發生意外時，則可藉由保險公司的理賠而使得財產不致受損失。由於此時不論意外是否發生，財產都是固定的，也就是說保險可使財產確定，沒有任何風險。風險減少可使效用增加，這就是利益；而保費就是減少風險的代價。

　　問題是，多少保費才合理呢？或者我們說，一個人願意繳交多少保費來逃避風險呢？這與預期損失和風險偏好大小有關。一般而言，預期損失愈大，逃避風險情況就愈嚴重，則人們願意支付愈高的保費。下面讓我們舉例說明之。

　　假設陳教授有50萬元存款和一部價值50萬元的新車，如果車子沒有被偷，陳教授的總財富為100萬，財富最高；萬一車子被偷，陳教授的財富就只剩下50萬。如果汽車一年內被偷的機率是0.1，陳教授會願意花多少錢去買汽車保險呢？

　　由於汽車被偷時，車子完全損失，價值為0；若車子沒被偷，價值為50萬，所以車子的預期財富為45萬（即0×0.1＋50×0.9），因此此時陳教授的總預期財富為95萬元。但這是有風險的，因為其真正財富可能有100萬元，也可能只有50萬元。在預期效用為95萬元下，其預期效用水準EU(W)的高度為A，見圖15.5。

　　為消除車子被偷所帶來的風險，現在陳教授願意花多少錢來逃避風險呢？這個問題換一個方式來問，就比較容易回答：陳教授要有多少無風險的財富所帶來的效用，才會等於有風險下95萬元預期財富所帶來的效用？也就是說，多少財富帶來的確定效用水準會與圖15.5A點的預期效用EU(W)一樣高呢？我們可以在A點上畫一條水平線與財富效用曲線相交於B點，假設B點代表的財富為90萬。這表示說確定無風險下的90萬元所帶來的效用水準，會等於

圖15.5：風險與保費

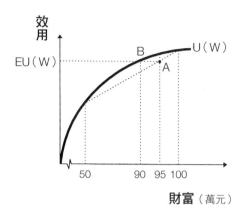

有風險下的預期財富95萬元的效用。

　　在此種情形下，陳教授會願意以不超過10萬元（$100萬－$90萬）的價格去買汽車保險。假設此時保費為10萬，陳教授花10萬元去買了保險以後，只剩40萬元現金與一部車子。若車子沒被偷，陳教授的財富淨額為90萬元（即40萬現金加50萬的車子）；萬一車子被偷，保險公司會賠他一部50萬元的車子，所以他的淨財富仍然是90萬元。所以，任何情況下財富都是90萬元，所以陳教授此時不再面臨任何風險。

　　此時，為逃避風險所交的10萬元保費可以說是風險溢酬（risk premium），也就是陳教授為逃避風險所願意支付的代價。風險溢酬的大小與潛在財富損失、損失發生的機率，以及陳教授厭惡風險的程度有關係。一般而言，潛在財富損失愈多、損失發生的機率愈大，以及厭惡風險的程度愈高，陳教授願意支付的風險溢酬就愈大。

（四）風險分散與投資

　　購買保險是把個人所面臨的風險轉給保險公司承擔，而保險公司也同時承做許多人的保險，因此可以達到風險分散（risk diversification）的效果。一方面大家繳的保費集合起來可以形成一筆較大的金額，當有人汽車失竊時，保險公司就可以用這筆錢來賠償。保險的重點是必須有很多人參加；事件發生的機率很小；而且不太可能同時發生意外。如果所有投保的人都是在同一天車子被偷，保險公司可能會面臨賠不出錢的問題。

　　汽車、房子、健康都可以投保，但有些東西有風險，卻不容易投保，此時人們該如何面對這些風險呢？比方說，張媽媽想長期投資股票，卻害怕股票價格大漲大跌，同時又無法購買保險，她該如何應付這些風險呢？先讓我們舉一例說明如何分散風險。

　　大雄有10萬元資金想在政大校門口附近做小生意。比方說，他可以擺小攤位賣冰淇淋，如果大晴天，每天可以賺1,000元；若下雨，則一毛生意都做不成。由於木柵附近經常下雨，假設下雨與出太陽的機會各是一半，所以大雄也考慮擺攤位賣雨傘，若下雨，阿雄每天可賺1,000元；若出太陽，則可能一支雨傘都賣不掉，收入為0，見表15.1。大雄該如何選擇呢？

表15.1：風險分散

	出太陽 （機率=1/2）	下雨 （機率=1/2）	預期收入
賣冰淇淋	1,000	0	500
賣雨傘	0	1,000	500
一半賣冰淇淋，一半賣雨傘	500	500	500

如果選擇賣冰淇淋，大雄的預期收入即為500元（即 1/2×\$1,000 + 1/2×\$0）。如果選擇賣雨傘，大雄的預期收入仍然是500元（即 1/2×\$0 + 1/2×\$1,000）。但不論賣冰淇淋或是賣雨傘都有風險，比方說若選擇賣冰淇淋，結果碰到連續下一個星期的雨，大雄就沒有任何收入；或是選擇賣雨傘，卻遇上一星期的大太陽。

還好大雄讀過《經濟學的世界》，知道要分散風險，他決定把10萬元的小攤子分成兩部分，一半賣冰淇淋，一半賣雨傘。雖然每一部分規模變小——出太陽時，賣冰淇淋只能賺到500元；下雨時，賣雨傘只能賺到500元。但不論天氣是出太陽或是下雨，大雄保證每天的收入都可以維持在500元。雖然預期收入與只賣冰淇淋或只賣雨傘相同，但因為此時每天收入是固定的，所以大雄的效用比較高，不必每天為出太陽或下雨而擔心。

風險分散是一種自我保險（self-insurance），也就是利用兩種風險可能相互抵銷的方式，來減少自己的風險。風險分散最容易運用在股票市場上。以台灣為例，目前上市股票總數超過一千多家。投資者要達到風險分散的目的，就不要把所有的錢都拿來只買一種股票，而應該加以分散。說的更簡單一點，就是不要把所有的雞蛋都放在同一個籃子裡面，而應該放在不同的籃子中。

同時為達到風險抵銷的目的，最好盡量找一些在不同情況下，報酬差異較大的股票。比方說，在大雄做生意的例子中，賣冰淇淋與賣雨傘就是兩個不同情況下，報酬完全相反的投資。所以，在投資股票市場時，選擇股票也應盡量區分。比方說，不但不要只買一家股票，應多買幾家，同時最好也不要只買性質類似的股票，比方說水泥股與營建股股價通常會朝同一方向變化，如此就會失去分散

風險的功能。

　　一般而言，股票種類愈多，公司性質愈不相關，則愈容易達到分散風險的目的，因此投資風險也愈小；反之，如果股票種類愈小，公司性質愈相近，則不容易達到分散風險的目的，投資風險也愈大。

┃二、訊息經濟學

　　在本章一開始時，我們曾區分一個有「風險」的事件是知道其客觀機率的事件；一個「不確定」的事件是缺乏客觀機率，最多只能以主觀去臆測，也就是只有存在主觀機率的事件。大年夜大家在家守歲圍爐時，也許會玩玩撿紅點或擲骰子，試試今年的手氣如何。大家都知道玩撲克牌或擲骰子賭輸贏都有一定的機率，所以也不必或不可能再去找更多的訊息來增加贏錢的機率。但是當一個人買二手車時，他不知道買到的車子是好車或壞車，可能就必須多詢問賣方一些問題，或者自己試開一下，先獲取更多的訊息，然後再決定是否購買。

　　在面對不確定因素存在時，訊息就有價值。訊息有時對買方有用，更多時對雙方都有用。其實，我們在本書第十四章中就曾提及訊息不對稱可能造成市場失靈。在該種情況下，訊息不但對個人有價值，對整個社會也有價值。

　　但是訊息固然可以帶來效用，同時也有成本。訊息成本的特性一般具有很高的固定成本（如研發支出），但一旦訊息被製造出來，其再增加一些人知道的邊際成本就很低。訊息做為商品的另外一個問題是訊息本身就具有風險，因為我們永遠無法知道一個訊息

統一發票給獎辦法與風險偏好

　　政府為鼓勵國人購買物品時向商家索取統一發票，以減少商家逃漏營業稅，長久以來一直提供統一發票號碼可以對獎的策略。較早以前，統一發票對獎只給幾個大獎，其中頭獎金額非常高。但由於不易中獎，人們對於索取統一發票意興闌珊。為提高人們索取統一發票的意願，財政部再度將頭獎金額提高為200萬元。但也同時增加許多小獎，其中有八個三位數的末尾獎，每張獎額為400元。

　　末尾獎雖然金額不高，但中獎機率卻高達千分之八，十分容易中獎。由於中獎機率提高，使得社會大眾對獎的興趣增加，購買商品同時索取統一發票的意願也大幅提高。當然，由於商家逃稅不易，財政部的營業稅收入也大幅增加。

　　但是由於得獎的數目很多，使得財政部的獎額支出很大，其中又以末獎給付最多。財政部因此考慮要減少一半的中獎給付，卻又不希望因此而減少人們索取統一發票的興趣，財政部該如何做呢？

　　簡單來說，減少中獎給付的方法有兩種，一種是將獎金減少一半，例如獎金由400元減少到200元；另一種方式是減少一半的中獎機率，但獎金不變，例如將尾獎由八個減少到四個。

　　由於大多數人都是風險趨避者，對風險趨避者而言；降低金額所帶來的效用減少會小於降低中獎機率所帶來的效用減少。權衡之下，將金額減半對人們索取統一發票意願的衝擊較少，財政部遂於民國81年底宣布將統一發票的尾獎金額減少一半，由400元降到200元，但維持尾獎數目不變。果然，此舉對於人們索取發票的意願沒有明顯影響。

到底是真是假。所以，訊息本身就具有不確定性。對每一個訊息的消費者而言，如何計算正確的訊息成本，然後去利用訊息帶來的最大效益，是一件非常重要的課題。從政府與企業政策的觀點來看，如何使訊息在市場上充分運作，使社會福利與企業利潤最大，則是另外一個重要的課題。

（一）訊息的特性

訊息可以當作商品在市場上交易，比方說商業情報、專利權、生產技術等訊息都可以交易。然而訊息也有一些特殊的性質，使得其當成商品在市場上交易時，容易出現一些問題。

1. **生產訊息的固定成本很高，邊際成本卻很低**。比方說，藥廠在開發一種新的藥品，可能要花幾億元以上的研發支出。藥方製造成功以後，生產藥片的成本卻非常的低。

2. **訊息具有公共財的性質**。知識是訊息的一部分，知識具有公共財的性質則是眾所周知的。李白的名詩：「床前明月光，疑是地上霜，舉頭望明月，低頭思故鄉。」優美的詞句大家都可以欣賞，每個人的消費並不能排除別人的消費。所有的歌曲、音樂、教科書也都具有相同的性質。由於知識的公共財性質，使得人們創造新詩、新知識、新產品的意願受到影響，所以我們需要政府設立專利權、著作權、版權等來保障這些創作者的權力，並鼓勵這些人繼續從事創作與研發。

3. **訊息具有不對稱的性質**。在商品買賣上，很多時候買賣雙方的訊息是不對稱的。比方說，在舊車市場上，賣方比買方對於車子掌握的訊息多：而在保險市場上，買保險者（要保人）對被保險者（被保人）的訊息則遠多於賣保險者（保險公司）。很多時候，資

訊本身當成商品買賣時，本身就具有不對稱性。有些時候，某些國內企業在購買國外技術時，只知道這些技術可能十分有用，但經常並不了解這些技術。多年前國內有家著名的電腦公司，為擴大美國市場，於是購併一家美國電腦公司，希望藉該美國電腦公司的行銷網路打開自己產品的市場，然而結果並不成功。原因即是事前對該美國公司具有的行銷網路未能充分了解。

4. **訊息本身就具有風險**。在前一節，大雄選擇賣雨傘或賣冰淇淋的例子中，也許有人也會建議大雄每天早晨起床就先聽氣象報告，然後再決定今天應該推出哪一個攤子來賣。這是一項很好的建議──如果氣象報告完全正確。收聽氣象報告是一種獲取訊息的方法，但問題是氣象報告完全正確嗎？相信大家都認為氣象報告也有很多時候不準，或是如果氣象報告說：「今天木柵的天氣是晴時多雲偶陣雨。」大雄該怎麼辦？由於收聽氣象報告的成本很低，大雄當然可以考慮先收聽氣象報告，然後再決定今天該做哪一種生意。有些時候，取得訊息的成本很高，而訊息本身是否那麼有用也不確定，此時是否要取得該項訊息就值得斟酌。比方說，企業決定要不要購買某一種專利來研發某一種特殊產品時，如果取得專利的成本很高，又不確定該特定產品市場是否很好，這種情況下，就必須仔細分析才能決定應不應該購買該專利權。

5. **訊息具有非市場性**。也就是說很多時候訊息可以不用透過市場方式來取得。比方說，大雄想要知道今天天氣如何，他可以收看電視新聞的氣象報告，但必須先買一台電視。事實上，他也可以到家中院子，看看是否可以看到螞蟻搬家，當他看到大批螞蟻在搬家時，就可以猜測今天可能會下雨了。再譬如說，在股票市場中很多投資人會專門注意一些大戶的舉動，然後藉著觀察大戶的舉動來推

測股票的變動。

　　事實上，即使市場上的訊息有不對稱，也不一定會完全由缺乏訊息的一方來主動獲取訊息，廣告就是一個最好的例子。當廠商新推出一種產品時，為了使社會大眾了解該產品，進而產生興趣，廠商便會在各種媒體上大作廣告。再比方說，在出售健康保險時，較缺乏訊息的賣方（保險公司）會要求買方（投保人）提供有關健康的訊息。

（二）訊息不對稱與市場失靈

　　訊息在經濟體系中所扮演的重要角色，很早就被經濟學者所認知。但由於訊息本身並不容易衡量，再加上訊息做為商品所具有的一些特殊性質，使得訊息一直無法受到經濟學者仔細的加以研究。直到美國經濟學家阿卡洛夫（Geroge Akerlof）於1970年發表其巨著，說明訊息不對稱可能造成市場失靈的嚴重影響以後，經濟學者才真正開始對訊息在經濟體系中的影響作系統性的研究。我們先簡略說明阿卡洛夫教授的論點，然後再將訊息不對稱與市場失靈的重要意義引申到訊息經濟學的其他領域中。

　　假設二手車市場中有三種不同品質的汽車：好車價值30萬、中等車價值20萬、壞車價值10萬。這三種車子的外型及顏色完全相同，所以買方完全無法區分哪一部是好車（也就是買方缺少訊息），但賣車的車主很清楚知道自己的車子是好車、中等車或壞車（所以，賣方是有訊息的）。由於買方完全不知道哪一部車子的品質，在預期市場上車子的平均價值為20萬元的情況下，買方只願意支付20萬元來購買車子。

　　在買方只願支付20萬元的情況下，中等車與壞車的車主會願

意到市場上賣車，但好車的車主卻會退出市場，因為他們無法賣到相同於他們車子品質的價格，即30萬元。

當好車車主退出以後，市場上只剩下中等車與壞車，兩種車的平均價值只有15萬元，但此時買方卻支付20萬元！顯然時間一久，買方就會發現他們支付的價格太高了，因為根本沒有人買到30萬元的車子。在發現市場上車子的品質平均只有15萬元以後，買方會要求把車價也降到15萬元。

但此時輪到中等車主不高興了，因為他們的車子可以值20萬元，所以他們也會退出市場！這下子市場上只剩下壞車一種。所以，時間一久，買主出15萬元都太高了，他們會再把車價降低到10萬元。

最後，在均衡之下，二手車市場上只剩下品質最壞的車子，價格也相對最低。此時品質略高的車子無法在市場上以正常價格銷售，我們稱為市場失靈，而造成市場失靈的根本原因在於買賣雙方具有的訊息不對稱。

阿卡洛夫教授的論點十分簡單，但在經濟學界卻引起非常大的震撼，而且，阿卡洛夫教授也因此項貢獻於2001年獲得諾貝爾經濟學獎。事實上，二手車市場上雖然不至於完全不存在，但品質不佳的檸檬車（lemon car）到處充斥卻是不爭的事實。

檸檬車的故事也完全適用在醫療保險市場。因為投保人清楚知道自己的健康狀況，但是保險公司卻不知道（訊息不對稱），因此，一般而言，保險公司係以每個人平均生病的機率乘上醫療支出，計算出每個人的預期醫療支出以後，再加上行政費用，就可以得到健康保險的費率。問題是每一個人的健康程度不一，當保險公司對每一個人都收取平均費率時，他們很快發現健康情況較佳的人

都不會參與投保，而只剩下健康程度較差的人。

　　這種自動的選擇過程，叫做「自我選擇」（self-selection）。很不幸的是，這種自我選擇的結果，往往只剩下品質較差的商品或健康較差的人還留在市場中，我們又稱之為「逆向選擇」（adverse selection）。

汽車保險與訊息

　　在台灣，汽車保險的保費很貴，以一部全新的Toyota Camery，車價約NT$90萬元，每年全險的保費超過60,000元。保費高低決定於肇事紀錄、車價、車種（因為每種車子的失竊率不同）。前者與駕駛人有關，後者則與汽車有關。

　　在美國買汽車保險就複雜的多。買汽車保險時，保險公司會先詢問駕駛人的各種情況：駕駛人的年齡（年長者保費較低）、性別（女性保費較低）、婚姻（已婚者較低）、子女（有子女者較低）、三年內有沒有肇事或違規紀錄（無紀錄者較低）、每天開車上班的距離（較近辦公室者較低）。

　　此外還會問一些與車子有關的情況：車價（較低者保費較低）、有沒有警報器（裝置者較低）、居家地址（居家附近車流較少者較低）。

　　此種較詳細的作法一方面使保費能正確反應駕駛人的危險率以外，一方面也鼓勵駕駛人更小心保護自己的車子，例如減少肇事紀錄、安裝警報器等。以美國麻州為例，加裝警報器每年可以減少1/3到1/2的保費，幾乎等於警報器價格的一半。

　　當保險公司發現來投保的人平均健康狀況比他們估計的要差，對投保人支付的醫療給付超過預期時，他們就必須增加保費以使收支平衡。在保費提高下，原來投保人當中健康略好的人又會離開市場，剩下來繼續投保的人健康品質更差，保險公司仍然必須支付大量的醫療給付。在惡性循環下，最終保險公司會把保費調到最高的水準，市場上也會只剩下健康品質最差的人，保險市場甚至會完全崩潰。

　　逆向選擇與「劣幣驅逐良幣」（bad money drives out good money）十分類似。但後者的訊息是一致的，大家看到好的錢幣會立即收起來（如新鈔或新幣），市場上很快的會只剩下舊鈔或不好的貨幣。逆向選擇則是由於訊息不對稱，使得好壞無法區分，在市場運作下，品質較高的商品會逐漸退出市場。

（三）訊號與訊息

　　由於訊息不對稱導致市場上產品交易發生障礙：高品質的車主不能以較高的價格出售商品、健康較佳者不能以較低的保費投保。事實上，這兩種人都需要交易，比方說前者可能要出國工作，急需售車；後者雖然健康情形不錯，但仍隨時有不測風雲，購買保險可以提高保障。顯然，不對稱的訊息導致市場失靈，對於社會資源的有效率使用產生很大的障礙。這些問題該如何解決呢？

　　答案很簡單：「心病需要心藥醫。」訊息不對稱造成市場失靈的理由在於市場雙方訊息不對稱，因此只要努力拉近雙方訊息差距，就可以減少市場失靈的影響。比方說保險公司要求投保人提出健康檢查表，買二手車的人可以把車先開去修車廠檢查，買房子的人找專家檢查房子等。

　　拉近買賣雙方訊息的方式有很多，大致上來說，可分成兩種：一種是由訊息較多的一方主動提供訊息給訊息較少的一方，我們稱為「提供訊號」（signaling）。比方說，投保者提供健康檢查表，賣二手車車主提供汽車維修單據。另一種方式則是由訊息較少的一方主動搜尋（searching）訊息。我們以下的討論即分別針對此二種方式來說明。不過必須強調的是，不論是以何種方式提供訊息或獲取訊息，都必須考慮訊息的成本與利益，因為這才是訊息經濟學的真正要義所在。

　　當人們投保醫療保險時，保險公司會詳細詢問被保人的健康狀況，包括年齡、性別、婚姻、職業、生病紀錄、家庭病史、是否抽菸等。這些巨細靡遺的問題就是希望了解投保人的詳細健康狀況，然後據以計算生病的機率並收取適當的保費。如此身體較健康者可以獲得較低的保費，而願意投保。當然如果保險公司對投保人提供的訊號沒有信心，保險公司可以要求投保人先去做健康檢查，以提供正確的有關身體健康的訊號。有時候健康檢查的費用是由個人負擔，有時候則由保險公司負擔，無論如何，為參加健康檢查而提供訊號的成本都是十分可觀的。

　　二手車市場是另外一個例子。賣二手車的人必須盡量提供足夠的訊息來說服買主，證明這部車不是檸檬車。比方說，原車主可以拿出回國機票，表示他賣車是因為要回國才出售。再不然就請買車的人坐到車上試開一段路，測試車子的狀況。更直接的方法就是把車子開到修車廠請修車師傅提供意見，當然此時取得訊息的成本較高。

　　事實上，當有公正的第三者來提供訊息，以減少訊息不對稱的時候，市場都可以維持相當程度的交易，只要某一方有人去取得訊

息。但有很多時候，不一定能找到公正的第三者來提供訊息，這時候該如何解決訊息不對稱的問題呢？比方說，一個大學畢業生剛踏進市場找工作時，面試的老闆如何知道這個人的工作能力呢？即使知道工作能力，又如何知道其工作態度呢？在不易取得第三者的公正資訊下，訊息較多的一方就必須更努力提供訊號，以證明自己的能力與工作態度。也就是說，這個大學畢業生必須提供足夠的訊號來證明自己的工作能力，比方說拿出大學畢業證書、推薦信、擔任社團負責人的證明，甚至一些作品（如建築工程圖、美工設計圖等）。

　　事實上，文憑就是一個最常用的訊號之一。美國經濟學者史賓斯（Michael Spence）曾經利用一個很簡單的模型，來說明文憑當做訊息的功能，以及廠商如何利用文憑來達到區分不同工作能力的人，並給予不同的薪資。史賓斯教授假設勞動市場上有兩種人，第一種人是具有高生產力的人，其生產力是 $2；第二種人是低生產力的人，其生產力是 $1。再假設此兩種人生產力是固定的，與教育無關。另一方面，兩種人受教育的成本也不同，高生產力的人接受一單位的教育水準（y），只要支付 $0.5 的費用；低生產力的人接受一單位教育水準需要的費用為 $1，因為高生產的人比較聰明，所以其受教育的成本也較低。由於兩種人其他地方都完全相同，所以廠商唯有透過教育水準高低來區分這兩種人。

　　雖然假設教育本身不能影響生產力，卻能做為區分生產力高低者的訊息，因為高生產力的人取得教育的成本較低，所以他會有比較高的意願來取得文憑。廠商的想法很簡單，他只要定出某一個教育水準（y*），高過此水準者就當成高生產力的人，給予相當於其生產力 $2 的報酬；而低於此水準者，則當成低生產力的人，給予

二手車市場上的訊息

　　美國很多大城市都會有一種專門報導二手貨市場的報紙，洛杉磯就有一份《回收報》（*The Recycle*）每週四上午發行。《回收報》上面就是專門登載各式各樣的二手貨消息，包含汽車、家電、家具、服飾等。

　　汽車的使用年限很長，因此其二手車市場的規模甚至不輸給新車。對大多數台灣的留學生而言，購買二手車幾乎是必經的經驗。二手車的價格雖然很便宜，但買二手車的最大困擾就是缺乏保障，除了一些專門賣二手車的經銷商可能可以提供一些保障外，大部分賣二手車的人不能提供保障；另一方面更危險的是二手車很容易是檸檬車，因為很多車主是因為車子經常出問題才把車子賣掉。

　　由於賣方對車況很清楚，買方卻沒有任何概念。所以如何在《回收報》上面找到適合自己的二手車很不容易。另一方面，二手車車主也必須設法說服這些可能的購買者，告訴他們說自己要賣的車子不是檸檬車。因此利用《回收報》購車的讀者就可以看到一些在報上登載的訊息，比方說：一手車主、完整維修資料、性能完好、出國急售等字眼。這些訊息無非告訴買主車況很好，出售的理由不是因為檸檬車，而是要出國或買新車才出售舊車。

　　就買方來說，上述訊息當然都要問清楚。更重要的就是要親自試車，自己坐到車上去開一圈，試試車子的性能。如果想要更清楚了解車子的狀況，另一個方式就是把車子開到汽車修理廠，花50美元讓車廠幫忙檢查，此時等於是花上50美元去購買有關汽車性質的訊息。

相當於其生產力的報酬，即 \$1。問題是：廠商當選擇多少 y* 才能正確區分出兩種人呢？也就是說，在什麼樣的支付條件下，文憑才能正確反映出兩種人的能力呢？

如果教育水準 y* 訂得太高，兩種人取得 y* 的成本也會很高，即使雙方都拿到 y* 且被認定為高生產力的人，但其報酬只有 \$2。再扣掉取得 y* 的教育成本，可能還不如不去拿文憑。在此情況下，廠商會無法區分出兩種人。反之，如果 y* 訂得太低，則大家都跑去拿文憑，廠商同樣無法區分出兩種人。所以廠商的最佳選擇是找到一個 y*，使得生產力較高的人拿文憑的收益高過不拿文憑的收益；而且使得生產力較低者不拿文憑的收益高於拿的收益。如此一來，文憑就可以區分出兩種人來。

在教育水準為 y* 的標準下，對高生產力的人來說，拿文憑可以使薪資收益為 \$2，但必須支付 \$0.5×y* 的教育成本，所以其淨收益為 \$2 − 0.5y*；若不拿文憑則教育水準為 0，教育成本為 0，而薪資收益為 \$1。因此，要使高生產力拿文憑的條件是前者高於後者，即：

（15.3）$$\$2 - 0.5y^* \geqq \$1$$

對低生產力的人而言，拿文憑可使薪資收益為 \$2，但必須支付 1×y* 的教育成本，所以淨收益為 \$2 − (1×y*)；若不拿文憑，則教育水準為 0，教育成本為 0。薪資收益為 \$1，因此，為使低生產力者不拿文憑的條件是：

（15.4）$$\$1 \geq \$2 - (1 \cdot y^*)$$

我們把（15.3）與（15.4）兩式解出以後，可以得到（15.5）

式，即：

(15.5) $1 \leq y^* \leq 2$

　　換句話說，廠商如果要選擇適當的教育水準當做訊號來區分兩種人，則其最適教育水準（y*）應定在1與2單位之間，如此就可以正確的區分出兩種人。

　　比方說，如果廠商教育水準訂在1.5個單位，見圖15.6。在圖15.6中，C_1、C_2分別是高生產力者與低生產力者受教育的成本曲線。當兩人都不受任何教育時，都被當成低生產力者，淨收益都是$1。而當兩人都拿1.5單位的教育水準時，高生產力者只需支付$0.75的教育成本（A點）；而低生產力的人卻必須支付$1.5的教育成本（B點）。雖然此時兩人的薪資都是$2，但高生產力的淨收益為$1.25（即$2－$0.75），而低生產力者的淨收益只有$0.5（即$2－$1.5）。所以，此時高生產力者選擇拿文憑的淨收益（$1.25）會高於不拿文憑的淨收益（$1）；而低生產力者選擇不拿文憑的收

圖15.6：勞動市場上的訊息均衡

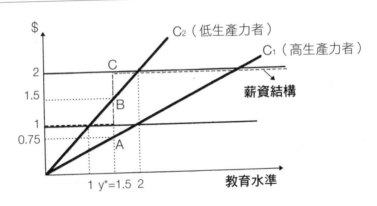

益（$1）高於拿文憑的淨收益（$0.5）。

　　在設定教育水準為1.5的條件下，廠商對擁有文憑者認定為高
生產力的人，給予相當於其生產力的$2的薪資；對於沒有文憑的
人，則認定為低生產力者，給予相當於其生產力$1的薪資。而在
上述1＜y*＜2條件下，我們發現文憑可以適當且正確反映出人的
品質。也就是說高生產力的人會去受教育，拿到文憑，且享有相當
於其生產力的薪資（$2）；而低生產力的人則不會去受教育，且享
有相當於其生產力的薪資（$1）。在此種情況下，廠商支付的薪資
正與個人的能力相當，因此廠商不會再有改變支付薪水的想法，工
作者也因其能力的不同而得到不同的適當報酬，所以他們也不會再
有去多受教育或少受教育的念頭。所以，這時候的勞動市場是達到
均衡的。

　　史賓斯教授提出的模型非常簡單，但卻非常清楚說明了提供訊
號的成本及其收益之間的關係。在個人追求自己利益最大的情況
下，一定會設法拿到足夠訊息，直到提供訊息的成本等於其效益
為止，故我們也可將上述均衡情況稱為「訊息均衡」（informational
equilibrium）。

　　必須一提的是，在上述追求最適教育水準的過程中，個人接受
教育取得文憑是在提供廠商一個訊息，說明自己是高生產力的人。
從廠商的角度來看，廠商則是利用文憑當做「過濾」兩種人的標
準。所謂「過濾」（screening）是廠商利用某一種標準，把市場中
的人加以分別。比方說，很多人壽保險公司不接受六十歲以上的人
購買壽險，這時候他們就是以年齡當做一個標準來過濾市場中可能
購買保險的人。再比方說，很多大學在聘請教師時，申請人必須要
有博士學位才能申請，這也是另外一種過濾的功能。

（四）搜尋理論

當市場上買賣雙方的訊息有差異時，有些時候訊息較多的一方會主動告知較少的一方，以增加交易的機會。例如廣告就是一個例子，勞動市場上的賣方要努力去說服買方則是另一個例子。但也有很多時候，訊息較多的一方會利用他們的訊息優勢去剝削買方。例如二手車市場，很多檸檬車主就不會老實說明其車子的真實品質；同樣的，很多房屋仲介在出售房屋時，也大都只是報喜不報憂。在面臨訊息不足，另一方又不確定告知產品真實品質時，訊息較多的一方該如何解決此一問題呢？答案很簡單：尋找更多訊息，只要尋找訊息的預期收益超過搜尋成本，就應該努力的去找。

「訊號」由訊息較多的一方提供，「搜尋」則是由訊息較少的一方主動去尋找。搜尋理論（search theory）最早是由美國經濟學家史蒂格勒（George Stigler）所提出的，其主要在探討當人們面對一種商品卻有多種價格時，應如何去尋找最低價格的商品。史蒂格勒教授的模型發表後，再經由美國經濟學者麥克爾（John McCall）將之運用於勞動市場上而發揚光大。

麥克爾教授的基本搜尋模型非常簡單，我們略述如下。當一個大學畢業生剛進入勞動市場找尋工作，市場中有許多工作，每個工作薪資都不同，此大學生知道所有可能工作的平均薪資，但不知道哪個工作的薪水最高。假設他每個月可以找到一個工作，該工作的工資是w，而每找一個工作的成本是C。這個大學畢業生面臨的問題非常簡單：應該何時停止搜尋，接受哪家廠商的工作？為簡單起見，我們假設大學生不能有反悔的情形，即假設他拒絕了一個工作機會，就不可以再回來接受該工作。

　　這個問題就好像我們經常聽到的故事：一個小孩在海邊撿石頭，他只准撿一個石頭，則他該如何才能撿到最大的石頭呢？

　　假設此大學生面對一個工作機會，工資為w_1。如果接受此工作，則報酬為w_1；若不接受，則再度尋找。但每多尋找一次，要花搜尋成本C。且假設在最好的搜尋方式下，其預期可以找到的工資為R，故此大學生面對的問題為：

$$w_1 \geq R - C（接受此工作）$$
$$w_1 < R - C（繼續搜尋）$$

　　由於假設在最佳的搜尋方式下，大學生預期可以找到的工資為R，所以當大學生手中有一個w_1的工作機會時，其再找一個工作的收益為$\max（w_1, R）$，也就是要其預期收益R大於w_1時，搜尋才可能會帶來更多收益。而由於搜尋成本為C，故其多找一個工作的邊際收益為$\max（w_1, R）- C$，此即其預期找到工作的淨報酬。故在最佳尋找工作的方式下，可得到的報酬R應該滿足下式，即：

（15.6）　　　　　　　$$\max（w_1, R）- C = R$$

　　麥克爾教授利用（15.6）式得到一個非常簡單的搜尋原則：即在考慮搜尋成本C與面對的工資分配情況下，利用（15.6）式可以計算出一個尋找工作的預期報酬R*，我們稱為「保留工資」（reservation wage）。大學生找工作的過程中，決定是否該停下來的原則很簡單，只要找到任何一個工作的工資超過保留工資，就應該立即停下來；否則就應該繼續找。此種方式保證可以使找工作過程得到最大的預期報酬，即R*。

　　上述方式很簡單，但非常符合經濟原則。因為預期能找到的

最佳工資是R*，所以當現有的工作機會報酬w_1，已超過R*時，就應立即停下來。因為此時若放棄w_1，再繼續搜尋的預期報酬只有R*，小於目前放棄的w_1。而若目前手中工作機會的報酬w_1小於預期報酬R*時，就應繼續搜尋，因為此時放棄此工作的成本為w_1，小於未來預期的收益R*。

住宅價格與搜尋

每一棟住宅都有很多不同的特性，比方說坪數、隔局、衛浴設備、建材等。由於這些特性的不同，使得賣方在出售住宅時，得以要求各式不同的價格，而買方在缺乏訊息下，經常必須親自去逐間看房子，比較各種特性，再決定其價格。

然而，由於賣方擁有較多的訊息，所以其要求的價格出入會比較大。但經過買方一間一間的比價以後，買方可以搜集到較多的訊息，就可以與賣方開始還價。比方說，我們經常聽到買方說：「隔壁一坪才賣20萬，為什麼你們要賣22萬？」當買方蒐集愈多的訊息以後，買賣雙方訊息的差異就愈少，市場上房價的出入也就愈少，因為賣方不再有優勢訊息來剝削買方。

根據一篇研究台灣地區住宅市場價格分散的研究結果顯示，在扣除坪數、地點、隔局及其他因素對房價的影響以後，賣方價格（list price）的變化明顯大於成交價（transaction price）的變化。此種狀況在預售屋、新屋與成屋市場上都可以成立。也就是說，只有賣方有訊息時，賣方會利用訊息優勢，來拉大房價的不同。而當買方經過搜尋與議價減少雙方的訊息差距時，成交價格的價格差異會減少很多。

　　當然小孩子在海邊撿石頭的故事也不會那麼簡單。比方說，我們如果可以允許小孩手上先握有一個石頭，再邊找邊換（即可以反悔）。或者，我們只允許小孩走一百公尺遠，就必須結束找石頭的過程（在工作的搜尋中，人生也是苦短的）。

　　麥克爾教授的模型雖然很簡單，卻適用在很多地方，也可以用來說明很多現象。一般而言，由於搜尋的成本很高（尤其是時間成本），所以搜尋理論較能正確使用在收益差異很大的商品或事件上。比方說，找工作就是一個必須花時間去搜尋的；買房子也需要花很多時間去看；買車子一樣要多比較幾種車子，多比較幾家代理商的價格後才能決定。一般而言，價格愈高，買賣雙方的訊息差異愈大，搜尋成本愈低的時候，搜尋的過程就會愈頻繁。

▍三、訊息、誘因與代理

　　當一個經濟個體作決策時，他會考慮到自己所需要的成本及可能帶來的利益，然後可以做出最適選擇。但有很多時候，有些經濟個體花費很大的努力與成本去做一件事，但成果與收益卻由另外的人來享用。比方說，律師努力的去打官司，輸贏結果卻必須由原告或被告來承擔；員工拚命工作，賺取的利潤卻由老闆享用。我們可將出力工作的一方稱「代理人」（agent），而享受成果的一方稱「主理人」（principal），此種主理人與代理人的關係我們稱為「主從關係」（principal-agent relation）。

　　此處我們用專節來討論主從關係，是因為主從關係可說是把訊息經濟學運用得最淋漓盡致的地方。主從關係理論中幾個重要的問題：第一，由於成本由代理人承擔，而行為的成果卻由主理人享

有，因此代理人自然會有摸魚的誘因。第二，即使代理人願意努力
工作，但由於工作經常面對風險（比方說，律師打官司，一定有一
方贏一方輸），因此在面對風險下他們努力工作的誘因又會受到影
響。第三，如果主理人可以直接觀察到代理人是否努力工作，主理
人可以依代理人的努力程度來支付代理人費用，而不必依成果來支
付，如此可以減少代理人的風險。但問題是，通常代理人的行為不
容易監督（monitoriog）。比方說，保險公司不可能另外找一個人
天天跟著拉保險的業務員跑，來監督其工作。在監督成本很高的情
況下，主理人與代理人之間就有很明顯的訊息不對稱問題。更何況
很多工作都具有專業性，主理人根本無法知道代理人是否努力工
作。比方說，病人如何來監督醫生是否認真診斷？或努力尋找最佳
的治療方式？

　　在主從關係一連串的問題中，帶給訊息經濟學很多發揮的空
間，我們在本節中，將對這些屬於個體經濟學中最新領域的發展內
容作一些基本的介紹。

（一）代理人的問題

　　主從關係的主要特性是：出力工作的是一個人，享受成果的是
另外一個人。因此。只要經濟關係上有成本與利益由不同經濟個體
分擔時，就屬於主從關係。事實上，主從關係可以使用的範圍非常
廣泛，比方說雇主與雇員的關係、被告與律師的關係、股東與經理
之間的關係、人民與政府的關係、病人與醫師的關係、學生與老師
的關係、原廠與代理商的關係，以及保險公司與投保人的關係等。
在這些關係中，前者都是主理人，後者則是代理人。也就是說後者
支付有關行為的成本，而前者接受這些行為的成果，當然這些成果

可以是好的，也可以是壞的。

1. 誘因

首先，由於代理人努力工作的成果由主理人來承擔，那麼代理人為什麼要努力工作呢？雖然代理人工作也會有報酬，但如果報酬是固定的，反正努力不努力工作薪水都一樣，為什麼要努力工作呢？百貨公司通常在晚上九點打烊，到九點零五分所有員工都走光，但路邊的小店卻經常開到晚上十一、二點才打烊，為什麼？因為在百貨公司工作的員工拿老闆的固定薪水，多做幾分鐘的生意對自己的薪水沒有幫助。路邊小店是老闆自己開的，多做一小時的生意，多賺的錢都是自己的，老闆當然有意願做久一點。

誘因（incentive）是主從關係中最重要但也最難解決的問題。當一個人努力工作時，他必須投下許多時間與精力，當然會希望有相當的報償。如果報酬與努力工作無關，則每一個人都會缺乏工作誘因，因為每一個人都在追求自己的效用最大。

2. 道德危險

主從關係不但會使代理人缺乏努力工作的誘因，有很多時候甚至會使代理人做出不利於主理人的行為。比方說，當一個人買了汽車保險以後，他可能就不再加裝警報器與枴杖鎖，因為「反正車子丟了，保險公司會賠」。此種因為主從關係建立，而增加事件發生的機率或損失的擴大，我們稱為「道德危險」（moral hazard）。

在股份公司中，股東是主理人，經理人員是代理人。經理人的目標應該是爭取公司的利潤最大，再把利潤分配給股東。但是經理人員卻經常把公司大樓蓋的美侖美奐，辦公室布置的精美無比。反

道德危險：醫藥分業的鬥法怪象

　　在歐美國家，醫師與藥劑師是兩個獨立的行業，醫師只負責診斷、治療、開藥方，藥劑師則負責調配藥劑與出售藥品。醫藥分業的主要理由之一，就是在避免醫師（代理人）以其優勢的醫療知識來剝削病人（主理人）。因為醫師可能會對病人過度醫療。比方說，可以一次看好的病，醫生故意分成二、三次才醫好。醫生也可能會對病人開出過度的藥方，比方說兩天就足夠的藥劑開成三天的藥劑。醫藥分業就是在避免此種醫師的道德危險，在醫藥分業下，因為賣藥的收入屬於藥劑師，醫生在缺乏出售藥品的利益下，多開藥方的動機就比較低。

　　國內傳統以來都是醫藥一家；醫院提供診療的同時，又兼顧賣藥。為減少醫師的道德危險，且順應世界潮流，衛生署終於決定於民國86年3月1日起，在台北與高雄兩地開始實施醫藥分業。可以想見的是，醫師公會當然是全面抵制，而藥師公會則大力支持此一政策。

　　根據民國86年3月10日的新聞報導，醫藥分業才推行十天，醫藥業鬥法的諸多怪象紛紛出籠。首先有些醫師不滿醫藥分業，就故意開出一些奇怪的處方來「考」藥劑師的調劑能力；還有的醫師盡量開出昂貴的藥材，準備吃垮全民健保局。事實上，最慘的還是整個事件的主人，即病人本身；他們一方面要跑很多家藥房還無法配齊醫師開出的藥方，另一方面健保局是否會支付所有的藥品費也是個未知數。

　　道德危險處處存在，醫藥分業的例子只是其中之一。

正增加經營成本，減少的則是利潤；享受公司建築與裝潢的是經理與員工，損失利潤的是股東。這是道德危險的另一種表現。

當我們車子受損送到車廠時，車廠老闆的第一句話就是：「你有沒有買保險？」如果保險公司出錢，車廠老闆就會把所有可能的材料都選用最好的，反正保險公司出錢，車主不會在乎。也就是說，此時保險公司（主理人）負擔保險支出，車主（代理人）則沒有任何誘因要仔細計算修車的成本。反之，如果車主沒有保險，他一定會仔細與車廠斤斤計較修理的每一部分，因為此時車主必須負擔修車的每一分錢。

道德危險最嚴重的情況是「假保險，真詐財」。有些人為詐領保險金，故意製造車禍，或乾脆將自己的車子藏起來，再申請失竊，要求保險公司賠償。為避免此種情況發生，保險公司通常規定一種財產不得重複投保，以避免出現假借保險來詐領保險金的情況。但是壽險則沒有這種限制，一個人可以同時跟好幾家公司買壽險，萬一出事，幾家保險公司會同時理賠，因為保險公司相信，一個理性的人應該不會對自己的生命做出有道德危險的事。

3. 風險

當代理人努力工作時，其工作成果不但只與代理人的努力程度有關，還與一些風險因素有關時，代理人努力工作的誘因會因風險的存在而降低。

比方說，一個保險仲介全天在外面努力推銷保險，但不幸的是整天碰到的被推銷對象都是死硬派，一天努力下來，一點業績也沒達成，回到辦公室還被經理修理一頓，說他不努力工作，不知道到外面哪裡去鬼混。這個保險仲介還會有努力工作的誘因嗎？當一個

醫師努力幫病人動手術，結果病人卻因其他的突發併發症而不治，結果病人家屬群起指責醫師治療不當。醫生在面對治療的風險下，他們有多大的誘因去努力醫治病人呢？

　　當代理人面對風險時，誘因減少的多寡與代理人的風險偏好有關係。如果代理人厭惡風險的情況愈嚴重，當他面對風險時，努力工作的誘因就會愈低；反之；如果其厭惡風險的情況較輕，則風險對努力工作的誘因影響較小。

（二）主理人的問題

　　主理人要做的事情有二：第一是要找到一個適當的代理人，第二則是要讓這個代理人努力工作。找到代理人並不困難，只要主理人支付代理人的報酬超過後者在其他地方工作的機會成本，代理人就會幫主理人工作。然而，如何讓代理人努力工作，不至於摸魚，就是一件不容易的事。

1. 訊息不對稱

　　很多時候代理人都是專業人員，比方說，律師、醫師、仲介與經理。這些專業人員的工作經常不是主理人所能了解的，因此主理人很難判斷這些代理人到底是否努力工作。這是一個很標準的訊息不對稱問題，代理人可以利用其優勢的訊息來與主理人周旋。比方說，醫師可以告訴病人：「你的病很嚴重，一定要準時來看病。」病人除了點頭遵命以外，他還有什麼選擇？經理人可以告訴股東說：「我們公司全體員工都非常努力的在工作，但由於國際經濟情勢不好，所以今年公司營利狀況不佳。」一般的股東哪裡知道國際經濟情勢是怎麼樣呢？

　　在訊息不對稱的情況下，主理人很難判斷代理人是否努力工作，因此主理人只能從代理人工作的結果來判斷。比方說，醫師的手術是否成功、律師的官司是否打贏、經理是否幫公司賺錢、仲介是否做到很多業績。然而如果只以成敗來論英雄，而使代理人因為風險增加而降低工作誘因，這自然不是主理人所樂見。

2. 監督成本

　　主理人要知道代理人是否努力工作，最簡單的方法就是直接加以監督，但是監督是要花費人力或時間的，因此會有監督成本出現。當主理人要監督代理人努力工作時，要先考慮此種監督所付出的代價，是否超過監督能使代理人增加努力工作程度所帶來的成果。若監督成本太高，則應採用其他方式來提高代理人的工作誘因。

　　反過來說，當監督成本較低，經理人員很容易監督其手下是否努力工作時，他可以支付這些員工固定的薪資即可。因為在老闆監督之下，這些人想要摸魚也沒有辦法。大部分坐辦公室拿固定薪水的人，大概都是如此。比方說，走進一家銀行大廳時，我們看到有很多辦公桌整齊的排列，最前排的是辦事員，後面是組員，再後面有幾個領組，然後有二、三個科長，最後面的位子是副處長與處長。坐在後面的「大官」一抬頭，就可以一目瞭然知道其手下是否努力工作，這時候坐在前排的職員很難有摸魚的機會。

　　工廠裡面的工作比較辛苦，工人必須經常走動，或是做其他工作。廠長一個人很難同時監督幾百個工人的工作情況。所以，工廠中都會有一些領班，負責監督大多數工人的工作，而廠長只要監督這幾位領班即可。

以前有公保、勞保、農保時，看病需要拿公保單或勞保單，事後醫院再拿這些單據向保險單位領錢。那時就經常聽說，一些鄉下地方可以拿勞保單與醫院換沙拉油或肥皂。勞保局發現有人一年可以用掉一千張以上的保單，但卻無可奈何，因為他們無法派人整天在醫院站崗監督醫院的醫療行為。幾年前改成全民健保制度以後，情況並沒有改善，仍然有少數人每年看病的次數多得嚇人。

（三）誘因機制

主理人要確保代理人會努力工作，一則是仔細監督代理人的工作狀況，再不然就必須提供足夠的誘因來鼓勵代理人努力工作。監督是最直接的方式，如果監督成本很低，主理人可以透過監督完全了解代理人的工作狀況，則可以依代理人的努力狀況來支付報酬。此時代理人便不會有摸魚怠工的情形，資源效率可以充分發揮。

然而，在很多情況下監督成本很高，主理人沒有能力去監督代理人，此時主理人就應該設計一些「誘因機制」（incentive scheme）來鼓勵代理人努力工作。一般誘因機制必須考慮三項基本因素：第一，為鼓勵代理人努力工作，報酬必須與努力程度有關。第二，為避免代理人出現道德危險，報酬必須與最終工作結果有關。第三，在雙方分享結果時。厭惡風險程度愈嚴重者應承擔較少的風險，對風險較不在意者應承擔較多的風險。

首先，報酬作為誘因機制時，一定要與工作的努力程度有關。如果報酬只與工作結果有關而不受努力程度影響，則容易造成代理人怠工的情況。比方說，在一個家具展中，一個人非常努力的在推銷叫賣他們的新產品，但因為當天下大雨，參觀的人很少，使得推銷的成績很差。此時經理人員仍應對於此人的努力推銷給予某種報

酬，以鼓勵其努力工作。如果因為沒有任何業績，就不給予任何報
酬，勢必會打擊此人的士氣。在面對一些未知的風險下，這個人努
力工作的誘因可能會因此而全部消失。

　　推銷保險是另外一個例子。一般而言，保險收入與業績好壞有
密切的關係。但即使是一點業績也沒有作成，老闆仍然會支付一些
底薪，這些底薪就是刺激保險仲介至少該努力工作的基本誘因。

　　其次，誘因機制應該要與代理人的努力成果有關。在保險仲介
的例子中，每當作成功一筆保險生意時，仲介就可以領取一定比例
的佣金。此種作法的好處是，仲介只要努力工作，業績愈多，薪水
收入也愈高，此時仲介自然也有較高的工作誘因。從另外一個角度
來看，事實上，保險公司等於是把努力的成果與保險仲介共享，也
可以說是共同承擔。因為拉保險本來就是一種風險性很高的工作，
再說保險仲介每天在外面跑來跑去，誰也不知道他在外面是否真正
努力工作。當老闆把保險業績與仲介分享以後，也可以說是兩人分
擔拉保險的風險。當業績好時，仲介的收入會提高，老闆的收入也
增加；業績差時，仲介的收入較低，老闆的收入也減少。

　　當全民健保開辦以後，很多人不管大病小病都盡量上醫院，反
正都由健保署出錢，不看白不看，這是很典型的道德危險心態。
其實在保險學上此種問題很容易解決，要減少人們過分使用醫療資
源的情況，就應該讓病人（代理人）與健保局（主理人）共同分擔
風險。比方說，健保局可以規定看病支出在1,000元以下者，健保
局不給付，超過1,000元以上的部分則全額支付。也就是說，每次
看病都有1,000元的自付額（deductible）。如此一來，感冒發燒的
小病就由病人自己負擔，對大多數人而言，1,000元之內的支出也
不成問題。但由於自己要支付1,000元，因此他們就會三思是否要

去醫院，如此醫療費源就不會被浪費。事實上，目前健保給付中很大一部分的支出都花費在這些小額給付上。採取「保大病，不保小病」的原則，才能使醫療資源正確且有效率的應用。

最後，在雙方分擔風險之下，哪一方該承擔較大風險呢？在健保的例子中，個人當然比較厭惡風險，健保局可以利用分散風險的原則來承擔大部分的風險。所以，在此種情況下，代理人（即病人）只要承擔小部分風險即可（即1,000元以內的支出），而將大部分風險交由主理人承擔（比方說，1,000元以上的支出完全由健保局給予）。

在保險仲介的例子中，由於推銷保險是一個風險很大的工作，願意接受此種工作的人一方面必須有很好的口才與外向的個性以外，還必須不能太厭惡風險。所以，此時保險公司（即主理人）可以支付保險仲介較低的底薪，但給予較高的保險佣金。

律師是另外一個例子。因為大多數原告或被告幾乎對法律都不很清楚，完全由律師全權決定。而為了使律師能全力投入打贏這一場官司，通常支付律師的酬勞與官司的輸贏有密切關係。而且，一般人平常很少上法院打官司，所以對於輸贏都很在意，也就是說他們都很厭惡風險。另一方面，律師打官司則是家常便飯，有輸有贏是經常的事。在這種情形下，自然應該讓律師多承擔一點打官司的風險。在美國很多律師接案子時是不收底薪的，而其報酬只跟官司的結果有關。比方說，當判決獲勝的一方可以得到某種巨額的賠償金額時，律師有時可以拿到30%到40%的份額。在此種巨大誘因下，每一個律師自然會像是原告的家屬一般，拚命幫原告辯護。

經濟名詞

不確定性經濟學	訊息經濟學	風險
客觀機率	主觀機率	訊息價值
預期效用	財富效用函數	效用的期望值
期望值的效用	風險趨避者	風險中立者
風險喜愛者	風險溢酬	風險分散
自我保險	自我選擇	逆向選擇
訊號	搜尋	過濾
訊息均衡	保留工資	搜尋理論
代理人	主理人	主從關係
誘因	監督	監督成本
道德危險	誘因機制	分擔風險
自付額		

討論問題

1. 風險與不確定該如何區分？請各舉二例說明之。在面對有風險的事件與不確定事件時，消費者應如何因應？

2. 何謂客觀機率？何謂主觀機率？你覺得客觀機率存在嗎？當你在擲骰子時，你能確定每一面出現的機率都是六分之一嗎？還是這也只是你的主觀臆測？

3. 經濟個體在作決策時，應考慮的是期望值的效用或效用的期望值？為什麼？

4. 當一個賭局的參加費用與其得到的預期收入相等時，我們稱之為一個公平的賭局（a fair game）。有人說，逃避風險的人必

然不會參加一個公平的賭局，對不對？

5. 你覺得喜愛風險的人是不理性的嗎？為什麼？

6. 何謂自我保險？請舉二例說明之。

7. 何謂逆向選擇？請舉二例說明之。

8. 你覺得「文憑無用論」的說法正確嗎？你覺得文憑與工作能力
之間有什麼關係呢？

9. 有人說：「路邊的果子不要採，因為一定是酸的。」你同意此
種說法嗎？

10. 請舉二例說明主從關係中的主理人與代理人，並指出其間可能
出現的誘因問題，並提供解決之道。

11. 何謂道德危機？請舉二例說明之。

12. 汽車保險通常會有一定數目的自付額，請問其理由何在？

13. 在找工作的過程中，有些人先隨便找一個工作，然後採用「騎
驢找馬」的方式；有些人則採用「寧缺勿濫」的方式。你覺得
哪一種方式比較有效？為什麼？

14. 為什麼拉保險與拉廣告的工作都有豐富的績效獎金？而每天坐
在辦公桌前面努力工作的人，卻只能領到固定的薪水？

15. 畢業旅行包遊覽車出遊，習慣上都會給司機和導遊一份豐厚的
小費，而且都在事後才給。為什麼？

16. 走進政大體育館旁邊的綜合院館，看教授研究室一間一間的排
列，每位教授都有一間自己的研究室。他們為什麼不像一般商
業大樓中的辦公室一樣共用一間大廳呢？

第十六章

自然資源、環境與醫療服務

本章重點

經濟活動需要使用自然資源（natural resources），例如能源、土地、樹林等。隨著人類經濟活動日益頻繁，自然資源的使用量也與日俱增。然而，雖然地球上的某些自然資源看似取之不盡、用之不竭（例如空氣與陽光），但大部分自然資源都是有限量的（例如石油、煤及其他礦產）。有些自然資源有再生性（如漁藏、林業）；但很多卻是使用完後，就再也沒有了（如石油與煤礦）。

在大量使用自然資源之下，人們應如何妥善利用這些資源呢？尤其在很多時候，自然資源的所有權定義不清楚，很容易遭到人們過度使用或開發，使得某些自然資源很快接近耗竭邊緣。這時候政府應如何採用有效策略來保存這些資源呢？

也有一些人對於自然資源的使用並不擔心，因為市場經濟會提供人們誘因，使得自然資源的使用不致完全匱乏。比方說，當石油供給減少，石油價格大漲以後，人們就會努力尋找並開發代替能源，如核能或太陽能。

但並非所有自然資源都能完全被替代，因此如何妥善使用自然資源，使自然資源得以長期維持，以支持人們長久持續成長，則是一個非常重要的課題。「自然資源經濟學」已經成為一門熱門的學問，我們將在本章的第一節中加以闡述。

自然資源再擴大範疇，就是整個人類的生活環境。其實在人類活動中，使用自然資源來從事生產活動，只是把環境用到人類生活中的一小部分而已。生產過程中有許多廢物，應如何處理？垃圾、廢紙、污染是否都需要靠自然環境來吸收？此外，休閒也是人們活動中的一種，大自然環境同時提供人們最多的休閒去處。因此，自然環境提供人們更多的經濟效益。

不幸的是，自然環境比自然資源具有更多的外部性，且自然環

境的所有權更是不易釐清。在此種情況下，經濟發展過程中，自然環境經常就被大眾犧牲了。比方說，大家能指出在台灣有幾條完全沒有被污染的河流嗎？

隨著所得的提高，人們對環境品質的要求也愈來愈高。大家都希望有一條美麗清澈的淡水河，但是我們該如何衡量一條乾淨的淡水河所帶來的效用價值是多少呢？無疑的，提供乾淨與清潔的環境品質，能帶給大眾很高的效益。但另一方面，我們也必須考慮處理環境污染所必須支付的成本。在邊際效益遞減與邊際成本遞增的原則下，我們要追求的是最適污染的水準，而不是絕對零污染的水準。

環境的問題不只是生活品質的高低而已，有時也可能嚴重威脅全體國民的生命安全，如核能廠輻射外洩的問題；有時也可能嚴重威脅全球人民的生命安全，如溫室效應與臭氧層稀薄的問題。「綠色經濟學」可說是近年來發展最快速的學門之一，我們在本章第二節中將詳細討論。

「醫療經濟學」是另外一個逐漸受到重視的學門。隨著社會進步，人類的平均壽命逐漸增長，出生率降低，而死亡率降低更多。在人口結構迅速老化之下，人們對醫療的需求則迅速增加。在美國，醫療相關產業產值已經接近全國產值的五分之一，是全美國最大的產業。我國的醫療支出也在迅速增加之中，尤其在全民健保實施以後，國人的醫療支出更是快速成長。

醫療服務屬於私有財，排他性的存在使得醫療服務缺乏自然資源與環境等財貨所具有的公共財性質。但醫療服務討論的是人類的生命，因此如何去判定其效益有時也相當困難。更嚴重的是，醫療市場上經常出現明顯的訊息不對稱問題。當一個人被推上手術台

時，他能與醫生討論該採用何種較廉價的手術方式嗎？

　　由於醫療需求的迅速成長，使得醫療市場受到很大的重視。另一方面，由於醫療技術的特殊性，以及處理人命關天的問題，使得醫療經濟學成為另一門蓬勃發展的學問。我們將在本章的最後一節，簡略介紹醫療經濟學的內容。

一、自然資源經濟學

（一）再生性自然資源

　　自然資源可分成「再生性資源」（renewable natural resources）與「非再生性資源」（nonrenewable natural resources）。再生性資源是指一種自然資源經過使用後，可以再重新產生，所以可以重覆使用（比方說，林業、漁藏、河流、空氣都屬於再生性資源）。非再生性資源的總量是固定的，全地球上的數量有固定數量，用完就再也無法製造（比方說，石油、天然氣、金礦、地下水、氣候等）。

　　再生性自然資源可以重覆使用，故在決定其價格時只要由市場供需決定即可。非再生性資源的儲藏量有限，故在生產時，一方面要考量目前的市場價格，一方面也要考慮存量還剩下多少，以及未來可能的價格等。故兩種不同性質的自然資源，在決定最適產量的過程中，有很多不同的考慮因素在內。

　　自然資源的另外一個特性就是經常會出現產權不確定的問題。比方說，土地、林業等自然資源的所有權很清楚，該如何使用，該生產多少，可以完全由土地或林場所有人決定，故可以達到經濟效率的水準。我們稱此種資源為可利用或具排他性的自然資源

（appropriable natural resources）。

　　另一方面，也有很多自然資源雖然可以再生，但卻由於所有權並不十分清楚，使得經常出現過度使用這種自然資源的情況。比方說，大海裡的漁產，就無法明確的區分是屬於誰的。為了能盡量多捕撈一些漁貨，大家都會努力的去捕捉，但若經過一年努力與大量的捕獲，第二年大家的漁貨量可能就會明顯的減少。此種過度使用的結果，就會造成經濟不效率。事實上，這是一個明顯的共同財產所出現的問題。此種因為產權不清，而使自然資源可以被大家公開使用（open access），我們稱之為不具排他性的或稱之為「不可私用的自然資源」（nonappropriable natural resource）。

1. 具排他性的再生性自然資源

　　可私用的再生性自然資源包括土地、林業等。土地可說是最重要的再生性自然資源，其實土地並無法再增加，但由於土地不具有折耗性，可以重覆使用，因此我們可以將其視為再生性自然資源。土地的所有權可以很清楚的定義，所以土地市場可以使土地資源達到有效率的配置。（在本書第十三章中討論生產要素市場時，曾經仔細說明土地做為商品的特色，此處不再贅述。）

　　林業可說是土地資源的產品之一。由於林業可以再生，故林業的生產與消費應該可以完全由市場決定即可。不過，雖然我們認為林業的所有權很清楚，可以由市場決定其最適的產量與消費，但事實上，森林的功能不是只有生產木材而已；森林還兼具其他多種功能，比方說生產乾淨的空氣、提供美麗的山光水色等。但這些都屬於公共財，社會效益無法計算到擁有林場的私人收入之中。私人在計算收入時，並不會將這些社會效益計算進去，因此林場通常也會

出現過度砍伐的問題。

　　台灣面積很小，擁有的高山很多，但真正能做為林場的地方卻很少。傳統上只有宜蘭的太平山林場與嘉義的阿里山林場兩地，而這兩個林場都屬於國有林場。台灣的森林覆蓋面積大約在2萬公畝上下，見表16.1。木材蓄積總數也只有3億立方公尺，見表16.2。

　　台灣的木材生產以太平山林場和阿里山林場為主，木材產量則以1965年左右的年產量111萬立方公尺為最大，見表16.3。到了一九七〇年代以後，可供砍伐的木材大量減少。雖然人工造林仍在不斷進行，但森林成長速度甚慢，根本趕不上砍伐的速度。另一方

表16.1：台灣地區森林面積

單位：千公頃

年份	林場 總面積	針葉樹林	針闊葉混合林	闊葉與竹林 混合林
1952	1790	181	264	1345
1955	1768	179	263	1326
1960	2097	413	55	1629
1965	2164	432	55	1677
1970	2224	449	55	1720
1975	1865	449	55	1720
1980	1865	417	158	1291
1985	1865	417	158	1291
1990	1865	417	158	1291
1995	2102	439	393	1271
2000	2102	439	395	1267
2005	2102	439	395	1267
2010	2102	439	395	1267

資料來源：國發會《Taiwan Statistic Data Book》。

表16.2：台灣地區木材蓄積

年份	樹林蓄積（百萬立方公尺）			竹林（百萬支）
	合計	針葉樹林	闊葉樹林	
1952	204	69	135	488
1955	200	69	121	513
1960	239	99	139	459
1965	239	97	141	459
1970	240	97	144	459
1975	240	97	144	459
1980	326	125	202	459
1985	326	125	202	1168
1990	326	125	202	1168
1995	358	125	233	1127
2000	357	125	232	1108
2005	357	125	232	1108
2010	357	125	232	1108

資料來源：國發會《Taiwan Statistic Data Book》。

面，森林過度開發，對於水土保持、河流、空氣、山色都有明顯的不利效果。有鑑於此，政府便於一九八〇年代宣布全面禁止砍伐森林。目前國內使用木材幾乎完全由國外進口，其中以印尼為最大來源。

2. 非排他性的再生性自然資源

很多再生性自然資源其產權經常無法清楚區分，也就是說大家都可以享用。比方說，台灣沿海盛產烏魚。這些烏魚由誰捕到就是誰的，並沒有清楚的產權界定。再例如，河流、空氣等再生性自然資源，都是大家可以共同享用的。

表16.3：台灣地區木材產量

年份	木材（千立方公尺）			竹林（百萬支）
	合計	針葉樹林	闊葉樹林	
1952	449	236	213	–
1955	481	296	185	7.6
1960	822	483	339	13.6
1965	1117	779	338	13.7
1970	1111	729	382	13.8
1975	855	543	311	11.0
1980	583	356	227	10.3
1985	475	296	179	6.8
1990	114	67	47	5.8
1995	36	32	4	2.2
2000	21	16	5	1.6
2005	31	20	11	0.7
2010	19	11	8	3.3

資料來源：國發會《Taiwan Statistic Data Book》。

　　由於這些資源可以共同享用，就會出現外部性。比方說，當一個人努力捕獲很多烏魚時，別人的捕獲量就會減少。當一個人在上游污染河川時，下游的人就無法享受河流帶來的美景。由於這些外部效果的負成本無法正確反映在使用者身上，因此很容易造成過度使用。

　　尤其是這些再生性資源的再生速度往往又與使用量有關。比方說，倘若每年烏魚的自然成長速度是總量的10%，如果我們的漁民每年捕獲烏魚總量的10%，則我們可以預期每年大概都有固定的烏魚數量可供捕撈。如果某一年捕撈太多，以後可供捕撈的數目就

會減少。由於烏魚在海上並沒有一定的所有權歸屬，大家都會想要盡量捕捉。在過度捕撈之下，漁貨量會逐漸減少，目前台灣漁民正面臨此種困境。

另一方面，當漁貨量減少時，人們為多增加捕獲，就會增加更多的人力，更多的漁船。但當大家的努力都增加時，捕撈的數量卻不一定能增加。因為一個人的努力收穫，會導致別人收穫的減少，使得最終的努力結果彼此抵銷。

唐納（R.K.Turner）、皮爾斯（D.Pearce）與貝特曼（I.Bateman）三位教授曾經提出一個有名的模型，來說明人們努力程度與漁獲量之間的關係。假設在沒有外力干擾之下，台灣沿海地區烏魚的自然增加數量如圖16.1所示。在圖16.1（A）中，橫軸代表烏魚存量，縱軸代表每年烏魚的自然增加百分比。當烏魚數量很少時，增加的速度較慢；當烏魚數量較多時，增加率會上升。但是當烏魚數目超過一定數量時，由於海中可供烏魚食用的食物有限，會自然限制烏魚增加的速度。當烏魚數量達到最大時（S_2），烏魚的數目便不會再增加。在圖16.1（A）中，S_1表示能使烏魚每年成長率最高的烏魚數量。

圖16.1（B）則顯示漁民捕撈烏魚的努力程度與捕獲量之間的關係。其中橫軸表示捕撈的努力程度，可以用漁民數量或漁船數量來表示；縱軸則為捕獲量的收益百分比。在圖16.1（B）中，當人們捕撈的努力程度增加時，捕撈的收益會增加。此處為方便起見，我們假設烏魚的市場價格是固定的，因此捕撈數量可以立即轉換成收益。而縱軸的捕撈收益百分比可以看成收益與捕撈程度的百分比關係。由於漁民在捕撈時，彼此會出現負的影響，即一人努力捕獲

圖16.1（A）：烏魚自然成長率

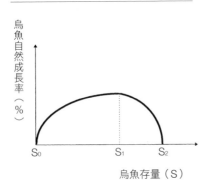

圖16.1（B）：烏魚捕撈程度與收益

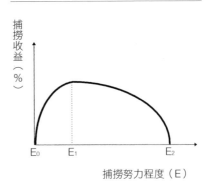

會減少別人的捕獲量。所以，如果大家都用最好的漁船，最努力的捕撈，雖然可以達到最大的捕獲量，但卻因為努力程度也最大〔如圖16.1（B）中的E_2點〕，則使淨收益減少為0。顯然，在漁獲收益與努力程度之間會有一個最大報酬的努力程度，即E_1。在E_1的努力程度下，可以使每個漁民的努力收益最大。

要說明的是，圖16.1（A）中烏魚的成長率與圖16.1（B）中的努力程度會有相反的關係。當人們努力捕魚的程度增加時，烏魚的成長率就會減少。現在，我們再假設捕魚的成本與努力程度呈正比，如圖16.2中的總成本線。注意，此時總成本線係以百分比表示，因為當個人努力增加時，相對的成本也會增加。

如果每一個人都希望自己努力捕魚能帶來最大的報酬率，則最適的努力程度應該是在E*點上。在E*上，捕魚的邊際收益為A點的斜率，而捕魚的邊際成本為總成本線的斜率，由於兩者在E*點上相等，所以可以達到利潤最大，即AB段。

如果台灣地區的沿海魚場屬於某一家私人漁業公司所擁有，則他們會限制漁獲收入到E*點，此時可以使捕魚的利潤最大。但實

圖16.2：烏魚的最適努力程度

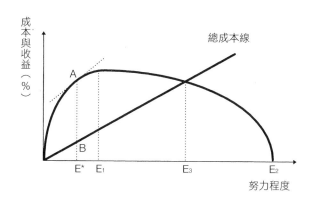

際上的問題是海洋是大家的，每一個人都可以下海捕魚。只要捕魚
有利潤存在，自然就會吸引更多的漁民下海捕魚。在大家都不斷出
海捕魚下，捕魚成本不斷增加，收益則逐漸減少，直到利潤完全
消失為止，此即圖16.2中的E_3點。在E_3點上，捕魚的收益等於成
本，沒有利潤可圖，因此不會再有其他漁民加入捕魚的行列。

　　但顯然在此時大家都下海捕魚的情況下，漁獲量的數目超過許
多，雖然捕獲量增加，但利潤卻等於0。更嚴重的是，明年可供捕
獲的數量會明顯減少，利潤會更少，甚至出現負的利潤。造成此種
過度捕撈現象的主要原因，就在於沿海的烏魚並沒有明確的權屬。
在大家都可以捕撈之下，會產生過度捕撈的情況，最終將有可能導
致大家都無魚可捕的窘境。

　　此種對缺乏排他性的再生性自然資源過分捕獲的情況，不只在
一個國家才有，在國際之間更是經常出現。在十九世紀時，北太
平洋白令海峽附近的海豹曾經遭到各國獵人的大量捕殺。在1867
年時，估計當時在白令海峽附近的海豹有150萬頭左右，到了1897

消失中的台灣烏魚

　　傳統以來，烏魚都是台灣家庭餐桌上的佳餚，尤其是烏魚子更是許多人的最愛。然而，大家可以想想看，當漁民每年都把帶有滿滿魚子的母烏魚連著魚卵一起撈起來，那麼未來的小烏魚要從何而來呢？因此，大量捕撈母烏魚是一種無法永續發展的行為。

烏魚消失的原因

　　1950年巾著網漁業發達之前，台灣漁民每年捕到的烏魚大約在30萬尾左右，其後隨著捕撈技術的提升，台灣每年捕獲的烏魚數量就開始快速的超過100萬尾。到了1980年前後，每年捕獲的烏魚數量達到最高峰的270萬尾。其後就開始逐年的減少，到了最近幾年，台灣每年烏魚的捕獲量已經少到只剩下一、二萬尾。

　　大致上來説，造成台灣烏魚產量大量減少的主要原因有三個，首先，是因為捕撈技術的提升，使得台灣漁民得以大量的捕抓烏魚。其次，由於烏魚是洄游性魚種，通常在冬天會自北向南游到台灣附近沿海過冬，大陸漁民知道台灣人對於烏魚子的喜好，所以會在烏魚抵達台灣之前就先大量捕撈。第三，另外一個重要原因，是因為氣候暖化，冬天烏魚南游時會下到台灣這麼南邊的地方，導致台灣附近根本就不會再出現烏魚了。

　　總之，由於人們過度捕撈，使得台灣附近的烏魚已經很少很少了；現在再加上氣候暖化的因素，未來台灣沿海附近的烏魚很可能會完全銷聲匿跡。

資料來源：農委會──烏魚館，https://kmweb.coa.gov.tw/subject/mp.asp?mp=315；
環保資訊網站 http://k0926600531.myweb.hinet.net/green/green128.htm

年時，只剩下40萬頭。為減少人們濫捕海豹，幾個所有權國家簽訂北太平洋海豹公約（The North Pacific Fur Seal Treaty），約定自1911年起，不得再濫捕海豹，而且規定所有北太平洋海豹皆由美國擁有。在美國獨享海豹所有權之下，它可以決定每年最適的捕殺數量，以維持海豹的長久生存數量（sustainable stock）。然後由美國每年捕殺海豹的獲利當中，再與各國分享，此種約定一直維持到現在。

（二）非再生性自然資源

漁業、林業、河流等屬於再生性資源，只要小心使用這些資源，就可以保持長久穩定的供給。然而還有許多自然資源的存量是固定的，每當使用一些，全球存量就會折損（depletion）。經過長期使用，這些自然資源遲早會被使用完畢，這種資源稱為非再生性自然資源。地球上大多數的礦產都具有這種性質，比方說石油、銅礦，以及其他礦產。由於這些礦產大都可以完全屬於某些私人擁有，因此在生產與消費過程中，可以達到經濟效率。

有些非再生性自然資源，如大氣層、地下水、氣候等，其所有權不容易界定清楚，這時候人們對於這些自然資源就會出現過度使用的情形。

比方說，台灣中南部地區就有很多農民從事養殖漁業，而經常超抽地下水，導致地層下陷等問題。國際之間爭相排放二氧化硫（SO_2）和氟氯碳化物（chlorofluorocarbons, CFCs）等有害氣體，導致其他地區或國家下酸雨（acid rain）和地球臭氧層（ozone layer）變稀薄等嚴重問題，這些都是人們過度使用這些資源的結果。

波士頓的螃蟹都是公的

　　位於新英格蘭地區的波士頓城以盛產龍蝦和螃蟹著名。趙教授一向對螃蟹情有獨鍾，尤其是中秋時節的螃蟹蟹黃豐溢，更是人間美味。九月初新到波城的趙教授便風塵僕僕的跑到波士頓中國城的超級市場中，想要挑選幾隻肥大的秋蟹回家大快朵頤。

　　跑遍了所有的超級市場，看到了許多生鮮活潑的大螃蟹，包括大蚌蟹、娘蟹，以及石蟹，但就是看不到一隻母的！趙教授在細問之下才知道，原來波士頓的漁夫把捕捉到的母蟹都放回大海中，以期能繼續產卵生子，明年他們才能有更多的螃蟹可捉。

　　美國大多數的州法對於捕捉海洋魚類或淡水魚類都有相當嚴格的規定。比方說，成魚要在一定長度以上才可捕捉，每人每日可捕捉的數量也有一定限制，某些產卵季節則完全禁獵。相較之下，多年前，國內人們電魚、毒魚、炸魚的行為很多，直到後來才被全面禁止，但河川與近海之中的漁獲已大大減低。不知何時國內河川的魚兒才能恢復舊觀？

1. 具排他性的非再生性自然資源

　　石油、天然瓦斯、金、銀、銅及其他礦產的世界儲藏量都是固定的。每當人們自金礦中開採出一些金子來時，世界儲藏量就會減少。然而這些礦產大都屬於私人擁有，所以在開採過程中，他們都會設法追求最大利潤。由於這些礦產產生的外部性很小，所以經由市場運作，這些自然資源的生產與消費可以達到最有效率的配置。

　　由於這些礦產的數量有限，每開採一些，存量就減少。所以礦產擁有人在開採這些礦產時，必須注意到這些礦產的未來價格。即在收益方面，礦產所有人必須考慮未來價格的折現值與目前價格的比較。如果預期未來價格會上升，且折現成今天的價值後，仍然高於現在的價值，假設開採成本相同時，則應該多保留一些到未來生產。否則，預期未來價值較低，則現在應多開採一些。

　　另外一個問題是開採成本的問題。由於生產技術不斷進步，所以開採成本也不斷降低。因此礦產所有人必須考慮未來開採成本折現值與現在開採成本來比較，若未來開採成本較低，則應多保留一些到未來開採；反之，若預期未來開採成本較高，則應考慮目前多開採一些。

2. 稀少性的爭議

　　1971年石油輸出國家組織對部分國家採取石油禁運政策，造成國際油價大揚，是為第一次石油危機。經過第一次石油危機之後，人們開始認識到國際石油儲藏量有限，應該開始仔細考慮如何謹慎使用這些有限的資源。此種態度也應該同樣用在其他有現況的資源上面，尤其是對一些稀少性的金屬，例如銅礦、鎳礦等。

　　在大米道斯（D.H.Meadows），小米道斯（D.L.Meadows）與藍得斯（J.Randers）三人於1972年合著的《成長的極限》（*The Limits to Growth*）一書中，曾對人們使用自然資源提出嚴重警告。他們以實際統計數據說明地球上現有各種自然資源的數目，並說明在現有使用速度下，這些自然資源很可能在極短時間之內，就將面臨完全耗盡的窘境，見表16.4。

　　然而，米道斯等人在估計地球上自然資源的使用年限時，出現

表16.4：自然資源使用年限的悲觀估計

金屬種類	估計可供使用年限	金屬種類	估計可供使用年限
金	9	鋁	31
銀	13	鉬	34
錫	15	錳	46
鋅	18	白金	47
石油	20	鎳	53
鉛	21	鈷	60
銅	21	鐵	96
天然瓦斯	22	鉻	95
鎢	28	煤	111

資料來源：大米道斯、小米道斯和藍得斯，《成長的極限》，1972年，第56～60頁。

了幾個嚴重的問題，使得他們估計的結果似乎過分悲觀。若依他們
1972年的估計，表16.4顯示其中有許多自然資源到2017年的今天
應該早已全部耗盡，如金、銀、錫、石油、鉛、銅，以及天然瓦斯
等。但事實上，到目前為止，全球並沒有面臨資源不足的問題。

有幾個關鍵的問題米道斯等人未曾仔細考慮，以致造成估計上
的嚴重誤差。首先，他們在估計自然資源的儲藏量時，出現低估的
現象。因為在探勘科技進步下，不時有新的礦藏被發現，因此實際
的儲藏量遠超過米道斯等人的估計。第二，米道斯等人忽略了市場
的調整功能。比方說，當石油價格大漲時，人們就會有誘因去發展
核能，甚至太陽能，而當能源價格愈高，人們尋取替代品的動機愈
高，如此會自然減緩對這些有限資源的需求。第三個重要因素是他
們忽略了科技進步與其他產品的替代性。比方說，以前用銅線來做
電線，故人們需要大量開採銅礦。但後來改用光纖電纜，效果遠比
銅線來得好，因此人們對銅的需求大減。

　　哥勒（H.E. Goeller）與查克（A. Zucker）於1988年對一些礦產資源重新調查其存量，並估計未來可使用的年限，他們的估計結果要遠比米道斯等人的估計來得樂觀，見表16.5。哥勒與查克兩位教授以1988年的全球儲藏量，以及在部分資源可以回收使用的考量下，樂觀的認為到一百年以後，仍然有許多存量可以使用。

　　雖然全球礦產有限，存量逐漸減少，但有趣的是大多數礦產的價格與工資相比，卻呈現長期下滑的趨勢，見圖16.3。

　　乍看之下，此一現象令人費解，因為世界人口逐年增加，世界礦產存量逐年減少，為什麼後者相對於前者的價格卻會逐年降低呢？答案很簡單，因為此處只考慮供給面，而沒有考慮到需求面。在長期下，由於技術進步與其他代替品的出現，使人們對礦產的需求不斷萎縮，導致其相對價格下降。另一方面，雖然人口不斷增加，但人們對勞務需求的增加速度更快，使得勞務的相對價格逐年上升。

表16.5：自然資源使用年限的樂觀估計

自然資源	全球儲藏量（百萬噸）	至西元2100年時的折耗量（%）
鈷	5.4	36
鎢	6.8	11
鉬	21.0	5
鎳	210.0	35
鋅	330.0	37
鈦	710.0	38
錳	2800.0	18
鉻	1000.0	–

資源：哥勒與查克，《無盡的資料：終極策略》，《科學》，1984年，第456-462頁。
（H.E. Goeller and A. Aucker, *"Infinite Resources: The Uitimate Strategy"*, *Science*, 1984, pp. 456-462）

圖16.3：自然資源的長期趨勢

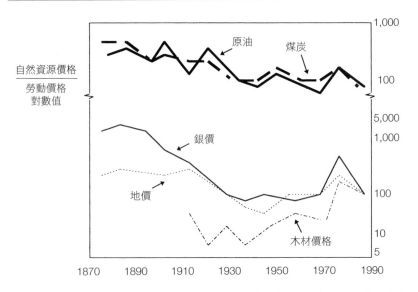

資料來源：諾得豪斯，〈致命模型 II：再論成長的極限〉，《布魯金斯經濟活動期刊》，1992，第2期，第24-26頁。（W.D.Nordhaus, "*Lethal Model II : The Limits to Growth Revisited*," Brookings Papers on Economic Activity, 1992, no.2, pp24-26.）

　　雖然人們對於自然資源的儲藏量和可能使用年限仍然有很多爭議，但至少我們可以確定的是，在短期內人類尚不至於立即陷入沒有資源可用的困境。然而，地球只有一個，如何得以妥善利用地球上的自然資源，仍然應該是大家努力的目標。

3. 非排他性的非再生性自然資源

　　在具排他性的非再生性資源中，自然資源使用年限的問題並不那麼嚴重，因為市場調節功能與新的科技可以協助我們解決部分問題。但是對於一些不具有排他性的非再生性自然資源所帶來的問題

就嚴重得多，主要原因還是因為這些自然資源具有非排他性，在人們爭相使用下，很容易出現過度使用的問題。

地下水與河川中的砂石都屬於非再生性的自然資源。由於地下水與河川中的砂石所有權並不清楚，使得人們很容易過度使用。台灣地區的淡水養殖漁業曾經非常興盛；台南縣養殖虱目魚、屏東縣養殖草蝦與紅蟳、宜蘭縣養殖鰻魚，都曾經風行一時。由於淡水養殖需要大量水源，而台灣地區的河川大都被污染，不能用以養殖淡水魚類，最好的乾淨水源就是地下水。在缺乏管制之下，養殖業者開始大量抽取地下水使用。

對養殖業者而言，抽取地下水的成本很低，只有打井、馬達、管線的費用而已。但是使用地下水卻會造成許多社會成本，其中最大的一項就是造成地層下陷，因為地下水被掏空，地表無法被地下水承擔，地層便下陷。台灣地區地層下陷以雲林和嘉義一帶最為嚴重。地層下陷的結果，使得每當颱風來臨時，便會出現嚴重的海水倒灌，事後海水又不容易排退，造成人們重大的財物損失。

如果我們能把這些財物損失計算到養殖業者的成本上去，則業者會因為無法負擔這些成本而停止養殖。不幸的是，這些遭受海水倒灌損失的人，並沒有適當管道要求養殖業者賠償。最後，為防止地層下陷繼續擴大，政府便全面禁止上述地區抽取地下水。此舉雖然可以阻止地層下陷惡化，但對於已造成的損失卻無法彌補。

河川中的砂石是另外一種產權不清楚的非再生性自然資源。對採集砂石的業者來說，生產成本只有採集成本和運輸成本，因此可以賺取巨額利潤。但是當下游的砂石被開採過度，上游的砂石就會加速被沖刷，橋樑的基礎就會暴露，在長期被沖刷後，橋樑容易損害，這是一種社會成本。然而由於這種社會成本並不需要採砂石業

者負擔，相形之下，採砂石業者的採砂量就會過度。此種過度採砂石的現象在台灣大多數的河川中都不斷出現，造成許多橋樑的壽命急速縮短。在無法向業者收費的情況下，為避免河川的砂石快速流失，政府便規定絕大多數河川禁採砂石。

地下水與河川砂石屬於同一個國家，可以利用公權力出面禁止使用。雖然這不一定是最有效率的解決方法，但至少可以立即終止過度使用的情形。有一些不具排他性的非再生性自然資源，其所有權牽涉到幾個國家，甚至全球所有的國家，要解決過度使用的問題，就更不容易。比方說，近年以來科學家們一再指出地球上臭氧層變得愈來愈稀薄。臭氧層變薄的結果，一方面增加太陽光線中紫外線對人類皮膚的侵害，引發更多的皮膚癌；另一方面，太陽光照射增加，也會增加地表溫度，引起「溫室效應」（greenhouse effect）及全球暖化的問題。

導致臭氧層變薄的主要原因在於各國排放過多的氟氯碳化物。這些氟氯碳化物來自很多地方，譬如電冰箱的冷媒，以及一些其他的化學藥品等。為減少臭氧層變薄的情況惡化，國際之間便一再開會要求各國政府對其人民使用相關化學產品加以限制。由於不同國家之間的政策不同，使得國際之間的限制效果受到一些影響。由於此種問題十分嚴重，可說是「環境經濟學」中最主要的問題之一，我們在下一節的「環境經濟學」中，再詳加說明解決辦法。

總而言之，當非再生性資源的使用不具排他性，或所有權範圍無法界定清楚時，就會出現公共財的問題，也就是會有過度使用的問題。一種解決方式是由政府直接管制，禁止人們使用。另一種方法是交給市場機能來解決，即把這些社會成本轉化成私人成本，例如收取地下水費用，或收取污染排放費用。政府應該在這兩種方法

自然資源價格的長期趨勢

賽蒙教授（Julian Simon）是一位樂觀的經濟學家，他相信人類技術進步可以對任何一種折耗性的自然資源找到替代品。1980年賽蒙教授對一些悲觀的環境學者下戰書，請他們在自然資源中任選一種，賽蒙預測此種自然資源的價格在未來一定會下降。

俄律曲教授（Paul Ehrlich）是一位知名的生物及環境學者，1968年曾以《人口炸彈》（*The Population Bomb*）一書成名，書中曾預測世界即將有大飢荒出現。俄律曲教授在1985年的另一本書中預測幾種主要的自然資源會出現短缺，於是他接受了賽蒙的挑戰。他以1,000美元作為賭注，他預測在1990年時有五種自然資源的價格會上升，包括鉻、銅、鎳、錫、鎢。當然此價格必須經過通貨膨脹的調整，也就是說他們賭的是實質價格的變化。

結果在經過通貨膨脹調整後，上述五種金屬的價格都大幅下滑，賽蒙教授大獲全勝。俄律曲教授不但沒有看到自然資源價格長期下滑的現象，更不幸的是在1990年，正逢全球經濟不景氣，更使這些商品價格疲軟不振。

事後，賽蒙教授願意再賭一次，但俄律曲教授覺得已經輸得夠多了，拒絕再賭下去。

資料來源：薩孟遜（P. A. Samuelson）與諾得豪斯所著《經濟學》（*Economics*），第14版，1995，第346頁。

中找出較有效率的一種，以使資源能做最有效率的使用。我們會在下一節的環境經濟學中，進一步比較兩種不同政策可能帶來的不同效果。

二、環境保護與經濟發展

自然環境是經濟資源的一種，屬於生產要素之一。例如土地可以種植農業作物，河流與海洋可以生產海產，天空可以讓廠商排放廢氣。另一方面，環境可以當作消費品，例如河水可供飲用，空氣可供呼吸；自然環境還可以提供各式的休閒場所與去處。尤其是自然環境當成休閒場所的需求而言，所得彈性是很高的。也就是說，當經濟發展落後時，人們會為增加所得而犧牲一些環境品質；但是當人們所得愈來愈高時，人們對環境品質的要求也就愈高，政府就必須同時配合提高空氣、水源、噪音等各種污染防制的標準。

然而，自然環境屬於公共財，在使用上沒有排他性的原則下，很容易出現過度使用，因為私人成本遠低於社會成本。當一國在經濟發展之初，也許會為經濟成長而犧牲一些環境品質，而在所得達到某一水準之後，再回來追求較高的環境品質。然而有些自然資源具有再生性，例如河川與空氣，這些自然環境可以透過嚴格污染管制與清理，來達到重新恢復景觀的目的，雖然通常都要花上很高的成本。但是還有很多自然環境是不具再生性的，例如地球大氣層中的臭氧層。當臭氧層被污染破壞以後，再也沒有補救的機會。而且這些問題非常嚴重，甚至可能危害到全人類的生存。

在經濟發展與環境保護經常出現矛盾之下，政府應當如何取捨是一個非常重要的問題。在決定環境保護的目標之後，以何種政策

才能最有效率的（或以最低成本方式）達到此一目標，則是另外一
個重要的課題。

　　國內在享受六十年的經濟發展奇蹟背後，相對的喪失了良好的
環境品質，比方說，國內沒有遭受污染的河川寥寥可數。在國人平
均所得超過22,000美元的今天，社會大眾對環境品質要求日益高漲
之際，政府採取了哪些行動？比方說，解決河川污染最重要的政策
之一就是建設地下污水排放系統，我們的進度有多少？國際環保意
識高漲下，國際之間對於保護臭氧層、減輕溫室效應、減少CO_2排
放、減少酸雨、減緩地球暖化等諸多國際環保問題，都仍在不斷的
努力當中，我們會在本節對上述諸多問題一一加以介紹與說明。

（一）經濟成長與環境保護

1. 成長的限制

　　自然環境是一種很重要的生產要素。所有的生產活動都需要能
源，這些能源不論是來自石油、天然瓦斯、水力等，都是大自然的
產物。當人們所得增加時，對於能源的需求量也愈大。自然環境同
樣可以提供人們直接消費，例如飲水、空氣等。

　　另一方面，當這些能源在消耗的過程中，同時會產生許多廢棄
物，例如汽車排放廢氣、工廠排放廢水、家庭排放廢水等。這些排
放的廢棄物最終也由自然環境來吸收，例如廢水排放到河流與大海
中、廢氣排放到天空、垃圾則堆積在山谷中。

　　由於自然環境能提供的自然資源有限，即使是再生性資源，這
些資源也是有限的；同時，自然環境能吸收的廢棄物也有其極限。
因此，較悲觀的學者就曾一再提及人類經濟成長最終必將受到自然

資源的限制。

　　雖然有些人可能過分悲觀（如同我們在前一節所說明），但無疑的，經濟成長與環境保護之間有時候會有很明顯的衝突。比方說，為了環境保護，我們必須採用更嚴格的污染防治標準，在提高生產者的成本下，廠商的投資意願會受到影響，經濟成長就會受到限制。

　　興建核四的爭議存在很久，未來的後續發展也未知。無疑的，為支持國內經濟發展，廠商需要較廉價與充沛的電力，核四廠正可以達成此一任務。但另一方面，核電廠的建立則有可能造成嚴重的污染，雖然現今的科技已十分發達，誰也無法保證百分之百沒有意外發生。尤其台灣地區人口密度甚高，萬一發生事故所造成的人員與財務傷害可能無法估計。核四廠的爭議，正是一個典型的經濟發展與環境保護相衝突的例子。

　　此外，自然環境不但提供廠商作為生產要素，也同時可以當成人們休閒的場所。尤其當人們所得增加以後，自然環境所帶來的效益更形增加。因此，如果一個自然環境拿來當作生產要素所能帶來的所得與福利，其也可以看成是社會收益，那麼其同時損失的是自然環境所能帶來的休閒與福利，也就可以看成是機會成本。兩者之間孰高孰低，應該是政府決定是否通過環評並開發產業的主要考量因素。

　　由於科技不斷進步，人們可以用較少的能源產生出更多的所得，比方說，世界各國的能源使用效率都大幅提升，尤其是在二次石油危機以後。同時，在使用相同的能源下，人們排放的廢氣可以大幅減少，例如汽車由高級汽油轉成使用無鉛汽油。因此，至少到目前為止，人類經濟活動還沒有受到自然環境的直接限制與威脅。

2. 產業政策

　　每個國家的土地、自然資源、人口都不盡相同，因此受到自然環境的限制條件也不相同。台灣雖然沒有生產任何石油，煤產量也接近於零，但由於全台灣經濟體系較小，經濟成長受限於能源的問題較小。另一方面，由於台灣地區面積狹小，人口密度高居世界第二，在高度使用之下，自然環境受到嚴重破壞的情況可以想像。

　　在經濟發展與環境保護的雙重壓力下，政府的政策方針應如何取捨？核四廠的爭議只是一個導火線，台灣地區電力不足是長期的現象，核四廠只是解決問題的方式之一，其實還有其他解決之道。事實上，台灣電力不足的問題主要是出現在尖峰時間。以目前負責全台灣發電業務的台灣電力公司發電容量來看，尖峰時間只剩下5%的閒置容量，這是不夠的。因為萬一有一個發電機組發生跳機，馬上就會出現電力供應不足的問題。

　　要解決尖峰負載不足的問題，不一定需要用興建核電廠來解決。核電廠的發電方式必須是不斷的穩定發電，也就是說核電廠適合作為基載發電之用。所謂「基載發電」，就是當成全天候供應穩定的基本發電量。而在尖峰時間，就可以利用較容易隨時調整發電量的火力發電廠來應付。火力發電可以用石油、煤或天然瓦斯來做燃料。其中以燒煤的成本最低，燒天然瓦斯的成本最高，但後者排放廢氣最少，前者則為排放二氧化硫，且會產生煤灰。因此，政府可以在燃燒成本與排放污染之間做一選擇。另外一個主要的替選方案，即擴大再生能源的比重，包括太陽能與風力發電等等，但是同樣必須考量相關成本的問題。

高爾與李奧納多的呼籲

　　2006年，美國前副總統高爾出了一部有關環保議題的重要影片〈不願面對的真相〉（*An Inconvenient Truth*），其中揭露了人類長期使用化石能源，排放大量的CO_2及其他形式的污染。其中他特別提及，由於人類排放大量CO_2，造成地球臭氧層被破壞，引起嚴重的全球暖化和氣候變遷的問題。由於高爾不斷的對全世界發出警訊，引起全球國家對於此一環保問題的重視，因此，2007年得到諾貝爾和平獎。

　　一年後，好萊塢金像獎影帝李奧納多曾在2007年拍了一部紀錄片〈第十一個小時〉（*The 11th Hour*），來呼應高爾，提醒人類應該要重視氣候變遷可能帶來的危機。十年過後，2016年，李奧納多又拍了一部紀錄片〈洪水來臨前〉（*Before the Flood*），再次強調人類使用過多化石能源，對於地球所造成傷害的嚴重性。

　　現在全球氣候暖化已經帶來各種怪異型態的氣候，各地水災、乾旱、極熱、極冷的各種氣候紛紛出現。最後，李奧納多問了一句最關鍵的話：「我們能夠在為時未晚之前，採取行動阻止災難發生嗎？」不幸的是，到現在為止，人類都還找不到答案！

資料來源：《30雜誌》，〈不願面對的真相之後——李奧納多帶你看洪水來臨之前〉，2016年12月號，第148期；劉光瑩，〈李奧納多又拍了一部氣候變遷紀錄片，他想說什麼？〉《天下雜誌》，2016.11.2。

　　長遠來看，固然擴大發電量是維持經濟發展的必要手段，但另一方面，調整產業政策可能更形重要。既然提供能源的社會成本很高，包含燃料成本與污染環境的成本，政府應當把這些成本計算到電力成本之中，讓使用者負擔這些成本而減少使用。更重要的是，在產業政策上面，應該鼓勵發展低能源、低污染的產業，而限制發展高能源、高污染的產業。比方說，鋼鐵業就需要使用大量能源，很多煉鋼廠都是用煤或電力來煉鋼，在考慮環境污染成本下，這些產業是否應繼續發展，有待商榷。另一方面，石油化學工業是另一項需要高能源投入，又容易產生高度污染的產業。以台灣彈丸之地，自然環境能否吸收這些污染頗令人懷疑，再加上大量使用石油與其他能源，對於不生產任何能源的台灣是否合適，也值得爭議。

　　據經濟部估計，六輕廠使台灣經濟成長率提高許多，我們非常樂意看到這項成果，但是六輕廠同時帶來的污染與環境損失，會造成國人福利有多少損失？是否曾進行仔細的評估？為了使六輕廠及其他產業的污染排放能達到嚴格的標準，政府應該採取何種手段？比方說，直接限制污染排放量？或採取使用者付費原則？此一問題將在下一小節中討論。

　　無論如何，經濟發展與環境品質都是我們所希望的。政府應尋找出一個最有效率的方式，一方面保護環境的品質，一方面將維持合宜的經濟成長。在長期來看，選擇低污染、低耗能的產業應該才是一條正確的方向。

（二）市場失靈與經濟政策

　　由於自然環境具有公共財的性質，為達到最有效率的使用方式，某種形式的政府干預或管制自然有其必要。大致而言，政府可

以用兩種方法來達到干預的目的，一個是直接管制，另外一種是透過政府干預與市場機能來同時達成。

1. 直接管制

要保持自然環境並維持生態，最簡單的方式就是由政府直接加以管制。比方說，為減少砂石流失，政府可以規定全台灣地區的河川禁採砂石，同時也可以規定河川上游為維護水土保持，一律不准開闢果園或興建住宅；為防止地層繼續下陷，政府可以規定台灣地區全面禁抽地下水；為防止空氣污染，政府可以規定發電廠只准用最乾淨的自然瓦斯發電等。

從行政的成本來看，直接管制的行政成本可能是最低的；但是從經濟效益來看，直接管制不一定能符合最大效益。首先，政府如何決定全國最適的污染水準？零污染當然是很好的標準，但是要達到零污染，成本勢必太高。比方說，為達到空氣零污染，我們是不是應要求所有的工廠都不得排放任何廢氣？是不是應要求所有的汽車都完全不能排放廢氣？這顯然是不可能的事。而且，事實上零污染也沒有必要，因為大自然的空氣本來就有再生的功能，只要每天污染排放量在一定限度以內，大自然環境可以自由的吸收，並達到清淨的功能。

另一方面，如果不以零污染為標準，那麼最適的污染程度應如何決定呢？有兩個一般性的原則，一個是以自然生態能夠長久維持的水準，即在此污染水準下，大自然可以不受損傷的自然維持下去，當然此時的污染標準較為嚴格。另一種方式，則是以自然所能提供的社會邊際效益等於大自然恢復原狀所需的邊際社會成本為準。此種方式等於是尊重市場原則，經濟效率較高，較能達到經濟

發展的目標。

最後，即使政府以直接管制的方式限制污染數量，問題並沒有完全解決。除非政府規定完全零污染，或者完全不得使用任何自然資源，否則只要政府允許人們有限度的污染自然環境，或有限度的使用自然資源，就會出現過度使用的問題，因為自然環境的使用不具排他性。在此種情形下，政府面臨的下一個問題是：該如何分配這些可供污染的配額？顯然這又是另外一個經濟問題。

無論如何，政府直接管制當然是維持環境品質最有效的方式，但卻不一定最有效率。在情況惡化的時候，政府也許應該採取直接管制的嚴厲措施，比方說，雲嘉一帶地層下陷的地方，政府應該完全禁止人們抽取地下水。但大部分時候，政府應該採取某種經濟手段來干預，如此可以更有效率的使用自然環境，同時也可以達到保護環境品質的目的。

2. 市場機能

自然環境是公共財的一種，公共財產發生市場失靈的主因在於外部性的存在。我們在第十四章中曾經提及，解決外部性的方法之一就是把外部效果內部化。英國經濟學家庇古（A. C. Pigou）很早就提出對有外部效果的財貨課徵稅收，以便將其帶來的社會成本反映在個人成本之上，我們稱之為「庇古稅」（Pigouvian Tax）。

假設有一家塑膠工廠為製造商品而必須排放污染，因此排放污染可以帶給他收益。不過此處收益是遞減的，因為產品的邊際效益會遞減。如果我們把污染數量當成橫軸，把邊際收益當成縱軸，我們可以繪出廠商對於污染的需求曲線（D）（等同於市場上對於產品的需求曲線，因為產量愈大，污染排放就愈多），如圖16.4。另

一方面，廠商也必須為污染付出一些私人成本，比方說，員工的健康變差，廠商必須支付醫藥費。這些邊際成本會隨著污染的增加而增加，如圖16.4中的MC_P。

　　追求最大利益的廠商會選擇污染帶來的邊際成本與邊際收益相等的一點（E點），決定其最適污染數量（Q_1）。圖16.4中，E點代表廠商的最適選擇點，其最適的污染量為Q_1。

　　但該廠商只考慮私人成本，而未曾考慮污染帶來的社會成本。因為該塑膠廠商排放污染氣體時，受害的不僅是工廠內的員工而已，還有其他許多附近的鄰居也會受到污染傷害。如果把這些傷害損失也考慮進去，我們可以得到全社會的邊際成本為MC_S。在考慮社會成本下，F點才應是全社會的最佳選擇，此時社會最適污染量為Q_2，小於Q_1。換句話說，把污染當成一些不良的外部效果時，如果不考慮社會成本，則會使污染數量（Q_1）大於考慮社會成本下的污染數量（Q_2）。

圖16.4：對外部不經濟課徵庇古稅

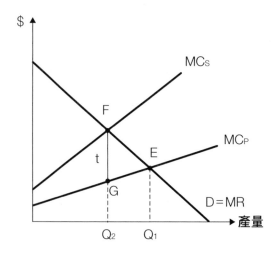

　　為使社會成本反映在私人成本上，庇古教授建議對污染者課徵每單位污染費t元（即庇古稅）。其中t的大小也就是社會成本與廠商私人成本的差額。由於污染者必須多支付t值的稅，因此MC_s就可以代表該廠商的邊際成本，故其最適選擇就會移到F點（$MC_s = MR$）。在此種情形下，全社會就可以達到最適的污染數量Q_2。

　　相反的，如果我們面對的是正的外部性時，政府該如何處理呢？比方說，有些工廠很在乎環境品質，希望多投入購買污染防治設備，以達到減低污染、提高環境品質的目的。

　　現在我們把橫軸當成環境品質，縱軸當成收益，MC曲線代表廠商為提高環境品質所需投入的邊際成本曲線。MB_P曲線則代表廠商提高環境品質時，所帶來的「私人邊際效益」（private marginal benefit）。比方說，員工較健康，因此可以提高產出，增加廠商的邊際效益。當此個別廠商為追求最大利益時，其污染防治水準會選擇邊際成本（MC）等於私人邊際收益的水準（MB_P），即圖16.5中的E點，此時環境品質水準為（Q_1）。

　　然而，當廠商減少污染排放，提高其環境品質時，鄰近的居民也同時受益，此時的社會利益是較高的，即MB_s。因此，全社會的最佳環境品質數量應該是Q_2，即MC與MB_s相交之點，F點。為達到Q_2的最適品質，政府應該對此廠商加以補貼（s），即EG的部分。如果能把廠商製造的外部利益反映在私人利益之上，就可以使有利的產量增加。反之，當一種商品能帶來外部效益時，若外部效益無法由該私人廠商所享有，則通常該產品的產量為（Q_1），會小於全社會最適產量（Q_2）。

圖16.5：對外部經濟加以補貼

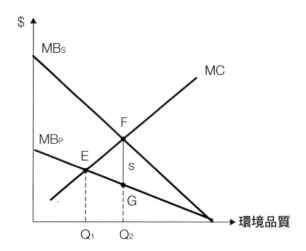

　　事實上，庇古稅早已應用在許多地方。比方說，汽車排放許多
廢氣，但對駕駛人而言，其支付的私人成本只有汽油費而已，他不
必負擔任何污染空氣所造成的社會成本。因此，為使排放廢氣所
造成的社會成本能由駕駛人負擔，很多國家的政府便徵收空氣污染
防治費，簡稱空污費，並且隨油徵收。換句話說，當一個駕駛人在
購買汽油時，不但要支付汽油費，還必須支付一部分污染費，這就
反映出其所負擔的污染成本。而且隨油徵收表示當汽油使用量愈多
時，就必須支付更多的污染費用。

　　除了空污費以外，我們政府還徵收垃圾處理費。因為當人們製
造垃圾時，會產生很多不良的外部效果，政府的作法是隨水費徵收
處理費，或者以隨袋徵收方式來課徵。當使用自來水愈多或製造
愈多垃圾時，則必須支付愈多的污染費用，這是另一種形式的庇古
稅。

3. 或有價值與願付價格

從理論的角度來看，庇古稅可以把社會成本轉成私人成本，或把社會利益轉成私人利益，如此可以使社會資源的配置效率最大。但問題是如何計算社會成本或社會利益呢？其實這個問題不是只適用在污染或環境問題上，任何一個公共財都會遇到相同的問題。比方說，政府應不應該興建一座橋樑？答案很簡單，只要資金允許，當社會利益高於社會成本時，就應興建；否則就不應興建。問題是興建橋樑的成本很容易計算，但興建橋樑的收益該如何計算呢？也許興建橋樑的社會收益可以利用收取過橋費來估算，但是如果討論的是整治淡水河，我們又該如何計算一條乾淨的淡水河所帶來的社會利益呢？

有兩種方法可以用來估算自然環境的價值，一種是「或有價值法」（contingent valuation method），一種是「願付價格法」（willingness-to-pay method）。

或有價值法是直接詢問社會大眾：「如果有條乾淨的淡水河，你覺得它對你值多少錢？」我們可以把這個價錢看成是淡水河對某一個人的價值，我們再把這些價值加總，就可以得到一條乾淨的淡水河所具有的社會價值總值。

「或有價值法」在環境經濟學中，經常被用來作為計算自然環境的價值，其實此種方法也可以用來計算任何一種公共財所具有的價值。一條馬路、一座橋樑、一座國家公園、甚至一盞路燈，都可以用或有價值法來計算其可能帶來的社會利益。但或有價值法有一個最大的缺點，因為「或有價值法」是詢問一個人對某種環境品質或某一個公共財所具有的主觀價值。一般而言，人們都會有高估其

價值的傾向。尤其是被詢問的人如果知道詢問者只是希望知道此一公共財的價值，而不是要他去支付價格時，更有意願高報該價值，因為他了解價值說得愈高，政府興建的可能性就愈大，何樂而不為？

另外一種類似的方法稱為「願付價格法」。我們可以直接向社會大眾詢問：「如果可以使淡水河成為一條乾淨的河流，你願意支付多少錢？」這筆錢就是一個人對淡水河變乾淨的願付價格，再把每一個人的願付價格加總，就可以得到整個社會的願付價格。同樣的，願付價格法也可以運用到每一種公共財上面。比方說，願意付多少錢去興建一座橋樑？願意付多少錢讓你家門口多裝一盞路燈？

與「或有價值法」相比，「願付價格法」似乎更能反映出人們心中對於一種公共財的真正邊際利益。但事實上願付價格同樣有嚴重的問題，因為如果人們知道他們要依願付價格來實際支付稅負時，他們會立即宣布他們的願付價格是0。這是一個典型的搭便車心理，反正政府可以用別人的願付價格與收益來興建一條馬路，到時候我再來使用即可。反之，如果人們知道政府不會依願付價格來收稅，就仍然有可能高報他們的願付價格，因為如此有可能使政府更願意來興建某一種公共財。

（三）綠色行動

近年來國際之間環境保護的聲浪日形高漲，人們對於保護森林、空氣，以及其他自然資源的要求也愈來愈嚴格。環境經濟學也因此被稱為「綠色經濟學」（Green Economics）。以下我們略為介紹目前最受世人重視的幾個環保問題。

1. 臭氧層

　　地球上空的臭氧層可以隔絕部分太陽光對地球的照射，一方面可以避免地表溫度過高，一方面也可以減少人們得皮膚癌的機率。但科學家發現，自1926年到1988年之間，北極上空臭氧層的厚度減少了6%，其中絕大多數是在1970年到1988年之間的二十年所造成。

　　導致臭氧層減少的主因在於人們排放太多的氟氯碳化物，而產生氟氯碳化物的主要來源是冰箱、乾洗店、燃料，以及泡沫髮膠。為減少人類再使用過多的氟氯碳化物，1987年二十五個主要國家於加拿大蒙特婁簽署「蒙特婁公約」（Montreal Protocol），約定世界各國在1998年時，對氟氯碳化物的排放量要減少到1986年水準的一半。1990年在倫敦召開第二次會議時，訂下更嚴格的規定，於1995年時，對氟氯碳化物的排放量要減少到1986年的50%；1997年時，要減少85%；到西元2000年時，已經全面禁止使用會產生氟氯碳化物的商品。

　　在「蒙特婁公約」嚴格執行之下，臭氧層被破壞的情況在1994年達到高峰之後，惡化情況開始舒緩，預計到2015年時臭氧層破洞會從2500萬平方公尺減少到1500萬平方公尺，預計要到2068年才能回到1980年的水準。

2. 溫室效應與地球暖化

　　近年來由於人們大量排放水蒸氣、二氧化碳、氟氯碳化物、一氧化氮（N_2O），以及苯（CH_4），這些氣體會吸收陽光放出來的熱量，導致地表溫度上升，是為溫室效應。據估計，若依目前人們

排放廢氣的速度，在未來一百年之內，全球氣溫平均會上升 2°C 到 5°C 之間。

溫室效應會帶來一些不良的影響，例如乾旱的地方會更乾旱，潮濕的地方則更容易出現傳染病，但是溫室效應最嚴重的影響是導致全球氣候更不穩定。當全球氣候不穩定或產生巨變時，會對全球生態及人們的社會與經濟產生重大影響。比方說，氣溫過高會加速冰河與冰山融化，導致海平面升高，致使一些低窪地區被淹沒。

為限制各國排放的廢氣造成更嚴重的溫室效應，〈聯合國國際氣候變化綱要公約〉（UNFCCC）於 1992 年規定，在 2000 年時，各國排放廢氣的數量必須維持在 1990 年的水準。

1997 年，在「聯合國國際氣候綱要公約」下，各國達成另外一項補充協議，即「京都議定書」（Kyoto Protocol）。其主要內容在限制各簽約國的 CO_2 排放量，希望藉此達到控制地球暖化的速度。依據評估，如果各國都能確實執行京都議定書的規定，預計到 2050 年可以使氣溫的升幅減少 0.02°C。

2015 年 12 月，聯合國的 195 個國家再通過「巴黎協議」（Accord de Paris），其主要目標在希望把全球平均氣溫控制在工業革命前水平以上低於 2°C 以內。而在 2016 年 9 月，美國及中國大陸政府分別批准此一協議，承諾遵守相關規定。

由於溫室效應並不如臭氧層變薄那麼嚴重，上述國際公約的約束力較小，但很多國家仍然積極採取各種經濟手段來達到抑制排放廢氣的目的。比方說，有很多國家對排放廢氣課徵污染稅，以便將社會成本轉成私人成本，減少廢氣排放；也有很多國家以標售一定數量的排放廢氣許可，需要的發電廠或其他工廠可以標購這些排放廢氣的污染許可證，這就是所謂的碳權交易制度，在控制許可證的

中國大陸碳權交易市場的發展

　　2016年4月全球簽署巴黎協議，其後世界各國對於減碳都訂下嚴格的目標與規定。中國大陸目前是世界上消耗能源最多的國家，也是全球排放CO_2最多的國家，其排放量約占全球排放量的三成，因此中國大陸當然應該要努力減少碳排放，因為不但可以讓大陸的空氣變得更乾淨，對於全球減排也會有很大的貢獻。

　　大陸政府於2015年9月在「中美元首氣候變化聯合聲明」中宣布，將在2017年啟動「全國碳排放交易體系」，預計將先在七個省市中的八個主要行業（包括石化、化工、建材、鋼鐵、有色金屬、造紙、電力與航空等）進行碳排放交易，大約會有七千多家的企業被納入交易市場中，其碳排放總量約占目前總排放量的一半。

　　中國大陸政府設立的長期目標是，在2030年時，全國CO_2排放量與GDP生產總值比將會比2005年時要下降60～65%。依中國大陸快速成長的GDP與能源需求來看，這是一個非常嚴格的目標，並不容易達成。但是，無論如何，啟動碳排交易市場是提高能源使用效率重要的一環，值得肯定。

　　在巴黎協議簽署後，現在全球已有40多個國家開始實施碳排放交易，包括日本、韓國與新加坡。台灣人均排放CO_2在亞洲國家中算是相當高的，但是到目前為止，我們的碳排放交易市場仍然遲遲無法推動，做為世界公民的一員，政府相關部門應該要更努力推動此一政策才對。

資料來源：汪莉娟，〈陸統一碳市場，下半年啟動交易〉，《聯合報》，2017.3.6；汪莉娟，〈閱讀祕書／什麼是碳交易〉，《聯合報》，2017.3.6；〈碳交易⋯陸韓上路，台灣龜速爬〉，《聯合報》，2017.3.6。

情況下，全國排放廢氣的數量就得以控制。

3. 酸雨

　　酸雨是由二氧化硫、氮氧化物（NO_x）及氯化物（Cl）等廢氣沈澱以後所形成。酸雨會造成對建築物的腐蝕、妨礙農作物成長、污染河水、造成人類頭髮脫落等。由於各種廢氣在天空中飄動，形成雨水下降的地點也不一定，因此一個國家或地區的污染可能會造成另外一個國家與地區下酸雨。

　　雖然「國際酸雨降雨量評估計畫」評估國際之間降酸雨的情況並不如想像中嚴重，但仍有不少國家在政治壓力下要求嚴格減少二氧化硫的排放，以避免增加酸雨的機率。1990年美國修正「清潔空氣法案」（Clean Air Act）要求減少排放一千萬噸的二氧化硫。包含東歐在內的大部分歐洲國家，在1992年簽訂「第二次硫化物協定」（The Second Sulfur Protocol），其目標設定在未來要將硫化物的排放，減少到完全不會對自然環境產生任何不良影響為止。換句話說，大約要減少目前歐洲國家所有排放量的85%。這是一個長期目標，且據估計要達到此目標，各國必須付出很大的犧牲代價。

　　1995年，中國大陸通過「大氣污染防治法」，劃定酸雨及硫排放之控制區，目標至2010年控制區之硫排放減少10%。2000年，美國「清潔空氣法案」啟動第二階段，限定各石化燃煤機組減少硫排放量。

（四）垃圾處理

　　垃圾處理是一個非常直接的環境問題，但通常可以由一個國家自行解決，不需要由國際組織來處理，不過有些敏感性的廢棄物仍

然會引起國際觀瞻。比方說核廢料處理就是一個十分敏感的問題，民國86年初台電與北韓簽約，由北韓提供場地供台電存放低污染的核廢料，包括手套、衣服等物品。雖然這些物品的放射能量很低，但仍遭受南韓嚴重抗議。一方面他們擔心北韓處理核廢料儲藏的技術不足，另一方面該儲藏地點與首爾不太遠，更重要的是核廢料本身就是一個非常不受歡迎的物品。

　　即使是一般的垃圾也不容易找到堆積與處理場所。每一個人都知道垃圾處理的重要，但沒有一個人會喜歡垃圾在自家附近處理。在國內處理垃圾屬於各縣市鄉公所的職責，垃圾大戰曾經一再發生。

　　雖然大家都不喜歡垃圾，其實一般平常家庭生產的垃圾中有很多是固體垃圾，這些是可以回收的，回收的垃圾不但可以提供資源再利用，同時也可以減少垃圾數量。以歐洲國家為例，其日常生產的垃圾中有25%到50%屬於固體垃圾，都是可以回收的。如果我們國內的固體垃圾也可以達到50%，則每一個垃圾場的使用年限都可以加倍，如此國人處理垃圾的問題就會減輕許多。

三、人口、醫療與政府干預

（一）人口與醫療需求

　　在一個社會的經濟開始發展之際，嬰兒出生率增加，嬰兒死亡率也迅速減少，因此造成人口快速成長。等到經濟發展到一段時間以後，人口出生與成長率會減緩，但平均壽命會增加。老年人口逐漸增加之際，社會對醫療的需求也隨之而來。

從牛仔經濟學到地球太空船

　　自1972年第一次能源危機以來，世人對於自然資源的使用就開始格外注意。雖然地球所擁有的自然資源在短期內不致對人類生存造成重大威脅，但人們對資源的使用與回收愈來愈重視，則是一個不爭的事實。一個最基本的觀念已經在逐漸改變，早期對地球充滿資源且可以任意使用的「牛仔經濟學」（Cowboy Economics）觀念已被大多數人揚棄，現在世人的觀念已被地球太空船所取代。在太空船中擁有的資源非常有限，幾乎所有的東西都必須回收使用，包括一切垃圾，甚至太空人的排泄物等。

　　當然，世界先進國家對於垃圾回收也開始逐漸加強，下表顯示1990年幾個主要國家垃圾的回收比例。其中以荷蘭情況最好，幾乎達到回收50%的比例；美國與英國似乎仍有待努力。

世界先進國家的垃圾回收比例

（單位：%）

	紙張	玻璃	鐵罐	鋁罐
荷蘭	49.0	66.0	48.0	–
德國	43.0	54.0	58.0	–
法國	34.4	45.0	26.0	–
瑞士	61.0[b]	56.0	–	38.0
日本	48.2	47.6	43.6	42.5
英國	30.4	21.0	–	5.3
美國	30.2[b]	10.0[a]	30.0	∨

附注：[a]1985，[b]1988。
資料來源：詹納、皮爾斯、貝特曼，《環境經濟學》，1993年，第256頁。
（R.K. Turner, D. Pearce, and I. Bateman, "*Environmental Economics*," 1993, p.256.）

　　表16.6顯示台灣地區人口結構、平均壽命與醫療支出的關係。
在1950到2015的六十五年之間，人口成長率減緩許多；另一方
面，六十五歲以上的老年人口占總人口比例則迅速擴大，此一趨勢
在1980年以後更為明顯，2015年六十五歲以上人口已占全台灣地
區人口的12.5%。由於高齡人口不斷增加，國人的平均壽命也因此
不斷增高，男性由1961年的62.3歲增加到2015年的77.0歲。女性
壽命更長，由1961年的66.8歲增加到2015年的83.6歲，這是全世

表16.6：我國人口、年齡與醫療支出

年份	人口總數（百萬人）	65歲以上人口數比重（%）	平均壽命（歲）		醫療支出占家庭總支出比例（%）	醫療支出占GDP比例（%）
			男	女		
1952	8.1	2.5	–	–	–	–
1955	9.1	2.5	–	–	–	–
1960	10.8	2.5	62.3	66.8	–	–
1965	12.6	2.6	65.1	69.7	–	–
1970	14.7	3.0	67.2	72.1	–	–
1975	16.2	3.5	68.3	73.4	–	–
1980	17.9	4.3	69.6	74.5	4.2	–
1985	19.3	5.1	70.8	75.8	5.3	–
1990	20.4	6.2	71.3	76.8	4.8	4.31
1995	21.4	7.6	71.9	77.9	10.4	5.12
2000	22.3	8.6	73.8	79.5	11.0	5.29
2005	22.8	9.7	74.5	80.8	13.2	6.30
2010	23.2	10.7	76.1	82.5	14.4	6.30
2015	23.5	12.5	77.0	83.6	15.1	6.19[a]

註：[a] 2014年統計資料。

資料來源：(1)內政部統計處「簡易生命表查詢系統」、(2)家庭收支調查報告、(3)
衛生福利部「國民醫療保健支出」。

界共同現象，台灣也不例外。

　　人口增加以後，社會對醫療的需求自然增加。不但如此，事實上醫療需求增加的比例超過人口增加的比例，這是另外一個在先進國家都一致的現象。主要原因可說明如下：第一，當人口增加時，人口的年齡也開始老化，老年人口增加對醫療需求的增加特別快。第二，當所得增加時，人們對於生命和健康更重視，對醫療的需求也會增加。換句話說，醫療需求的所得彈性是大於1的。表16.6中，台灣地區家計單位的各項支出中，醫療支出所占比例由1980年的4.2%快速上升到2015年的15.1%就是一個最好的例子。

　　第三，在科技進步的過程中，醫療技術也跟著進步，新的醫療知識創造了許多新的市場。比方說，以前心臟病人沒有機會拯救，現在有新的技術可以換心。在新的技術不斷推出之下，醫療市場也就不斷擴大。第四，最後一個原因是在醫療市場上，價格的彈性一般很小。當一個人重病時，大都任由醫生處置，本身幾乎沒有任何選擇的餘地。

　　在上述幾個原因之下，醫療市場在各國都成為一個愈來愈重要的市場。在表16.7顯示，世界主要國家醫療支出占GDP的比例。其中以美國的比例較高，1970年時為6.2%，到2015年，美國醫療市場產值已占全國GDP的16.9%以上，當然是最重要的市場之一。其他國家醫療支出占GDP的比例也在不斷上升，我國家計單位醫療支出雖然也逐漸增加，但占GDP的比例仍然很低，1990年時只有4.3%。2015年時已快速增加到6.2%，但仍低於日本與英國的標準。

　　此外，醫療支出也與老年人口比例高低有關。表16.8顯示，先進國家老年人口比例都超過10%以上。2015年時，日本65歲

表16.7：世界主要國家醫療支出（NHE）占GDP比例

單位：%

	1970	1980	1990	2000	2010	2015
美國	6.2	8.2	11.3	12.5	16.4	16.9
加拿大	6.4	6.6	8.4	8.3	10.6	10.1
法國	5.2	6.7	8.0	9.5	10.7	11.0
德國	5.7	8.1	8.0	9.8	11.0	11.1
英國	4.0	5.1	5.1	6.3	8.5	9.8
日本	4.4	6.4	5.8	7.4	9.5	11.2
韓國	2.7	3.5	3.7	4.0	6.4	7.2
中華民國	–	–	4.3	5.3	6.3	6.2[a]

註：[a] 2014年統計資料。
資料來源：(1)OECD, Health Statistics 2016。
　　　　　http://stats.oecd.org/index.aspx?DataSetCode=HEALTH STAT
　　　　　(2)衛生福利部「國民醫療保健支出」。

表16.8：2015年世界主要國家65歲以上人口比例

單位：%

	65歲以上人口比例（%）	醫療支出占GDP比例（%）	平均壽命（歲）[b] 男	女
美國	14.9	16.9	76.4	81.2
加拿大	16.1	10.1	79.4	83.6
法國	18.4	11.0	79.5	86.0
德國	21.0	11.1	78.7	83.6
英國	17.7	9.8	79.5	83.2
日本	26.7	11.2	80.5	86.8
韓國	13.1	7.2	79.0	85.5
中華民國	12.5	6.2[a]	77.0	83.6

註：[a] 2014年數據。
　　[b] 平均壽命數據，加拿大為2012年、中華民國為2015年、其餘為2014年數據。
資料來源：(1)OECD, Health Statistics 2016。(2)內政部統計處「簡易生命表查詢系統」。

以上人口超過26.7%，比例最高，再看平均年齡，男女性都以日本的80.5歲和86.8歲最高。相較之下，2015年我國老年人口只占12.5%，平均壽命男性為77.0歲，女性為83.6歲，都低於先進國家。當然，我們在醫療支出比例方面也明顯地低於先進國家。

（二）醫療市場與政府干預

　　一般而言，醫療服務具有排他性，因此可由市場機能達到資源配置的效率。但醫療市場也有一些特性，使得世界上絕大多數政府都對醫療市場做某種程度的干預。

　　第一，在本書第十五章中，我們曾經提及訊息不對稱有可能導致市場失靈，醫療服務就是一個最好的例子。在醫療市場中，提供服務的醫生之訊息絕對遠超過病人。因此，當醫生建議病人採用何種治療方式、購買何種藥品時，病人除了完全信任醫生以外，幾乎沒有其他方法。有人建議病人在遭遇重大病情時，應去找第二或第三個醫生，以獲取更多訊息。但一方面，多看醫生會增加成本，另一方面，基本上最後還是要聽醫生的。

　　第二，有很多時候醫療服務具有公共財性質。有很多醫學基本研究是很重要的公共財，而防治傳染病則更是具有明顯的外部性。1996年衛生署正式宣布台灣地區已完全撲滅小兒麻痺症，這在三十年前是非常流行的傳染病，經過撲滅之後，大家都可以不必再擔心或花錢來處理這種病痛。由於防治傳染病具有正面的外部性，在此種特性下，通常私人部門是不會願意花錢或投入資源去減少這種疾病的。因此，政府就應出面負責來處理防治傳染病的事宜。

　　第三，醫療服務的另外一個結構是：醫療費用通常很高，尤其是有重大病痛時，在沒有保險下，因看病而傾家蕩產者大有人在。

有很多時候，有很多窮人更經常因花不起醫藥費而導致病情惡化或致命。為達到社會公平的目的，政府有必要進入醫療市場來協助需要醫療服務的低收入者。由於低收入者的食物與居住環境通常較差，患病的機會也較多，所以他們更需要接受醫療服務。

　　政府提供醫療服務協助的方式有二：第一種是直接提供醫療服務，例如建立公立醫院，第二種方式則是提供醫療保險。建立公立醫院是最直接的方式，台北市的台大醫院、榮總、忠孝院區、和平院區都是典型的公立醫院。直接提供醫療服務顯然可以降低醫療服務的價格，但卻不一定有效率。因為當醫療價格被限制時，一定會出現供不應求的現象，這時候勢必要用另一種方式來達到資源分配的目的。不幸的是，此種資源配置的方式往往不是最有效率的。比方說，公立醫院收費較低，於是病人都想前往看病，在擁擠的情況下，排隊就是一種常看到的分配資源方法。大概很多人都有類似的經驗，當有重病要住進台大醫院或榮總時，床位經常是一位難求，可能要等上好幾天才住得進去，此種配置資源的方式當然不會是有效率的。

　　另外一種政府干預醫療服務的方式是提供健康保險。我國的公保、勞保、農保已行之有年，民國84年再開辦全民健康保險，把全體國人都納入健保範圍，對經濟公平的目標而言，當然是有莫大助益。

　　我們在第十四章曾指出，健康保險市場上第一個主要問題就是逆向選擇的問題。在沒有外力干預下，通常參加保險者的危險率會較高，使得保險市場的運作會有問題。在全民都參加健保下，高危險率與低危險率者都加入保險行列，所以保險費可以正確的計算，保險市場得以維持，這是全民健保的優點。

　　但是保險市場上也有另外一個嚴重的問題，即投保人的道德

危險。既然大家都投保，為何不多去看病呢？反正看病是由政府出錢，不看白不看。要減少此種資源過度使用的問題，最好的方式就是由投保人與保險公司分擔風險。以目前國內健保給付方式來說，病人看病時，必須自行支付掛號費及部分負擔費，其他費用就由健保署負擔。由於掛號費及部分負擔費通常只有100元到數百元，對看病的人根本起不了嚇阻作用。此種制度使得看病人數增加，健保給付很大，政府財力負擔沈重。很多學者認為目前國內健保的財務負擔是一個不定時炸彈，隨時會出狀況。

其實要達到分擔風險的目的，最好的方法還是應採用「保大病，不保小病」的原則。比方說，目前國人感冒等小病的每次醫療給付通常都少於1,000元，政府可以規定看病支出在1,000元以內者完全由病人自行負擔，超過1,000元的部分，則由政府完全負擔。如此，當人們生大病時，仍然可以得到保險給付，而不致出現沒錢看病的困境。一般的小病則由病人自行負擔即可，相信1,000元對大多數人而言都不會有太大的困難。

其實，為了減少病人都喜歡去大醫院看病而浪費主要的醫療資源，現在全民健保署規定去大型醫院看病的（自費）掛號較貴，而一般小診所的掛號費較低，以鼓勵小病去小診所看，真正的大病再去大醫院看診，此種規定已經相當程度反映提高部分負擔的原則。

另外一個方式是繼續維持全民健保的原則，即要求全國的每一個人都要參加健康保險。但保險的內容可以有些不同，就像以前有公保、勞保、農保等。這些內容不同的保險可以由各縣市政府自行決定保費及給付內容和費用，甚至也可以由醫院自行處理，只要醫院規模夠大，能吸引到足夠的投保人即可。在不同保險方案下，投保人可以依自己的偏好去選擇高保費、高給付，或低保費、低給付

的保險，但每一個國人都一定至少要參加一種健康保險。在不同保
險方案下，這些方案之間可以彼此互相競爭。如果醫院也加入承保
業務，則醫院之間也可以彼此競爭。在大家競爭之下，保險方案可
以提供更有效率的結果，而每一個人的健康也仍然可以得到一定的
保障。

經濟名詞

自然資源	再生性自然資源	非再生性自然資源
不具排他性的自然資源	具排他性的自然資源	可長久維持的水準
溫室效應	酸雨	臭氧層
庇古稅	或有價值法	願付價格
綠色經濟學		

討論問題

1. 何謂再生性的自然資源？何謂非再生性自然資源？請分別舉二例説明之。

2. 何謂具排他性的自然資源？何謂不具排他性的自然資源？請各舉二例説明之。

3. 最近幾年國內許多農人將果園改成觀光果園，供人採擷與休憩之用，為什麼會有此種改變呢？

4. 河流的功能有很多，可以用來排放污水、養殖、垂釣，以及划船休閒。請問這些不同的使用方式與國人的所得和使用者成本有何關係？

5. 何謂庇古稅？請舉例説明國內實際利用庇古稅的案例。

6. 黑面琵鷺占據了台南市一大片的溼地，有人認為台灣寸土寸金，應該開發該溼地，但也有些人認為應該保留黑面琵鷺的生存空間。你認為呢？

7. 在上例中，你是否可以利用或有價值法與願付價格法，來建議政府並提供最佳的策略？

8. 近年以來，先進國家在醫療市場方面的支出都大幅增加，我國也不例外，請說明理由何在？

9. 醫療服務是一個具有排他性的財貨，為什麼大多數國家政府都會大力干預，請說明理由何在？

10. 請利用環保署資料，說明我國近三十年以來排放二氧化硫、氮氧化物、氟氯碳化物的變化情況。你覺得國內的政策與國際趨勢相符合嗎？

11. 請利用環保署資料說明國內團體垃圾回收情況，包括紙張、玻璃，與鐵鋁罐等。與國際相比，台灣在資源回收的努力程度如何？你覺得政府的施政方針應如何修正？

12. 你贊成地球是一艘太空船的環保概念嗎？請問此種觀念與資源使用成本和收益之間有何關聯？

13. 近年來，全球暖化成為一個很重要的議題，請問全球暖化可能造成的問題有哪些？

附錄
經濟名詞中英對照及索引
（僅列出第一次出現頁碼）

六劃

十一劃

十三劃

十五劃

十六劃

財經企管 BCB623

經濟學的世界（上）
人人都要懂的個體經濟學

作者 —— 高希均　林祖嘉
總編輯 —— 吳佩穎
責任編輯 —— 許玉意
美術設計 —— 周家瑤

出版者 —— 遠見天下文化出版股份有限公司
創辦人 —— 高希均、王力行
遠見・天下文化 事業群董事長 —— 高希均
事業群發行人／CEO —— 王力行
天下文化社長 —— 林天來
天下文化總經理 —— 林芳燕
國際事務開發部兼版權中心總監 —— 潘欣
法律顧問 —— 理律法律事務所陳長文律師
著作權顧問 —— 魏啟翔律師
社址 —— 臺北市104松江路93巷1號
讀者服務專線 —— 02-2662-0012
傳真 —— 02-2662-0007；02-2662-0009
電子郵件信箱 —— cwpc@cwgv.com.tw
直接郵撥帳號 —— 1326703-6號　遠見天下文化出版股份有限公司

電腦排版 —— 李秀菊
製版廠 —— 中原造像股份有限公司
印刷廠 —— 中原造像股份有限公司
裝訂廠 —— 中原造像股份有限公司
登記證 —— 局版台業字第2517號
總經銷 —— 大和書報圖書股份有限公司 | 電話 —— 02-8990-2588
出版日期 —— 2017年 8 月31日第三版第一次印行
　　　　　　2022年10月13日第三版第八次印行

定價 —— NT750元
ISBN —— 978-986-479-282-5（平裝）
書號 —— BCB623

天下文化官網 —— bookzone.cwgv.com.tw

國家圖書館出版品預行編目（CIP）資料

經濟學的世界（上）：人人都要懂的個體經濟學
／高希均、林祖嘉著.-- 第三版.-- 臺北市：遠見
天下文化, 2017.08
　　面；　　公分.--（財經企管；BCB623）
ISBN 978-986-479-282-5（平裝）

1. 經濟學

550　　　　　　　　　　　　　　　106013445